AROUND
INDUSTRIES
IN
40
DAYS

AROUND INDUSTRIES IN 40 DAYS

미래시장의 통찰력을 키우는 산업견문록

40일간의 산업일주

남혁진 지음

어바웃어북

진화하는 산업의 본질을 궁구하는
40일간의 여정

2020년 작고한 이건희 회장은 삼성을 글로벌 기업 반열에 올려놓은 경영자로 평가받는다. 기업의 회장은 사업에 대한 방향성을 제시해야 하는 자리인 만큼 주력 사업 외에 회사가 몸담은 모든 사업을 이해하고 있어야 한다. 그런 의미에서 이 회장은 다양한 사업 분야에 걸쳐 통찰력이 뛰어났던 인물로 꼽힌다.

"호텔 사업의 본질이 무엇이라고 생각합니까?" 1980년대 후반 호텔신라 사장단과의 미팅에서 이 회장이 한 임원에게 물었다. "서비스업"이라는 임원의 대답이 마음에 들지 않았는지, 이 회장은 해당 임원에게 호텔업의 본질을 찾는 과제를 내주었다. 임원은 곧장 해외로 건너가 유명 호텔을 돌아보며 호텔 매출에 영향을 미치는 요인을 조사했다. 그리고는 한국으로 돌아와 이 회장에게 "호텔업의 본질은 부동산업"이라는 종전과 다른 답을 내놓았다. 호텔이 어떤 위치에 입지해 있는지에 따라 모집하는 고객이 달라지고, 고객에 따라 서비스도 조정되어야 하기 때문이라고 답했다. 이 회장은 답변에 동의하며 '부동산업'이라는 특성에 초점을 맞추어 호텔업에 대한 구체적인 전략을 짜라는 지시를 내렸다.

이 회장은 사업의 방향성만 제시하고 구체적인 전략은 일선 경영진에게 맡기는 자율경영제를 채택했다. 이 회장이 사업의 방향성을 잡는 과정에서 가장 중요하게 생각한 것이 바로 '산업의 본질'을 이해하는 일이다.

산업의 본질을 정확하게 파악하는 것은 사업의 성패를 가를 만큼 중요하다. 기업과 경영자가 산업의 본질을 간과한다면 적확한 경영 전략과 전술을 구사할 수 없다. '서비스업'에 초점을 맞췄을 때와 '부동산업'에 초점을 맞췄을 때, 호텔이 추구하는 비즈니스 방향은 확연히 달라진다. 비즈니스는 산업의 본질에 충실해지려는 과정에서 발전하고 확장된다.

산업의 본질은 고정되어 있지 않고 생물처럼 진화한다. 친환경이라는 거스를 수 없는 시대적 흐름에 석유 사업만으로는 성장에 한계를 느낀 정유사들이 일제히 '탈(脫) 석유'를 전면에 내세우며 변화를 모색하고 있다. 세계적 에너지 기업 BP는 해상 풍력발전으로 사업 영역을 확대하며 재생에너지 기업으로 변신을 꾀하고 있으며, 국내 정유 3사(SK에너지·GS칼텍스·현대오일뱅크)는 앞다퉈 전기차 충전소를 세우고 있다. 2021년 4월 기아자동차는 사명에서 '자동차'를 빼며, 내연기관 완성차 제조업체에서 미래차 중심의 모빌리티 기업으로 거듭날 것을 천명했다. 오랫동안 유통업의 본질은 좋은 상품을 값싸게 소비자에게 판매하는 것이었다. 그러나 쿠팡은 유통업의 본질을 쇼핑으로 사람을 끌어들이는 트래픽 사업이라 재정의하며, 대한민국 유통업의 패러다임 전환을 이끌었다.

강력한 시장 지배자일지라도 진화하는 산업의 본질을 따라가지 못한다면 경쟁력을 잃고 도태될 수밖에 없다. 예를 들어 시계는 정밀산업-양산조립산업-패션산업-보석산업으로 기술과 사회 변화에 따라 본질이 달라졌다. 본질이 전환될 때마다 산업의 주도권도 스위스에서 일본, 프랑스, 다시 스위스로 이동했다.

모든 산업은 산업 생태계 안에서 다양한 산업과 전후방으로 연결되며 유기적인 관계를 형성한다. 따라서 한 산업의 본질 변화는 다른 산업에 연쇄적인 변화를 불러온다. 21세기 들어 산업의 경계가 무너지고 있으며 이종업계와의 협력이 활발해지고 있다. 이러한 비즈니스 환경 변화 속에서 산업의 수익 구조, 전후방 산업, 핵심 역량 등은 끊임없이 변화하고 있다. 일례로 자율주행 시대를 맞이해 테슬라는 자동차 안에서 다양한 게임을 즐길 수 있는 플랫폼을 차량에 탑재했으며, 현대자동차는 CJ ENM과 함께 차량에서 OTT를 즐길 수 있도록 업무 협약을 맺었다. 게임, 영화, 음악 등 콘텐츠산업이 모빌리티 기업과 경쟁 또는 협력하는 시대가 도래한 것이다. 비즈니스맨이라면 내가 속해 있는 산업뿐만 아니라 다양한 산업을 끊임없이 업데이트해야 한다.

코로나19를 기점으로 주식투자 인구가 폭발적으로 증가했다. 주식은 좋은 재테크 수단이자 세상에 관심을 두게 하는 동인이라는 점에서 긍정적인 변화로 해석할 수 있다. 투자자 입장에서 좋은 주식은 수익률이 높은 주식이다. 좋은 주식을 고르는 방법에는 여러 가지가 있는데 그 가운데 대표적인 것이 산업 분석이다.

사람들이 투자할 주식을 선택하는 경우를 살펴보면 크게 네 부류로 나뉜다. '삼성전자 주식을 지금 사도 괜찮을까?' 2020년 한 해 동안 사람들이 가장 많이 한 고민일 것이다. 한때 주당 3만 원대까지 떨어진 삼성전자는 2021년 새해가 되자마자 장중 9만 원을 기록하는 등 주식시장 활황을 선도했다. 삼성전자가 4만 원일 때 주식을 매수한 4명의 투자자가 있다고 가정해보자. 저마다 주식을 사기로 마음먹은 계기가 다르다.

A 씨는 지인의 추천을 받고 별다른 고민 없이 삼성전자 주식을 샀다. B 씨는 반도체 수요가 회복될 조짐을 보인다는 기사를 보고 삼성전자 주식을 매수했다. C 씨는 같은 기사를 본 뒤 삼성전자의 3년 치 사업보고서를 찾아 재무제표를 살펴본다. 재무제표를 보니 현금 흐름도 안정적이고 수익도 개선될 조짐이 보이는 것 같아 매수 주문을 걸어 둔다. 마지막으로 D 씨는 삼성전자의 주력 사업인 반도체와 스마트폰 산업을 조사한다. 최근 10년간 반도체산업의 시장 동향, 전기차 등 새로운 수요처가 될 만한 전방산업, 개발도상국의 스마트폰 보급률, 스마트폰 제조 공정 등 미시·거시적 환경에 대해 포괄적으로 살펴본다. 그 후 공시 자료를 보면서 삼성전자의 입지를 조망해 미래 주가를 예측해본다.

기업을 조사하기에 앞서 산업 전체를 조망해보는 것이 중요한 이유는 선도 기업의 시장점유율이 지속해서 높아지고 있다 해도 '숲'에 해당하는 '산업'이 침체된다면 주가 상승 여력을 장담하기 어렵기 때문이다. 위 사례의 경우 D, C, B, A 씨 순으로 높은 수익을 올릴 것을 예상해볼 수 있다. 결과적으로 삼성전자 주가가 매입 시점보다 올랐으니 일정 시점에서는 모두가 이익을 보았을 것이다. 그러나 매도 타이밍을 잡는 과정에서 더 깊이 분석한 경우가 그렇지 않은 경우보다 합리적인 결정을 내릴 확률이 높으므로 네 사람의 수익률은 달라질 것이다. 더불어 보통 투자자들은 분산투자를 하므로 삼성전자 이외의 종목까지 합산할 경우 가장 객관적인 시각으로 투자하는 D 씨의 수익률이 장기적으로 가장 높은 수준에 수렴할 것이다.

산업에 대한 지식이 있으면 업종별로 나타나는 재무제표 상의 특성을 구분하기 더 수월해진다. 조선사 투자를 고려하는 투자자가 있다고 해보자. 투자를 고려하는 조선사의 재무제표를 보니 '선수금'이라는 이름의 부채가 너무 많아 부채 비율이 높은 부실기업으로 판단한다. 하지만 이는 업종에 대한 이해 부족에서 비롯된 오해다. 조선업은 먼저 주문을 받고 이후 제작에 들어가는 수주산업이다. 선주문을 받고 계약을 체결하면 이는 선수금으로 기록된다. 선수금은 특정한 상품 혹은 용역을 제공할 것을 약속하고 미리 받은 돈이다. 따라서 조선사 입장에서 선수금이 많다는 것은 그만큼 일감을 많이 확보해 두었다는 의미다. 이처럼 산업마다 비즈니스 모델이 다른 만큼 기업의 성장성을 판단할 때 각기 다른 기준을 적용해야 하는 경우가 많다.

주식에 투자하지 않더라도 산업 분석은 스타트업에 관심이 있는 이들에게 좋은 무기가 될 수 있다. 에어비앤비, 넷플릭스, 트위치 등 이제는 거대 기업이 된 스타트업은 모두 경쟁사들의 비즈니스 모델을 비틂으로써 성공할 수 있었다. 이들은 기존 산업의 수익 구조를 파악한 후 고객이 불편을 느끼는 지점과 비효율적인 부분에 변화를 줘 선도 기업으로 발돋움할 수 있었다.

이 책은 200개 이상의 산업 리포트, 업종별 대표 기업들의 공시와 IR 자료, 업계 종사자와의 인터뷰를 바탕으로 집필했다. 반도체에서부터 인터넷서비스, 바이오, K-콘텐츠 산업에 이르기까지 글로벌 경제를 이끄는 40개 산업과 대표 기업을 집중적으로 분석했다. 우리에게 친숙한 산업부터 생소한 산업까지 다양한 산업의 수익 구조, 핵심 역량, 경쟁 강도, 전후방 산업과의 관계, 대내외 요인이 수익성에 미치는 영향, 산업 트렌드와 이슈 등을 차근차근 살펴볼 것이다. 기업이나 산업을 한 번도 분석해보지 않은 독자를 가정하여 최대한 구체적인 수치와 사례를 들어 쉽게 설명하고자 했다. 경제블록, EPS, PER, 유상증자, 내용연수 등 필수 경제·경영 개념도 자세히 설명했다. 복잡한 데이터는 인포그래픽을 활용해 직관적으로 풀어냈다.

『잃어버린 시간을 찾아서』의 저자 마르셀 푸르스트는 "진정한 여행이란 새로운 풍경을 보는 것이 아니라 새로운 눈을 가지는 것"이라고 말했다. 독자 여러분이 40일간의 산업일주를 마쳤을 때, 산업에 대한 이해의 폭이 한층 넓어지길 바란다.

남혁진

CONTENTS

Chapter 1 IT·전자 산업

Chapter 2 금융산업

AROUND INDUSTRIES IN 40 DAYS

Chapter 3 콘텐츠·엔터테인먼트 산업

AROUND
INDUSTRIES
IN
40
DAYS

Chapter 4 건설·중공업·자동차 산업

Chapter 5 에너지산업

Chapter 6 유통·소매(생활) 산업

Chapter 7 운송산업

AROUND
INDUSTRIES
IN
40
DAYS

Chapter 1

IT · 전자 산업

DAY 01

통신사가 '脫통신'을 외치는 까닭

🧭 통신사의 이익방정식

통신업은 이동통신, 초고속 인터넷, IPTV 등의 서비스를 제공하는 산업이다. 통신서비스를 위해서는 통신망이 필요하므로 통신사들은 대규모 자본을 투자해 통신망을 구축한다. 통신망이란 네트워크를 뜻한다. 광역통신망, 도시권통신망이 대표적인 네트워크다. 길을 걷다 보면 전국에 깔린 전화선을 볼 수 있는데 이는 초기 인터넷서비스를 위해 설치된 광역통신망이다. 휴대전화의 등장으로 지역마다 새로운 네트워크를 구축해야 했고, 통신사에서는 도시별로 기지국을 세워 도시권통신망을 형성했다. 이외에도 다양한 종류의 통신망이 있는데, 기본적으로 통신망은 통신을 위한 하드웨어라는 점을 기억해두면 된다.

통신업은 국가 경제의 근간이 되는 산업이므로 서비스 인가부터 사업 단계에 이르기까지 정부의 규제를 많이 받는다. 우리나라 통신산업은 다른 국가에 비해 유독 높은 수준의 규제가 적용된다는 이야기가 있다. 주파수 경매 과정이나 통신비 인하 정책 등이 통신사의 수익성을 저하한다는 비판이 일기도 한다. 실제로 2020년 기준 미국, 중국, 일본 등 해외 국가 통신사들의 영업이익률은 10~20% 수준이지만 국내 3사의 영업이익률은 7%에 그쳤다.

통신산업은 SK텔레콤, KT, LG유플러스 3사 과점 체제다. 세부 사업에는 이동전화, IPTV, 초고속 인터넷 등이 있다. 그럼 지금부터 각 사업 부문에서 통신사가 어떻게 수익을 얻는지 알아보자.

우리가 휴대폰 사용료를 지불하는 방식은 보통 통신사 대리점에서 요금제를 정한

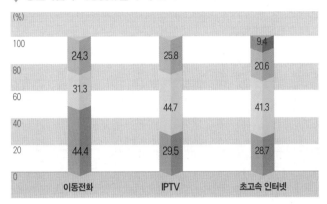

통신사업자 시장점유율 추이 (단위 : %)

*기준 : 가입자 수,
2021년 3분기

통신산업은 SK텔레콤, KT, LG유플러스 3사 과점 체제다. 이동전화는 SK텔레콤(44.4%), IPTV는 KT(44.7%), 초고속 인터넷은 KT(41.3%)가 1위 사업자다.

후 할부로 휴대폰을 구매하고, 사용 기간에 매월 약정한 요금을 통신사에 납부하는 것이다. 통신사의 주요 매출은 휴대폰 제조사를 대신하여 휴대폰을 판매하고, 고객에게 데이터 및 통화 요금을 받는 데서 나온다. 통신사가 데이터 사용 및 통화가 가능하도록 대규모로 투자해 통신망을 설치했으니, 엄밀히 말해 고객의 통신망 이용료를 받아 막대한 투자금을 회수하는 비즈니스 모델이다. 요약하면 ① 최초에 통신망 설치 → ② 고객 확보 → ③ 고객의 정기적 요금 지불을 통한 수익 창출 구조다. 통신사의 영업이익을 식으로 나타내면 다음과 같다.

통신사 영업이익

= ARPU × 이용자 수 − 각종 비용(설비 투자 + 주파수 경매비 + 마케팅 비용 등)

🧭 5G를 통해 ARPU 반전을 꾀하다

ARPU(Average Revenue Per User)는 사용자당 평균 이용요금이다. 이동통신사의 무선 서비스 매출액을 가입자 수로 나누어 산출할 수 있다. 즉 '고객의 질'이 얼마나 좋은지 알려주는 숫자로, 통신사 주가와 ARPU 사이에 유의미한 상관관계가 있을 정도로 중요한 요소다. ARPU는 통신사 M&A 시 기업가치 산정의 핵심 지표로 활용된다.

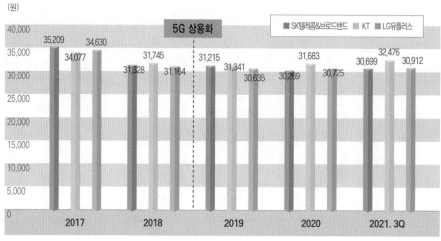

통신 3사 ARPU 추이

(원)

5G 상용화

■ SK텔레콤&브로드밴드 ■ KT ■ LG유플러스

- 2017: 35,209 / 34,077 / 34,630
- 2018: 31,328 / 31,745 / 31,164
- 2019: 31,215 / 31,341 / 30,635
- 2020: 30,269 / 31,683 / 30,725
- 2021. 3Q: 30,699 / 32,476 / 30,912

사용자당 평균 이용요금을 의미하는 ARPU는 고객의 질을 알려주는 지표다. 비싼 요금제 상품을 사용하는 고객을 많이 확보할수록 ARPU가 증가한다. 계속 하락하던 ARPU는 5G 도입으로 반전 조짐이 보인다.

비싼 요금제 상품을 사용하는 고객이 많을수록 ARPU는 증가한다. 휴대폰 대리점은 우리가 요금제를 결정하는 장소다. 통신사 입장에서는 높은 요금제를 판매할수록 이익이기 때문에 휴대폰 대리점에 높은 요금제를 판매할 유인을 제공한다. 휴대폰 대리점이 판매한 요금제의 일정 비율을 수수료로 지급하고, 요금제에 비례해 수수료율을 높이는 식이다.

2010년대 초 LTE 도입 때 ARPU는 가파르게 상승했으나 이후 통신비 인하 정책 등으로 하락 국면에 접어들었다. 그러나 새로 도입된 5G 통신기술을 통해 ARPU에 반전 조짐이 나타났다. 5G는 기존 주파수 대역보다 훨씬 높은 주파수 대역을 사용함으로써 4G보다 20배 빠른 데이터 전송 속도를 자랑한다. 5G는 4G보다 데이터 사용량이 많아 데이터 사용료의 전반적인 상승이 기대된다. 2021년 말 5G 보급률은 25% 수준이다. 5G 최초 도입 이후 휴대폰 교체 주기가 돌아옴에 따라 2026년 즈음에는 보급률이 50% 이상 될 것으로 보인다.

그러나 정부의 지속적인 통신비 인하 정책과 같이 소비자 보호를 명목으로 한 규제가 생길 경우 ARPU가 감소할 우려가 있다. 더불어 중저가 요금제에 대한 수요가 상승 추세에 있고, 가입자가 늘어난다고 할지라도 이미 5G 고가 수요는 충족되었다는 지적이 있다. 이에 통신사들은 중저가 요금제 선호도 증가가 ARPU에 미치는 영향이 크지 않다고 반박한다. 통신사가 ARPU 반등에 성공하는지가 앞으로 주가 추이를 가를 것으로 보인다.

우리나라의 스마트폰 보급률은 95%에 달해 이용자 수는 상수라고 볼 수 있다. 더구나 통신산업은 대규모 통신망 설치가 전제되어야 하는 반면, 내수 시장만을 대상으로 하므로 이용자 수 확장을 기대하기 어렵다. 국내 가입자 수(Q)를 더 늘리기는 어려운 상황으로, ARPU로 대변되는 이용요금(P)을 올리기 위해 통신사들은 부단한 노력을 기울인다. 그래서 통신사들은 OTT(Over-the-top, 인터넷을 통해 영화, 방송 등 각종 미디어 콘텐츠를 제공하는 서비스), 카드 혜택 등의 부가서비스를 통해 타 통신사 고객을 빼앗는 점유율 다툼을 벌인다.

설비투자비는 흔히 'CAPEX(CAPital EXpenditure)'라 불린다. 기업이 미래의 이윤을 창출하기 위해 투자하는 비용이다. 통신사에서 기지국 장비, 통신회선, 전원 등에 지출하는 비용이 여기에 포함된다. 특히 4G에서 5G로 전환되는 세대교체기에는 CAPEX가 필연적으로 증가한다. 새로운 주파수를 사용하려면 새로운 설비들이 필요하기 때문이다. 그러나 이용자가 완전히 5G로 넘어가기까지 과도기가 존재하므로 5G 도입 초기에는 4G 통신망을 공유하는 NSA(Non Standalone) 구조다. 이후 점진적으로 5G만 사용하는 SA(Standalone) 구조로 전환될 예정이다.

5G 상용화가 본격화된 2019년 통신 3사는 CAPEX 지출 규모가 3조 원 안팎이었으나, 2021년 3분기 기준 1조 원 중반대로 많이 감소했다. 5G 인프라 및 품질 개선을 요구하는 정부는 지속적으로 CAPEX 규모를 확대할 것을 주문하고 있다. 그러나 악화하는 통신 사업 환경 속에서 통신사들의 투자 확대 의지는 그다지 커 보이지 않는다.

🧭 경매 낙찰가가 1조 원인 주파수는 어떻게 회계 처리할까?

주파수 경매로 인한 지출은 5G 전환처럼 특정한 주파수를 새로 도입해야 할 때 발생한다. 자주 발생하는 비용은 아니지만 한 번에 큰 금액이 투입된다. 2018년 진행된 5G 이동통신 주파수 경매에서는 SK텔레콤(100MHz)이 1조 2185억 원, KT(100MHz)가 9680억 원, LG유플러스(80MHz)가 8095억 원을 지불했다.

회계상 주파수 도입 비용은 수년에 걸쳐 상각비(가치 감소액)로 나눠 처리된다. LG유플러스의 경우 5G 주파수 관련 자산 상각이 시작되는 시점에서 이전 4G 주파수 경매 당시의 상각비가 남아있어 회계 장부에 기록되는 비용 부담이 컸다. 즉 상각 연한을 길게 가져갈수록 당기의 비용은 줄겠지만, 내용연수*가 종료되지 않은 CAPEX는 회계 장부에 큰 부담을 준다.

이 주파수 경매라는 것이 어색하게 다가오기도 한다. 통신사들이 스스로 설치한 통신망을 이용하는데 경매를 거쳐 정부에게 사용료를 납입해야 하는 이유가 쉽게 떠오르지 않는다. 주파수 경매는 무엇을 위해 존재하는 것일까? 주파수는 무선통신을 위한 기본 자원이다. 주파수 없이는 이동통신서비스 자체가 불가능하다. 이론적으로 이용할 수 있는 주파수 폭은 한없이 넓지만, 기술의 한계로 한정된 주파수만 사용할 수 있다. 이 희소성 때문에 누가 먼저 특정 주파수를 선점하는지가 기업의 이익과 결부된다.

주파수 이용권은 항상 수요가 공급을 초과한다. 따라서 국가 차원에서 경매를 통해 가장 높은 입찰액을 적어내는 통신사 순서대로 주파수를 배분한다. 주파수 경매는 논란이 많은 제도다. 정부 입장에서는 큰 재정수입을 올릴 수 있는 수단이지만, 높아진 주파수 구입 비용이 소비자에게 전가될 수도 있기 때문이다.

◎ 보조금을 못 주게 하는 「단통법」을 시행하자, 통신사들이 웃은 까닭

통신사 마케팅비는 매출의 30%를 차지할 정도로 통신사 지출에서 큰 비중을 차지한다. 통신사들은 이동통신 세대가 바뀔 때마다 새로운 가입자를 유치하기 위해 막대한 비용을 마케팅비에 쏟는다. 단말기만 바꾸는 경우 통신사 변경이 잘 이루어지지 않지만, 5G처럼 완전히 새로운 세대로 전환될 때는 고객이 통신사를 좀 더 유연하게 선택하기 때문이다. 그래서 통신사들은 보조금을 통해 고객 유치에 열을 올린다. 2019년 KT가 갤럭시 S10 5G 모델에 대하여 통신사 및 요금제에 따라 최대 78만 원의 보조금을 지원했을 정도다. 휴대폰 보조금을 규제하는 「이동통신단말장치 유통구조 개선에 관한 법률(이하 단통법)」이 시행된 지 오래되었는데도 불구하고, 아직 보조금 수준이 높은 이유는 무엇일까?

2014년 「단통법」 도입으로 그동안 고객에게 지급했던 높은 보조금에 상한이 생기자, 통신사의 영업이익이 개선된 바 있다. 이전에는 통신사가 대리점에 제공하는 판매 리베이트 일부를 소비자에게 지원하는 박리다매식의 판촉 행위가 성행했다. 그러나 판매점이 소비자에게 지급하는 추가 지원금에 공시지원금의 15% 상한이 생기며 통신사들이 일제히 보조금을 줄였다(2021년 12월 30%로 개정). 요금제 수준은 크게 변하지 않은 상태에서 단말기 가격 부담이 커진 소비자의 선호도 변화로 고가폰 대비 가격경쟁력이 돋보인 저가폰 시장이 성장했다. 통신서비스 자체가 필수재 영역이다 보니 마케팅비 절감폭이 요금제 수익의 하락폭을 크게 상회해 통신사들의 이익이 개선되었다.

5G 시대에 접어들며 통신사들은 불법 보조금을 사용하면서까지 보조금 뿌리기에 혈안이다. 불법 보조금으로 3사에 과징금이 부과된 전례가 있음에도 불법 보조금 관행은 지속되고 있다. 통신사들이 공시지원금 외 불법 보조금 카드까지 꺼내는 이유는 가입자를 유치하기 위해서다.

통신사의 마케팅비는 매출의 30%를 차지할 정도로 통신사 지출에서 큰 비중을 차지했다. 전국 어디에서 핸드폰을 구입해도 보조금을 똑같이 지급하도록 규제한 「단통법」이 시행되자, 통신 3사는 마케팅비가 줄어들며 일제히 영업이익이 개선되었다.

공시지원금은 규정상 모든 가입자에게 동일하게 지급해야 한다. 한 명에게 10만 원만 지급해도 전체 마케팅 비용은 눈덩이처럼 불어난다. 하지만 특정 유통망에 판매장려금을 몰아줄 경우 더 적은 비용으로 확실한 고객 전환 효과를 볼 수 있다. 최근에는 통신 3사가 각종 부가서비스를 통한 혜택 차별화로 고객 유치에 열을 올리고 있다. 통신사의 숙명과도 같았던 마케팅 출혈 경쟁은 차츰 수그러드는 분위기다.

📡 빠르게 성장하는 IPTV

IPTV(Internet Protocol Television)는 실시간 방송만을 볼 수 있었던 기존의 TV에서 벗어나 VOD 및 인터넷까지 제공하는 서비스로 셋톱박스를 통해 이용할 수 있다. 그런데 한 가지 의문이 든다. 텔레비전을 통해 송출되는 방식이니 방송업체가 할 만한 사업으로 보이는데 왜 통신사가 진출한 것일까? IPTV는 각종 영상 콘텐츠를 HDTV에 제공해야 해서 높은 해상도를 구현해야 한다. 이 과정에서 영상의 용량은 커지고 서비스 품질이 중시된다. 이에 따라 막대한 양의 데이터 트래픽이 일어나는데, 고품질을 유지하려면 통신사의 통신망이 필요하다.

IPTV 사업도 요금제를 통해 수익을 창출한다. 통신 3사 모두 비슷한 요금제를 가지고 있다. 보통 1만 5000원 안팎의 일반 요금제, 2만 5000원 정도의 중간 요금제, 2만 5000원 이상의 고가 요금제로 나뉜다. 통신사마다 제공하는 부가서비스에 따라 요금이 상이하며 최초 구매 시 셋톱박스 등의 요금이 청구된다.

최근 몇 년 간 IPTV 가입자가 빠르게 증가하면서 가입자 증가율이 점차 둔화됐으나, 가정 내 2개 이상의 셋톱박스를 두는 경우와 숙박업소 보급률이 증가하면서 새로운 성장 국면을 마주하고 있다. 또한 넷플릭스를 필두로 한 OTT서비스가 자리를 잡으면서 IPTV는 안정적인 성장이 예측된다(158쪽).

초고속 인터넷은 1Gbps 속도를 제공하는 인터넷서비스를 통칭한다. 통신 3사 외 SO(종합유선방송국) 사업자가 초고속 인터넷 시장점유율의 10%가량을 차지하고 있다. 이는 통신 3사 외에도 지역 케이블 회사들이 초고속 인터넷서비스를 제공하기 때문이다. 다른 사업과 마찬가지로 월 요금제를 수익 모델로 삼는다.

🎯 '탈통신'에서 미래를 모색하는 통신사들

현재 국내 이동전화는 전체 인구 대비 보급률이 100% 이상이다. 국민 1인당 평균 1대 이상의 이동전화를 사용한다는 뜻이다. 이런 과포화 내수 시장과 더불어 매년 화두가 되는 통신비 인하 정책은 통신 사업 수익성에 하방 압력으로 작용해왔다. 그래서인지 통신사들은 너나 할 것 없이 '탈통신'을 외치고 있다.

KT의 새 대표로 구현모 대표가 취임해 가장 먼저 한 일도 통신 계열사인 KT파워텔을 매각한 것이었다. 나아가 각 통신사는 더이상 통신산업에 의존하지 않고 인공지능과 빅데이터를 활용한 사업 다각화를 꾀하고 있다. LG유플러스는 CJ헬로비전을 인수해 미디어 사업에 진출함과 동시에 AI방역로봇, 사물인터넷에 투자하는 등 IT 역량 개선에 힘을 쓰고 있다.

한편 자급제폰의 비중이 증가함에 따라 통신사들은 맞춤형 지원 정책을 새롭게 내놓고 있다. 자급제는 통신사를 거치지 않고 전자제품점이나 인터넷 등에서 단말기를 구입해 직접 개통하는 방식이다. 통신사를 자유롭게 변경할 수 있는데다 위약금이 없으며 무엇보다 불필요한 서비스가 포함된 비싼 요금제를 쓰지 않아도 된다는 장점을 내세워 신규 고객을 끌어들이고 있다.

2018년 6% 수준이었던 자급제폰 이용자는 2021년 7월 18.93%로 늘었다. 2021년 1월 출시된 삼성전자의 갤럭시 S21은 자급제폰 구매자 비중이 20%를 상회했을 정도다. KT는 자급제폰 이용 고객을 잡기 위해 자급제 단말기 파손보험서비스를 개시했고, SK텔레콤과 LG유플러스도 자급제폰 이용 고객 전용 요금제를 출시하여 새로운 수요를 공략하고 있다.

2019년 LG유플러스는 CJ헬로비전을 8000억 원가량에 인수했다. 유료방송 시장 4위 LG유플러스가 3위 CJ헬로비전을 인수함으로써, LG유플러스는 총 가입자 780만 명을 확보해 단숨에 유료방송업계 2위로 올라섰다. 5G 상용화로 미디어가 킬러콘텐츠로 부상하자, LG유플러스는 M&A로 5G 시너지를 극대화할 수 있는 기반을 마련했다.

DAY 02
카카오의 PER 266배를 어떻게 해석할 것인가?

🧭 대기업을 넘어선 IT 제국

네이버와 카카오는 대한민국 국민이 가장 많이 사용하는 플랫폼이다. 우리는 네이버에 접속해 검색도 하고 뉴스도 보고 메일, 쇼핑, 웹툰 등 다양한 서비스를 이용한다. 네이버의 국내 검색엔진 점유율은 60%다. 이는 전 세계적으로 매우 드문 경우다. 구글이 전 세계 검색엔진 점유율 92%를 차지하는 가운데 우리나라에서 네이버의 지위는 세계적으로 상당히 이례적이라 할 수 있다.

카카오톡도 마찬가지다. 카카오톡은 2020년 기준 한국 모바일 메신저 시장의 96%를 차지하고 있으며, 국내 월간 이용자는 4600만 명, 글로벌 이용자는 5200만 명을 기록했다.

인터넷서비스업은 실물을 다루는 사업이 아니기 때문에 원가율이 낮아 높은 부가가치를 누린다. 더불어 검색 광고, 모바일 광고 매출이 주요 수입원이라 오프라인 산업보다 경기 변동에 덜 민감하다. 소비자에게 직접 무엇을 판매하기보다 소비자와 상품·서비스 공급자를 이어주는 C2C 성격이 강하기 때문이다. 특히 온라인 광고의 특성상 대기업 이외에 중소기업과 자영업자 등 광고 수요가 고르게 분포되어 있어 수요가 비탄력적이라는 장점이 있다.

인터넷서비스는 크게 세 번의 발전 단계를 거쳤다. 첫째로 메신저와 SNS를 필두로 한 커뮤니케이션 중심의 문화다. 카카오톡, 페이스북을 시작으로 메시지 기능과 공유 게시물을 올릴 수 있는 플랫폼이 등장했다. 이후 빠른 네트워크 속도를 지원하는 인프라가 갖춰지면서 게임이나 동영상 등의 엔터테인먼트 분야가 빠르게 성장했다. 유튜브와 카카오페이지가 대표적이다. 마지막으로 사람들이 점차 모바일 사용에 익숙해지자 생활의 많은 부분에 모바일 서비스를 도입하기 시작했다. 카카오뱅크, 카카오모빌리티, 네이버페이 등이 그 예다.

인터넷서비스업은 다른 업종에 미치는 영향력이 크고 관련된 사업자도 많은 업종이다. 네이버, 유튜브, 페이스북, 카카오, 트위터 등 우리 삶을 구성하는 주요 기업들이 포진해 있다. 특히 네이버와 카카오는 몇 년 전부터 뱅킹, 콘텐츠 부문 등으로 발을 넓혀 이제는 인터넷서비스업의 전 분야를 담당하게 됐다. 여기서는 이 두 기업을 중심으로 인터넷서비스업에 대해 살펴보려 한다. 인터넷서비스의 사업 영역은 매우 방대하므로 한 사업 부문을 자세히 설명하기보다 하나의 서비스가 어떻게 그 영역을 확대해 갔는지에 초점을 맞춰 설명하려 한다. 일관되고 쉬운 이해를 위해 카카오를 중심으로 살펴보자.

◎ 없는 게 없는 인터넷서비스 비즈니스 모델

카카오의 사업은 크게 플랫폼과 콘텐츠 부문으로 분류된다. 플랫폼 부문은 톡비즈, 포털비즈, 핀테크, 기타 플랫폼으로 구성되어 있으며 콘텐츠 부문에는 게임, 뮤직 등이 있다. 네이버의 매출원도 이와 유사하다.

톡비즈 사업은 카카오의 시초다. 톡비즈 매출은 우리가 매일 접속하는 카카오톡에서 발생하는 수입이다. 크게 광고형과 거래형 상품으로 구분되는데, 광고형 상품의 경우 카카오톡이라는 플랫폼 내에서 광고를 송출함으로써 수익을 얻는다. 카카오톡

♀ 카카오톡 사업 부문

플랫폼 부문	톡비즈	카카오톡, 카카오톡 선물하기, 이모티콘, 톡스토어
	포털비즈	Daum PC, 기타 자회사 광고
	핀테크	카카오페이, 카카오뱅크
	기타 플랫폼	카카오모빌리티
콘텐츠 부문	게임	카카오게임즈
	뮤직	멜론, 카카오뮤직
	기타 콘텐츠	카카오엔터테인먼트, Daum 웹툰

앱 상단에 게시된 광고를 '비즈보드 광고'라고 한다. 또한 뉴스 페이지에도 배너 광고 등 각종 광고를 게시하여 수입을 얻는다. 직접적인 광고 게재 외에 메시지 기능을 활용한 수입도 존재한다. 카카오톡에는 '플러스 친구'라는 기능이 있는데 기업 홍보용으로 많이 쓰인다. 다른 기업에서 자사 상품과 서비스를 홍보하기 위해 기업을 플러스 친구 목록에 추가하는 대가로 카카오톡에 입점비를 지불한다.

거래형 상품은 선물하기, 톡스토어, 주문하기 등 카카오톡과 연계된 거래형 커머스 사업을 말한다. 선물하기 탭이나 톡스토어를 보면 쿠팡이나 11번가처럼 다양한 상품이 있다. 일반 온라인 유통사와 마찬가지로 담당 MD가 상품 큐레이션을 맡는다. 카카오는 직매입(직접 상품을 구매해 판매하고 남은 재고도 책임지는 것. 292쪽 참조) 없이 판매자와 고객을 연결해주는 대가로 중개수수료를 받는 이커머스 모델을 채택하고 있다. 카카오커머스는 크게 두 가지 요인에 힘입어 다른 유통사에 비해 높은 이익률을 기록한다. 먼저 '주문하기'나 '선물하기' 기능 모두 전 국민이 사용하는 카카오톡 플랫폼 안에서 이루어지기 때문에 적은 마케팅비로도 큰 홍보 효과를 거둘 수 있다. 또 단순 중개 모델이므로 재고 부담이 없어 비용이 거의 발생하지 않는다.

네이버쇼핑도 이와 유사한 사업 모델을 가지고 있다. 다만 이커머스 부문에서는 네이버쇼핑이 국내 1위 사업자로, 카카오커머스와 격차가 상당하다. 참고로 네이버는 2020년 말 CJ대한통운과 자사주를 교환*하며 유통업에 대한 강한 의지를 보였다.

자사주 교환
회사끼리 서로 지분을 맞바꾸는 것으로 양사 모두 강한 동맹을 맺고자 할 때 종종 사용되는 방식이다.

여기서 한 가지 짚고 넘어갈 부분이 있다. 이따금 네이버의 스마트스토어와 쿠팡이 같은 이커머스 영역에 있다고 해서 동일 선상에서 비교되는 경우가 있다. 그러나 이 둘을 일대일로 비교하기에는 무리가 있다. 네이버의 스마트스토어는 주로 C2C 사업으로 판매자와 구매자를 연결해주는 데 주안점을 둔다. 중간에 가교역할만 하면서 큰 고정비용을 들이지 않는 비즈니스 모델이다. 따라서 좋은 셀러를 많이 모아 더 많은 품목을 구매자들에게 제공하는 방법을 고민한다. 반면 쿠팡은 B2C 성격이 강하다. 직접 물류센터를 짓고 직매입·직배송을 한다. 네이버 스마트스토어의 사업가치를 평가할 때는 뉴욕증시에 상장되어 있는 쿠팡보다 오히려 판매자와 소비자를 연결해주는 배달앱과 비교하는 것이 더 적절하다는 의견이 있을 정도다.

이모티콘 판매도 상당한 수입원이 된다. 카카오톡 이모티콘의 누적 구매자 수는 2020년에 이미 2400만 명을 넘어섰다. 2021년 1월에는 월정액 방식의 이모티콘 구독 서비스를 시작했다. 구글과 애플에서는 자사 스토어에서 다운로드 된 앱 수익의 30%를 가져간다(130쪽). 즉 구글스토어나 애플스토어는 이모티콘 단가 2500원 중 750원을 수수료로 가져간다. 나머지 70%를 두고 카카오와 작가가 절반씩 수령한다.

◎ 소비자 데이터를 끌어모으고
다른 곳으로 가지 못하게 붙잡아두고

포털비즈는 말 그대로 포털사이트에서 이루어지는 비즈니스다. 네이버의 중추 사업이기도 하다. 카카오는 다음이라는 사이트를 통해 검색, 이메일, 커뮤니티 등 다양한 서비스를 제공한다. 다음은 네이버와 구글이 미처 점유하지 못한 20%가량의 점유율을 차지하며 2020년 월평균 2000만 명의 방문자 수를 기록했다.

포털사이트에 접속하면 메인 화면에 커다란 배너 광고가 보인다. 광고 수익은 크게 두 가지 방식으로 책정된다. 소비자들의 클릭 수만큼 수수료가 발생하는 CPC(Cost Per Click) 방식이 있고, 해당 배너를 클릭하여 구매가 발생할 때마다 수수료가 발생하는 CPS(Click Per Sale) 방식이 있다. 2021년 기준 네이버는 광고 수익이 전체 매출의 48%를 차지하고 있는데, 점차 쇼핑(22%)·금융(17%)·콘텐츠(10%) 부문 점유율이 높아지는 추세다.

포털비즈 수익은 대부분 광고 수입에서 발생하지만, 포털사이트의 진정한 가치는 데이터에 있다. 우리는 보통 로그인을 한 상태로 포털사이트를 이용하기 때문에 검색어는 검색자와 일대일대응이 된다. 우리가 특정 대선 후보에 관심을 두게 되면 해당 후보명을 검색하고, 운동에 관심이 많으면 운동 관련 검색어를 입력한다. 이렇게 검색엔진에서 매일매일 데이터가 쏟아지고 이것들이 모여 미래를 예측할 수 있는 빅데이터가 형성된다. 이를 통해 어떤 고객이 어떤 분야에 관심이 많은지 파악할 수 있어 맞춤형 광고 게시를 통해 CPC와 CPS를 높일 수 있다. 구글에서 관심 분야 상품을 몇 개 검색했을 뿐인데 페이스북 게시물에 해당 상품 광고가 뜨는 것도 검색 데이터를 활용했기 때문이다.

예전에는 송금 한 번 하려면 복잡한 인증 절차를 거쳐야 했지만, 지금은 비밀번호나 지문 하나면 모든 게 해결된다. 카카오톡은 일찍이 간편결제 시장의 성장 가치에 주목해 카카오페이를 출범했다. 2020년 모바일 간편결제 시장은 네이버페이 44%, 삼성페이 37%, 페이코 10%, 카카오페이가 9%를 차지했다. 한편 간편송금 이용률에서는 카카오페이가 60%의 점유율로 압도적인 1위를 기록했다. 고객이 상품·서비스를 이용하고 나면 다른 상품이나 서비스로 '이용의 이전'을 하지 않는 현상을 락인(lock-in) 효과라고 한다. 카카오와 네이버의 핀테크 서비스는 금융사 대비 락인에 유리하다.

핀테크 사업은 크게 세 가지 방식으로 돈을 번다. 첫째 결제 및 송금 서비스는 잔액조회·계좌이체를 담당하는 모바일 뱅킹과, 상품·서비스 결제를 지원하는 모바일 결제 기능을 포함한다. 모바일 결제는 다시 오프라인과 온라인 지급결제로 나뉜다. 오프라인 지급결제는 우리가 잘 알고 있는 삼성페이, NFC기능, QR코드 결제가 대표적이다. 온라인 지급결제에 해당하는 것이 바로 간편결제다. 통장이나 카드 정보를 최초 한 번 입력함으로써 공인인증서 없이 쉽게 결제할 수 있다. 소비자가 결제하면 가맹점은 간편결제 플랫폼에 수수료를 지불하고, 이후 카드사·VAN사·PG사에 수수료가 돌아가는 방식이다(94쪽). 네이버와 카카오는 일반 카드사와 다른 규제를 적용받기 때문에 가맹점 수수료율 일괄 인하 정책 등의 정부 규제에 비교적 영향을 적게 받는다.

◎ 메신저 하나로 시작해 은행, 보험, 대출까지 무한 확장

두 번째 핀테크 사업은 인터넷은행이다. 일반 은행과 마찬가지로 예대마진(=대출금리-예금금리)이 주수입원이다. 그러나 다른 은행과 달리 인터넷은행은 점포 운영비가 없어 더 낮은 대출금리와 높은 예금금리를 제공하면서 시중은행 대비 높은 수익률을 제공할 여력이 있다. 카카오뱅크는 2021년 8월 상장한지 이틀 만에 시가총액 10위권에 안착하며 KB를 제치고 금융 대장주로 자리매김했다. 카카오뱅크가 모건스탠리캐피털인터내셔널(MSCI) 지수에 편입된다는 소식도 긍정적으로 작용했다. 특정 종목이 주요 지수에 포함됐다는 소식은 해당 주식 투자자에게 호재로 작용하는 경우가 많다. 예로 초우량기업 500개의 주가 추이를 추종하는 S&P500이 테슬라를 편입할 경우 S&P500 상품을 판매하는 펀드는 실제로 테슬라 주식을 매입해 포트폴리오에 담아야 한다. 더불어 주요 지수에 편입되기까지 까다로운 심사를 거치기 때문에 지수 안착은 대내외적으로 해당 종목이 안정성을 인정받았다는 인상을 준다.

대개 은행주의 PER*은 4~6배 수준이지만 상장 직후 카카오뱅크의 PER은 200배 이상이었다. 이는 투자자들이 카카오뱅크를 은행을 넘어선 플랫폼기업으로 평가했음을 말해준다. PER의 역수는 투자자의 연기대수익이다. PER 200배인 기업의 기대수

> **PER(Price to Earning Ratio)**
> 주가를 주당순이익으로 나눈 값이다. 주식투자자가 손익분기점에 도달하는 기간을 말한다. 만일 당기순이익이 5달러인 기업을 100달러에 매수했다면 투자금을 회수하는 데 20년이 소요된다(PER=20배).

익률은 코로나19 직후 기준금리와 비슷한 0.5% 수준이다. 즉 투기 수요에 의한 것이 아니라면 높은 PER은 기업의 당기순이익, 더 정확히는 잉여현금흐름(FCF; Free Cash Flow)의 높은 성장률을 근거로 한다. 따라서 어느 기업의 PER만 두고 고평가·저평가를 단정할 수 없으며, 산업의 동향, 기업의 기대성장률, 동종 기업의 PER 등을 고루 고려해야 한다.

세 번째 핀테크 사업은 금융상품 추천이다. 보험이나 대출 상품을 직접 출시하기도 하고, 다른 회사의 상품을 추천하기도 한다. 2021년 카카오페이는 주식위탁매매 서비스를 출시하고 디지털 손해보험사를 출범하며 금융서비스 부문을 한층 더 강화했다. 만일 고객이 상품을 가입하면 상품 판매를 위탁한 회사는 카카오에 일정 수수료를 지급한다. 기본적으로 카카오뱅크를 기반으로 하기 때문에 은행업의 비즈니스 모델(62쪽)과 유사하다.

네이버도 스마트스토어와 연계해 핀테크 비즈니스에 주력하고 있다. 네이버페이를 통해 네이버쇼핑 결제를 유도하고, 그 과정에서 쌓은 적립금으로 네이버 웹툰 등 자사 콘텐츠 결제에 이용하는 방식이다. 더불어 미래에셋대우와 협업을 통해 스마트스토어 판매자를 대상으로 한 대출서비스를 추진한 바 있다. 월 30만 원 한도의 '네이버페이 후불결제서비스'를 우량 고객에 한해 운영하는 등 국내판 BNPL(Buy Now Pay Later)* 서비스도 선보였다.

> **BNPL(Buy Now Pay Later)**
> 지금 사고 대금은 나중에 지불하는 선구매 후결제 수단이다. 큰 틀에서는 신용카드 서비스와 비슷하다. 하지만 신용카드를 이용하려면 까다로운 발급 절차를 거쳐야 하는 반면 BNPL 서비스는 비교적 가입 절차가 간소하다. 국내는 도입 속도가 느리지만, 세계적으로 가파르게 성장하고 있다.

◎ 콘텐츠가 미래 주가를 견인할 수 있을까?

콘텐츠 부문은 뮤직, 게임, 웹툰 등으로 구성되어 있다. 카카오는 음원 유통사와 스트리밍사 모두 계열사로 두고 있다. 국내 1위 스트리밍 업체인 멜론은 카카오 자회사인 카카오엔터테인먼트(멜론에 음원 유통) 소속이다. 즉 음원에서 발생하는 대부분의 수익을 카카오에서 가져가는 것이다. 게임 부문에서는 카카오게임즈라는 퍼블리셔를 출범함으로써 게임 콘텐츠에서 발생하는 게임 아이템 매출을 나눠 받는다.

네이버는 웹툰 시장의 성장을 이끌었고, 카카오도 카카오페이지와 다음 웹툰을 통해 그 뒤를 쫓고 있다. 웹툰 분야는 이용자가 웹툰을 보기 위해서 일정 금액의 유료 콘텐츠 이용권을 지불하는 것을 주요 수익원으로 삼고 있다. 작가들이 웹툰을 게재하면 네이버와 카카오는 고객들의 콘텐츠 결제액 중 일부 수수료를 제한 금액을 작가에게 전달한다. 네이버는 2021년 초 글로벌 웹소설 플랫폼 왓패드 인수를 기점으로 콘텐츠 IP를 빠르게 확보하고 있다. 카카오 또한 북미와 중화권, 동남아를 포함한 10개국에 진출해 콘텐츠 사업을 진행하고 있다. 일본에서는 카카오재팬의 웹툰 플랫폼 픽코마가 비게임 부문 인기 앱 1위를 차지하기도 했다. 덕분에 카카오의 2020년 유료콘텐츠 사업 매출은 전년 대비 78% 증가한 5300억 원을 기록할 수 있었다.

네이버와 카카오 모두 고무적인 2020, 2021년을 보냈다. 그동안 발 뺐던 사업들이 성과를 거두었을 뿐만 아니라 비대면 문화가 확산되면서 기업가치를 인정받으며 최근 조정장 이전까지 주가가 높게 형성되었다. 팬데믹 이후 가장 두드러진 행보는 단연 콘텐츠 사업 확장이었다. 네이버는 왓패드 인수에 더해 국내 연예기획사의 지분을 취득하는 등 콘텐츠기업의 정체성을 강화했다. 제페토를 주축으로 한 메타버스 사업도 빠르게 성장시키는 중이다. 카카오는 영상 스트리밍 업체 인수를 통해 OTT 전장에 뛰어들었다. 그리고 카카오M과 카카오페이지를 합병한 카카오엔터테인먼트를 출범함으로써 IP(Intellectual Property : 지식재산권) 비즈니스에 힘을 실었다. 개인의 여가 시간 증대, 자율주행, 메타버스 등 모든 트렌드는 콘텐츠기업의 밝은 미래를 가리킨다.

한편 카카오는 내수기업이라는 한계를 극복하는 차원에서 카카오게임즈를 통해 NFT 시장에도 진출했다. 게임 '오딘'의 유럽 개발사를 인수하면서 IP·글로벌 판권을 확보했다. 게임, 엔터 등 자회사가 다루고 있는 다양한 카테고리 내 IP를 기반으로

국내 웹툰 플랫폼 점유율

다음웹툰 4

기타 11

레진엔터테인먼트 5

카카오페이지 16

(단위: %)

네이버웹툰 65

2020년 국내 웹툰산업 매출액 규모는 약 1조 538억 원이다. 네이버가 웹툰 시장의 성장을 이끌었고, 카카오가 카카오페이지와 다음 웹툰을 통해 그 뒤를 쫓고 있다.

NFT 시장에 총력을 기울일 것으로 보인다. 기존 비즈니스를 지속적으로 확장하며 신사업과 콘텐츠 부문에 집중하고 있는 네이버와 카카오의 향후 행보를 지켜볼 필요가 있다.

2022년 3월 7일 카카오의 PER은 266배다. 해당 주식의 이론상 기대수익률은 0.4% 수준이다. 국내 주식시장의 기대수익률이 보통 10% 안팎으로 계산되는 것에 비추어 볼 때, 거시경제와 여러 규제·자회사 실적 이슈로 난항을 겪은 카카오의 주가가 고평가 되었다는 전문가들의 지적도 일리가 있어 보인다. 이례적인 유동성으로 주식시장 전반이 과열됐다는 점도 고려해야 할 사항이다. 그럼에도 불구하고 당시 카카오의 PER이 높은 수준에서 유지된 것은 카카오의 사업 확장 행보가 미래 콘텐츠산업 선도로 이어질 것이라는 투자자들의 기대가 반영되었기 때문이다. 앞으로 5년 뒤 PER이 50배 수준으로 낮아지더라도 같은 기간 당기순이익이 10배 성장한다면 투자자는 연평균 15%의 수익을 거두게 된다. 바야흐로 콘텐츠 전성시대에 카카오와 네이버가 어떤 실적을 거둘지 귀추가 주목된다.

ESG 시대라고는 하지만 시장의 관심이 유독 E(Environment)에 쏠리고 있는 게 사실이다. S(Social)야 무엇을 뜻하는지 비교적 명확하지만, 이따금 G(Governance)의 중요성을 간과하는 경우를 볼 수 있다. G는 임원의 보수, 주주 권리, 공시 등을 포괄하는 개념이다. 기업의 펀더멘탈을 평가할 때 기업이 벌어들일 미래 현금 흐름, 비즈니스 모델을 살피는 것은 기본 중 기본이다. 더불어 경영진과 경영 체제의 면면을 살피는 것도 그에 못지않게 중요하다. 테슬라의 천문학적인 기업가치에는 엄청난 기술력에 더해 일론 머스크라는 개인의 역량이 상당한 영향을 미쳤으리라 생각한다. 단순 경영진 역량 외에도 경영진이 학연·지연 등으로 구성되어 있는지, 기업문화는 직원 친화적인지 등 G 관점에서 고려할 사항은 수도 없이 많다.

1990년대 후반 디즈니는 G가 지켜지지 않은 사례로 유명하다. 당시 CEO를 견제해야 할 이사회가 CEO 자식이 재학 중인 학교의 교장, 개인변호사로 구성될 정도였다. 카카오페이의 경우 상장하고 나서 한 달밖에 되지 않은 짧은 기간 안에 경영진 8명이 동시다발적으로 1000억 원에 가까운 대규모 스톡옵션을 행사하면서 매도 심리를 부추겼다는 비판을 받은 바 있다. 오스템임플란트의 기업 자금 횡령 등 성격은 저마다 다르지만, 주주들이 기대하는 G에 있어 아쉬운 모습을 보인 사례다.

미국의 경우 행동주의 투자자들이 주주의 이익을 대변해 M&A나 사업부 분할을 독려하거나 반대하고, 이사진 교체와 자사주 매입 등을 요구하는 경우가 많다. 이베이의 지배 구조에 대한 칼 아이칸의 비판이 페이팔 분사로 이어진 일화는 유명하다. 그 목적이 단기간 차익 실현인 경우가 많기는 하지만 대체로 소액주주들은 자신의 권익을 챙겨주는 행동주의 펀드를 반기는 분위기다.

국내에서는 아직 주주 권리를 보장하는 제도가 미비해 상당한 개선이 필요해 보인다. '코리아 디스카운트'의 가장 큰 원인은 어쩌면 북한 문제도, 재벌 이슈도 아닌 주주의 권익을 보호하는 제도의 미비일지 모른다.

카카오페이가 코스피200 지수에 편입된 2021년 12월 10일 경영진이 카카오페이 주식을 대량 매각했다. 해당 공시가 뜨고 나서 주가는 6% 하락한 채 마감했고 다음 거래일에도 약세를 보이며 이틀 사이 주가가 9% 넘게 빠졌다. 카카오페이는 대표이사 산하에 ESG추진위원회를 신설하는 등 스톡옵션 논란을 진화하기 위해 애썼다.

DAY 03

폴더블 시대,
고객을 빼앗을 절호의 찬스

15년 역사의 스마트폰 시장을 이끄는 삼성전자

스마트폰산업은 디스플레이, 컴퓨터, 반도체, 전자부품 등 첨단기술의 집약체다. 후방에는 화학, 소재, 반도체, 디스플레이, 부품 산업 등이 포진해 있다. 전방에는 금융, 교육, 문화, 운송 등 거의 모든 산업이 있다. 여가부터 업무까지 모든 일이 스마트폰으로 처리되는 시대에 적용 범위가 매우 넓다. 또한 판매단가가 높고 필수재에 속하는 스마트폰의 특성상 매우 큰 시장을 형성하고 있다.

지금의 스마트폰이 있기까지 휴대폰은 크게 세 번의 대전환을 마주했다. 유선 전화를 대체한 피처폰, 애플의 아이폰을 시작으로 한 스마트폰, 이후 폴더블폰과 5G가 등장하면서 지금의 스마트폰 시장이 형성되었다. 폴더블폰과 5G는 현재 꾸준히 성장하고 있는 시장이다.

휴대폰 시장은 주로 피처폰과 스마트폰 시장으로 구성되어 있다. 우리나라의 경우 2020년 기준 스마트폰 비중이

세계 스마트폰 시장점유율 추이 (단위 : %)

삼성전자 SAMSUNG	21.2
애플	15.9
오포 OPPO	15.7
샤오미 mi	13.7
비보 vivo	10.5
기타	23.0

* 기준 : 2021년 3분기

세계 스마트폰 시장점유율은 2021년 3분기 기준 삼성전자 21.2%, 애플 15.9%, 오포 15.7%, 샤오미 13.7%로 삼성전자가 스마트폰 시장을 선도하고 있다.

95%로, 5%에 불과한 피처폰 대비 스마트폰 보급률이 압도적이다. 우리나라는 삼성전자를 필두로 IT 전환이 빠르게 이루어진 특이한 사례라고 볼 수 있지만, 피처폰에서 스마트폰으로의 전환은 국가를 불문하고 빠르게 이루어지고 있는 현상이다. 세계 스마트폰 시장점유율은 2021년 3분기 기준 삼성전자 21.2%, 애플 15.9%, 오포 15.7%, 샤오미 13.7%로 삼성전자가 스마트폰 시장을 선도하고 있다.

⊚ 중국의 저가 스마트폰 공세에 맞서 ODM 비중을 확대하는 삼성전자

스마트폰은 신제품이 출시되는 주기가 1년 정도로 상당히 짧은 편이다. 물론 삼성전자가 출시한 폴더블 폰 '갤럭시 폴드' 시리즈처럼 완전히 다른 디스플레이 형식을 탑재한 제품의 경우 연구부터 판매까지 더 긴 시간이 필요하다. 하지만 대부분 삼성의 갤럭시, 애플의 아이폰 같은 플래그십 모델을 바탕으로 카메라 성능, 디자인, 기타 부품을 소폭 개선하는 식으로 신제품을 출시한다. 완성차산업의 경우 같은 플랫폼을 사용하더라도 새로운 자동차를 출시하기까지 5년이 소요된다(227쪽). 그에 비해 스마트폰은 신제품이 출시되는 주기가 매우 짧은 편이다.

스마트폰이 생산되기까지 어떤 과정이 필요할까? 우선 시장 조사 과정을 통해 새롭게 등장한 소비자 니즈, 이전 제품에서 호평을 받았던 요소와 개선될 만한 점을 파악한다. 이후 R&D 과정을 통해 새롭게 추가할 기능에 대한 기술적인 연구를 진행한다. 이 단계에서 새로운 기술을 적용하고자 한다면 IP(지식재산권)를 등록한다. 그다음은 제품의 폼팩터(form factor)를 결정하는 디자인 단계다. 폼팩터는 IT산업에서 제품의 외형과 크기 등 구조화된 형태를 가리킨다. 이는 소비자가 제품 선택 시 중요하게 고려하는 요소다. 부품 소싱 및 가공 단계에서는 필요한 부품을 생산업체에서 조달하는 한편, 스마트폰 뒷면에 부착되어 각종 부품을 끼울 수 있는 인쇄회로기판(PCB; Printed Circuit Board)을 제작한다. 다음은 생산의 마지막 단계인 조립 단계다. 인쇄회로기판을 스마트폰에 결합하고 모든 부품을 접합하여 완성품 형태로 가공한다. 이후 제품에 하자가 없는지, 소프트웨어가 잘 작동하는지 테스트를 거쳐 소비자에게 유통한다.

📍 스마트폰 출시 과정

R&D	Design	Sourcing	Assembly	Testing	Distribution	Marketing
• IP 관리 • 새로운 IP 개발	• 폼팩터 (form factor) 디자인	• PCB 부품 조달	• 기계적 조립 • 최종품 생산	• 최종품 환경 테스트 • 시스템 통합 테스트	• 패키징 • 운송 • A/S	• 제품/IP 마케팅 • 판매 채널 관리 • 브랜딩, 홍보

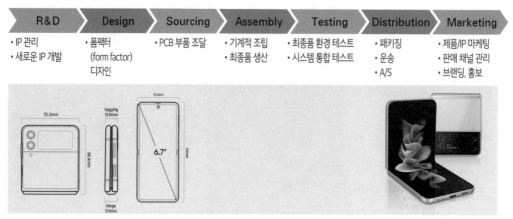

스마트폰은 신제품이 출시되는 주기가 1년 정도로 상당히 짧다.

스마트폰 성능이 고도화되면서 부품 수는 늘어나고 부품 구조 또한 복잡해졌다. 반도체, 초소형 전자부품, 멀티 카메라, 배터리, 인쇄회로기판 등 수많은 기술의 결합체인 스마트폰 제조를 한 제조사에서 맡는 것은 무리다. 그래서 스마트폰 시장은 OEM과 ODM 시스템을 적극적으로 활용한다. OEM과 ODM 모두 외주 생산 방식인데, 제품 설계 및 개발 단계 참여 유무에 차이가 있다.

OEM(Original Equipment Manufacturer)은 '주문자 상표 부착'이라고 부르며 제조 공정 중 생산 부분만 외주를 맡기는 것이다. 애플이 좋은 예다. 애플은 아이폰의 모든 것을 설계한 후 제조원가를 최소화하기 위해 생산 단계에서 OEM 외주를 맡긴다. 애플은 대만의 폭스콘이라는 OEM업체에 외주를 맡기는데, 폭스콘은 아이폰 외에도 다른 전자제품에 대한 OEM을 하며 비용 효율화를 돕는 역할을 한다. 애플 입장에서 아이폰을 생산하기 위해 직접 생산 설비에 투자하고, 현지 인력을 관리하고, 생산 기술을 연마하는 것보다 생산 전문업체인 폭스콘에 아웃소싱 하는 것이 더 효과적이라 판단한 것이다.

'주문자 개발 생산'인 ODM(Original Development Manufacturer)은 제품 기획과 개발 단계까지 관여하는 방식으로, OEM보다 더 넓은 범위를 관장한다. 최근 삼성전자가 ODM 방식을 통해 생산한 스마트폰 비중을 대폭 늘려 화제가 됐다. 현재 삼성전자는 연간 생산하는 3억 대의 스마트폰 중 30%를 ODM을 통해 생산한다. 지금까지 삼성전자는 자체적인 제조 경쟁력을 활용하는 인하우스 생산 방식을 고수했다. OEM 업체도 고용하지 않고 전 공정을 직접 주관했다. 그러나 중국 개발 업체가 130달러 이하의 저가 스마트폰 모델을 생산하여 시장을 잠식해 나가자, 고비용의 인하우스 방식을 줄이고 저비용의 ODM 카드를 꺼냈다.

ODM 전환에는 크게 두 가지 영향이 뒤따른다. 첫째로 품질 저하 문제다. 제품의 설계부터 생산까지 주관하는 ODM은 생산만 하는 OEM에 비해 본사의 개입도가 낮아 품질이 떨어질 우려가 있다. 그러나 ODM 공정을 통해 생산한 스마트폰 자체가 저가 모델을 대상으로 하는 만큼 일정 수준 이상의 품질을 충족하면 큰 문제가 아니라는 게 업계의 생각이다.

둘째로 ODM 전환은 기존 부품업체가 제1 거래처였던 삼성전자를 잃는 것으로, 부품업체는 매출 하락이 불가피하다. 설령 삼성전자의 외주를 맡은 ODM업체와 재계약을 하더라도 계약 방식부터 결제 조건까지 다시 구성하는 비용이 만만치 않다. LG전자의 경우 스마트폰 사업 종료 이전에 원자재 비용을 줄이기 위해 OEM 비중을 늘려왔던 터라 부품사들의 타격이 크지 않았다. 삼성전자의 경우 ODM 비중을 빠르게 확대해 부품사의 고민이 깊어졌다.

🎯 스마트폰산업의 매출방정식

스마트폰의 연간 매출은 '전체 인구 수 × 보급률 × 판매단가 × 1/교체주기'로 나타낼 수 있다. 스마트폰은 세계 시장에서 경쟁하기 때문에 스마트폰 시장을 제대로 이해하기 위해서는 국가별로 상이하게 나타나는 요소들을 살펴보아야 한다.

국가별 스마트폰 시장 규모는 그 나라의 인구 수에 좌우된다. 우리나라는 전반적으로 IT제품에 대한 수요가 매우 높지만, 인구가 많은 중국·인도·미국에 비하면 시장 규모가 아주 작다.

보급률은 국가의 경제 수준에 비례한다. 한 가지 특기할 만한 점은 우리나라는 스마트폰 보급률이 95%로 세계 1위라는 것이다. 미국, 유럽 국가들의 경제 수준이 우리나라보다 높지만, 삼성전자가 본사를 둔 국가인 점과 국민들의 IT 수용도가 높은 특성에 힘입어 보급률 1위를 기록하고 있다. 우리나라를 비롯해 미국, 스웨덴, 일본

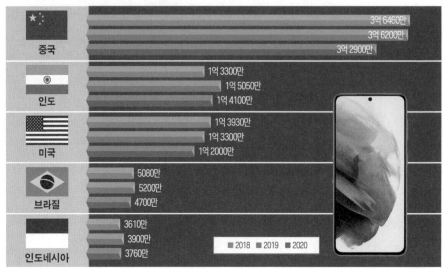

국가별 스마트폰 판매량 (단위 : 대)

중국
3억 6460만
3억 6200만
3억 2900만

인도
1억 3300만
1억 5050만
1억 4100만

미국
1억 3930만
1억 3300만
1억 2000만

브라질
5080만
5200만
4700만

인도네시아
3610만
3900만
3760만

■ 2018 ■ 2019 ■ 2020

* 자료 : SA

국가별 스마트폰 시장 규모는 그 나라의 인구 수에 좌우된다. 우리나라는 전반적으로 IT제품에 대한 수요가 매우 높지만, 인구가 많은 중국·인도·미국에 비하면 시장 규모가 아주 작다.

등 선진국의 스마트폰 보급률은 80% 이상인 반면 2020년 기준 인도네시아 45%, 나이지리아 45%, 멕시코 60% 등 개발도상국의 보급률은 상대적으로 낮은 수준이다. 이들 국가의 경우 휴대폰 자체의 보급률은 꽤 높지만, 피처폰에서 스마트폰으로의 전환이 뒤늦게 시작됐다.

판매단가 또한 국가 경제 수준과 양의 상관관계에 있다. 스마트폰은 가격에 따라 다음의 4단계로 분류된다. 매스(중저가), 매스 프리미엄(중고가), 프리미엄(고가), 슈퍼 프리미엄(초고가). 매스 프리미엄은 대중을 뜻하는 'mass'와 'premium'을 조합한 단어다. 높아진 소비 수준과 상향된 스마트폰 기능 아래 중저가와 프리미엄 세그먼트의 경계에 위치한 제품이다.

슈퍼 프리미엄 시장은 폴더블, 롤러블 폰 등의 폼팩터 혁신 제품군을 말한다. 선진국에서는 애플의 아이폰 시리즈나 삼성의 갤럭시 S 시리즈 제품을 필두로 한 프리미엄 스마트폰에 대한 수요가 높게 나타난다. 반면 인도 및 중동, 아프리카의 경우 엔트리 레벨(Entry-Level) 스마트폰에 대한 수요가 높다. 선진국은 스마트폰 보급률이 과포화된 상태이므로 기업들은 개발도상국에 초점을 둔 전략을 펼치고 있다.

📍 인도의 스마트폰 보급률 현황 및 전망

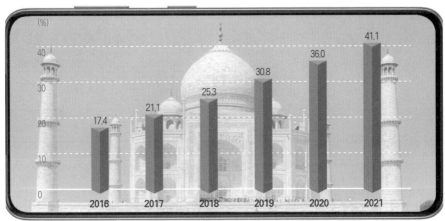

* 자료 : SA

2020년 삼성전자의 스마트폰 시장점유율은 19%로, 2·3위와의 격차가 매우 좁다(2위 애플 15%). 아슬아슬하게 세계 1위를 지키고 있는 삼성전자 입장에서 스마트폰 보급률이 아직 낮은 인도는 전략적 요충지다. 삼성전자는 현지 맞춤 기능을 강화하는 등 인도 시장에 각별하게 공을 들이고 있다.

📍 스마트폰 글로벌 선도사의 영업이익 및 매출 비중 (단위 : %)

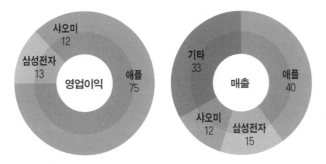

스마트폰 출하량 기준으로는 삼성전자가 세계 1위, 샤오미가 2위, 애플이 3위를 기록했다. 그러나 매출과 영업이익에서 애플은 압도적 점유율을 보였다. 결과적으로 애플은 가장 적게 팔았음에도 가장 높은 매출과 영업이익을 올렸다.

실제로 2021년 구글은 인도의 이동통신사 지오와 협력해 초저가 안드로이드폰 출시 계획을 발표하는 등 유수 테크기업들은 신흥국 스마트폰 시장의 성장 여력에 주목하고 있다.

2021년 3분기 기준 삼성전자의 스마트폰 시장점유율은 21.2%로 세계 1위다. 그러나 '이익의 질' 측면에서는 애플이 압도적인 모습을 보여주고 있다. 매출에서는 25%p, 영업이익에서는 무려 62%p의 차이가 나타난다. 삼성전자는 고가와 중저가 스마트폰 모두를 생산하지만, 애플은 '애플 생태계'로 모집한 충성 고객을 기반으로 고가 위주의 마케팅을 펼치기 때문이다.

단말기 교체 주기는 기업에 좋지 않은 방향으로 바뀌고 있다. 2017년에는 33개월 이었던 평균 사용 기간이 2020년에는 38개월로 늘어났다. 부품 성능이 향상되어 고장이 잘 나지도 않을 뿐 아니라 신제품이 완전히 색다른 활용성을 제공하지 않는 이상 소비자들이 교체 필요성을 느끼지 못하기 때문이다.

🧭 SNS가 쏘아 올린 카메라단가

고도화될 대로 고도화된 스마트폰 시장은 이제 '혁신'보다는 '기능 개선'을 통해 소비자에게 다가간다. 특히 스마트폰 카메라 성능 개선이 두드러진다. 사진으로 일상을 공유하는 SNS 문화가 확대됨에 따라 고화질 카메라에 대한 수요가 높아졌고, 이제는 대다수 스마트폰이 카메라를 3개 이상 장착하고 있다. 2020년 2월에 공개된 삼성전자의 갤럭시S20 Ultra 카메라 모듈 부품단가는 전작 대비 2배 상승하면서 제조 원가 중 가장 높은 비중을 차지했다. 529달러의 제조 원가 중 카메라 모듈 부품이 무려 108달러를 차지했다. 덕분에 엠씨넥스와 파트론 등의 카메라 모듈 업체는 처음으로 매출 1조 원을 달성할 수 있었다.

📍 **갤럭시S20 Ultra 카메라 모듈 부품 단가 비중** (단위 : 달러, (%))

215.5 (40.8)	기타
11.0(2.1)	센서
33.0(6.2)	RF 컴포넌트
68.0(12.9)	메모리
26.5(5.0)	베이스밴드 프로세서
67.0(12.7)	디스플레이
107.5(20.3)	카메라모듈

삼성전자의 갤럭시S20 Ultra 카메라 모듈 부품단가는 전작 대비 2배 상승했다. 제조원가 중 카메라 모듈 제조 원가가 20.3%로, 비중이 가장 높다.

🧭 폴더블 폰은 삼성전자에 도약의 기회가 될까?

2019년부터 시작된 폴더블 폰으로의 세 번째 전환은 현재 진행형이다. 동영상 콘텐츠 붐이 일어남에 따라 대화면을 장착한 폴더블 폰의 강점이 두드러지면서, 시장에 대한 전망이 지속 개선되고 있다. 폴더블 폰의 두께 문제가 해결된다면 소형 태블릿 및 노트북 시장까지 공략할 수 있을 것으로 예상된다.

불과 몇 년 전만 해도 삼성전자의 세계 스마트폰 시장점유율은 30%에 달했다. 그러나 원가경쟁력을 앞세운 중국 기업의 빠른 성장으로 이제는 2, 3위와의 격차가 매우 좁다. 삼성전자가 선도하는 폴더블 시장은 점유율에 큰 변화를 줄 요인이 될 예정이다.

애플은 자체 운영체제 iOS를 기반으로 단순히 기능 좋은 스마트폰을 제공하는 것을 넘어 각종 디바이스와의 엄청난 호환성을 제공한다. 즉 애플 생태계에 한번 발을 담근 고객에게 엄청난 전환비용(전환 시 기회비용)을 부과하는 정책이다. 유독 애플의 충성고객 비율이 높은 이유도 높은 전환비용 때문이다. 그동안 삼성전자에서 제아무리 기능이 좋은 스마트폰을 내놓더라도 고객 전환을 이끌기 어려웠다. 그러나 폴더블 폰 출시를 통해 전혀 다른 형태의 가치를 제공하며 새로운 고객이 유입될 수 있는 물꼬를 텄다.

삼성전자의 가장 큰 과제는 폴더블 폰 보급률을 높이는 일이다. 폴더블 폰 보급률은 2023년까지 스마트폰 침투율의 3%에 그칠 것으로 전망되는 상황이다. 애플이 처음 시장에 아이폰을 내놓았을 때도 피처폰 수요가 곧바로 스마트폰 점유율로 이어지지 않았다. 앱스토어 등의 서비스를 기반으로 스마트폰에서만 가능한 기능들을 붙인 이후에야 전환율을 빠르게 끌어올릴 수 있었다. 따라서 단순히 새로운 형태의 디바이스를 제공하는 것을 넘어 폴더블 폰에서만 제공될 수 있는 콘텐츠와 소프트웨어를 개발하는 것이 주요 과제다. 동시에 이미 폴더블폰 시장에 진입한 중국 업체와 머지않아 진입이 예상되는 애플에 대응하는 차별화 전략도 마련해야 할 것이다.

많은 기업은 정기적으로 주주를 위해 현금을 지출한다. 대표적인 방식이 자사주(자기주식) 매입과 배당금 지급이다. 기업이 자사주를 매입하고 주주에게 배당금을 지급하는 행위 모두 기업이 창출한 이익을 주주에게 돌려주는 방법이다. 두 가지 방법 모두 시장에 미래에 주가가 오르거나 현금 흐름이 나아질 것이라는 긍정적인 시그널을 전달한다는 점에서는 유사하다. 하지만 자사주 매입은 기존 주주를 '주주가 아닌 자'로 만들기 때문에 배당보다 '주주에 대한 헌신(commitment)' 수준이 낮다고 볼 수 있다. 자사주 매입은 주주에게 시세차익을 제공하는 일회적 거래다.

그럼에도 자사주 매입은 재무건전성, 향후 실적에 대한 기업의 자신감을 표현하는 주주 친화적인 행위다. 애플의 경우 팀 쿡(Tim Cook)이 최고경영자(CEO)로 취임한 이후 10년간 560조 원의 자사주를 매입했다. 2021년에는 코로나19 이후 낮아진 조달금리를 이용해 풍부해진 현금으로 100조 원의 자사주를 매입해 소각했다. 단순히 자사주를 매입하는 것보다 매입한 자사주를 소각할 때 시장에 기업의 주가 부양 의지를 더 강하게 호소할 수 있다. 기업이 매입한 자사주는 언제든지 다시 시장에 나올 가능성이 있다. 하지만 자사주를 소각하면 매입했던 자사주가 시장에 풀려 주식가치가 하락할 가능성을 원천봉쇄하기 때문이다.

보통주에는 의결권과 향후 배당금을 받을 권리가 있다. 따라서 기업의 펀더멘탈이 변하지 않은 채 주식 수가 줄어들면 주식가치는 상승한다. 이는 주가에도 반영된다. 유통 주식 수(발행 주식 수-자기주식 수)가 줄면 주당순이익(EPS; Earnings per Share)*이 오른다. EPS가 증가하면 주가수익비율(PER; Price Earnings Ratio)이 감소한다. PER은 주가를 주당순이익으로 나눈 값으로, 주식투자자가 손익분기점에 도달하는 기간을 의미다. 주가가 적정 PER로 회귀하는 과정에서 주가가 오르는 경우가 많다. 참고로 자사주 매입은 경영권 방어, 지배구조 개편 등의 목적으로 사용되기도 한다.

> **주당순이익(EPS; Earnings per Share)**
> 어떤 기업의 주식 1주가 순이익(수익에서 비용을 빼고 남은 이익)을 얼마만큼 올렸는가를 보여주는 지표다. A기업의 EPS가 7000원이라고 하면, A기업 주식 1주당 7000원의 순이익을 올린다는 뜻이다. EPS는 당기순이익을 발행 주식 수로 나누어 구한다. 순이익 규모가 클수록, 발행 주식 수 적을수록 EPS 값이 커진다.

배당은 회사가 1년 동안 영업활동을 통해 벌어들인 이익을 주주에게 나누어주는 것이다. 돈으로 나누어주면 현금배당, 주식으로 나누어주면 주식배당이라고 한다. 배당은 지속적으로 그 금액에 준하는 금액을 지급해야 하는 암묵적인 가정이 있어 하방경직성을 띤다. 그래서 배당이 자사주 매입보다 주가에 좀 더 긍정적인 시그널로 작용한다. 특히 미국의 경우 주주 우선주의 문화가 잘 정착되어 있어 매년 배당을 늘리는 것이 일종의 관례로 자리 잡았다. 실

배당은 회사가 1년 동안 영업활동을 통해 벌어들인 이익을 주주에게 나누어주는 것이다. 돈으로 나누어주면 현금배당, 주식으로 나누어주면 주식배당이라고 한다. 배당이 자사주 매입보다 주가에 좀 더 긍정적인 시그널로 작용한다.

제로 닷컴버블, 금융위기, 코로나19 등의 위기에도 불구하고 지난 25년간 꾸준히 배당 수준을 높인 미국 기업이 100곳 이상일 정도다. 현금 흐름이 안정적인 코카콜라, AT&T가 대표적인 배당주로 꼽힌다.

그러나 이런 일련의 현금 지출이 주주들에게 언제나 긍정적이지는 않다. 가령 산업의 태동기에 위치해 인력 모집과 기술 투자에 힘을 써야 할 고성장 기업이 주주에게 직접 현금을 환원하는 식의 정책을 펼친다면 장기적인 실적과 주가에 악영향을 끼칠 수 있다.

한 가지 흥미로운 사실은 스티브 잡스(Steve Jobs)가 CEO로 자리할 동안 애플은 단 한 번도 배당금을 지급하지 않았다는 것이다. 그가 지난한 사업 경험을 하며 현금에 집착하는 성향을 갖게 된 탓도 있지만, M&A나 R&D 투자에 현금을 투입하는 것이 장기적으로 애플에 더 크게 기여할 것으로 판단했다고 보인다. 잡스의 생활비 원천이 당시 보유하고 있던 대량의 디즈니 주식 배당금이었다는 점은 아이러니한 일이다.

스티브 잡스(오른쪽)가 CEO로 있을 때만 해도 애플은 배당과 자사주 매입에 인색한 회사였다. 하지만 2011년 CEO에 오른 팀 쿡(왼쪽)은 주주 친화적 정책을 펴기 시작했다. 애플은 매년 자사주를 대규모로 매입해 소각하고 주주들에게 배당금을 나눠준다.

DAY 04

삼성전자의 질주는
계속될 수 있을까?

🧭 미국, 일본, 한국이 차례로 품은 반도체 패권

반도체 시장은 역사가 50년가량 되었다. 50년 동안 시장 패권은 미국, 일본을 건너 우리나라로 넘어왔다. 인텔은 1970년 DRAM을 처음 개발하며 반도체산업의 주도권을 미국에 안겨주었다. 차츰 경쟁이 치열해지자 미국 반도체기업들은 너나 할 것 없이 일본 업체에 특허료를 받고 기술을 이전했다. 일본 기업들은 이전받은 기술을 바탕으로 더 뛰어난 품질의 반도체를 생산해 1980년대 반도체 시장의 선두를 탈환하는 데 성공했다. 당시 세계 반도체의 70% 이상이 일본에서 생산될 정도였다. 이를 지켜본 삼성전자는 1983년 DRAM 시장 진출을 결정했고, 그로부터 9년이 지난 1992년 당시 세계 1위 반도체기업이었던 도시바를 제쳤다.

반도체는 문자 그대로 전기가 잘 통하는 도체와 전기가 통하지 않는 부도체의 중간 성질을 가지는 물질이다. 평소에는 전기가 잘 통하지 않지만, 열이나 빛 등을 가하면 전기가 통한다. 우리 주위에 있는 거의 모든 IT제품에는 반도체가 사용된다. 반도체 시장은 그 규모가 매우 크고 우리나라 대표 기업인 삼성전자의 핵심 사업 분야인 만큼 국가 차원에서 주의를 기울인다. 삼성전자는 코스피 시가총액의 20% 가량을 차지하는데, 삼성전자의 영업이익 절반이 반도체 사업부에서 창출된다.

1970년 10월에 인텔이 출시한 반도체 인텔 1103. 인텔 1103은 최초의 상용 DRAM IC로, 이후 인텔은 세계 반도체 시장을 호령했다. 1980년대 들어 인텔은 반도체 시장에서 일본 기업에 추월당하자 1984년 메모리반도체 시장에서 철수하고 PC용 CPU에 집중했다.

ⓢ 삼성전자는 지금껏 전 세계의 25%만 공략했다

반도체산업은 뛰어난 기술이 핵심 경쟁 요소인 전통적인 제조업이다. 따라서 반도체의 종류에는 어떤 것이 있고, 각각 어떤 특징을 가지는지 알아보는 것이 필수다.

반도체는 크게 메모리반도체와 비메모리반도체로 구분된다. 세계 반도체 시장에서 메모리 시장은 25%, 비메모리 시장은 75%를 차지한다. 지금껏 우리나라는 삼성전자를 필두로 메모리반도체 시장에 주력해왔다. 메모리는 정보의 기록과 저장이 주기능인 반면, 비메모리는 정보의 제어, 연산 등이 주기능이다.

사업 특성에서도 차이를 보인다. 메모리는 소품종 대량생산 방식을 취하기 때문에 대량생산을 통한 생산단가 절감이 주요 경쟁력이다. 실제로 메모리반도체업체들은 연평균 생산단가를 2%씩 절감하고 있다. 반면 비메모리반도체는 다품종 소량생산으로, 반도체 설계기술이 핵심 역량이다. 반도체산업에는 반도체 생산만을 전문으로 하는 파운드리(foundry)산업이 있다. 비메모리기업들이 설계에 수많은 자금을 투입하는 동시에 위험을 분산하기 위해 생산을 아웃소싱 하면서 탄생한 산업이다. 정리하자면 메모리는 생산이, 비메모리는 설계가 핵심이다.

메모리와 비메모리 반도체는 수요자와 공급자 측면에서도 특성이 다르다. 메모리반도체는 컴퓨터나 스마트폰 제조업체, 혹은 가전업체에서 주로 대량으로 구매하며 제품 차별화가 거의 존재하지 않는다. 메모리를 변경한다고 해서 최종 생산물에 큰

ⓠ 메모리와 비메모리 반도체 사업 비교

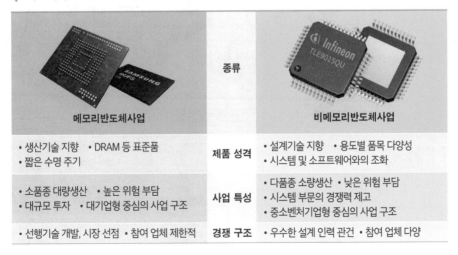

메모리반도체사업	종류	비메모리반도체사업
• 생산기술 지향 • DRAM 등 표준품 • 짧은 수명 주기	제품 성격	• 설계기술 지향 • 용도별 품목 다양성 • 시스템 및 소프트웨어와의 조화
• 소품종 대량생산 • 높은 위험 부담 • 대규모 투자 • 대기업형 중심의 사업 구조	사업 특성	• 다품종 소량생산 • 낮은 위험 부담 • 시스템 부문의 경쟁력 제고 • 중소벤처기업형 중심의 사업 구조
• 선행기술 개발, 시장 선점 • 참여 업체 제한적	경쟁 구조	• 우수한 설계 인력 관건 • 참여 업체 다양

영향이 가지 않고 전환비용도 적다. 따라서 교섭력을 갖추기 위해서는 대량생산을 통한 비용 절감이 필수다. 메모리반도체산업의 공급자는 원재료 및 생산설비 공급자다. 이들의 수는 매우 제한적이고 첨단기술을 장착한 설비를 보유해 메모리반도체산업에 행사하는 힘이 큰 편이다.

비메모리반도체는 8000여 종의 다양한 제품 포트폴리오로 구성되며 선주문 방식의 맞춤형 구조다. 따라서 메모리반도체보다 교섭력 측면에서 우위에 있다고 볼 수 있다. 가격이 아니라 품질로 경쟁한다. 공급자 측면에서는 메모리반도체와 유사하다. 최근에는 IT 기기 생산업체들이 자사 내부 수요, 원가 절감 등을 근거로 비메모리반도체 자체 설계에 뛰어들고 있다.

⊚ RAM과 ROM이 어떻게 다른 거야?

메모리와 비메모리 반도체의 세부 종류에 대해 간략히 짚고 넘어가자. 메모리반도체는 정보를 저장하는 기능을 하며 종류에는 크게 RAM과 ROM이 있다. RAM은 저장해둔 정보를 읽고 내용을 바꿀 수 있지만, ROM은 기록된 정보를 읽을 수만 있고 바꿀 수 없다. RAM과 ROM은 다시 여러 하위 분류로 나누어진다.

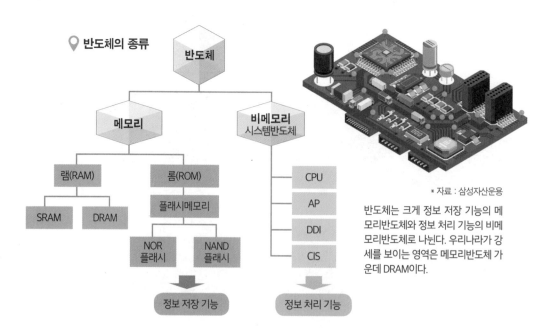

📍 **반도체의 종류**

반도체 → 메모리 → 램(RAM) → SRAM, DRAM

반도체 → 메모리 → 롬(ROM) → 플래시메모리 → NOR 플래시, NAND 플래시 → 정보 저장 기능

반도체 → 비메모리 시스템반도체 → CPU, AP, DDI, CIS → 정보 처리 기능

* 자료 : 삼성자산운용

반도체는 크게 정보 저장 기능의 메모리반도체와 정보 처리 기능의 비메모리반도체로 나뉜다. 우리나라가 강세를 보이는 영역은 메모리반도체 가운데 DRAM이다.

RAM은 SRAM과 DRAM으로 나뉜다. SRAM은 전원만 들어오면 정보를 계속 저장할 수 있는 것이 특징이다. 따라서 정보 처리속도가 빠르고 전력 소모가 적지만, 작게 만들거나 대용량 데이터를 처리하기 어렵다는 한계가 있다. 그래서 대형 서버, 통신기지국이나 그래픽카드 등의 소용량 메모리에 적용된다.

DRAM은 전원이 켜져 있는 상태에서도 미세한 전류가 흘러야 정보를 저장할 수 있다. SRAM보다 전력 소모가 큰 게 단점이지만 소형화가 가능하다. PC 등 각종 기기에 사용되며 우리나라가 세계 시장에서 높은 점유율을 차지하고 있는 부문이다.

RAM이 책상이라면, ROM은 책장에 해당한다. 자주 보지 않는 책은 책상보다 책장에 꽂아 놓듯이 특정 정보가 휘발될 염려 없이 장기간 보관될 수 있는 곳이 ROM이다.

ROM의 대표적인 종류인 플래시메모리는 전원이 끊긴 이후에도 정보가 남아있는 비휘발성 메모리다. 플래시메모리는 빠른 데이터 처리가 가능한 RAM의 장점과 데이터를 영구 보존할 수 있는 ROM의 장점을 모두를 가지고 있어 스마트폰, 빅데이터 분야의 수요가 많다. 플래시메모리는 노어(NOR)형과 낸드(NAND)형으로 나눌 수 있는데, 이중 낸드플래시가 대부분을 차지한다.

낸드플래시는 순차적 정보 접근이 가능한 비휘발성 메모리 칩이다. 디지털 비디오나 디지털 사진과 같은 대용량 정보를 저장하는 데 적합하다. 2020년 기준 메모리제품 중 RAM 계열인 DRAM은 전체 메모리반도체 시장의 56%를 차지했으며, 그 뒤를 이어 ROM 계열인 낸드플래시가 41%를 차지했다. RAM에서는 DRAM이, ROM에서는 낸드플래시가 대표주자다.

RAM이 책상, ROM이 책장 역할을 한다면, 비메모리반도체는 책을 읽는 역할이다. 즉 메모리반도체가 정보를 저장하는 기능을 한다면, 시스템 반도체라고도 불리는 비메모리반도체는 정보 처리가 목적이다.

◎ 혼자서 다하는 IDM, 요즘 핫하다는 파운드리

다음으로 반도체의 생산 과정과 단계별로 등장하는 서로 다른 기업 유형을 살펴보자. 반도체가 생산되기 위해서는 '설계 – 생산 – 조립 및 테스트 – 유통'의 4단계를 거

팹(Fab)

'Fabrication Facility'의 준말로 실리콘 웨이퍼 제조 공장, 즉 반도체 부품을 생산하는 공장을 말한다. 팹리스(fabless)는 반도체 설계 기술은 있지만 생산라인이 없는 업체를 가리킨다.

처야 한다. 이 중 설계와 생산 단계를 전공정 단계, 조립 및 테스트와 유통 단계를 후공정 단계라고 한다. 전공정 반도체기업은 생산 공정에 따라 자사 브랜드의 반도체를 설계하며 팹(Fab)*을 가지고 생산하는 일관공정업체(IDM), 팹 없이 설계만 전문으로 하는 설계전문업체(Chipless, Fabless), 칩리스와 팹리스의 주문을 받아 생산을 담당하는 파운드리(Foundry)로 구분된다.

일관공정업체(IDM: Integrated Device Manufacturer)는 반도체 칩 설계부터 제조, 조립 및 테스트까지 일관공정체제를 구축하여 모든 과정을 직접 수행한다. 반도체 시장에서 가장 성숙된 모델로 대부분의 메모리 분야가 여기에 속한다. 비메모리의 경우 설계가 중심이 되다 보니 설계와 제조를 구분한다. 그러나 메모리는 가격을 절감하기 위해 대량생산을 지향하므로 일관공정체제가 유리하다. 대표적인 메모리업체로는 삼성전자와 SK하이닉스, 인텔이 있다. 이들은 기술력과 규모의 경제를 활용해 경쟁을 벌인다. 대규모로 투자하는 만큼 리스크가 크지만, 그만큼 수익성도 높다. 메모리반도체의 영업이익률은 타 업계 대비 높다.

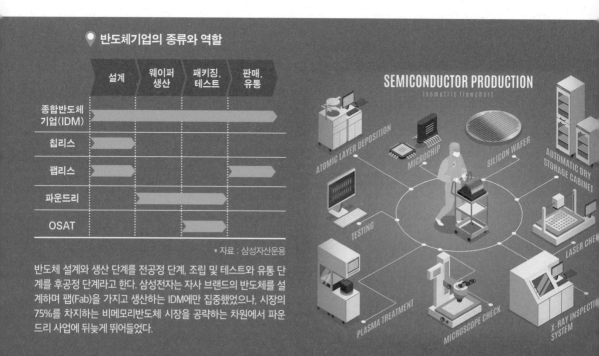

반도체기업의 종류와 역할

	설계	웨이퍼 생산	패키징, 테스트	판매 유통
종합반도체 기업(IDM)	←			→
칩리스	■			
팹리스	■			→
파운드리		■		
OSAT			■	

* 자료 : 삼성자산운용

반도체 설계와 생산 단계를 전공정 단계, 조립 및 테스트와 유통 단계를 후공정 단계라고 한다. 삼성전자는 자사 브랜드의 반도체를 설계하며 팹(Fab)을 가지고 생산하는 IDM에만 집중했었으나, 시장의 75%를 차지하는 비메모리반도체 시장을 공략하는 차원에서 파운드리 사업에 뒤늦게 뛰어들었다.

SEMICONDUCTOR PRODUCTION
isometric flowchart

ATOMIC LAYER DEPOSITION
MICROCHIP
SILICON WAFER
AUTOMATIC DRY STORAGE CABINET
TESTING
LASER CHE
PLASMA TREATMENT
MICROSCOPE CHECK
X-RAY INSPECTI SYSTEM

칩리스(Chipless)는 지식재산권(IP; Intellectual Property)으로 먹고사는 회사다. 오직 설계만을 전문으로 하며, IDM 업체나 뒤에서 설명할 파운드리업체에 설계 라이선스를 판매해 IP 수익을 올린다. 엔비디아가 인수를 추진했던 영국의 ARM이 대표적인 칩리스기업이다.

설계전문업체(Fabless)는 'Fabrication'과 'less'의 합성어로, 반도체 제품을 직접 생산(Fabrication)하지 않고 제품을 만드는 데 간접적으로 관여한다. 설계 및 기술 개발에 온 힘을 쏟은 후 100% 위

글로벌 파운드리 시장점유율

기타 11.4
SMIC 5.0
글로벌파운드리 6.1
UMC 7.3
삼성전자 17.1
TSMC 53.1

(단위 : %)

* 기준 : 2021년 3분기

칩리스와 팹리스에서 수주받은 칩만 전문으로 생산하는 파운드리 시장에서는 대만 TSMC가 부동의 1위다.

탁 생산한 제품을 판매한다. 따라서 팹리스 회사는 제품의 기술 개발에만 집중하고 생산은 외부에 위탁하기 때문에 비교적 리스크가 적다. 칩리스와 다른 점은 판매 및 유통 단계까지 담당한다는 것이다. 대표적인 기업으로는 엔비디아, AMD가 있다.

파운드리(Foundry)는 설계와 기술 개발은 하지 않고 팹을 통한 반도체 생산에 치중한다. 칩리스와 팹리스의 수주를 받아 칩 생산만 전문적으로 담당한다. 파운드리 시장에서는 대만의 TSMC가 부동의 업계 1위를 지키고 있다. 일찍이 일본 기술을 이전받은 대만은 메모리 분야에서 한국 기업에 밀리자 재빨리 파운드리 사업으로 전향해 성공을 거뒀다. 2021년 3분기 기준으로 삼성전자가 17%, TSMC가 53%의 점유율을 기록했다.

한국 기업은 전통적인 메모리 강국이었다. 2021년 3분기 메모리 계열인 DRAM과 낸드플래시 부문에서 한국 기업은 각각 72%, 48%의 시장점유율을 차지하며 업계 선두를 달렸다. 삼성전자는 본래 IDM에만 집중했으나 시장의 75%를 차지하는 비메모리반도체 시장을 공략하는 차원에서 파운드리 사업에 뒤늦게 뛰어들었다.

후공정기업으로는 어셈블리 및 테스트 전문업체가 있다. 이를 담당하는 회사를 OSAT(Outsourced Semiconductor Assembly and test) 기업이라고 한다. 메모리 제조 회사는 반도체 부품들을 자체적으로 조립하지만, 비메모리 회사는 서로 다른 다양한 제

품을 패키징하는 데 한계가 있어 외부에 위탁한다. 또한 완성된 반도체가 정상적으로 작동하는지 확인하는 검사장비가 꽤 고가인 탓에 외주업체에 대한 수요가 높다.

메모리반도체, 사이클에 웃고 울고

전통적으로 반도체산업의 호황과 불황을 설명할 때 '실리콘 사이클'이라는 개념이 사용된다. 3~4년 주기로 호황과 불황이 반복된다는 실리콘 사이클은 반도체의 주요 수요처인 미국의 거시경제 순환 사이클과 연관성이 매우 컸다. 실제로 2000년, 2004년, 2006년, 2010년, 2013년 반도체가격이 상승했고, 이후에는 1~2년씩 시장이 침체되는 현상이 반복됐다. 경기가 호황을 누릴 때 반도체기업들은 설비 투자를 늘리지만, 갑작스럽게 늘어난 초과 공급은 가격을 떨어뜨린다. 이로 인해 기업들이 설비 가동을 일부 중단하면 공급 부족으로 가격이 재차 상승하는 현상이 나타난다.

그러나 최근 들어 이 사이클이 깨지고 있다. 수요 지역의 다변화가 첫 번째 요인이다. 중국 및 인도 등 신흥시장의 비중이 확대되면서 반도체 경기의 등락 폭이 많이 줄어들었다. 또 다른 요인은 수요 제품의 다변화다. 과거에는 PC 위주로 DRAM 시장이 형성되었으나 현재는 스마트폰, 서버 등 수요처가 확대되었다. 메타버스 시장이 성장함에 따라 메모리반도체에 대한 신규 수요가 창출될 것이라는 기대도 크다. 이에 따라 향후 반도체 시장이 10년 이상의 주기를 가진 '슈퍼 사이클'에 진입할 것이라는 전망도 있다. 실제로 1990년대 초 PC의 대량 보급, 2010년 스마트폰 출시 등 굵직한 변화가 나타날 때마다 메모리반도체 시장은 비약적인 성장을 거두었다.

제조업의 반도체 홀로서기 선언

코로나19 이후 업계의 가장 큰 화두는 차량용 반도체 공급 부족이었다. 반도체업체에서 생산량을 대폭 줄이자 글로벌 수요가 회복하면서 생산량이 이를 따라가지 못하는 현상이 발생한 것이다. 그중에서 유독 차량용 반도체의 공급이 부족해진 이유는 반도체 제조업체들이 차량용보다 더 수익성이 높은 스마트폰, TV용 반도체 공급에 집중했기 때문이다. 이에 따라 전력제어반도체(PMIC) 등 비메모리반도체가 한동안 공급 부족 현상에 시달린 바 있다.

전체 시장에서 차량용 반도체 시장이 차지하는 비중은 10% 수준이다. 그리 높은 편이 아닌 만큼 공급 계획상에서 후순위로 밀린 것이다. 이 때문에 완성차업체는 손해를 보고 있지만, 반도체업체는 추가적인 반도체가격 상승을 기대하고 있다. 동시에 전 분야에 걸쳐 반도체 생산업체의 교섭력이 높아지고 있다. 2022년 아이폰용 반도체를 생산하는 TSMC가 애플에 공급가 인상을 통보한 것이 대표적이다. 통상 애플이 TSMC에 일감을 주는 구조라 파운드리업체는 '을'로 분류됐다. 그러나 '슈퍼을은 곧 갑'이라는 것을 보여준 사례가 되었다.

해외 반도체업체로부터 공급을 받는 미국 기업은 이런 공급 부족 현상에 문제의식을 느껴 반도체 리쇼어링(제조업의 본국 회귀)을 강력하게 추진하고 있다. 주한미국상공회의소가 삼성전자의 미국 소재 공장 증설을 유도하기 위해 우리나라 정부에 이재용 부회장의 사면을 요구하는 성명을 발표하기도 했을 정도다.

제조기업들의 '반도체 홀로서기 프로젝트'는 반도체 시장의 패러다임을 바꿀 만한 중요한 사안이다. 지속적인 공급 부족과 가격 부담에 대응하는 차원에서 스스로 반도체 전장에 뛰어든 기업들이 많다. 이는 맞춤형 AI 연산이 가능한 반도체를 찾기 위한 여정이기도 하다.

2021년 4월 애플이 아이패드 등 새로운 제품군을 공개했다. 이 가운데 아이패드 프로에는 애플이 독자 설계한 반도체칩인 'M1'이 탑재됐다. M1은 컴퓨터 구동에 필요한 중앙처리장치, 그래픽처리장치, 인공지능 연산을 수행하는 뉴럴엔진, D램 등을 합친 것이다.

서로 다른 회사의 반도체를 한 기기에 접목할 경우 데이터 연산에 병목현상이 생기기 마련이다. 이전에는 일정 수준 이상의 연산만 가능하면 상관이 없었으나 AI 시대에서는 훨씬 고도화된 연산 기능이 요구된다. 그래서 여러 회사가 생산은 파운드리에 외주를 맡기고, 자신들은 설계에만 집중함으로써 반도체의 호환성을 높이는 전략을 펼치고 있다. 그러나 반도체 설계는 전문성을 요구하는 분야이다. 그렇다 보니 '홀로서기 프로젝트'는 일단 소프트웨어 역량이 뛰어난 애플, 아마존, 메타 등의 빅테크기업 위주로 진행되고 있다.

인텔 반도체를 사용하던 애플이 2020년 자체 반도체 M1이 탑재된 맥북을 출시한 것을 필두로 각 기업이 반도체 자립 행렬에 합류하고 있다. 성능 측면에서도 기존 인텔 반도체보다 훨씬 뛰어난 퍼포먼스를 보이며 소비자들의 좋은 반응을 이끌어냈다. 포드, GM 등 다가오는 전기차 트렌드에 결코 뒤처질 수 없는 완성차업체들도 반도체 칩을 직접 디자인할 것이라는 계획을 발표한 상황이다.

⊚ 거스를 수 없는 대세, 비메모리반도체

한편 전기차, 자율주행차로의 트렌드 전환은 반도체산업의 새로운 성장동력이 될 예정이다. 일반 자동차에 적용되는 반도체는 대략 200개 수준이지만 자율주행차 시대에선 2000개 수준으로 늘어난다. 차량당 반도체 사용 금액도 2012~2020년까지 연평균 5%의 증가율을 보였는데, 2025년까지 증가율이 더욱 높아질 전망이다. 또한 기존 내연기관차 대비 전기차의 반도체 사용금액이 90% 이상 높다고 하니 반도체업계의 전망이 밝아 보인다.

인텔이 반도체 시장의 선두로 자리매김했을 때는 반도체의 주요 수요처가 PC와 노트북 시장이었다. 그러다 반도체의 저전력, 미세화를 요구하는 스마트폰 시대에 접어들면서 인텔의 시장점유율은 폭락했고, DRAM과 낸드플래시 생산에 강점을 가졌던 삼성전자의 반도체 사업이 빠르게 성장했다. 많은 전문가는 2000년대가 PC 시대, 2010년대가 스마트폰 시대였다면, 2020년대는 자율주행 기능과 인공지능이 적용되는 차세대 자동차 시대가 될 것이라 예상한다.

차세대 자동차 시대에서는 반도체의 저전력과 미세화보다 다양성과 다품종이 요구된다. 자동차는 본래 반도체의 미세화를 중시하는 분야가 아닌 데다 차세대 자동차는 기존 내연기관 자동차보다 더 많은 반도체 부품을 요구하기 때문이다. 차량용 반도체 시장의 성장률도 현재 10% 수준으로 전체 반도체 시장의 성장률 5%를 크게 상회한다. 이에 따라 앞으로 팹리스, 파운드리 등의 비메모리반도체 시장이 더욱 커질 것으로 예측된다. 코로나19 이후 일어난 자동차 반도체 품귀 현상도 4나노 반도체가 아니라 50나노, 70나노, 100나노 반도체에서 일어났다.

2022년 들어 TSMC와 삼성전자의 시가총액 차이가 200조 원 이상 벌어지는 등 시스템반도체 공급 부족 사태로 메모리·비메모리 반도체 기업의 가치가 차등화되는 양상도 나타났다. 지금껏 메모리반도체 시장을 선도한 삼성전자의 반도체 수익성이 지속될지 지켜볼 필요가 있다.

세계 차량용 반도체 시장 전망

(억 달러)

연평균 성장률 10%

연도	값
2019	420
2020	380
2021E	450
2022F	500
2023F	540
2024F	580
2025F	630
2026F	676

세계 차량용 반도체 시장은 2026년 676억 달러에 이를 것으로 보인다. 일반 자동차에 적용되는 반도체는 대략 200개 수준이지만 자율주행차 시대에선 2000개 수준으로 대폭 증가한다. 자율주행차 시장 개화로 차량용 반도체 호황이 예상된다.

DAY 05

거침없이 돌진하는
중국발 회색 코뿔소를 경계하라!

🧭 디스플레이를 설명하는 키워드 셋, 대기업·사이클·소수독식

1966년 LG전자의 전신인 금성사가 처음으로 흑백 TV를 출시했다. 이후 출시된 TV들은 한동안 흑백 브라운관 방식이었다. 스포츠 경기에서 누가 우리 팀인지 구분이 어려울 정도로 화면에 나오는 모든 것이 어두웠다. 1980년 우리나라는 처음으로 컬러 TV를 들여왔다. 당시에는 아주 혁신적인 제품이었다. 디스플레이 기술의 혁신은 계속 이어졌고 현재 TV 화면 크기는 100인치를 넘겼다. 최근에는 접을 수 있는 폴더블, 둥그렇게 말 수 있는 롤러블 디스플레이가 출시되기도 했다.

디스플레이란 전기적으로 처리된 정보를 인간이 눈으로 볼 수 있는 시각 정보로 바꾸어 주는 장치다. 스마트폰 액정, 컴퓨터 모니터, TV 화면 모두 디스플레이다. 유통업에서 상품을 소비자에게 마지막으로 전달하는 단계를 '라스트 마일(last mile)'이라고 한다. 디스플레이를 통해 보이는 정보는 스마트폰이나 TV를 구성하는 다양한 부품과 기술이 결합한 결과다. 이런 측면에서 디스플레이를 '전자제품계의 라스트 마일'이라 부를 수 있다. 디스플레이는 중요성과 거대한 시장 규모를 바탕으로 반도체, 2차전지와 함께 세계 3대 전자정보통신 부품으로 꼽힌다.

디스플레이산업에는 크게 세 가지 특징이 있다. 첫째는 전후방 산업 모두에 관여하는 대기업 중심으로 이루어져 있다는 점이다. 삼성SDI가 대표적이다. 디스플레이산업의 후방에는 유리기판, 액정 소재, 컬러필터, 제조장비 등이 있다. 전방에는 삼성전자의 주요 무대인 TV, 스마트폰, 노트북, 모니터 시장이 자리하고 있다. 즉 디스플레이업은 수직적 분업 구조가 나타나는 자본 집약적인 장치산업이다.

둘째로 디스플레이산업은 공급 초과와 부족이 반복적으로 나타남에 따라 가격 변동이 크다. 디스플레이 양산을 위해서는 막대한 투자가 필요하고, 투자부터 생산에 이르기까지 시차가 있다. 디스플레이 수요가 증가해 디스플레이 업체들이 대규모 투자를 했다고 가정해보자. 생산 시기에 수요가 감소할 경우 공급 과잉이 발생할 수밖에 없다. 반대로 공급업체가 투자를 축소했는데, 생산 시점에 수요가 회복한다면 공급 부족 현상이 나타난다. 이렇게 디스플레이업계는 수요와 공급의 수급 밸런스가 맞지 않아 가격 변동성이 커지는 시기가 종종 있다.

마지막으로 디스플레이산업에서는 소수의 제품만이 살아남는다. 회사 별로 매해 수많은 제품이 출시되지만, 성능이 뛰어나거나 가격경쟁력이 우수한 몇 제품만 수요처의 선택을 받는다. 디스플레이산업의 전방업체에는 대부분 제조 대기업이 포진해 있어 선택을 받은 우수한 디스플레이가 여러 제품에 반복적으로 사용되기 때문이다.

⊚ 기술력이 모든 것을 결정하는 산업

디스플레이업체들은 디스플레이를 스마트폰 제조사나 가전업체 등에 공급하여 수익을 창출한다. 디스플레이산업은 건설업처럼 수주업이라는 독특한 구조하에 있지도 않고, 금융업처럼 복잡한 이해관계로 서로 얽혀 있지도 않다. 전형적인 B2B 산업으로 기술이 곧 제1의 경쟁력인 분야다. 따라서 디스플레이산업에서 어떤 기업이 흥하고 쇠하는지는 대부분 기존 기술보다 뛰어난 신기술이 등장할 때 결정된다. 과거 디스플레이산업을 선도했던 일본 기업을 제치고 한국 기업이 세계 1위 자리를 차지할 수 있었던 비결은 설비와 기술 개발에 투자를 아끼지 않았기 때문이다.

디스플레이 종류에는 수많은 세부 카테고리가 있다. 그 가운데 시장점유율을 기준으로 가장 핵심적인 디스플레이를 꼽으라면 단연 LCD와 OLED다. 우선 각각의 디스플레이가 어떤 특성이 있고 트렌드가 어떻게 변해왔는지 살펴보자.

LCD는 우리 주위에서 흔히 볼 수 있는 형광등을 광원으로 사용한다. LCD에는 백라이트가 있다. 백라이트에서 나오는 빛이 컬러 필터를 거치며 색을 머금게 되고, 빛의 통과율을 조절해 우리 눈으로 전달한다. 빛이 편광판이라 불리는 두 개의 필터를 거치기 때문에, 이 기능을 구현하는 데 많은 부품이 필요하다. LCD는 일찍 개발된

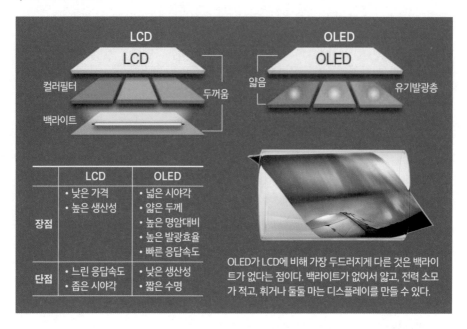

◉ LCD vs OLED

	LCD	OLED
장점	• 낮은 가격 • 높은 생산성	• 넓은 시야각 • 얇은 두께 • 높은 명암대비 • 높은 발광효율 • 빠른 응답속도
단점	• 느린 응답속도 • 좁은 시야각	• 낮은 생산성 • 짧은 수명

OLED가 LCD에 비해 가장 두드러지게 다른 것은 백라이트가 없다는 점이다. 백라이트가 없어서 얇고, 전력 소모가 적고, 휘거나 둘둘 마는 디스플레이를 만들 수 있다.

만큼 다양한 수요처에서 디스플레이 표준으로 받아들였고, 오랜 시간 기술 개선을 거치면서 제조원가가 매우 낮아졌다. OLED보다 성능은 떨어지지만, 가격경쟁력에서 우위에 있다.

OLED는 신호등에도 이용되는 LED 조명을 광원으로 사용한다. 스스로 빛을 내는 유기물질을 이용하여 LCD에 비해 명암비, 색일치율, 색재현 범위가 넓고 응답속도가 빠르다. 이런 OLED의 상대적 장점은 백라이트에 적용한 램프 차이에 기인한다.

OLED는 LCD와 다르게 자체발광이기 때문에 검은 화면을 표현하고자 할 때 아예 소자를 꺼서 완벽한 흑색을 표현할 수 있다. 반면 LCD는 두 개의 편광판으로 백라이트의 빛을 가리는 방식으로 검은색을 구현한다. 이때 백라이트의 빛이 100% 차단되지 못하기 때문에 완전한 검은색을 구현하기 어렵다. 그래서 OLED는 LCD보다 소비전력 효율성이 높고 명암비와 색재현력이 뛰어나다. 과거에는 OLED가 LCD에 비해 오랜 기간 고성능을 유지하지 못한다는 단점이 있었으나 지속적인 기술 투자로 이를 극복할 수 있었다.

명암비, 색재현력, 응답속도 등 OLED는 다양한 장점을 가지고 있지만, 그 가운데 가장 핵심적인 특징은 두께가 얇다는 것이다. 모든 기업이 최근 몇 년 동안 디스플레이 두께를 줄이는 데 많은 노력을 기울였다. OLED는 백라이트와 컬러필터 없이 자체 발광하기 때문에 외부 광의 반사를 막는 단 한 장의 판만 있으면 된다. 그래서 두께가 훨씬 얇다. 디스플레이를 얇게 만드는 이유는 제품 수준을 올려 소비자에게 어필하기 위해서이기도 하지만 그보다는 완전히 새로운 제품을 만드는 데 목적이 있다.

디스플레이 1세대는 브라운관, 2세대는 평판 디스플레이, 3세대는 종이처럼 말거나 접을 수 있는 플렉서블 디스플레이(flexible display)다. 디스플레이를 종이처럼 말거나 접으려면 디스플레이를 아주 얇게 만들어야 한다. 그래서 그간 기업들이 디스플레이 두께에 천착한 것이다. 2019년 삼성전자는 폴더블 스마트폰을 출시하면서 본격적인 3세대 디스플레이의 시대가 도래했음을 알렸다.

소비자의 눈이 점차 높아지고 기술이 고도화되는 과정에서 OLED 생산가격 또한 절감되었다. 현재 디스플레이의 세계적 추세는 OLED다. 가장 대표적인 예가 AMOLED다. OLED의 일종인 AMOLED는 LCD보다 부품이 적게 들어가 기존 LCD TV보다 더 얇은 TV를 만드는 데 적용됐다. 그러나 기존 LCD TV에 비해 가격이 높게 형성되면서 경쟁력을 갖기 어려웠다. 삼성디스플레이는 고심 끝에 디스플레이 단위인 픽셀에 자극을 주는 스위치 TFT(Thin Film Transistor)를 교체했다. 기존 TFT의 원재료는 저온폴리실리콘 LTPS로 생산원가가 높았으나, 이를 산화물 반도체 Oxide TFT로 대체하면서 비용 부담을 줄일 수 있었다. 이런 노력이 쌓여 OLED와 LCD의 가격 격차가 현재 많이 줄어든 상태다. 그러나 아직 소비자가 TV를 선택할 때 더 높은 가격의 OLED TV를 구매할 만큼 제품의 질이 체감되지 않는다는 평이 지배적이다.

◎ 디스플레이가 죽은 산업이라는 오해

디스플레이업은 그 특성상 TV, 태블릿, 노트북, 스마트폰 판매량과 연동될 수밖에 없는 산업이다. 이 중 디스플레이업체에 가장 중요한 시장은 TV다. TV 시장은 지난 10년간 큰 변동 없이 출하량이 매년 2억 대 정도였던 데다 경기 변동에 대한 민감도도 크지 않다. 신규 수요보다는 교체 수요가 대부분이다.

디스플레이산업은 판매량이 아니라 판매 면적이 핵심적인 이익 지표다. 대개 비즈니스 모델의 수익성이 P(가격)와 Q(수량)의 곱으로 표현된다면, 디스플레이업체의 수익성은 출하 면적과 면적당 평균 판매가격의 곱으로 나타난다. 그래서 기타 IT제품 시장보다 디스플레이 규격이 큰 TV 시장이 중요하다.

TV 판매 대수는 크게 변하지 않았지만, 소비자가 점차 대형 화면을 선호하면서 지난 10년간 시장 규모가 2배로 성장했다. 2014년 평균 판매규격이 40인치를 돌파한 TV 시장은 2021년에는 50인치를 넘어섰다. 외부에서는 정체된 시장으로 보기 쉽지만 실제로는 성장한 것이다. TV 시장은 개발도상국을 중심으로 계속해서 성장하고 있으며, 소득 수준이 올라가고 큰 화면으로 영상을 즐기고자 하는 니즈가 증가함에 따라 대형이 중소형 시장보다 큰 폭으로 성장하고 있다.

⊚ TV는 LCD, 스마트폰은 OLED

단점보다 장점이 훨씬 많은 OLED지만 TV 시장에서는 크게 힘을 쓰지 못하고 있다. CRT가 적용된 과거 TV는 두께가 50cm가 넘었다. 두께를 10cm 수준으로 줄인 LCD 기술이 등장하며 LCD 시장은 CRT 시장을 빠르게 잠식했다. OLED는 그 두께를 무려 2cm까지 줄였지만, 한계효용이 감소한 소비자의 호응을 얻지 못했다. 똑같이 두께가 20% 수준으로 줄었지만 50cm와 10cm, 10cm와 2cm는 각기 전혀 다른 결과로 이어졌다. 더욱이 소비자 입장에서 비교적 높은 가격의 OLED TV와 LCD TV를 비교할 때 성능 차이가 크게 체감되지 않는 탓도 있다.

2021년 LCD가격이 상승하며, 패널가격 차이가 2020년 440달러에서 2021년 310달러로 줄어들었다(55인치 기준). 이에 2021년 OLED TV 수요가 일시적으로 상승했지만, 이것이 과연 지속 가능한 트렌드일지는 두고 볼 문제다.

OLED의 침투율은 TV보다 스마트폰에서 더 두드러진다. 그도 그럴 것이 TV 시장에서는 OLED가 가지는 이점이 많지 않다. OLED의 가장 큰 장점은 완제품의 변형 가능성이다. 즉 접거나 말 수 있는 것이 가장 핵심적인 기술이다. 하지만 TV의 경우 소비자들이 폴더블이나 롤러블 기능을 요구하지 않을뿐더러, TV 특성상 배터리 소모가 큰 문제가 되지 않는다.

TV 디스플레이 점유율 추이

■ OLED ■ LCD

	OLED	LCD
2017	95.5	4.5
2019	94.1	5.9
2021	90.0	10.0

50 60 70 80 90 100 (%)

스마트폰 디스플레이 점유율 추이

(%) ■ OLED ■ LCD

	2017	2018	2019	2020	2021	2022E
LCD	77	73	71	65	57	53
OLED	23	27	29	35	43	47

* 기준 : 판매금액, 자료: 키움증권 리서치 센터

OLED는 두께와 전력 소모, 색상 재현력, 변형 가능성 등 여러 가지 측면에서 LCD보다 우위에 있다. 하지만 TV 시장에서 OLED는 소비자가 느끼는 성능에 큰 차이가 없고 가격이 높은 탓에 시장점유율이 높지 않다. 반면 스마트폰 시장에서는 점유율이 지속적으로 증가하고 있으며, 조만간 LCD를 추월할 전망이다.

반면 스마트폰은 전력 소모가 매우 큰 이슈인 디바이스다. 현재 폴더블, 롤러블 스마트폰에 대한 인지도와 인기가 모두 상승하는 추세다. 본래 삼성이 내건 AMOLED 사업도 장기적으로 폴더블, 롤러블 시장을 겨냥한 것이다. 현재 43%인 스마트폰 내 OLED 점유율은 지속적으로 높아질 것으로 전망된다.

🧭 중국의 '디스플레이 굴기'에 맞서는 한국 기업의 전략, LCD 철수·OLED로 전면 전환

LCD와 OLED로 양분된 디스플레이 시장은 어떻게 변하고 있고, 우리나라 기업들은 각 시장에서 어떤 지위에 있을까? 우선 LCD와 OLED 시장의 비중은 크게 달라지고 있다. 2020년 LCD 시장은 전체 디스플레이 시장 중 75%를 점유했으나 2026년 63%로 줄어들 전망이다. 같은 기간 OLED 시장은 25%에서 37%로 늘어날 것이 예상된다.

디스플레이 시장은 대형 디스플레이 시장과 중소형 디스플레이 시장으로 나뉜다. 이중 대형 디스플레이 시장의 규모가 커지는 추세다. 2020년 대형 디스플레이 시장

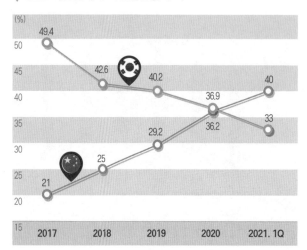

한중 디스플레이 시장점유율 추이

(%)

연도	한국	중국
2017	49.4	21
2018	42.6	25
2019	40.2	29.2
2020	36.9	36.2
2021. 1Q	40	33

* LCD · OLED 매출 합산 기준, 자료 : 옴디아

중국 업체들은 막대한 정부 보조금을 발판으로 LCD에 이어 OLED 시장에서도 세를 불리고 있다.

은 전체 시장의 54%를 차지했고, LCD와 OLED 시장 모두에서 점차 점유율을 넓혀갈 것이라는 데 이견이 없다.

국내 기업들은 LCD 시장보다는 OLED 시장에서 두각을 나타내고 있다. 2019년 자료에 따르면 중소형 LCD 시장에서는 LG디스플레이가 13%, 대형 LCD 시장에서는 삼성디스플레이와 LG디스플레이가 각각 12%, 27%를 점유하고 있다. OLED 시장은 한국 기업이 압도적인 점유율을 보이고 있는데, 삼성디스플레이가 중소형 OLED 시장에서 95%, LG디스플레이가 대형 OLED 시장에서 90%를 차지했다.

한중 디스플레이 원가경쟁력 (단위 : %)

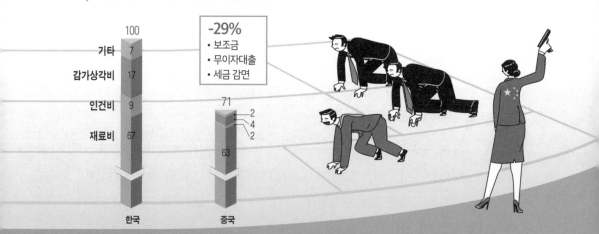

	기타	감가상각비	인건비	재료비	
한국 (100)	7	17	9	67	
중국 (71)	2	4	2	63	

-29%
• 보조금
• 무이자대출
• 세금 감면

* 자료 : 딜로이트컨설팅

BOE와 CSOT·비전옥스·톈마 등 중국 4대 디스플레이 업체가 2012년부터 8년 동안 받은 정부 보조금 총액은 5조 5000억 원에 달한다. 중국 정부의 보조금은 같은 기간 삼성디스플레이와 LG디스플레이 순이익 합계(20조 원)의 25%를 넘어서는 수준이다.

그러나 전 분야에서 중국 업체에게 조금씩 점유율을 빼앗기는 양상이다. 2015년 중국 정부는 첨단산업 육성 정책인 '제조 2025'를 앞세워 자국 디스플레이 업체에 엄청난 양의 투자를 감행했다. 덕분에 중국 업체들은 마진을 포기하면서까지 저가 LCD를 공급하여 세계 시장점유율을 가져갈 수 있었다.

BOE 등의 중국 기업이 정부의 막대한 지원에 힘입어 빠르게 점유율을 잠식하고 있어 국내 디스플레이사의 적절한 대응이 필요해 보인다. 중국 기업의 경우 전체 비용의 29%를 정부 지원금으로 충당할 수 있기 때문에 그동안 실질적인 적자를 보면서도 외형 확대가 가능했다. 반도체 시장에서도 중국이 동일한 전략으로 점유율 확대를 노렸으나 미국의 강력한 제재로 '보조금 퍼주기' 정책을 단념한 사례가 있다. 그러나 디스플레이 시장의 경우 마땅히 중국을 견제할 수 있는 국가가 없어 앞으로도 정부의 두둑한 지원을 받는 중국 기업의 점유율이 높아질 것으로 보인다.

LCD 시장은 생산 공정의 표준화로 인해 한국과 중국 업체 간 기술 격차가 점차 좁혀져 현재는 기술 수준이 거의 비슷하다. 반면 OLED 분야는 LCD보다 기술 장벽이 비교적 견고하고 부가가치가 높아 한국 업체들은 OLED에서 해답을 찾고 있다. OLED에서는 한국과 중국 업체의 기술력 차이가 두드러진다는 게 전문가들의 의견이다.

삼성디스플레이와 LG디스플레이는 2010년대 후반 중국에 의해 패널가격이 급락한 LCD 사업을 축소하고 OLED에 집중하는 방식으로 전략을 수정한 바 있다. 실제로 LG디스플레이는 2019년 대비 2020년 TV용 LCD 패널을 절반 수준으로 줄이면서 LCD 사업 중단 계획을 내비쳤다. 중국 업체 대비 LCD 가격경쟁력이 떨어지는 만큼 고부가가치의 OLED 패널 생산에 집중한다는 계획이다. 그러나 코로나19 이후 LCD 패널가격이 급등하면서 양사는 공장 셧다운을 잠정 연기했다. 더구나 같은 계열사인 삼성전자와 LG전자의 LCD 수요가 계속되면서 쉽사리 LCD 라인을 전면 중단하기 어려운 상황이다. LCD 철수와 OLED로의 전면 전환은 양사의 변함없는 원칙이지만 구체적인 시기는 여전히 미지수다.

AROUND
INDUSTRIES
IN
40
DAYS

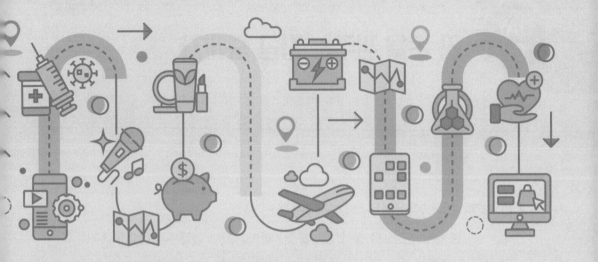

Chapter 2

금융산업

DAY 06

꾼 돈을 꿔주는 자금 중개자

🧭 은행 비즈니스 모델의 근간, 예대마진

보통 월급은 은행 통장으로 들어가고, 일정 기간이 지나면 은행은 우리에게 예금액의 일정 퍼센트를 이자로 지급한다. 적금이나 다른 금융상품에 가입하고자 할 때, 체크카드나 신용카드를 발급받을 때, 해외여행 시 환전을 할 때도 은행을 방문하거나 은행 앱을 이용하는 경우가 많다. 은행은 우리의 경제생활 대부분을 주관하기 때문에 '금융업의 꽃'이라 불린다. 증권사나 보험사가 재테크나 위험 보장에 특화되어 있는 반면 우리가 은행을 찾는 목적은 매우 다양하다.

은행은 크게 일반은행과 특수은행으로 나뉘고 일반은행은 다시 시중은행, 지방은행, 인터넷전문은행으로 구분된다. 일반은행은 KEB하나은행, 대구은행, 카카오뱅크 등 우리 주변에서 혹은 휴대폰을 통해 쉽게 접근할 수 있는 은행을 말한다. 특수은행은 특수한 목적을 가진 은행으로 산업은행, 기업은행, 농협이 대표적이다. 이들은 각각 산업 개발금 대출, 중소기업 지원금 대출, 농어촌자금 대출 등 특별한 상품을 취급한다. 특수은행 중에는 농협처럼 일반은행 업무를 겸하는 경우도 있다. 이렇듯 은행은 점포 유무나 목적 등에 의해 다양하게 나뉜다. 하지만 기본적으로 모든 은행은 수익 구조와 특성이 유사하다.

은행의 수익은 이자수익과 비이자수익으로 구성된다. 먼저 이자수익에 대해 살펴보자. 이자수익은 여수신 업무 과정에서 창출된다. 고객이 은행에 맡기는 예금으로 자금을 조달하여(수신), 다른 고객에게 대출하는 것이다(여신). 은행은 고객에게 받은 돈에 대한 예금금리와 고객에 빌려준 돈에 대한 대출금리의 차이를 수익으로 인식

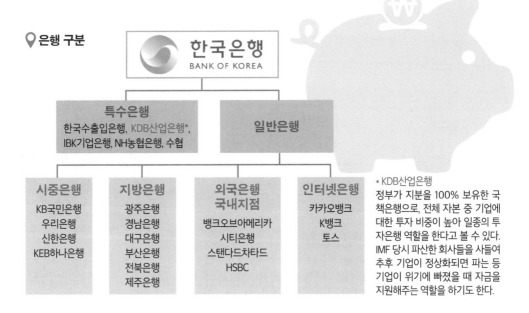

📍**은행 구분**

한국은행
BANK OF KOREA

특수은행
한국수출입은행, KDB산업은행*,
IBK기업은행, NH농협은행, 수협

일반은행

시중은행	**지방은행**	**외국은행 국내지점**	**인터넷은행**
KB국민은행 우리은행 신한은행 KEB하나은행	광주은행 경남은행 대구은행 부산은행 전북은행 제주은행	뱅크오브아메리카 시티은행 스탠다드차타드 HSBC	카카오뱅크 K뱅크 토스

* KDB산업은행
정부가 지분을 100% 보유한 국책은행으로, 전체 자본 중 기업에 대한 투자 비중이 높아 일종의 투자은행 역할을 한다고 볼 수 있다. IMF 당시 파산한 회사들을 사들여 추후 기업이 정상화되면 파는 등 기업이 위기에 빠졌을 때 자금을 지원해주는 역할을 하기도 한다.

한다. 이를 두고 예대마진(= 대출금리 − 예금금리)이라 한다. 현재 우리나라 시중은행들은 전체 수익 중 약 90%를 예대마진에서 얻는다.

은행에서는 당연히 예금금리보다 대출금리를 높게 책정한다. 이자수익 확대를 위해선 대출금리는 높이고 예금금리는 낮추어야 한다. 하지만 예금금리가 무척 낮으면 해당 은행에 돈을 넣어도 수익률이 낮아서 사람들이 다른 투자처로 발길을 옮길 것이다. 따라서 은행의 경쟁력은 낮은 금리로 많은 고객을 유치하는 데 달려 있다.

비슷한 품질의 레고를 만드는 두 회사가 있다고 해보자. 원재료 1kg을 5000원에 매입하는 회사와 10000원에 매입하는 회사의 수익은 다를 수밖에 없다. 은행업에서 예금은 소비재기업에서 원재료인 셈이다. 당연히 원가가 절감될수록 이익이 커진다.

은행업에서 낮은 원가를 누리는 이들은 재무건전성을 기반으로 하는 높은 신뢰도, 기타 서비스와의 연계도, 폭넓은 영업망 등 고객에게 매력적인 요소를 지닌 소수 은행이다. 모든 은행은 실제 보유 중인 자금보다 고객에게 돌려주어야 하는 돈이 많아서 늘 '뱅크런'의 위험을 안고 있다. 따라서 은행업은 신뢰도가 중요하다. 최근에는 카카오뱅크, 토스뱅크 등이 하나의 앱에 은행, 보험, 증권 서비스를 모두 탑재하면서 소비자가 은행에 기대하는 서비스 간 연계성 수준이 높아지고 있다. 영업망의 경우 인터넷뱅킹이 활성화된 요즘에는 인터넷서비스의 친화도, 편리한 전산서비스가 적합한 지표로 꼽힌다.

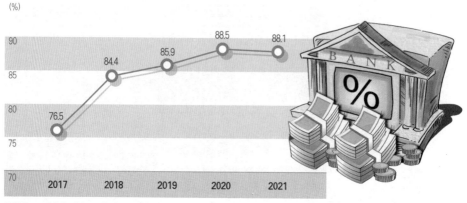

📍 4대 시중은행 총영업이익 대비 이자이익 비중

(%)

- 2017: 76.5
- 2018: 84.4
- 2019: 85.9
- 2020: 88.5
- 2021: 88.1

은행은 고객에게 받은 돈에 대한 예금금리와 고객에 빌려준 돈에 대한 대출금리의 차이를 수익으로 인식한다. 이를 예대마진(= 대출금리 - 예금금리)이라 하는데, 우리나라 시중은행들은 전체 수익 중 약 90%를 예대마진에서 얻는다.

🧭 고위험을 좇을 수밖에 없는 저축은행의 숙명

시중은행에 비해 신뢰도가 낮고 기타 제반이 부족한 저축은행은 고객에게 매력적인 선택지로 자리하기 위해 더 높은 금리를 제공한다. 매우 높은 확률로 2% 이율을 받을 수 있는 선택지(시중은행)가 존재할 경우, 상환 확률이 더 낮은 저축은행은 2% 이상의 금리를 제공해야 사람들의 이목을 끌 수 있다. 그래서 저축은행은 시중은행이 대출을 거부하는 저신용자에게 높은 금리(법정최고금리의 20% 이하 선)로 대출을 해줘 예대마진을 맞춘다. 보통 신용도가 높은 고객을 '프라임(Prime)', 그렇지 못한 고객을 '서브프라임(Subprime)' 고객이라 부른다. 2007년 세계경제위기의 주범인 '서브프라임 모기지'의 그 서브프라임이 맞다.

정리하자면 저축은행은 신뢰도가 낮아 자금을 조달하기 어렵고, 이를 극복하기 위해 고객에게 높은 예금금리를 약속해야 한다. 이를 감당하기 위해 위험성이 높은 고객(저신용자)을 믿는 수밖에 없다. 저축은행의 대출금리가 시중은행에 비해 매우 높은 까닭은 은행이 금리를 책정할 때 고려하는 대손확률, 즉 돈을 떼일 확률이 높기 때문이다. 또한 저축은행은 높은 예금금리를 충당하기 위해 자기자본 투자 시 부동산PF 등의 고위험 고수익 투자처를 선호한다. 당연히 이는 재무 상태에 잠정적인 위협이 되므로 저축은행의 위험성을 잘 따져보아야 한다.

🕐 대출심사는 왜 그렇게 까다로울까?

예대마진이 은행의 주 수입원인 만큼 은행은 대출이나 예금 금리를 산정할 때 신중을 기한다. 고객에게 같은 금리를 일괄 적용하는 것이 아니라 고객의 신용등급 및 기타 고객 정보를 바탕으로 가산금리, 우대금리를 적용하여 각기 다른 금리를 부과한다. 가산금리는 기준금리에 신용도 등의 조건에 따라 위험도를 덧붙이는 금리다. 우대금리는 해당 은행과의 거래 실적에 따른 내부 기준을 통해 책정된다.

은행 입장에서 예금하겠다는 사람을 마다할 이유는 전혀 없다. 융통 자금이 늘수록 더 많은 수익을 올릴 수 있기 때문이다. 그러나 돈을 대출해줄 때는 매우 엄격하게 심사한다. 은행이 고객을 가려서 받는다고 마냥 원망할 수는 없다. 실은 은행과 은행에 돈을 맡긴 우리 모두를 위한 일이기 때문이다.

은행에서 1% 금리로 100명에게 1억 원씩 예금을 조달했다고 가정하자. 그리고 다른 100명에게 3% 금리로 1억 원씩 대출해줄 경우, 2억 원의 이익이 생긴다. 그런데 이 100명 중 한 사람이 대출금을 갚지 못할 경우 대출금 1억 원과 기대수익 300만 원이 그대로 날아간다. 그럼 벌써 예상이익의 절반 이상이 사라진 것이다.

만일 다른 대출자들의 채무불이행 사태가 잇따라 발생한다면 예금 고객은 돈을 돌려받지 못할지 모른다는 불안감에 너도나도 은행에 맡긴 돈을 인출하려 들 것이다. 은행이 상상할 수 있는 가장 최악의 시나리오인 뱅크런(bank run) 사태가 터지는 것이다. 은행 측의 엄격한 대출심사는 이런 최악의 사태에 대한 대비책이기도 하다.

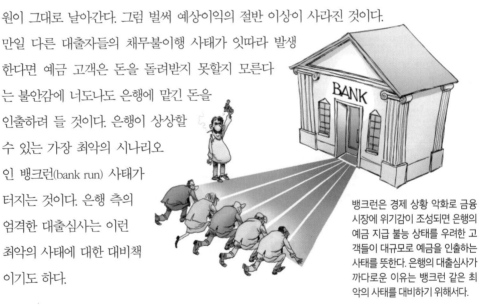

뱅크런은 경제 상황 악화로 금융시장에 위기감이 조성되면 은행의 예금 지급 불능 상태를 우려한 고객들이 대규모로 예금을 인출하는 사태를 뜻한다. 은행의 대출심사가 까다로운 이유는 뱅크런 같은 최악의 사태를 대비하기 위해서다.

🕐 은행이 금리 인상의 수혜주로 꼽히는 이유

금리가 상승하면 은행은 두 가지 요인에 힘입어 예대마진이 증가한다. 첫 번째 요인은 예금금리는 고정금리, 대출금리는 변동금리 위주로 구성되어 있다는 것이다. 고정금리는 최초 약정한 금리가 만기 때까지 그대로 유지되는 것이다. 중간에 기준금리 변동과 무관하게 최초에 약속한 금리가 적용된다. 반면 변동금리는 일정 주기로 시장금리를 반영하여 약정금리가 변한다. 미국이 금리를 인상하거나 한국은행이 기준금리를 인상할 예정이라는 뉴스를 한 번쯤 접해보았을 것이다. 이때마다 시중은행들은 기준금리 인상을 반영해 금리를 조정한다. 금리가 상승할 경우 변동금리는 상승하는데 고정금리는 제자리다. 예금금리가 비슷한 수준에서 머물 때 대출금리는 빠르게 상승한다.

두 번째 요인은 은행이 새로 출시하는 예금, 대출 상품에 새 금리를 적용하는 수준이 다르다는 것이다. 기준금리가 내릴 때는 예금금리를 대출금리에 비해 대폭 내리지만, 기준금리가 오를 땐 예금금리보다 대출금리에 큰 변화를 주는 식이다. 실제로 2018년 11월에서 2020년 5월 금리 인하 시기 동안 대출금리는 27% 하락했고 예금금리는 45%나 하락했다. 최근 잇따른 금리 인상기에는 대출금리가 예금금리 증가폭을 상회하는 것을 볼 수 있다.

그러나 금리가 장기적으로 낮아질 경우 은행의 예대마진이 위험에 처하게 된다. 기

⚲ 기준금리 및 예대마진 추이

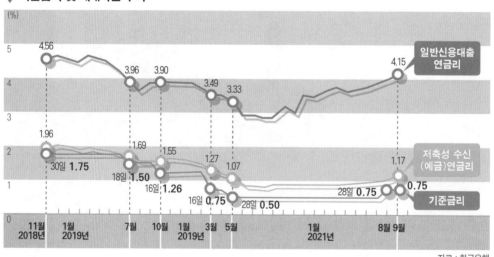

자료 : 한국은행

금리가 상승하면 은행의 예대마진이 증가한다. 금리가 상승할 경우 변동금리는 상승하는데 고정금리는 제자리다. 예금금리는 고정금리, 대출금리는 변동금리 위주로 구성된다. 따라서 금리 인상 시 예금금리는 비슷한 수준에서 머물지만 대출금리는 빠르게 상승한다.

준금리가 인하될 경우 신규로 판매하는 예금상품 금리가 기존 대출금리보다 먼저 낮아져 예대금리가 일시적으로 증가하지만, 긴 시계열로는 예대금리차까지 축소되기 때문이다. 당분간은 장기간 금리 인하 시기가 도래할 확률은 낮아 보인다. 하지만 은행업의 예대마진 모델을 생각할 때 간과해서는 안 되는 개념이다.

🧭 전통은행 vs. 인터넷은행

K뱅크, 카카오뱅크를 위시한 인터넷전문은행이 등장하며 시중은행의 예대마진 모델은 위기에 봉착했다. 인터넷전문은행은 무점포로 운영되기 때문에 인건비, 관리비 지출이 적어 비용 측면에서 우위에 있다. 이를 바탕으로 시중은행 대비 높은 예금금리와 낮은 대출금리를 제공할 수 있다. 최근 금리 인상 시기에 인터넷은행의 중금리 대출금리 상승폭이 시중은행을 상회하며 표면상 금리 메리트가 떨어진 것이 사실이다. 그러나 시중은행보다 중·저신용자 고객 비중이 높은 인터넷은행의 특성을 고려한다면 결코 시중은행이 금리 메리트에서 우위를 점한다고 할 수 없다.

더불어 인터넷전문은행은 새로운 신용평가시스템(CSS)을 기반으로 시중은행이 대

인건비, 관리비 지출이 적어 비용이 적은 인터넷전문은행은 시중은행 대비 높은 예금금리와 낮은 대출금리로 시중은행의 고객을 빼앗아오고 있다.

출에 소극적이었던 중·저신용자를 고객으로 확보하는 데 집중하고 있다. 인터넷전문은행의 공격적 행보에 위기를 느낀 시중은행은 최근 점포 수를 점진적으로 줄이고 모바일 앱을 통해 대출을 받을 경우 비교적 낮은 금리를 제공하는 마케팅을 하는 등 온라인뱅킹에 힘을 싣고 있다.

ⓢ 님(NIM)을 등에 업고 날아올라 볼까?

예대마진 모델은 정부의 대출 규제, 기타 신용 경색 이슈 등의 대외변수에 취약하다. 이에 우리나라 은행이 이자수익 의존도를 줄여야 한다는 목소리가 오래전부터 제기되어 왔다. 전체 수익 대비 이자수익 비율이 일본은 70%, 미국·유럽의 경우 60% 수준이지만 우리나라 은행은 90%에 육박한다. 금융지주 회장이 바뀔 때마다 비이자수익의 확대를 주요 전략으로 제시하고 있다. 그렇다면 비이자수익은 어떻게 구성될까?

비이자수익은 신용카드, 보험 등의 수수료와 주식·채권·부동산 등의 투자로 얻는 수익을 말한다. 은행의 비이자수익 구성 요소를 보면 새삼 은행이 금융업계의 종합 플랫폼임을 느낄 수 있다. 비이자수익원에는 굉장히 다양한 종류가 있지만, 주요한 수익원 위주로 살펴보자.

▶ 판매 수수료

우리가 은행에서 신용카드나 체크카드를 발급할 때 은행은 이를 주선해준 대가로 수수료를 받는다. 특히 카드 부문 수수료는 수입이 높은데, 이는 신규 가입 수수료에 더해 사용액에 대한 수수료도 받기 때문이다. 즉 우리가 최초로 카드를 발급할 때 한번, 이후 카드를 사용할 때마다 사용액의 일정 퍼센트가 은행에 수수료로 지급된다.

2003년부터 은행에서도 보험을 팔 수 있게 하는 방카슈랑스 제도가 시행됐다. 은행에서 보험상품을 팔 때마다 보험사에서는 은행에 판매 수수료를 지급한다. 보험사 입장에서 판매처를 빼앗긴 것으로 생각할 수도 있으나, 오히려 보험사는 보험을 팔러 다니는 영업비용을 줄임으로써 사업비 절감 효과를 볼 수 있다. 재테크 목적으로 많이 가입하는 저축성보험뿐만 아니라 손해보험도 은행에서 판매한다.

정기예금을 위해 은행에 상담을 받으러 가면 상담원이 종종 펀드를 권유하는 경우가 있다. 은행이 펀드를 판매하면 펀드 수수료를 받는다. 가령 투자은행에서 설계한 금융상품을 고객에게 판매하여 수수료를 수취하는 식이다. 그런데 은행은 고객이 예금한 돈으로 대출을 해주어 돈을 벌 수도 있다. 그럼에도 불구하고 펀드를 권유하는 이유는 펀드 수수료는 판매 즉시 수익으로 인식되기 때문이다. 이에 비해 대출을 해줄 경우 원금 상환 만기 때까지 이자수익이 천천히 인식된다.

▶ 투자수익

증권사, 보험사와 마찬가지로 은행 또한 자산을 주식이나 채권, 부동산 등에 투자하여 수익을 낸다. 전통적으로 은행의 수익성을 확인할 때는 예대마진을 살펴봤다. 그러나 비이자수익의 중요성이 커지면서 순이자마진(NIM; Net Interest Margin)이 은행의 수익성을 판단하는 핵심 지표로 떠올랐다. 순이자마진은 운용수익에서 조달비용을 뺀 값을 운용자산으로 나눈 값이다. 즉 이는 예대마진과 투자수익 등의 운영수익을 포괄하는 개념이다.

▶ 프로젝트 파이낸싱(PF; Project Financing)

엄밀히 말해 PF는 은행의 투자와 대출 활동 일부에 속하지만, 중요한 개념인 만큼 별도로 설명하려 한다. 은행에서 대출해 줄 때는 통상 신용이나 담보를 심사 기준으로 삼는다. 그러나 PF는 사업 계획에 나타난 수익을 담보로 대출을 제공한다. 즉 기획서를 바탕으로 대출을 해준다. 실존하지 않는 대상에 투자하는 것이니 당연히 회수 리스크가 크며, 그만큼 높은 대출금리를 적용한다.

2011년 저축은행 부실사태가 과도한 부동산PF 대출 비중에서 시작된 만큼 이후 은행은 PF 대출에 신중을 기하

사업 계획에 나타난 수익을 담보로 대출을 제공하는 PF는 실존하지 않는 대상에 투자하는 것이니 당연히 회수 리스크가 크며, 그만큼 대출금리가 높다.

고 있다. 과거에는 PF 대출이 은행 중심으로 이루어졌으나 최근에는 증권사와
보험사 비중이 커지고 있다. 특히 보험사의 관심이 높은데, 2013년 5조 6000억
원이던 보험사의 PF 대출잔액이 2020년 6배 이상 뛰었을 정도다. 금리 하향 국면
에서 위험 부담은 있지만, 수익성이 높은 PF 대출이 보험사의 매력적인 선택지로
자리한 것이다.

▶ 자금 중개 수수료

시장에는 금리 하락을 예상하는 기업과 상승을 예상하는 기업들이 섞여 있다.
자금 조달 시 금리 하락을 예상한다면 변동금리를, 금리 인상 예상한다면 고정
금리를 선호한다. 더불어 우리나라 기업이 해외 원자재를 수입하거나 외국 기업
이 국내 반제품을 구매하고자 할 때 각각 달러와 원화가 필요하다. 기업 특성이
제각각인 것처럼 이들의 대출 조건도 각양각색이다. 기업의 재무 상태나 비즈니
스 모델의 성격에 따라 유불리한 대출 조건이 갈린다. 은행은 이처럼 자금 조달

📍 **자금 중개 구조**

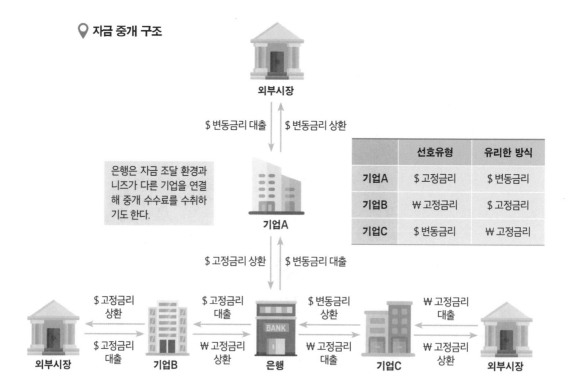

외부시장

$ 변동금리 대출 · $ 변동금리 상환

은행은 자금 조달 환경과
니즈가 다른 기업을 연결
해 중개 수수료를 수취하
기도 한다.

기업A

	선호유형	유리한 방식
기업A	$ 고정금리	$ 변동금리
기업B	₩ 고정금리	$ 고정금리
기업C	$ 변동금리	₩ 고정금리

$ 고정금리 상환 · $ 변동금리 대출

외부시장

$ 고정금리 상환 · $ 고정금리 대출

기업B

$ 고정금리 대출 · ₩ 고정금리 상환

은행

$ 변동금리 상환 · ₩ 고정금리 대출

기업C

₩ 고정금리 대출 · ₩ 고정금리 상환

외부시장

환경과 니즈가 다른 기업을 연결해 중개 수수료를 받기도 한다.

가령 기업 A, B, C가 선호하는 상환 방식이 각각 달러 고정금리, 원화 고정금리, 달러 변동금리라고 하자. 이때 이들이 시장에서 가장 유리한 조건으로 빌릴 수 있는 대출 유형은 달러 변동금리, 달러 고정금리, 원화 고정금리다. 어느 한 기업이 다른 기업과 직접 거래할 경우 각자 유리한 방식으로 자금을 빌려 선호하는 방식으로 상환하는 것이 불가능하지만 은행이 세 기업을 연결해줌으로써 이것이 가능해진다. 은행이 중간에 개입해 세 기업을 연결해주고 각자가 유리한 방식으로 시장에서 돈을 빌리고 선호하는 방식대로 상환할 수 있다. 은행은 중개 자금의 일정 비율을 수수료로 수취한다. 이는 은행이 기업의 자금을 중개해주는 수많은 예 중 하나에 불과하다. 이처럼 시중은행도 투자은행 못지않게 기업의 자금 조달에 있어 핵심적인 역할을 수행한다.

◎ 규제, 규제, 그리고 규제

보험업과 은행업은 국민 경제와 밀접한 연관이 있는 만큼 정부의 규제 수준이 모든 산업을 통틀어 가장 강하다. 정부 규제는 은행의 수익성을 낮추기도 한다. 정부는 LTV, DTI, DSR 등을 활용해 개인의 대출 한도를 설정한다. LTV(Loan to Value)는 주택 가격 대비 대출 비율, DTI(Debt to Income)는 연간 소득 대비 매년 갚아야 하는 원금과 이자의 비율, DSR(Debt Service Ratio)은 연간 소득 대비 전체 대출에 대한 원리금 상환액 비율을 뜻한다.

DTI는 대출받고자 하는 은행의 원리금과 이자, 타은행의 경우 이자만 계산에 포함한다. 반면, DSR은 해당 은행과 타은행의 원리금과 이자를 모두 포함해 계산한다. 즉 DSR이 좀 더 보수적인 지표다. 각각의 비율이 높아질수록 대출 시장이 활성화되고 낮아질수록 대출 한도액은 줄어든다. 만일 LTV가 70%에서 50% 낮아진다면 단순 계산으로 은행은 20%만큼 주택담보대출액이 줄어 이자수익이 하락한다. 금융당국의 가계대출 총량 규제도 대출에 큰 제약이 된다.

은행의 자산건전성 지표인 BIS 비율도 대출 규제의 일환이다. BIS 비율은 은행이 대출채권 등의 '위험자산' 대비 '자기자본'을 얼마나 가졌는지 보여주는 지표다. 대출

별로 위험자산으로 고려되는 가중치가 다르다. 가령 같은 액수이더라도 우량 주택을 담보로 한 대출보다 부동산PF 대출이 위험자산으로 인식되는 비중이 크다.

$$\text{BIS 비율} = \frac{\text{자기자본}}{\text{위험가중자산}} \times 100 \geq 8(\%)$$

만일 국제결제은행에서 BIS 비율의 하한을 8%에서 10%로 올린다면 은행은 위험 자산 비중을 줄이기 위해 대출을 전보다 소극적으로 실시하게 된다. 2021년 9월 기준 시중은행은 BIS 비율이 17.8%로 하한선을 크게 상회하는 수준이다. 하지만 BIS 비율 하락 자체가 시장에 부정적인 시그널을 주기 때문에 섣부른 대출 확대를 억제하는 기준으로 작용한다.

「금산분리법」도 주목할 만한 규제이다. 말 그대로 금융과 산업을 분리하는 법으로, 제조업이나 서비스업 회사가 은행을 소유하지 못하며 금융회사도 비금융회사를 소유하지 못할 것을 규정하고 있다. 만일 제조업체가 은행을 자회사로 두고 있다면, 제조업체가 부실화되었을 때 임의로 자회사인 은행 자본을 사용할 우려가 있기 때문이다. 그렇다고 비금융회사가 은행 주식을 일체 가지지 못하는 것은 아니다. 현 법률상 의결권이 있는 보통주 4%까지 보유할 수 있다.

본격적인 은산분리(은행자본과 산업자본의 분리) 규정은 1995년에 도입된 데다 최근 인터넷은행을 중심으로 은행업의 환경이 변하고 있는 만큼 은산분리 규정을 완화해야 한다는 목소리가 크다. 실제로 2018년 일정 기준을 충족한 산업자본의 인터넷전문은행 지분 소유 상한을 34%로 높이는 특례법이 통과되는 등 은산분리 규제가 완화되는 추세다.

경쟁 강도 측면에서 시중은행과 저축은행은 상당히 다른 양상을 보인다. 시중은행은 KB국민은행, 우리은행, 신한은행, KEB하나은행 빅 4가 시장의 대부분을 차지하고 있다. 예금액 기준 시장점유율도 비슷하게 나눠 가진 형국이다. 반면 저축은행은 무려 80여 개 업체가 난립하여 경쟁이 매우 치열하다. 그러나 코로나19 이후 저축은행들이 잇따른 호실적을 발표하자 저축은행을 바라보는 시장의 시선이 달라졌다. 2021년 12월 SK증권은 엠에스저축은행을 인수했고, 비록 무산됐지만 JT저축은행

M&A도 업계의 큰 이슈였다.

앞으로는 저축은행 간 M&A도 활발해질 것으로 보인다. 2021년에 접어들어 금융당국에서는 '저축은행 인가정책 개편방안' 논의를 진행해왔다. 이는 저축은행 간 M&A를 좀 더 쉽게 하는 조치를 골자로 한다. 저축은행 앞에 붙는 '대구', '부산' 등의 지역명에서 알 수 있듯이 그동안 저축은행은 특정 권역 내에서만 영업할 수 있었다. 구체적으로는 영업 구역 내 대출 비중을 일정 비율 이상으로 유지해야 하는 의무였다. 그런데 이제는 한 저축은행이 최대 2개의 영업 구역에서 활동할 수 있게 되면서 영세한 저축은행 간 M&A에 활로가 트였다.

코로나19 이후로 비대면 영업이 확산되면서 현재 많은 은행은 새로운 인프라가 필요하다. 하지만 지방은행들은 규모가 작아 새로운 분야에 진출할 목적으로 인력을 새로 영입하거나 인프라를 구축하는 데 부담을 느꼈다. 이번 규제 완화로 저축은행 간의 M&A가 원활해지면 양사 간 부족한 역량을 보완하는 계기가 될 것으로 보인다.

은행업은 국민 경제와 밀접한 연관이 있는 만큼 정부의 규제 수준이 모든 산업을 통틀어 가장 강하다. 정부 규제는 은행의 수익성을 악화시키기도 한다.

증권사가 BTS의
높은 인기 덕을 봤다?

🎯 모든 산업을 후방에서 받치고 있는 증권업

살면서 돈이 부족할 때도 돈이 여유로울 때도 있다. 세상은 돈이 필요한 사람과 여유
자금으로 투자하고자 하는 사람들이 섞여 있다. 증권업은 이렇게 서로 다른 니즈를
가지고 있는 두 사람을 직접 연결해주는 역할을 한다.

생각해보면 은행도 비슷한 역할을 한다. 그러나 은행업과 증권업은 자금을 연결
해주는 방식에 차이가 있다. 은행은 우선 일정 수준의 이자를 지급하겠다는 약속을
통해 여유자금이 있는 사람에게 예금을 받는다. 이후 돈이 필요한 사람에게 예금보
다 높은 이자를 약속받고 돈을 빌려준다. 각 거래에 은행이 개입한다. 자금의 수요자
와 공급자의 입장에서 보았을 때, 은행이 중간에 개입하는 자금시장을 '간접금융시
장'이라 한다. 반면 증권회사는 개인과 개인을 직접 연결해주고 그 대가로 수수료만
받는다. 우리가 네이버쇼핑에서 물건을 구매할 때와 닮았다. 네이버는 물건을 직접
매입해서 우리에게 팔지 않는다. 대신 거래 플랫폼을 제공하고 거래를 성사시켜준 대
가로 수수료를 받는다. 이런 형태를 '직접금융시장'이라 부른다.

이렇게 금융업은 개인과 개인, 기업과 가계를 직접 연결해주어 돈이 필요한 곳으로
갈 수 있게 도와준다. 기업에 기업활동에 필요한 자금을 조달해주고, 개인에게는 주
식 등에 대한 투자 기회를 제공하여 결국 사회에서 돌고 있는 돈이 알맞은 자리를
찾도록 돕는다. 흔히 경제의 중추를 기업이라 하는데, 기업이 필요로 하는 자금을 제
공해준다는 점에서 증권업 등의 금융업을 산업의 중추라 표현한다. 또한 모든 산업
을 뒷받침해 준다는 의미로 최후방산업이라 부르기도 한다.

💰 증권사가 돈을 버는 방법, 위탁매매와 자기매매

증권회사가 돈을 버는 방법에는 위탁매매, 자기매매, 자산관리, 투자은행 네 가지 부문이 있다. 첫 번째 위탁매매에 대해 알아보자. 개인이 증권사에 증권을 사거나 판다는 주문을 넣으면 증권사는 해당 주문을 접수해 거래 대상을 찾아 거래를 성사시킨다. 그리고 증권사는 그 대가로 수수료를 받는다. 삼성전자 주식 1주를 8만 원에 사서 9만 원에 팔 경우 계좌에는 9만 원이 찍혀 있어야 한다. 하지만 실제로는 9만 원에 아주 조금 못 미치는 금액이 찍혀있다. 거래가 성사될 때 증권사 측에서 중개 수수료를 부과하기 때문이다. 주식을 자주 넣었다 뺐다 하지 말라는 데는 이런 이유가 있다.

두 번째는 자기매매 부문이다. 개인뿐만 아니라 회사도 수익 창출을 목적으로 회사 자산을 활용해 거래한다. 주식, 채권 등 다양한 투자 선택지들이 있지만 증권사 수중에 있는 돈은 온전히 회삿돈이 아니다. 따라서 증권사는 변동성이 높은 주식보다 비교적 안정적인 채권에 투자하는 경향이 강하다. 참고로 채권은 정부나 기업이 발행하는 계약증서로 언제, 얼마를 갚겠다는 약속이 명시적으로 기재되어 있다.

온전히 회삿돈이 아니라는 말은 무슨 의미일까? 증권사가 자기매매에 이용할 수 있는 자금은 크게 예수금, 외부 차입금, 자기자본 세 가지로 나눌 수 있다. 증권사를 통해 주식계좌를 개설하고 해당 계좌로 입금하면 돈이 '예수금'이라는 이름으로 표시된다. 은행에 넣어둔 돈을 예금이라고 하듯이 고객이 증권사에 맡긴 돈을 예수금이라고 한다.

외부 차입금은 말 그대로 외부에서 빌린 돈이다. 구체적으로 돈을 빌리는 방식에는 회사채 발행, 콜 차입 등이 있다. 증권사도 엄연한 회사이므로 다른 회사처럼 채권을 발행한다. 회사채의 만기는 3, 5, 10년 등 비교적 장기간이다. 반면 콜 차입은 만기가 1~2일인 콜시장(금융기관끼리 일시적으로 필요한 단기자금을 거래하는 시장)에서 돈을 빌리는 것이다.

이와 달리 자기자본은 회사의 고유 자금이다. 영업을 통해 돈을 벌어 최종적으로 쌓인 돈에 해당한다. 증권사는 이 세 가지 자금으로 자기매매를 한다. 물론 모든 예수금과 차입금을 직접 투자에 활용하지는 않는다. 그렇지만 반드시 돌려주어야 하는 남의 돈인 예수금과 외부 차입금이 증권사 자산에서 차지하는 비중이 높기 때문에, 대개 증권사는 투자에 실패해 돈을 갚지 못하는 불상사를 막기 위해 채권과 같은 안정적인 투자처를 선호한다.

⏱ 증권사가 노후를 책임져드리겠습니다

증권회사가 돈을 버는 세 번째 부문은 자산관리(WM; Wealth Management)다. 투자의 필요성은 느끼지만 투자에 할애할 수 있는 시간이 부족하거나 전문가에게 일임했을 때 더 높은 수익을 올리리라 기대하는 고객을 타깃으로 한다. WM은 고객의 자산 규모, 위험 회피도, 선호하는 투자 방식 등을 고려해 적절한 금융상품에 투자하여 수수료를 받는 사업 모델이다. 고정 수수료 비중이 상당하기 때문에 증권사 입장에서는 증시와 관계없이 안정적인 현금 흐름을 창출할 수 있는 알짜배기 사업이다.

증권사들은 저금리·고령화 사회에 대비해 상속·증여나 노후자금 관리 등 WM 부문을 크게 강화하고 있다.

WM 수수료 수입은 펀드 취급과 자산관리 수수료, 신탁보수로 이루어진다. 펀드 취급 수수료는 투자자로부터 직접 수취하는 금액인 판매 수수료와 해당 펀드 판매를 중개해준 대가로 펀드 기구에게 받는 판매보수 등으로 이루어져 있다. 법적으로 판매 수수료는 납입금액 혹은 환매금액의 2%, 판매보수는 1%의 상한이 규정되어 있다. 자산관리 수수료는 퇴직연금을 유치하는 대가로 받는 수수료로 통상 0.5% 미만이다. 신탁보수는 고객의 운용 지시에 맞게 자산을 운용하는 업무를 통해 부과하는 비용으로, 보수 수준에 관한 가이드라인이 없어 증권사가 자유롭게 결정한다.

갈수록 고령화가 심화하고 있는데다 금리 인상분도 실물자산 가격상승률에 비하면 미미한 수준이라, WM 수요는 앞으로 지속해서 증가할 것으로 보인다. 노후자금 관리, 상속과 증여에 대한 사회적 관심이 늘어나면서 이를 담당하는 WM 사업은 2021년 한 해 크게 성장했다. 실제로 2021년 상반기 은행의 개인형 퇴직연금(IRP) 계좌에서 5592억 원의 자금이 유출되는 동안 증권사 IRP 계좌에는 4841억 원이 유입되었다. 더 높은 수익률을 보장하는 연금투자상품의 수요가 증가하면서 실적배당상품을 많이 다루는 증권사에 고객이 몰렸기 때문이다.

⑥ 빅히트 IPO 성공의 숨은 주역

네 번째는 투자은행 부문이다. 투자은행 부문은 주로 인수 및 주선 수수료를 통해 수익을 얻는다. 회사가 주식 등의 증권을 팔고자 할 때 증권사가 우선 해당 증권을 미리 사고(인수), 일반에게 해당 증권을 사라고 권유하여 파는 것(주선)을 말한다. 기업은 사채나 주식을 발행할 때 전량 판매되지 못할 경우를 대비하여 증권사 투자은행 부서의 '언더라이팅(underwriting)' 서비스를 활용한다. 투자은행 부서는 발행된 주식이나 채권 전량을 기업으로부터 매수해 미판매분에 대한 리스크를 감수하고 해당 증권의 우수성을 홍보해 판매에 힘쓴다. 이때 투자은행 부서는 증권 발행 규모에 비례해 수수료를 받는다.

이해를 돕기 위해 방탄소년단의 예를 살펴보자. 방탄소년단은 빅히트엔터테인먼트(이하 빅히트, 현 하이브)에 소속되어 있다. 빅히트는 방탄소년단의 눈부신 활약으로 사회적인 관심을 받았고, 더 많은 투자를 받기 위해 주식시장에 기업을 등록하는 과정인 기업공개(IPO)에 뛰어들고자 한다. 그런데 주식시장에 기업을 등록하여 투자를 받기 위해서는 정말 많은 과정이 필요하다. 회사는 기업가치평가를 통해 주식을 얼마에 얼마나 발행할지(공모가 산정), 이렇게 내놓은 주식이 다 팔릴 수 있을지 고민해야 한다. 이 지점에서 증권사의 투자은행 부서가 등장한다. 해당 업무가 높은 전문성이 필요할 뿐 아니라 상장하려는 회사가 자체적으로 산정한 공모가가 시장의 신뢰를 받

📍 IPO 과정

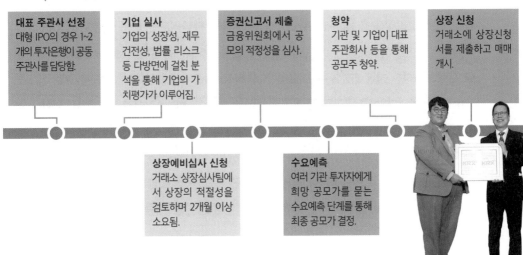

대표 주관사 선정
대형 IPO의 경우 1~2개의 투자은행이 공동 주관사를 담당함.

기업 실사
기업의 성장성, 재무 건전성, 법률 리스크 등 다방면에 걸친 분석을 통해 기업의 가치평가가 이루어짐.

증권신고서 제출
금융위원회에서 공모의 적정성을 심사.

청약
기관 및 기업이 대표 주관회사 등을 통해 공모주 청약.

상장 신청
거래소에 상장신청서를 제출하고 매매 개시.

상장예비심사 신청
거래소 상장심사팀에서 상장의 적절성을 검토하며 2개월 이상 소요됨.

수요예측
여러 기관 투자자에게 희망 공모가를 묻는 수요예측 단계를 통해 최종 공모가 결정.

을 리 만무하기 때문이다.

우선 증권사는 해당 기업의 가치가 얼마나 되는지 계산하는 밸류에이션(valuation) 과정을 거친다. 주가를 낮게 책정할 경우 기업에 들어오는 현금이 줄어들지만, 그렇다고 주가를 과도하게 높게 평가할 경우 거래 개시일 직후 주가가 급락할 가능성이 높아진다. 실제로 2012년 페이스북(현 메타)이 IPO 직후 주가가 폭락하여 당시 주관사였던 모건스탠리가 큰 비판을 받은 바 있다.

공모가 범위가 결정되면 여러 기관 투자자에게 희망 공모가를 묻는 수요예측 단계를 통해 최종 공모가가 결정된다. 2022년 1월 IPO 시장에서 화제의 중심이었던 LG에너지솔루션은 기관 수요예측에서 1경 원이라는 천문학적인 금액을 모집했다. 물론 현금 1경 원이 모인 것은 아니고, 높은 경쟁률을 예상해 최대한 많은 물량을 배정받으려는 기관의 '허수 청약금'이 상당 부분 차지한 데 따른 금액이었다. 일반청약자는 청약금액의 50%를 증거금으로 제시해야 하지만 기관은 이런 제약이 없어서 종종 공모가가 '뻥튀기'된다는 지적이 일기도 한다.

기업이 상장하는 첫날 8~9시에 투자자의 매수 호가와 매도 호가를 통해 공모가의 90~200% 범위에서 시초가가 형성된다. 코로나19 이후 IPO 붐이 일면서 '따상'이라는 용어가 언론에 자주 등장했다. 따상은 시초가가 공모가의 200% 수준에서 형성되고 당일 상한가(30%)를 기록하는 경우를 가리킨다. 만일 공모가가 1000원이었다면, 하루 만에 주가가 2600원이 되었을 때 따상이다.

빅히트 입장에서는 발행하는 주식이 다 팔릴지 미지수일 뿐 아니라 복잡한 IPO 절차를 스스로 진행하기 어려우므로 증권사와 계약을 한다. "우선 너희 증권사가 우리 주식을 다 사서 사람들에게 이 주식을 팔아 달라. 그러면 한 주당 0.8%에 해당하는 수수료를 우리가 지급하겠다"는 식이다. 계약을 맺은 증권사는 기업가치를 평가할 뿐만 아니라 해당 주식을 투자자들에게 중개하는 역할을 한다. 실제로 NH투자증권이 빅히트의 IPO를 주관했는데, 공모주 청약 역사상 가장 높은 청약경쟁률(606.97대 1)을 기록했다. NH투자증권은 성과보수까지 포함해 47억 원의 수익을 올렸다.

만일 공모하기로 한 주식이 다 팔리지 않으면 해당 증권사에서 이를 매입해야 한다. 이를 두고 투자은행 업무에 '인수 리스크'가 존재한다고 한다. 참고로 공모주를 대량 매수한 기관이 상장 직후에 차익을 실현하기 위해 주식을 대량 매도하면 주가가 급락할 수 있다. 그래서 이런 사태를 방지하기 위해 상장예정기업은 공모주 배정 단계에서 기관 투자자가 일정 기간 보유 주식을 매도할 수 없는 '의무 보유 확약기간' 조항을 내건다. 확약기간은 15일에서 1년까지 다양하다. 기관 투자자는 확약기간을 길게 제시할수록 더 낮은 가격에 공모주를 배정받는다.

투자은행 부문은 IPO 이외에도 유상증자, 기업의 인수합병(M&A) 등에 도움을 준다. 유상증자는 기업이 주식을 추가 발행해 자금을 모집하고자 할 때 사용하는 수단이다. 이 경우 투자은행은 IPO 과정과 마찬가지로 인수·주선 대가로 수수료를 받는다. M&A는 한 회사가 다른 회사를 자신의 자회사로 편입하거나 합치는 것이다. 이 과정에서 증권사는 의뢰사에 기업을 팔거나 사는 일과 관련해 조언해준다.

가령 A사가 B사를 사고자 할 때 투자은행과 계약을 맺으면 투자은행에서는 기업실사(due diligence)라는 과정을 거친다. 이를 통해 B사의 재무건전성, 수익성 등을 검토하여 적절한 인수가격을 책정한다. 만일 A사가 B사를 성공적으로 인수했다면 인수금액에 비례해 수수료를 받는다. 이때 인수기업 A사뿐만 아니라 기업을 시장에 내놓은 B사도 증권사를 내세운다. B사 측 투자은행 부서는 기업의 가치를 더 높게 책정하는 것이 유리하기 때문에 A사 측 투자은행에서 제시한 밸류에이션의 세부 가정과 수치에 대해 의문을 던진다. 실제로 기업의 시너지나 먼 미래 매출 추정에 활용되는 가정은 이견의 여지가 많아 두 투자은행 간에 신경전이 벌어진다.

🌀 레드오션으로 전락한 위탁매매 부문

현재 국내 증권사의 주요 비즈니스 모델은 전환점을 맞이하고 있다. 네 가지 비즈니스 모델 중 전통적으로 위탁매매 부문이 지금껏 증권사 수익의 가장 큰 부분을 차지해 왔다. 그러나 위탁매매 부문의 전망은 상당히 어둡다. 팬데믹 이후 주식시장 호황으로 증권사가 하나같이 높은 수준의 위탁매매 수수료 수익을 거두었다. 하지만 많은 전문가가 위탁매매 모델의 지속성에 의문을 표하고 있다.

위탁매매 수수료는 '거래대금 × 수수료율'로 구한다. 우리가 주식을 사고팔 때마다 일정 금액이 수수료로 책정된다. 일반적으로 거래대금은 경제 규모에 비례하기 때문에 우리나라 경제가 저성장 국면에 접어든 만큼 연도별 차이는 있겠으나 폭발적인 거래대금의 증가를 기대하기는 어렵다.

다만 한국 증시가 MSCI 선진국지수에 편입될 경우 거래대금 증대를 기대할 만하다. MSCI는 일관된 기준하에 다양한 국가에 투자하는 글로벌 지수다. 대표적으로 MSCI World(선진국지수)와 MSCI EMF(신흥시장지수)가 있는데, 현재 한국 증시는 신흥시장지수에 속한다. MSCI는 천문학적인 규모의 ETF와 연동되어 있다. 또한 외국인 자금은 신흥시장보다 선진국시장에 훨씬 많이 몰리기 때문에 한국이 선진국지수에 편입될 경우 상당한 양의 외국인 자금을 유치할 것으로 기대된다.

거래대금이 같은 수준이라 가정할 때 수수료가 0.09%에서 0.08%로만 떨어져도 증권사 입장에서는 상당히 큰 손실을 보게 된다. 언뜻 보면 0.01%의 차이가 작아 보일 수 있으나, 전체 수수료상 10% 이상의 손실로 이어진다. 문제는 21세기 들어 수수료율이 계속 하락했다는 것이다. 실제로 2001년 0.2%였던 수수료율은 현재는 0.01~0.015%로, 그 이하의 수수료율을 제시하는 증권사도 많다. 수수료율이 점차 낮아지는 현상은 미국과 일본에서 먼저 나타났다. 이런 추세는 우리나라 증권업이 특수한 경우가 아니라 비즈니스 모델 상 자연스러운 수순이라는 의미다.

2019년 미국 거대 증권사 찰스 슈왑(Charles Schwab)은 온라인 주식, ETF 거래 수수료를 전면 폐지했다. 위탁매매 수수료가 상당히 큰 수입원임에도 이를 포기하게 한 것은 스타트업 로빈후드(Robinhood)의 무료 주식거래서비스 때문이다. 미국에서는 이미 주식거래 수수료 0%를 제시하는 기업이 나타남에 따라 증권사가 줄줄이 수수료율을 낮추고 있다. 우리나라 증권사들이 이따금 무료 수수료 이벤트를 내세우는 것도 이러한 맥락에서 이해할 수 있다. 이와 더불어 핀테크 증권사의 잇따른 주식 위탁매매 사업 진출은 위탁매매 수익 전망에 큰 악재다.

🧭 엔데믹 전환에 대비해 WM 사업과 이자수익 모델 강화

앞서 우리나라 증권사의 주요 비즈니스 모델이 전환점을 맞고 있다고 했다. 그렇다면 전망이 밝은 비즈니스 모델은 무엇일까? 바로 투자은행 부문이다. 투자은행 부문은 정부가 적극적으로 지원하고 있는 분야이기도 하고 변동적인 주식시장에 영향을 받는 위탁매매 부문과 비교해 안정적으로 수익을 낼 수 있기 때문이다.

통계상으로도 2010년 위탁매매와 투자은행 부문은 각각 전체 수익의 55%, 12%를 차지하며 큰 차이를 보였다. 그러나 2019년에는 두 부문 모두 30%대로 비슷한 비중을 보였다. 2020년에는 주식시장 활황으로 거래대금이 급등해 위탁매매 수익이 매우 높았지만, 전문가들은 10년 안에 투자은행이 위탁매매 부문을 크게 상회할 것이라 예상하고 있다. 미국 등 선진국 증권사의 수익 구성 비율을 보면 투자은행 부문이 위탁매매 부문을 훨씬 웃돈다.

그러나 코로나19 이후 이례적인 유동성 확대로 호황기를 누린 기업금융 환경이 머지않아 악화할 수 있다는 우려도 제기된다. 이에 따라 증권업계에서는 불확실성이 비교적 적은 WM 사업과 이자수익 모델을 강화하는 추세다. 특히 최근 증권업계에서는 이자수익 기반 비즈니스 모델을 주목하고 있다. 전통적으로 증권사는 자금 중개자 역할을 했지만, 이제는 자금 공급 영역까지 발을 뻗은 것이다. 수수료 기반 비즈니스 모델은 낮은 수수료를 제시할수록 수요가 높아져 수수료 하방 압력이 존재한다. 위탁매매 수수료는 매년 저점을 갱신하고 있고, 투자은행 부문도 채권이나 주식을 발행하는 기업으로부터 일감을 얻기 위해서는 경쟁사 대비 낮은 수수료율을 제시해야 하는 구조에 놓여 있다.

반면 이자수익은 요즘 같은 저금리 시대에 수익성이 높은 사업 부문으로 분류된다. 증권사의 이자수익 중 큰 비중을 차지하는 부문은 신용공여다. 신용공여는 주식 거래를 목적으로 하는 투자자에게 대출을 해주는 개념으로, 위탁매매 부문과의 시너지를 기대할 수 있다. 신용공여에는 크게 세 가지 종류가 있다. 주식투자에 대한 대출금 개념인 신용거래융자, 고객의 증권을 담보로 하는 예탁증권담보대출, 공매도 희망 투자자에게 주식 자체를 빌려주는 신용거래 대주로 이루어져 있다. 코로나19 이후 빚내서 투자하는 이른바 '빚투' 열풍이 불면서 증권사는 신용공여 이자수익으로 쏠쏠한 재미를 봤다.

실제로 금융감독원 자료를 보면 국내 증권사는 2021년 상반기에만 신용거래융자를 통해 8500억 원의 이자수익을 거두었으며, 이는 전년 대비 2.3배에 달하는 수치다. 고객이 보유하고 있는 증권을 담보로 잡기 때문에 대손(외상 매출금과 대출금 등을 돌려받지 못하여 손해를 보는 일)될 확률도 적은 데다 이자도 7% 안팎으로 꽤 높아 신용공여가 증권사의 새 성장동력으로 자리매김할 것이 예상된다.

앞서 증권업을 사회의 최후방산업이라 표현했다. 기업과 가계의 자금을 회전시키는 중요한 산업이므로 증권업은 정부 규제가 잦다. 계절에 따라 수익이 변동하는 계절성은 없으나 증권업 성장률은 대한민국 경제성장률을 따라간다는 말이 있을 정도로 경기에 민감하게 반응한다. 그러나 증권회사들은 그동안 숱한 위기를 극복하며 이전보다 안정성이 상승했다고 평가받고 있다.

증권업의 경쟁 강도는 매우 높은 수준이다. 금융투자업은 정형화된 수익 구조로 인해 차별화 가능성이 제한적이다. 또한 비대면 채널이 확산됨에 따라 설립 비용이 급격하게 떨어져, 진입장벽이 상당히 낮아졌다. 오프라인 점포를 구축할 필요 없이 온라인으로도 증권사를 운영할 수 있게 된 것이다. 더불어 2019년부터 1그룹 1증권사 원칙이 폐지됨에 따라 2021년 12월 기준 무려 59개 업체가 난립하고 있다. 이에 각 증권사마다 기업 내실화 및 수익 개선에 힘을 쓰고 있다.

🧭 이제는 주가 하락에도 배팅할 수 있다!

2021년 상반기 코로나19로 일시 중단되었던 공매도(short selling)가 재개된 이후 개인 투자자의 공매도 활성화 관련 법안이 발표됐다. 2021년 5월부터 한국거래소에서 공매도 교육 인증을 받은 개인 투자자는 공매도에 참여할 수 있게 되었다. 공매도의 정확한 표현은 차입매도다. 즉 주가 하락을 예상하고 주식을 빌려 판 뒤 주가가 떨어지

📍 **공매도 과정**

공매도는 주가 하락을 예상하고 주식을 빌려 판 뒤 주가가 떨어지면 해당 주식을 싼값에 사서 되갚는 식으로 차익을 얻는 투자 기법이다.

면 해당 주식을 싼값에 사서 되갚는 식으로 차익을 얻는 투자 기법이다. 공매도하는 사람은 주식의 가치 하락에 투자하는 것이다.

증권사가 투자자에 주식을 빌려주면 투자자는 이를 매도한 후 일정 기간 이후 다시 매입해 증권사에 주식을 돌려주어야 한다. 공매도가 증가할 경우 매도 물량이 쏟아지며 주가가 하락할 위험이 있으나, 공매도 투자자는 언젠가는 해당 물량만큼 매입하기 때문에 이론적으로 순수 공매도로 인한 하락분은 상쇄되기 마련이다. 물론 공매도 증가는 해당 주식에 대한 부정적인 시그널로 받아들여져 추가적인 주가 하락으로 이어질 수 있다. 그러나 공매도 물량이 늘어난다는 것은 그만큼 미래 예정된 매입분이 늘어난다는 것이므로 매수 기회로 보는 이들도 존재한다.

한편 이 과정에서 공매도 투자자는 주식을 갚을 때까지 주식을 '대출'해준 이에게 일정한 이자를 지급해야 한다. 주식을 빌려준 입장에서는 해당 기간에 주식을 계속 들고 있는 대신 단기 예금 수익을 올리는 것과 동일한 효과를 누린다. 증권사가 보유한 주식을 직접 빌려주는 경우도 있지만, 개인 투자자들 간의 주식 대주 거래를 중개하기도 한다.

공매도는 그동안 외국인과 기관 중심으로 행해졌고 개인 비중은 거의 없다시피 했다. 이론적으로 공매도의 최대 수익률은 주가가 0원을 찍었을 때 100%로 제한된다. 하지만 주가에는 상한이 없으므로 손실 범위는 무한대다. 개인은 기관보다 공매도에 의한 위험이 크다고 판단해 주식을 빌릴 때 더 높은 이자가 부여되고 주식을 갚아야 할 만기도 매우 짧았다. 그러나 2021년 11월부터 개인 투자자에게 적용되는 만기가 90일+a로 확대되었다.

실제로 개인 투자자의 공매도 문호가 넓어진 2021년 5~9월 동안 더 많은 개인 투자자가 공매도에 참여한 것으로 나타났다. 아직 전체 공매도 대금 중 기관과 외국인이 차지하는 비중이 98%에 육박하지만, 개인 비중이 점진적으로 개선될 것으로 예상된다. 기존의 모든 주식 매수 행위는 주가가 올라야만 이익을 보는 구조였지만 이제는 공매도를 통해 주가가 하락해도 이익을 볼 수 있게 되어 개인 투자자가 운용할 수 있는 투자 전략이 확대되고 있다. 더불어 '소수점 매매*' 서비스를 개시하는 증권사들이 늘어남에 따라 거래 대금 자체가 증대하는 것을 기대하는 이들도 많다.

소수점 매매
주식을 0.1주처럼 소수점 물량으로도 거래할 수 있게 하는 서비스다. 소수점 매매 서비스를 이용하면 소액으로 고가의 주식에 투자할 수 있다.

보험사는 고객의 보험료로 돈을 굴리는 자산운용사

◎ **보험료를 운용해 수익을 내는 것이 보험업 비즈니스의 핵심**

살아가면서 종종 예기치 못한 일을 마주한다. 준비되지 않은 사건·사고에 따르는 비용을 당사자가 모두 감당하기에는 그 부담이 만만치 않다. 그래서 사람들은 예기치 못한 사건·사고에 대비하기 위해 보험에 가입한다. 암보험, 사망보험, 자동차보험, 화재보험 등이 대표적인 보험상품이다. 우리는 매달 일정한 보험료를 보험사에 지급하고, 위험이 실제로 발생해 금전적인 도움이 필요할 때 보험금을 지원받아 부담을 덜수 있다. 재테크와 상속 등의 목적으로 보험사를 찾는 경우도 있다. 보험업은 사람들이 실질적인 도움이 필요할 때 직접적인 구제책을 제공해준다는 점에서 공익성을 담보한다고 볼 수 있다.

보험업은 국민의 미래 위험을 보장하는 중요성이 있어 정부 차원의 규제 강도가 매우 높은 업종이기도 하다. 실제로 국민의 권익을 증진하기 위해 정부에서 보험료 인하 정책을 펼쳐 보험사의 수익성이 악화된 경우도 더러 있다. 반면 정부의 규제로 혜택을 보기도 한다. 보험사로 등록하기 위해서는 정부의 까다로운 심사 끝에 허가를 받아야 하므로 높은 진입장벽이 형성된다. 또한 보험은 전형적인 내수 산업으로 GDP 성장률과 비슷한 성장세를 보여준다.

보험사의 수입원은 크게 보험료와 운용수익으로 분류된다. 보험사는 사람들에게 보험상품을 판매하여 받은 보험료를 운용하여 수익을 낸다. 다수의 고객으로부터 보험료를 조달받아 채권, 주식 등에 투자해 수익을 거두는 것이 보험업의 전체적인 비즈니스 모델이다. 증권사가 보유 현금을 활용해 투자수익을 올리는 자기매매(75쪽)와 같은 맥락에서 이해할 수 있다. 기업은 당장 필요하지 않은 현금을 쌓아두기보다 이를 활용해 최대한의 이익을 창출하고자 한다. 다만 보험료는 특정 조건하에 지급하기로 계약된 증권이다 보니, 보험 판매 과정에서 고객의 특성과 부합하는 적정 수준의 보험료와 조건을 내거는 것이 보험업의 핵심이다.

◎ 보험료는 어떻게 구성될까?

보험료는 순보험료와 부가보험료로 이루어진다. 이 중 순보험료는 위험보험료와 저축보험료로 구성된다. 우리가 보험사에 지급하는 보험료는 위험보험료와 저축보험료, 그리고 부가보험료의 합과 같다. 보험료의 세 가지 구성 요소는 각각 사차익, 이차익, 비차익을 고려하는 과정에서 정해진다.

사차익은 실제 위험과 예정 위험의 차이를 가리킨다. 사망보험을 예로 살펴보자. 사망보험은 특정 기간 내에 피보험자가 죽으면 일정 금액을 지급하는 보험이다. A보험사는 올해 1만 명이 사망할 것으로 예상하고 보험료를 책정했으나, 실제로는 5000명만 사망했다고 해보자. 이 경우 A보험사는 5000명 분의 보험금을 지급하지 않아도 돼 그만큼 이익을 거둔다. 반대로 1만 5000명이 사망할 경우 5000명의 보험금을 추가 지급해야 하므로 손실이 된다.

이차익은 실제운용수익률과 예정이율 차이다. 보험사도 증권사나 은행과 마찬가지로 자산을 운용해 수익을 거둔다(실제운용수익률). 또 보험상품 중에는 은행 예금처럼 일정 기간이 지나면 일정한 이율을 붙여 고객에게 보험료를 돌려주는 경우가 있다(예정이율). 만일 보험사가 직접 운용한 자산의 수익률이 고객에게 약속한 이율을 상회한다면 보험사는 그 차액만큼 수익을 거둔다. 가령 기준금리가 2%인 수준에서 판매한 보험상품의 약정이율은 금리가 5%일 때의 약정이율보다 낮기 마련이다. 상품 판매 이후 금리가 오른다면 낮은 금리로 조달한 자본을 높은 금리 환경하에 운용할 수 있어 보험사에 유리하다.

한편 예정이율은 보험료에 매우 큰 영향을 준다. 채권가격은 미래의 현금 흐름을 시중이자율(유효이자율)로 할인하는 방식으로 산정되기 때문에, 금리가 내려가면 채권가격은 상승한다. 보험료를 책정할 때도 동일한 원리가 적용되어 예정이율이 낮을

수록 보험료가 높게 산출된다. 통상적으로 적용이율이 25bps(0.25%) 내릴 때 보험료는 5~10% 상승한다.

비차익은 실제 사업비와 예상 사업비의 차이다. 여기서 말하는 사업비는 보험회사를 운영하는데 드는 비용이다. 크게 점포운영비, 판매촉진비, 광고선전비 등의 신계약비와 인건비, 일반관리비 등의 유지비로 구성된다. 흔히 방문해 보험상품을 파는 설계사들을 볼 수 있는데, 사업비에는 이런 방문판매에 드는 비용까지 포함된다. GA(독립 판매 대리점)에 지급하는 시책, TM(Telemarketing) 채널 운영비, 기타 상품 판매를 위한 지출 모두 사업비로 인식된다. 1500억 원의 사업비를 책정했으나 실제로는 1000억 원이 지출되었다면 그 차액이 보험사의 비차익이 된다.

다수 보험사가 난립한 국내 보험산업의 특성상 보험상품 구조에서 차별화를 두기

📍 보험료 구성 요소

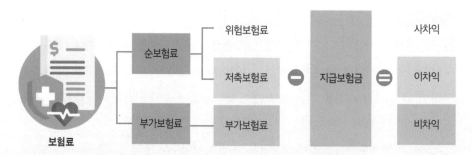

우리가 보험사에 지급하는 보험료는 보험사의 이익인 사차익(실제 위험과 예정 위험의 차이), 이차익(실제운용수익률과 예정이율의 차이), 비차익(실제 사업비와 예상 사업비의 차이)을 고려하는 과정에서 정해진다.

는 어렵다. 따라서 보험사별 사차익은 업계 평균에서 크게 벗어나지 않는다. 이차익 또한 안정적인 자산운용이 요구되는 환경하에서 대부분 장기채권 위주의 포트폴리오를 구성하고 있기 때문에 큰 차이가 없다. 반면 사업비는 그 구성 요소가 복잡하고 상대적으로 모호하다. 그래서 보험사가 높은 수익을 올리기 위해 예상 사업비를 과다하게 잡아 높은 수준에서 보험료를 책정하는 경우가 있다. 실제로 우리나라 보험사의 수익 중 비차익이 차지하는 비중은 해외 보험사보다 상당히 높은 편이다. 이에 따라 금감원은 보험료를 조정하고자 하는 보험사에 관련 근거 제출을 요구한다.

ⓢ 보험사의 손익 지표 : 합산비율 = 손해율 + 사업비율

손해율, 사업비율, 합산비율은 매 분기 보험사 실적이 발표될 때마다 언론에 자주 언급되는 실적 지표다. 손해율은 보험료 수입에서 보험금 지급액 등의 손해액이 차지하는 비율이다. 즉 고객에게 받은 보험료 중 사고처리금 등 손해액 명목으로 실제 지급한 보험금 비율을 말한다. 손해율을 낮게 유지하는 것이 보험사의 주요 과제다. 뇌졸중 진단비, 심장 질환 수술비, 치매 입원비 등 특약 별로 보험료가 다르게 책정되는 만큼 각 부문의 손해율을 파악해 고손해 담보상품의 판매를 줄이거나 보험료를 조정하는 조처를 한다. 보험료 조정은 금감원의 관리감독하에 이루어지기 때문에 대부분의 손해보험사들은 손해율이 100% 이하인 담보와 100%를 상회하는 담보를 묶는 전략을 사용한다.

◉ 보험사의 손익 지표 간의 관계

판매 실적이 일정하다는 가정하에 손해율 감소는 순익 증가로 이어진다. 코로나19 직후 사람들의 이동이 현저히 줄어들면서 자동차 부문 손해율이 크게 개선되었다. 같은 기간 병원 방문 감소로 기타 담보의 손해율도 덩달아 낮아져 손해보험사 실적이 크게 개선되었다.

사업비율은 보험료 수입에서 보험 영업을 위해 쓴 비용의 비중을 뜻한다. 그리고 손해율과 사업비율을 합쳐서 합산비율이라 한다. 합산비율이 100%보다 낮아야 이익이 나는 구조다. 보험사는 합산비율을 최대한 끌어내리기 위해 질병, 사고 발생률을 예측해 고객별로 보험료를 차등 적용한다. 단순히 생각해서 보험료를 통해 돈을 버는 방법은 보험금을 지급할 일을 줄이거나 보험료를 올리는 것이다. 전자는 대외변수의 영역이므로 보험사는 적정 보험료를 책정하는 데 주력한다.

카지노에서는 도박하는 고객의 기대값(일정한 확률이 주어진 상황에서 경제 행위를 통해 얻을 수 있는 효용)이 0 이하인 게임만 도입한다고 한다. 간혹가다 잭폿이 터져 카지노 속을 썩이기도 하지만, 전체적으로는 반드시 카지노 측이 이익을 보게끔 게임을 설계한다. 보험사에서 보험금을 책정할 때도 같은 원리가 적용된다. 고객 입장에서 합리적이면서 보험사에 충분한 이득을 가져다줄 수 있는 금액을 찾는 것이 보험사의 최우선 과제다. 가입자의 성별, 연령, BMI, 음주 및 흡연 여부, 보험료 연체 정보 등의 데이터를 총동원하여 보험료를 설정한다.

ⓢ 합산비율을 낮추기 위한 재보험 카드

이외에도 보험사는 높은 손해율을 막는 차원에서 코리안리 등의 재보험사를 이용한다. 재보험은 보험사가 드는 보험으로, 원보험사가 특정 담보와 상품에 대해 재차 보험을 드는 것이다. 고객과 보험사 간 계약과 마찬가지로 이 경우에도 보험사는 재보험사에 일정 보험료를 납부하고 손해가 발생하면 약정된 보험금을 청구한다. 이전에는 보험료 구성 요소 중 위험보험료에 대해서만 위험을 전가했다면, 재무건전성이 강조되는 요즘은 공동재보험을 통해 금리 변동 리스크까지 헤지하는 방식으로 부채를 관리하는 경우도 있다. 일부 원보험사는 재보험사의 역할도 하며, 재보험사가 다른 재보험사의 위험을 인수하기도 한다. 이렇게 재보험상품을 또다시 재보험사에 넘기는 것을 재재보험이라 부르며, 한 보험사가 출재사인 동시에 수재사일 수 있다.

그럼에도 불구하고 보험사의 합산비율은 100%를 상회하는 경우가 대부분이다. 이 지점에서 보험 사업의 지속가치에 의문이 들 수 있다. 하지만 앞서 설명했듯이 보험사는 보험료 수입을 운용해 투자이익을 취한다. 매년 신규 보험 가입자가 증가하는 추

📍 **재보험을 이용한 보험사의 리스크 헤지 구조**

자료 : 보험연구원

보험사는 높은 손해율을 막는 차원에서 재보험사를 이용해 리스크를 헤지한다. 과거에는 위험보험료에 대해서만 위험을 전가했다면, 재무건전성이 강조되는 요즘은 공동재보험을 통해 금리 변동 리스크까지 헤지하는 방식으로 부채를 관리하는 경우도 있다.

세라 운용 가능한 전체 자산도 증가하고 있다. 보험상품은 그 자체로 이익을 창출할 수도 있지만 동시에 투자금을 모으는 수단인 셈이다. 버크셔 해서웨이의 수장 워런 버핏(Warren Buffett)도 일찍이 보험사를 인수해 자금 운용의 주요 창구로 활용해왔다.

🕐 생명보험사 vs 손해보험사, 어디가 더 유망할까?

'생명'이라는 단어에서 알 수 있듯 생명보험은 인간의 생명과 신체를 보험의 대상으로 하며 대부분 장기보험이다. 사망보험, 생존보험, 생사혼합보험, 퇴직연금, 변액보험이 대표적인 생명보험상품이다.

사망보험은 피보험자가 사망할 경우 보험금을 지급하는 보험이다. 최초 가입 시 계약의 만기일 설정 여부에 따라 정기보험과 종신보험으로 나뉜다. 반대로 생존보험은 피보험자가 일정 기간 내 사망하지 않을 시 보험금을 지급하는 보험이다.

생사혼합보험은 생사와 관계없이 가입 후 일정 기간이 지나면 보험금을 수령하는 보험으로 양로보험, 저축보험 등이 대표적이다. 일반적인 보험의 목적은 예상치 못한 위험에 대비하는 것이지만, 보험상품 중에는 이렇게 재테크 성격을 띠는 상품도 여럿 있다. 퇴직연금도 마찬가지다. 개인이 퇴직연금에 가입하면 근무 기간에 퇴직금이 차곡차곡 쌓이다 퇴직 시 보험금을 수령한다. 변액보험은 주식, 채권 등으로부터 보험사가 얻은 운용실적을 나눠 받는 보험이다. 보험사의 운용실적에 따라 수령액이 변한다.

퇴직연금과 변액보험처럼 가입자가 저축을 목적으로 가입하는 보험상품을 묶어 저축성보험이라 부른다. 반대로 사망보험처럼 위험 발생 시 부담을 줄이는 목적을 가진 보험을 보장성보험이라 한다.

생명보험사는 저축성보험을 줄이는 추세이지만 아직 보유계약 중 저축성보험이 차지하는 비중이 상당하다. 2020년 기준 생명보험사의 보유계약 비중에서 보장성보험은 81%(1927조 원), 저축성보험은 19%(455조 원)를 차지한다. 반면 손해보험사는 보장성보험 위주로 운영되고 있다. 보험업이 증권업, 은행업과 함께 3대 금융업으로 꼽히는 주요한 이유도 재테크를 목적으로 보험사를 찾는 이들이 많기 때문이다.

◉ 금리와 보험업의 위험한 관계

20세기까지 생명보험산업은 국가의 급격한 발전과 맞물려 고성장을 이루었지만 이후 현재까지 점차 상승세가 약화되고 있다. 2009년부터 저축성보험을 바탕으로 다시 높은 성장을 이루나 싶었지만, 저금리 기조로 상승세가 꺾였다.

낮은 금리가 저축성보험에 대체 어떤 영향을 준 것일까? 2010년 안팎 우리나라 금리는 3% 수준이었다. 이때 보험사에서 판매한 저축성보험이 가입자에게 2.5%의 이율을 약속했다고 해보자. 저축성보험은 만기 20, 30년 등의 고금리 확정형 부채에 해당한다. 그런데 그 후 2020년까지 우리나라 기준금리는 0%대까지 점진적으로 인하됐다. 만약 금리가 0%대가 아니라 5%로 올랐다면 보험사는 보험료로 은행에 적금을 들기만 해도 2.5%(현재 금리 5% - 약속한 금리 2.5%)의 차익 실현이 가능했다. 그런데

보험사는 금리가 오르면 웃고, 금리가 내리면 힘든 시간을 보낸다. 생명보험사의 주가가 금리를 따라가는 경향을 보일 만큼 저축성보험의 수익성은 금리 변화에 민감하다.

금리가 0%대로 주저앉았으니 보험사는 가입자에게 원금과 함께 2.5%의 이자를 지급하기 위해 머리를 싸매게 됐다. 더구나 2000년 즈음에는 금리가 5%를 웃돌았다. 당시 판매한 저축성보험의 만기가 도래함에 따라 보험사의 걱정이 이만저만이 아닌 상황이다. 이를 두고 '이자 역마진차'가 발생했다고 한다.

이런 이유로 보험사는 금리가 오르면 웃고, 금리가 내리면 힘든 시간을 보낸다. 생명보험사의 주가가 금리를 따라가는 경향을 보일 만큼 저축성보험의 수익성은 금리 변화에 민감하다. 변액보험 보증준비금의 경우에도 5년물 국채 금리가 주요 참조 지표로 사용되기 때문에 금리는 보험사에 매우 중요한 요소다. 한편 금리가 오르면 과거 판매했던 고금리 확정형 상품의 부채 부담이 경감된다. 이와 같은 효과는 손해보험사보다 초장기보험 비중이 높은 생명보험사에서 더 크게 나타난다. 고객 입장에서도 금리 상승은 예정이율 상승으로 이어져 보험료 인하를 기대해볼 수 있다. 이 경우 보험 판매 실적이 개선될 여지가 있다. 금리가 오르면 보험사는 이전보다 더 낮은 자금으로 과거와 동일한 수준의 보험금을 보장할 수 있기 때문이다.

◎ 손해보험사, 생명보험사와 이렇게 다르다!

손해보험은 인간이 살아있는 동안 입을 수 있는 손해에 대해 보장하는 보험이다. 크게 자동차보험, 장기보험, 일반보험으로 분류된다. 자동차보험은 자동차 사고로 발생한 손실을 보상해주는 보험으로 계절 변동에 큰 영향을 받는다. 비가 오거나 눈이 오면 사고 발생률이 늘어나므로 여름 장마철과 겨울에 손해율이 상승하는 경향을 보인다. 코로나19 이후 손해율이 하락하면서 보험료를 인하하려는 금감원과 최근 들어 다시 손해율이 상승하는 데 주목하는 손해보험사 사이에 기 싸움이 벌어지고 있다.

장기보험은 통상 보험 기간이 3년 이상인 보험을 가리킨다. 이를 좀 더 세분화하면 상해, 질병, 저축성보험으로 나뉜다. 보험 자체가 재테크 성향을 가지고 있는 만큼 생명보험사와 손해보험사 모두 저축성보험을 취급한다. 하지만 생명보험사에 비하면 손해보험사의 저축성보험 비중은 미미하다. 다만 상해, 질병 보험으로 분류되는 보험 또한 계약 당시 약정한 이율을 저축보험료에 더해 만기 시 지급하는 저축 기능이 있다. 우리나라의 장기보험 비중은 외국보다 현저히 높다. 외국은 손해보험사에서 장기보험을 판매하지 못하게 하지만 우리나라는 장기보험 비중이 70%로 대단히 높다.

일반보험은 화재, 해상, 특종보험을 포함한다. 화재는 화재사고, 해상은 선박사고에 대한 피해액을 보장해준다. 특종보험은 도난보험과 동물보험 등 현대 사회에 새롭게 등장한 위험을 보장한다.

손해보험사는 지급 방식에서도 생명보험사와 차이를 보인다. 생명보험의 경우 지급 조건이 성립될 경우 계약된 고정 금액을 지급하지만, 손해보험은 손해가 난 부분에 대해서만 지급하는 경우가 대부분이다.

달라지는 회계기준에 대비해 실탄 쌓기 바쁜 보험사

2020년과 2021년 보험사의 공시이율보다 정기예금 금리가 낮아짐에 따라 저축성보험 수요가 증가해 보험사의 저축성보험 비중이 상승했다. 공시이율은 시중금리와 연동해 적용되는 일종의 보험 예정금리다. 앞으로 지속적인 금리 인상이 예상됨에 따라 낮은 조달금리의 이점을 누리기 위해 저축성보험 비중을 늘린 보험사가 있었으나 이는 일시적인 현상에 그칠 것으로 보인다.

2023년 새로 도입되는 국제회계기준(IFRS17)에 따르면 보험사가 판매한 저축성보험은 원가 대신 시가로 평가되기 때문에 보험사들이 재무건전성 관리 차원에서 보장

📍 주요 생명보험사 RBC 비율 추이

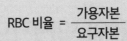

$$RBC\ 비율 = \frac{가용자본}{요구자본}$$

* RBC(Risk Based Capital) 비율 : 보험사의 자본 건전성을 나타내는 지표

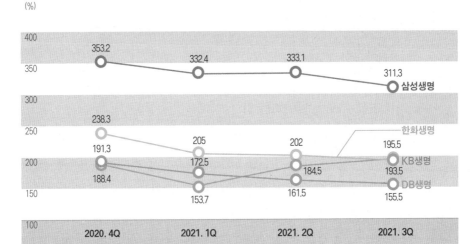

(%)

	2020. 4Q	2021. 1Q	2021. 2Q	2021. 3Q	
	353.2	332.4	333.1	311.3	삼성생명
	238.3	205	202	195.5	한화생명
	191.3	172.5		193.5	KB생명
	188.4	153.7	184.5	155.5	DB생명
			161.5		

RBC 비율은 보험사의 자본 건전성을 나타내는 지표다. 2023년 도입되는 국제회계기준(IFRS17)은 저축성보험을 원가 대신 시가로 평가하도록 하고 있다. 저축성보험을 시가로 평가할 경우 RBC 비율에서 분모에 해당하는 요구자본이 증가한다. 저축성보험 비중이 높은 보험사는 RBC 비율 하락을 방어하는 방안을 모색 중이다.

성보험 비중을 지속적으로 늘릴 것이 예상된다. 시가로 평가할 경우 과거 고금리를 약정한 보험의 부채 규모가 커져 저축성보험 비중이 높은 보험사의 RBC 비율이 크게 하락할 우려가 있다.

　RBC 비율(=가용자본/요구자본)은 고객이 지급을 요청할 수 있는 전체 보험금 대비 실제로 보험사가 지급할 수 있는 능력을 나타낸 수치다. 「보험업법」은 RBC 비율 100% 이상을 규정하고 있으며, 금융당국은 150% 이상을 권고한다. 새 회계기준이 도입되면 시가 평가에 따라 RBC 비율의 분모(요구자본)가 증가하게 된다. RBC 비율 하락을 방어하기 위해 보험사들은 유상증자(기업이 주식을 추가로 발행해 자본금을 늘리는 행위), 자산 매각 등의 방법을 통해 RBC 비율의 분자 부문(가용자본)을 늘리는 식으로 대응하고 있다.

DAY 09

고강도 규제와 빅테크의 진격에 절박해진 카드사

🧭 우리가 카드를 긁으면 벌어지는 일

우리나라는 비현금 결제 비중이 세계 1위로 90%에 육박한다. 2위 중국의 비현금 결제 비중이 60%에 그친다는 점을 고려할 때 놀라운 수치다. 카드 가맹점 등록 비율도 100%에 가깝다. 2021년 기준 경제활동 인구 1인당 4.3장의 카드를 보유하고 있을 정도로 카드는 우리에게 핵심적인 결제 수단이다.

카드사의 수익은 크게 신용판매 수수료와 현금대출 이자로 구성된다. 신용판매 수수료는 카드사가 회원과 가맹점 간 결제 프로세스에 참여하여 얻는 수익이다. 고객이 신용카드로 가맹점의 상품을 결제하면, 카드사가 가맹점을 대신하여 고객에게 돈을 회수할 것을 책임진다. 가맹점은 상품을 판매한 시점으로부터 일정 기간 이후 카드사로부터 결제 대금을 수취한다. 이때 고객의 결제를 도운 대가로 카드사에 수수료를 제공한다. 그 수준은 보통 2% 안팎으로, 가맹점의 매출 규모에 따라 상이하다. 간혹 상점에서 고객에게 현금으로 결제하면 깎아주겠다고 제안하는 경우가 있다. 탈세와 더불어 카드사에 수수료를 떼이지 않기 위한 제안이다. 우리가 카드를 긁은 후부터 카드사에 수익이 날 때까지의 과정을 좀 더 자세하게 알아보자.

철수는 이번 달 월급과 함께 보너스가 들어와 친구에게 10만 원어치 소고기를 사기로 한다. 철수 지갑에서 신용카드를 빼 카드 리더기에 긁는다. 카드를 긁는 순간 카드사는 VAN사(Value Added Network, 부가통신사업자)를 통해 카드정보와 유효기간, 철수가 10만 원을 결제하려 한다는 정보를 받는다. VAN사는 가맹점과 카드사

대한민국 경제 활동 인구 1인당 4.3장의 카드를 보유하고 있다.

94

📍 카드 결제 프로세스

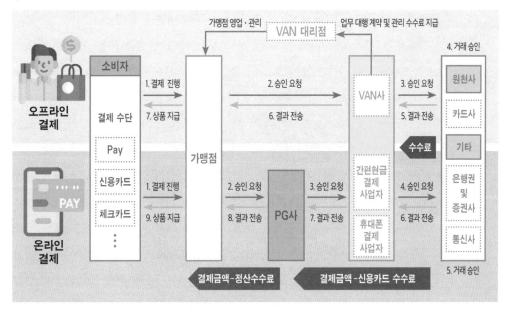

오프라인에서 VAN사는 카드사와 가맹점 간 네트워크망을 구축하여 카드 거래 승인 등의 지급결제를 대행한다.
반면 온라인에서는 PG사가 VAN사의 역할을 한다.

를 거래데이터로 연결해주는 회사로 현재 국내 21개사가 경쟁하고 있다. 카드 리더기 관리도 VAN사가 담당한다. 참고로 VAN사는 각 지역별로 영업대리점을 두어 결제 단말기, 영수증 용지를 저렴하게 공급하겠다는 식의 마케팅으로 가맹점을 확보한다.

VAN사는 가맹점에 결제 승인을 알린다. 일정 기간 이후 카드사는 철수를 대신해 가맹점에 돈을 지급한다. 그런데 이때 10만 원 전부를 주는 것이 아니다. 카드사는 신용카드를 통해 철수와 소고깃집의 거래를 도운 대가로 2%에 해당하는 수수료 2000원을 가져간다. 소고깃집은 9만 8천 원을 받는다. VAN사도 거래를 도운 대가로 건당 150원의 수수료를 받는다. 이때 VAN사에게 수수료를 지불하는 주체는 소고깃집이 아니라 카드사다. 결국 카드사는 10만 원의 거래에 대해 1850원을 받아간다. 다음 달이 되면 철수는 카드사에 10만 원을 납부한다. 결과적으로 카드사는 가맹점에 갚아야 할 돈을 철수 대신 미리 내준 대가로 1850원을 벌었다. 카드사는 1개월간 가맹점에 신용을 제공하고 상품·서비스를 구매한 고객이 카드 대금을 갚지 못하는 리스크를 대신 부담한 것이다.

🌐 온라인 결제 프로세스의 핵심 플레이어 PG사

지금까지 오프라인 거래에서 카드사가 돈을 어떻게 버는지 설명했다. 그렇다면 온라인 거래에서 어떤 플레이어들이 어느 정도 몫을 가져가는지 알아보자. 원칙적으로 오프라인이나 온라인이나 돈이 흐르는 방향은 동일하다. 다만 중간에 PG사(Payment Gateway, 전자지급 결제대행)가 추가로 존재한다는 차이가 있다.

오프라인에서 VAN사는 카드사와 가맹점 간 네트워크망을 구축하여 카드 거래 승인 등의 지급결제를 대행한다. 반면 PG사는 온라인에서 VAN사의 역할을 한다. 개인이 온라인 쇼핑몰을 개설할 경우 카드사와 일일이 계약을 맺고 결제 프로그램 연동 등 처리해야 하는 일이 많다. PG사는 이런 일련의 번거로운 과정을 대행한다.

고객이 온라인 쇼핑몰에서 결제할 경우 카드사에 결제 기록으로 남는 가맹점명은 PG사명이다. 우리가 결제 내역에서 '한국 사이버결제(KCP)' 등의 낯선 이름을 심심치 않게 볼 수 있는 이유다. 즉 VAN사는 소비자가 카드로 결제할 수 있는 시스템을 놓아주고, PG사는 이것이 온라인에서도 가능하게끔 기술적인 지원을 한다. PG사는 VAN사와 달리 수수료를 카드사가 아닌 가맹점으로부터 받는다.

소비자가 온라인상에서 결제하면 신용카드사 → VAN사 → PG사 → 가맹점 순으로 결제 승인이 이루어진다. 신용카드사는 PG사에 결제 대금을 지급하고, PG사는 6~7일 후 가맹점별로 정산한다. 가맹점이 PG사를 선택할 때 가장 크게 고려하는 것은 PG사로부터 대금을 안정적으로 회수할 수 있느냐이다. 이는 PG사 거래 규모에 비례한다. 따라서 구조적으로 PG 사업은 과점 형태를 띠기 쉽다. 실제로 국내 PG 시장 점유율을 보면 3사가 시장의 64%를 차지한다(NHN 24%, 토스페이먼츠 21%, KG이니시스 19%). 가맹점에 대금을 정산하기까지 시차가 있어 PG사는 짧은 기간이나마 이자수익을 올릴 수 있다. 때문에 가맹점에 정산을 빨리해줄수록 수수료를 더 많이 부과하는 수수료 차등 구조를 두고 있다.

이후 PG사가 가맹점으로부터 일괄적으로 수수료를 수취해 결제 원천사에 가맹점 수수료를 지급한다. 가맹점으로부터 수수료를 받은 PG사는 자신의 몫을 제한 금액을 카드사에 지급한다. PG사가 2.3%의 수수료를 수취하고 신용카드사에 2%를 지급한다면 0.3%의 이윤이 남는다.

🔘 소액결제는 카드사의 적

지금까지 오프라인과 온라인에서 카드사가 돈을 버는 구조를 알아보았다. 그런데 여기서 한 가지 주목해야 할 부분이 있다. 카드사와 PG사가 거래액의 일정 퍼센트를 받는 데 반해, VAN사는 거래 건당 100~170원을 받는다. 그리고 이 금액은 카드사가 지급한다. 가령 카드사 수수료가 2%이고 VAN사가 거래 건당 100원을 받는다고 했을 때, 소비자가 카드로 5000원 이하의 상품을 구매한다고 해보자. 결제 프로세스 안에서 VAN사의 수익 구조 때문에 소액결제는 카드사 수익에 악영향을 미친다.

'10만 원 이상 ○○카드로 결제시 5% 할인' 같은 카드사에서 일정 금액 이상을 구매했을 때 주는 혜택도 소액결제를 줄이고자 하는 의도로 기획된 이벤트다. 하지만 소액결제가 지속해서 증가함에 따라 2018년 금융당국에서는 VAN사 수수료를 정액제에서 정률제로 전환하도록 했다. 덕분에 카드사는 한시름 덜 수 있었지만, VAN사의 이익률은 악화하였다.

신용카드 고객은 결제 시 일시불과 할부 중 대금 납부 방식을 선택할 수 있다. 일시불의 경우 카드사가 소비자를 대신하여 빚을 지는 기간이 채 한 달이 되지 않는다. 그러나 할부의 경우 카드사가 몇 달에 걸쳐 가맹점에 빚을 지게 된다. 이 경우 카드사는 고객에게 돈을 빌려준 셈이 되기 때문에 그 대가로 고객에게 추가 수수료를 받는다. 보통 연간 수수료율 기준으로 10% 안팎의 고금리다. 물론 이따금 고객을 유인하기 위해 무이자 할부를 해주는 경우도 있다. 고객 입장에서 재테크 효과를 따지자면 무이자 할부가 1순위, 일시불이 2순위, 추가 수수료를 지급해야 하는 할부가 3순위다.

🔘 간편결제와의 전쟁

가맹점 수수료율 인하는 자영업자 표심을 공략하는 정치권의 단골 공약이다. 실제로 카드사의 가맹점 수수료는 2012년 3.6%에서 2021년 1.1%(소규모 가맹점 기준)로 해를 거듭할수록 하락해왔다. 카드사의 수익성 악화가 우려돼 금융당국이 먼저 연회비를 넘어서는 혜택 제공을 금지한 전력이 있을 정도다.

금융당국은 「여신금융전문법」을 근거로 수수료율을 포함해 매우 구체적인 부분에 있어 카드사를 규제한다. 그러나 네이버페이, 카카오페이가 대표하는 간편결제서비

📍 **신용카드 및 빅테크 수수료율 비교** (단위 : %)

구분	신용카드	네이버페이(주문관리)	카카오페이(온라인)
3억 원 이하	0.80	2.20	2.00
3~5억 원	1.30	2.75	2.50
5~10억 원	1.40	2.86	2.60
10~30억 원	1.60	3.08	2.80
30억 원 이상	2.30	3.63	3.20

* 2021년 8월 말 기준, 신용카드 : 가맹점 수수료, 빅테크 : 결제 수수료, 자료 : 김한정 의원실

빅테크기업은 PG서비스를 겸하기 때문에 같은 이익을 남기더라도 표면적으로 수취하는 수수료율이 카드사보다 높을 수밖에 없다.

스는 규제 밖에 있다. 카드사는 빅테크와 카드사가 동일한 원칙을 적용받아야 한다고 주장하지만, 빅테크기업들은 가맹점에 결제서비스 외 부가서비스를 제공하기 때문에 실제 실현되는 이익이 적다는 의견이다.

정치권에서는 카드사 입장에 힘을 싣는 발언이 득세하고 있으나 빅테크기업들의 주장도 일리가 있다. 카드사의 역할은 결제 중개에 그치지만, 빅테크 결제 수수료에는 입점과 운영 비용까지 포함된다는 것이다. 구체적으로 배송 추적, 빠른 정산 지원 등의 서비스를 근거로 한다. 더불어 이들은 PG서비스를 겸하기 때문에 같은 이익을 남기더라도 표면적으로 수취하는 수수료율이 카드사보다 높을 수밖에 없는 구조다. 앞서 살펴보았듯이 PG사가 수수료를 일괄 수취하여 카드사 몫을 배분하는 형태이기 때문이다. 더불어 간편결제사는 카드사와 달리 뒤에서 설명할 카드론서비스가 금지되어 있기 때문에 표면상의 수수료를 동일 선상에서 비교하는 데 한계가 있다.

신용판매 수수료를 늘리기 위한 전략은 간단한다. 카드를 많이 발급하고, 그 카드를 많이 쓰게끔 하는 것이다. 따라서 카드사들은 카드 혜택 개발에 섬세한 노력을 기울인다. 카드 연회비는 고객이 1년 동안 해당 혜택을 누릴 권리에 대해 지불하는 금액으로 카드사에 상당한 수익을 안겨준다. '구독 경제'라는 표현이 언론에 등장하기 전부터 카드는 실질적인 구독 경제 모델을 통해 수익을 창출해왔다. 포인트 적

립은 기본이고 주유, 쇼핑, 마일리지 등 고객이 가장 필요로 하는 분야에서 최대한의 혜택을 제공하는 카드를 만들기 위해 노력한다.

아이러니하게도 카드 혜택을 받기 위해 실적을 정확히 맞춰 소비하고 카드사의 대출서비스를 전혀 이용하지 않는 고객이라면 카드사에 손해가 된다. 카드사 혜택을 적재적소에 뽑아내는 고객을 두고 '체리 피커(cherry picker)'라 부르기도 한다. 가령 전월 실적 30만 원을 채운 고객에게 1만 원 할인 혜택을 줄 경우 가맹점 수수료를 훨씬 상회하는 3.3%의 비용이 발생한다. 한마디로 카드 혜택은 고객들이 해당 혜택을 완전히 뽑아내지 못하길 기도하며 내거는 미끼상품인 셈이다.

체리 피커는 맛있는 것만 쏙쏙 골라 먹는 사람을 뜻하는 말로, 마케팅에서 자신의 실속만 차리는 소비자를 일컫는다.

간편결제서비스가 도입된 2015년에는 다수의 간편결제 사업자들이 난립했다. 그러나 마케팅비를 많이 투입해야 하는 산업 특성상 현재는 카카오페이, 네이버페이, 페이코, 삼성페이 빅4의 과점 형태가 형성됐다. 이들은 가맹점에 QR 결제판을 무료 공급(카카오페이)하고, 결제액의 1%를 적립금으로 돌려주는 (페이코) 등 고객 접근성을 높이고, 고객을 락인(Lock-in : 새로운 것이 나와도 기존의 것을 계속 이용하는 현상)하기 위한 정책을 펼쳐왔다.

네이버페이와 배달의민족을 통해 온라인으로 배달 주문 혹은 매장 식사를 할 수 있는 것처럼 결제는 온라인에서 하고 서비스는 오프라인을 통해 제공받는 형태를 O2O(Online to Offline)라고 한다. 코로나19 이후 이런 비대면 결제 방식이 더욱 가속화되었다. 과거에는 간편결제사들이 카드사와 협업하는 경우가 많았으나, 일정 이상의 충성 고객을 모집한 이후 카드사를 거치지 않고 자체 시스템상에서 결제를 유도하기 시작했다. 간편성과 기타 앱과의 연계성으로 카드사의 많은 고객이 유출되고 있으며, 이는 전통 카드사들에게 커다란 위협이다.

🎯 꿩 대신 닭, 수신 대신 여신

현금대출 이자는 카드 회원에게 대출성 자금을 제공한 대가로 얻는 이자수익이다. 은행과 동일하게 대출상품을 통해 조달금리보다 높은 금리를 수취한다. 대출 방식에 따라 크게 현금서비스와 카드론으로 나뉜다. 현금서비스는 급전이 필요한 사람에게 일정 한도 내에서 별도의 서류심사 없이 단기대출을, 카드론은 이용실적 등을 고려해 장기대출을 해주는 상품이다.

카드사의 대출 프로세스는 은행보다 빠르게 이루어진다. 방문, 보증, 서류 없이 인터넷을 통해 비교적 쉽게 현금을 대출받을 수 있기 때문이다. 게다가 카드론은 최대 36개월까지 상환기간을 조절할 수 있다. 이것이 가능한 이유는 고객이 최초로 카드를 발급받는 시점이 카드사에서 기본적인 심사를 마치고 이미 대출 한도가 부여된 상태이기 때문이다. 보통 카드사에서는 15% 안팎의 대출금리를 부과한다. 저축은행과 타깃 고객이 비슷하다고 볼 수 있다. 카드사는 저축은행과 달리 예금자를 따로 모집할 수 없어 수신 기능이 없지만, 조달금리가 2%로 비교적 낮다. 이게 어떻게 가능할까?

신용카드의 경우 카드사에서 먼저 가맹점에 결제대금을 지급하고, 그 이후에야 고객에게 돈을 받는다. 심지어 현금서비스와 카드론을 통해 고객을 대상으로 대출 장사까지 한다. 이는 카드사들이 수중에 상당한 양의 돈을 보유하고 있어야 한다는 뜻이다. 하지만 카드사는 앞서 설명한 증권업, 보험업, 은행업과 다르게 여신 기능이 없다. 즉 고객으로부터 자금을 조달받을 별다른 수단이 없는 것이다. 따라서 다양한 방식을 통해 자금을 조달한다.

카드사의 자금 조달은 주로 회사채 발행이나 차입, ABS(Asset Backed Securities, 자산유동화증권) 발행으로 이루어진다. 회사채는 회사에서 일반 혹은 기관에게 돈을 빌리고 특정 시점에 원금과 함께 이자를 지급하겠다고 약속한 증서다. 차입은 대개 주거래은행의 돈을 빌리는 것이다. ABS는 부동산과 같이 현금성, 유동성이 떨어지는

📍 ABS로 자금을 조달하는 과정

ABS(자산유동화증권)를 활용하면 부동산처럼 현금성과 유동성이 떨어지는 자산을 바탕으로 증권을 발행해 현금을 마련할 수 있다. 카드사는 상환 의무가 고객에게 있는 매출채권을 근거로 ABS를 발행해 2% 안팎의 이율로 자금을 조달한다. 이렇게 낮은 조달금리로 확보한 자금이 카드사 대출서비스의 재원이다.

자산을 바탕으로 한 증권이다. 가령 현대카드에 1000억 원짜리 빌딩이 있다고 하자. 현대카드는 당장 돈이 필요하다. 건물을 팔자니 긴 시간이 소요되고, 건물을 담보로 잡아 대출을 받자니 은행에선 건물 가치보다 낮은 금액을 제시한다. 이 건물에서는 연간 50억 원의 임대수익이 나온다. 이를 유동화하는 방안이 없는지 증권사에 문의한 결과 다음과 같은 방안을 찾았다. 증권사는 이 건물 임대수익의 1/1000을 가질 수 있는 권리인 ABS 1000장을 각각 1억 원에 발행한다. 증권 1장당 금액이 낮아질수록 돈은 금방 모일 것이다. 이처럼 현금성이 떨어지는 자산을 현금화하는 것이 ABS다. 카드사는 고객이 상환 의무를 지는 매출채권(카드 결제액)을 다량 보유하고 있다. 위 사례와 같이 ABS를 이용한다면 앞으로 들어올 현금을 일정 부분 할인된 액수로 당장 손에 쥘 수 있게 된다.

이를 통해 카드사는 2% 안팎의 이율로 자금을 조달한 후 15%의 대출금리를 부과하여 엄청난 차익을 거둔다. 앞서 설명한 신용판매 수수료는 적자가 나는 경우가 더러 있는 반면, 현금대출 이자수익은 마진이 상당하다. 카드사 본연의 업무라 할 수 있는 카드 발급 부문이 카드론 모집 창구가 된 격이다. 1000억 원을 대출해주면 단순 계산으로 130억 원이 남는 셈이니 황금 알을 낳는 거위처럼 보인다. 그러나 카드론의 수요층은 보통 제1금융권에서 돈을 빌릴 수 없는 신용도가 낮은 사람들이다. 대출 이용자들의 신용도가 은행보다 낮아서 관리 당국이 규제의 칼을 자주 꺼낸다.

🧭 카드채 금리가 카드론 금리를 밀어낸다

2021년에는 카드채(카드사 채권) 금리가 상승하면서 카드사로부터 자금을 빌리는 카드론 금리도 상승하고 있다. 금리가 상승함에 따라 카드론의 타깃 고객인 저신용자의 부도 위험이 증가했을 뿐 아니라 은행의 채권 발행이 늘어 카드채 수요가 떨어진 탓이다. 더불어 금리 인상 이전에 저리로 자금을 빌리려는 카드사의 잇따른 카드채 발행 랠리가 이어지면서 공급이 늘었다. 실제로 같은 기간 3년물 기준 '카드채 금리 - 국채 금리'로 계산되는 카드채 스프레드가 확대되었다. 이는 카드채 금리 상승이 금리 인상과 별도로 카드채 인기 저하로 발생했음을 보여준다.

2021년 기준 카드채는 카드사가 조달한 자금 중 75%를 담당하는 핵심 창구다.

카드채의 금리 상승은 전반적인 조달금리를 높인다. 카드사는 그 부담을 해소하고자 카드론 금리를 올리는 식으로 대응한다. 2021년 하반기 카드론 평균금리는 7월 13.10%에서 11월 13.88%로 상승했다.

카드사 수익이 신용판매 수수료와 현금대출 이자로 구성된다고 설명했다. 그런데 둘 사이에는 크게 세 가지 차이점이 있다. 우선 민간소비와의 연관성이다. 신용판매 수수료는 소비자의 카드 결제 건수에 비례한다. 즉 경제 활성도가 수익에 직접적인 영향을 준다. 반면 현금대출은 민간소비 영향도 받지만, 이보단 정책 변수 등 외부영향에 크게 좌우된다. 현금대출 실적이 더 들쭉날쭉한 이유도 이 때문이다.

다음으로는 안정성과 수익성이다. 신용판매는 돈을 떼일 확률이 낮다. 달마다 고객이 돈을 갚아 나가고, 일정 기간 연체되면 카드 사용이 정지되기 때문이다. 반면 현금대출은 주 고객층의 신용도가 낮아 연체될 우려가 크다. 즉 안정성은 신용판매 쪽이 높다. 그러나 현금대출은 대출액의 10% 이상이 이익으로 책정된다. 때에 따라 손해를 볼 수 있는 신용판매 수수료와 반대다.

🌀 코로나19 이후 카드사의 패러다임 변화

카드업은 전형적인 내수 산업이다. 국민 경제의 최전선에 맞닿아 있는 만큼 정부의 규제가 심하다. 가맹점 수수료 인하 압박, 외형 확대 제한 등의 규제는 카드사 수익 급감의 원인이 되기도 한다. 또 20여 개 회사가 존재해 카드사 간 경쟁 강도도 높다. 하지만 카드사 설립을 위해서는 금융위원회의 허가를 받아야 하기 때문에 진입장벽은 꽤 높다.

한편 카드업은 현재 여러모로 위기에 있다. 2020년 기준 전체 민간소비 대비 신용카드 및 체크카드의 비중은 90%로 성장 여력이 점차 한계에 다다르고 있다. 정부의 수수료 인하 압박과 시장경제 포화로 인해 수수료 수익 확대가 쉽지 않은 상황이다. 핀테크의 등장으로 곧바로 은행계좌와 연동하여 결제하는 문화가 자리를 잡아 카드사가 개입할 자리가 줄어들고 있다. 또한 카드업은 비즈니스 모델이나 카드 혜택의 차별화가 쉽지 않다. 때문에 과도한 마케팅비 지출로 평균적으로 순이익이 낮게 나타난다.

코로나19가 발발했을 당시 많은 이들은 카드사의 수익 악화를 걱정했다. 그러나 잇따른 카드사의 실적 발표는 카드사가 어려운 상황 속에서도 선방했음을 보여준다. 우선 소비 위축으로 신용카드와 체크카드의 수익은 감소했지만 현금대출 부문 성장과 비용 절감이 두드러졌다. 경기가 하락하는 과정에서 은행권 대출이 어려운 소상공인과 저신용자들이 상대적으로 대출이 쉬운 카드론으로 눈을 돌렸다. 동시에 금융당국의 소상공인 대출만기 유예 조치로 카드사의 연체율 지표가 표면상 크게 개선되기도 했다. 또한 부가서비스와 관련된 비용이 크게 줄었다. 우리가 영화관에서 카드사 우대 할인을 받는 경우 카드사는 할인분을 가맹점에 지불해야 한다. 이런 서비스 업종에 대한 수요가 줄면서 마케팅 비용이 덩달아 감소한 것이다. 또한 국가 간 이동이 줄면서 해외 결제 수수료와 VAN사에 지급하는 비용도 줄었다.

PLCC(Private Label Credit Card, 상업자 표시 신용카드) 경쟁은 한층 더 치열해졌다. 카드사들은 다수 브랜드와 협업하는 것은 물론, 카드 수수료 수익을 지키는 전략의 일환으로 핀테크업체와 PLCC 파트너십을 맺고 있다. PLCC는 개별 상표를 부착한 카드라는 뜻으로 특정업체 브랜드를 사용하는 카드다. 일반 제휴카드의 경우 비용을 대부분 카드사가 떠안지만 PLCC는 카드사와 해당 제휴사가 비용을 분담하는 구조다. 대신 카드사는 연회비와 가맹점 수수료를 통한 수익을 분배해야 한다. 브랜드사는 PLCC를 통해 고객의 거주지, 연령 등 일반 제휴를 통해서는 얻을 수 없었던 세부적인 결제 데이터를 열람할 수 있다.

현대카드는 카드사 중 PLCC에 가장 진심이다. 2021년 8월 기준 카드사가 발행한 PLCC가 총 464만 장인데, 이 중 410만 장을 현대카드가 발행했다. 삼성카드가 전담하던 코스트코와 PLCC를 낸 일화는 유명하다. 최근 카드사들은 너나 할 것 없이 PLCC를 출시하고 있는데 그 중 핀테크업체와의 협업이 두드러진다. 현대카드는 '네이버파이낸셜'을 보유한 네이버와 손을 잡고 네이버 현대카드를 출시했고, 삼성카드는 카카오뱅크 삼성카드를 선보였다. 급변하는 대외환경 속에서 카드사는 저마다 수익성 제고를 위해 분주히 움직이고 있다.

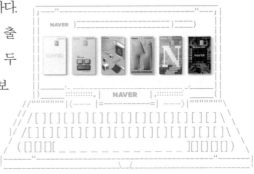

PLCC 시장을 선도했던 현대카드는 2015년 이마트를 시작으로 2020년과 2021년에 스타벅스, 배달의민족, 무신사, 네이버 등과 잇따라 손을 잡고 PLCC 역량을 과시했다.

DAY 10

진격의 카드사에 텃밭까지 위협받는 캐피털사

🧭 생활밀착형 금융해결사, 할부·리스 서비스

개인과 회사 모두 종종 비싸지만 꼭 사야 하는 물품이 생긴다. 직장인은 자동차, 항공사는 비행기가 그런 물품이다. 자금 사정에 따라 차이가 있을 수 있지만 대개 수천만 원 상당의 자동차나 수천억 원을 호가하는 비행기를 일시불로 구매하기는 쉽지 않다. 구매자는 물건 대금을 나눠서 내는 방식을 선호하지만, 자동차나 항공기 제조사는 분납보다 일시불을 선호한다. 이렇게 구매자와 판매자의 니즈가 상충하는 지점에서 캐피털사의 비즈니스가 시작된다.

캐피털사는 풍부한 자금력을 바탕으로 제조사에 물품 대금을 일시불로 지급하고, 그 대가로 고객에게 원금과 이자를 받는다. 언뜻 은행 대출과 닮았다. 다만 캐피털사의 금융서비스는 판매자, 구매자, 캐피털사 세 주체 사이에서 이루어진다는 데 차이가 있다.

비록 캐피털사는 은행처럼 우리가 일상생활에서 쉽게 접하는 형태의 금융사는 아니지만, 할부·리스 서비스는 이미 익숙한 개념이다. 추후 항공업(370쪽)과 해운업(380쪽)에서도 설명하겠지만, 특히 기업을 운영할 때 할부·리스가 필요한 경우가 많다.

🧭 캡티브 마켓을 제대로 활용하는 캐피털사의 할부금융서비스

캐피털사의 수익은 할부금융 이자, 리스금융 이자, 대출 이자로 구성된다. 할부금융은 보통 일반 고객이 자동차나 가구처럼 고가의 상품을 사기 위해 이용한다. 캐피털사는 구매자 대신 물건 대금을 판매회사에 지급하고, 구매자는 캐피털사에 원금과 함께 이자를 나눠서 지급한다. 카드업의 신용판매처럼 캐피털사가 상환 의무를 대신 부담하는 대가로 받는 이자다. 대개 기업보다는 일반 소비자 부문에서 자주 이루어 지므로 소비자금융의 성격을 띤다고 할 수 있다. 사회초년생 대원 씨의 경우를 예로 구체적인 할부금융 과정을 살펴보자.

이제 갓 직장인이 된 대원 씨는 원활한 출퇴근을 위해 현대자동차가 출시한 3000만 원짜리 SUV를 구매하러 대리점에 방문했다. ① 이미 현대차는 같은 계열사 인 현대캐피털과 사전에 할부금융 조건을 협의했으므로, 대리점 직원은 곧바로 SUV 에 대해 연이율 6%인 36개월 할부를 안내해준다. ② 대원 씨는 할부 구입을 신청하 고 계약서를 작성한다. 현대캐피털에 차량 금액의 일부인 선급금을 지급하면, ③ 이 제 SUV는 대원 씨에게 넘어간다. ④ 이후 현대캐피털은 현대차에 일시불로 차량 대 금을 지급한다. ⑤ 그러고 나서 계약서에 명시된 대로 대원 씨는 매월 98만 원(원금 3000만 원 ÷ 36개월 + 이자 6% ÷ 12개월)을 현대캐피털에 나누어낸다.

자동차 할부금융이 전체 할부금융 시장에서 차지하는 비중은 무려 90% 이상이

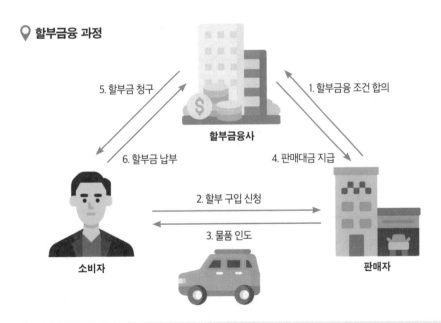

할부금융 과정

5. 할부금 청구 | 할부금융사 | 1. 할부금융 조건 합의
6. 할부금 납부 | | 4. 판매대금 지급
소비자 | 2. 할부 구입 신청 | 판매자
| 3. 물품 인도 |

할부금융은 대상이 되는 물품을 구매자가 소유하는 것을 전제로 한다. 자동차 할부금융을 예로 들면, 세금이나 보 험 등 초기 비용과 자동차 관리비는 차량 소유자인 소비자 몫이다.

📍 주요 카드 · 캐피털사 자동차 할부금융 자산 현황

(단위 : 억 원) * 자료 : 금융감독원

	2021년 3월
현대캐피털	146,840
신한카드	36,027
KB국민카드	34,838
우리카드	11,669
삼성카드	5,977
롯데카드	1,032
하나카드	575

다. 자동차 이외에 주택, 기타 내구재 부문 등이 있긴 하지만, 이렇다 할 비중이 없다. 주택 부문의 경우 돈이 필요한 사람들이 은행의 주택담보대출 등 타 금융권 상품에 더 익숙한 탓이다. 한편 캐피털사가 자동차 제조사와 전속관계에 있으면 신차 판매 시 곧바로 고객을 유인할 수 있다는 장점이 있다. 현재 자동차 할부금융 시장은 자동차 업체와 전속관계를 이룬 현대캐피털(현대기아차)과 카드사 위주의 과점 시장이 형성되어 있다.

할부금융 부문이 대부분 자동차 할부금융으로 이루어져 있고 차량 대금에 대한 이자가 주수입이라는 점을 감안할 때, 할부금융 수익은 차량 판매 대수와 단가에 비례함을 유추해볼 수 있다. 2010년대 중반부터 소형차보다 대형차가 선호되고 수입차 비중이 높아짐에 따라 차량단가가 올라갔다. 덕분에 자동차 판매량이 정체되었음에도 할부금융 시장이 꾸준히 성장할 수 있었다. 대부분의 매출이 자동차 부문에서 발생하는 까닭에 할부금융 부문은 자동차 시장 동향과 내수 시장에 큰 영향을 받는다. 2021년 내수 진작을 목적으로 자동차 개별소비세를 낮춘 정부 정책과 연이은 신차 출시 덕분에 할부금융업계는 호황기였다.

🧭 리스금융과 할부금융의 가장 큰 차이, 누구 소유냐

리스(lease)는 시설을 임대하는 것이다. '시설'이라 표현했지만 자동차, 항공기, 의료기기 등 빌려주는 대상의 범위는 광범위하다. 앞서 설명한 할부금융은 구매자가 해당 물건을 소유하고 이에 대한 금액을 지불하는 형식이었다. 리스금융은 임대해주는 시설의 소유권은 제조사 혹은 리스금융사에 그대로 있고, 소비자는 사용료를 지불하는 기간 동안 단순히 대여하는 개념이다. 렌터카를 떠올리면 이해가 쉽다. 참고로 보

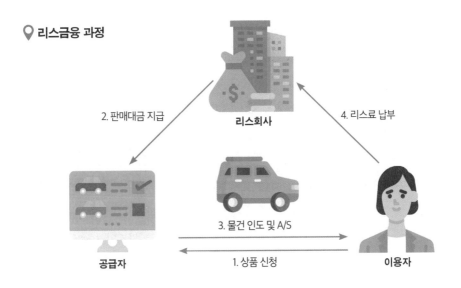

🔍 리스금융 과정

2. 판매대금 지급

리스회사

4. 리스료 납부

3. 물건 인도 및 A/S

1. 상품 신청

공급자

이용자

자동차를 예로 들면, 리스금융은 계약 기간에 자동차를 빌려 타는 개념이다. 즉 이용자에게 자동차 소유권이 없다. 자동차세나 보험 등 초기 비용도 없고 자동차 관리비도 공급자가 부담한다.

통의 자동차 리스 계약에서는 계약 기간이 종료될 때 리스 비용을 납부했던 이용자가 잔금을 지불하면, 물품을 소유할 권리를 가진다.

대부분의 리스금융사는 할부금융을 겸한다. 형식에만 약간 차이가 있을 뿐 비즈니스 모델이 거의 유사하기 때문이다. 본래 리스금융은 국가 주도로 시작되었다. 설비 확장을 통해 국가 발전을 원했던 정부의 니즈와 고가 설비가 필요하지만 자금력이 부족한 기업의 니즈가 만나 탄생한 산업이다. 그래서 1990년대까지 리스금융의 수요는 주로 산업기계를 비롯한 생산설비 부문에서 형성되었다.

그러나 1990년대 후반 외환위기를 거치며 리스금융사들은 리스해준 거액의 생산설비에 대한 원금과 이자를 돌려받지 못해 위험에 빠졌다. 이에 문제의식을 느낀 리스금융사들은 자동차, 의료기기 등 비교적 소규모 품목 위주로 상품을 재정비하였다. 리스금융은 본래 기업금융에만 초점을 두었으나, 점차 할부금융처럼 소비자금융의 성격을 띠게 되었다. 특히 최근 자동차 부문의 비중이 커지며 자동차 할부금융과 유사한 규모에 이르렀다.

🕐 할부 vs 리스, 계약 만료된 차를 인수할지부터 고려

리스금융에서 계약이 이루어지고 물건이 양도되는 방식은 할부금융과 비슷하다. ① 이용자가 공급자에 물건을 이용하고 싶다는 의사를 표시하면, ② 리스금융사는 공급자에게 대금을 지불한다. ③ 이후 공급자는 이용자에게 물건을 양도하고 이에 대한 A/S를 책임지며, ④ 이용자는 매월 리스금융사에 리스료를 납부한다.

그렇다면 왜 어떤 이들은 할부를, 어떤 이들은 리스를 선택하는 것일까? 고객 관점에서 할부와 리스의 특징을 비교함으로써 캐피털사의 비즈니스를 명확히 이해할 수 있다. 할부금융과 리스금융은 소유 여부, 납부액, 기타 비용에서 차이가 있다. 가령 차량 구매 시 할부금융은 자동차 구매자의 소유를 전제로 하지만, 리스금융은 이용자가 자동차를 빌리는 것으로 단순 대여에 해당한다. 이에 따라 월 납부액과 기타 비용이 달라진다.

앞서 예로 든 대원 씨는 할부금융 시 월 98만 원의 납입금을 내야 했다. 그뿐만 아니라 자동차가 대원 씨 소유이기 때문에 보험료, 취등록세, 탁송료 모두 스스로 부담한다. 자동차세도 내야 하고 재산이 늘었기 때문에 건강보험료도 인상된다. 반면 리스금융은 자동차를 계약 기간 동안 빌려 이용하는 개념이다. 자동차세나 보험료 등 초기 비용도 없고 사후 자동차 관리도 차량을 소유한 회사(공급자)에서 담당한다. 더불어 월 납입액도 적다. 대원 씨가 같은 자동차를 리스할 경우 월 납입액은 60만 원 정도가 될 것이다. 또한 계약 기간 만료 후 자동차를 더 싼 가격에 살 수 있는 권리도 생기는 셈이니, 할부금융을 이용할 이유가 없어 보인다.

단순히 자동차를 일정 기간 빌려 타는 목적이라면 리스금융이 좀 더 현명한 선택이라 할 수 있다. 그러나 구매가 목적이라면 할부금융이 더 나은 선택이다. 리스금융 이용자는 계약 기간이 만료된 후 자동차를 소유하려면 잔존가치를 지불해야 한다. 보통 자동차를 어느 정도 타면 신차보다 가치가 낮아지는 감가상각이 발생한다. 신차가격에서 감가상각비를 뺀 금액을 잔존가치라 한다. 그런데 자동차를 오래 탄 경우가 아니라면 잔존가치는 보통 50%를 상회한다. 대원 씨가 자동차를 리스할 경우 할부금융 시 월 납부금(98만 원)의 50% 이상을 리스료(60만 원)로 냈으나, 계약 기간이 만료된 후 차량을 소유하기 위해서는 신차 값의 50% 이상을 내야 한다. 차를 구매할 때는 이런 부분을 꼼꼼하게 따져 자신에게 유리한 선택을 해야 할 것이다.

◎ 대출은 캐피털사의 숙명

캐피털사는 카드사와 마찬가지로 자금 수신 기능이 없고 돈을 빌려주는 업무만 가능한 여신전문 금융회사다. 할부리스는 본래 고객에게 자금을 빌려주는 형태의 서비스이다 보니, 이들이 대출을 해주는 건 자연스러워 보인다. 2021년 6월 기준 캐피털사의 전체 자산 대비 가계대출 비중은 16% 수준이다. 이들은 개인신용대출 등 다양한 대출상품을 제공한다. 캐피털사는 수신 기능이 없는 만큼 낮은 금리로 자금을 조달하는 데서 수익성이 판가름난다. 실제로 최근 몇 년간 제로 금리 시대를 맞아 캐피털사는 유례없는 호황기를 보냈다. 캐피털사는 금융기관에서 차입하거나 회사채를 발행해 운용자금을 충당하는 등 조달금리를 낮추기 위해 부단히 노력한다.

그러나 향후 금리 인상이 예고되며 캐피털사의 고전이 예상된다. 캐피털사의 운용자산은 통상적으로 고정금리가 적용되기 때문에 조달금리가 상승한다고 해서 이를 운용금리에 전가하기 어렵기 때문이다. 캐피털사의 대출상품은 만기가 짧은 편이다. 기준금리 인상 시 은행이 수혜자가 되는 이유는 은행은 장기대출상품을 많이 취급하는데, 보통 변동금리는 만기가 긴 상품에 적용하는 경우가 많기 때문이다.

* 자료 : NICE신용평가

캐피털사와 카드사의 신차 금융시장 시장점유율 추이

○ 신용카드사
○ 캐피탈사(현대캐피탈 제외)

	2016	2017	2018	2019	2020	2021.1~6
신용카드사	42.5	31.0	24.1	24.4	22.0	18.0
캐피탈사	15.1	23.0	21.7	21.9	27.6	29.7

더불어 카드사와 은행이 캐피털사의 비즈니스를 엿보는 상황에서 이들보다 자금 조달 능력이 열위인 캐피털사가 섣불리 운용금리를 올리기 어려운 현실적인 문제가 존재한다. 심지어 2021년 한 해 금융업계 화두였던 정부의 DSR* 규제 강화는 신용대출을 핵심 비즈니스로 하는 캐피털사에 큰 타격이었다.

> **DSR(Debt Service Ratio)**
> 우리말로 '총부채원리금상환비율'이라고 한다. 대출을 받으려는 사람의 소득 대비 전체 금융부채의 원리금 상환액 비율을 의미한다. 연간 총부채 원리금 상환액을 연간 소득으로 나눠 산출한다. 2022년 1월부터 시행된 DSR 규제는 총대출액이 2억 원을 초과할 경우, 대출 원리금이 연 소득의 40%를 넘지 못하게 돼 있다.

◎ 레버리지 규제를 등에 업고 캐피털사의 안방까지 들어온 카드사

2022년에 접어들어 금융당국은 캐피털사에 대한 레버리지 규제를 강화했다. 레버리지율은 자기자본 대비 자산을 의미한다. 쉽게 말해 실제 자신이 가진 돈에 비해 얼마나 많은 빚을 지고 있는지를 뜻한다. 기존의 「여신전문금융업법」에서는 캐피털사의 레버리지율이 10배를 초과할 수 없었으나, 2022년부터는 레버리지율이 9배로 강화되었다. 심지어 2025년까지 단계적으로 레버리지율을 하향해 8배를 달성해야 한다. 같은 기간 카드사의 레버리지 한도는 6배에서 8배로 완화되었다. 그렇지 않아도 캐피털사는 카드사에 자동차금융 시장점유율을 빼앗기고 있는 상황에서 레버리지 규제까

♀ 캐피털사 사업포트폴리오 구성 변화 (단위 : %)

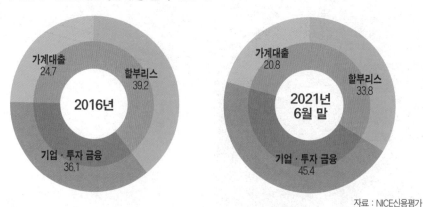

2016년 · 가계대출 24.7 · 할부리스 39.2 · 기업·투자 금융 36.1

2021년 6월 말 · 가계대출 20.8 · 할부리스 33.8 · 기업·투자 금융 45.4

자료 : NICE신용평가

자동차금융 시장에서 카드사들의 약진이 두드러지면서 캐피털사의 할부리스 비중이 크게 줄었다. 이에 캐피털사는 기업·투자 금융을 대폭 확대하며 사업포트폴리오 구성에 변화를 기하고 있다.

지 강화되자 불만의 목소리가 커지고 있다.

앞으로 캐피털사의 대출 자산이 큰 폭으로 줄어, 업계에 많은 변화가 있을 것으로 예상된다. 레버리지율이 줄어들면 회사의 건전성이 향상된다. 따라서 회사채를 발생할 때 신용평가사로부터 더 높은 신용등급을 받을 수 있어 조달금리를 낮출 수 있다. 하지만 운용할 수 있는 자금이 줄어들어 외형 성장에 취약해진다. 그렇지 않아도 카드사가 캐피털사의 이익을

신용카드사들이 캐피털사의 캐시카우 역할을 하던 자동차금융 비중을 확대하고 있다. 사진은 신한카드의 자동차금융서비스 광고.

넘보는 마당에 이런 정반대 방향의 레버리지 한도 조정은 카드사의 점유율 확대를 가속화할 것으로 예상된다.

할부리스업은 등록제이기 때문에 자동차 부문을 제외하면 진입장벽이 낮다. 실제로 2021년 기준 48개의 할부리스사가 난립하고 있는 형국이다. 또한 신용카드사가 신용판매 수수료 부문에서 어려움을 겪으며 최근 할부리스업으로 발을 넓히는 과정에서 특유의 저금리 자금 조달 능력을 바탕으로 기존 캐피털사들을 위협하고 있다. 특히 캐피털사의 캐시카우 역할을 하던 자동차금융에서 카드사의 약진이 두드러진다. 2017년 40% 수준이던 캐피털사의 자동차금융 비중은 2021년 20% 수준으로 크게 줄었다.

지금까지는 캐피털사의 할부와 리스 금융에 관해서만 이야기했지만, 사실 캐피털사의 중요한 사업포트폴리오 중 하나가 기업·투자 금융이다. 저금리 기조와 더불어 카드사의 잇따른 자동차금융 점유율 확대로 캐피털사의 전사적인 방향성이 급변하고 있다. 2016년 40% 수준이던 할부리스는 2021년 34%로 감소했으나, 같은 기간 기업·투자 금융은 36%에서 45%로 대폭 확대되었다. 기업·투자 금융은 고수익·고위험 사업군으로 대손비용이 증가할 우려가 있기 때문에 캐피털사의 리스크 관리가 필수다.

리츠업

DAY 11 커피 한 잔 값으로 건물주 되는 법

🧭 건물주가 되는 가장 쉽고 빠른 방법

"조물주 위에 건물주가 있다"는 우스갯소리에서 알 수 있듯이 대한민국에서 건물주의 위상은 남다르다. 직장인부터 초등학생까지 건물주를 꿈꾸는 세상이다. 그러나 건물에 투자하려면 큰 비용을 투입해야 하기 때문에 부동산은 그동안 사람들이 쉽게 접근할 수 있는 투자 수단과는 거리가 있었다. 리츠사는 이런 소액 투자자들의 니즈를 충족시켜주는 역할을 한다.

소액 투자자 여럿이 모여 목돈을 만들면 리츠사가 이 돈으로 건물을 매입하고, 이후 임대수익을 받으면 투자금에 비례해 투자자에 나눠주는 식이다. 이처럼 리츠는 다수의 투자자에게서 자금을 조달해 부동산에 투자하고, 임대수익이나 부동산 차익 거래를 통해 얻은 수익을 투자자에게 배분하는 부동산 간접투자 형태를 띤다.

쉽게 말해 어떤 사람이 리츠에 100만 원을 투자했다면 그 사람은 건물의 기둥 하나를 산 셈이다. 2001년 우리나라에 리츠업이 처음 도입되면서 "커피 한 잔 값으로 건물주가 될 수 있다"는 캐치프레이즈를 앞세웠는데, 리츠업을 아주 잘 설명하는 표현이다. 부동산 투자가 멀게 느껴지는 소액 투자자들에게 우량 부동산에 대한 투자 기회를 열어준다는 것이 리츠의 가장 큰 의의라 할 수 있다.

리츠업은 앞서 언급한 금융업에 비해 규모가 작다. 그러나 미국, 일본 등 선진국의 경우 경제 규모 대비 리츠업 규모가 상당히 크고 현재 우리나라의 리츠업도 뛰어난 성장성을 바탕으로 선진국과 같은 수순을 밟고 있다. 실물자산인 부동산을 다루는 리츠업을 이해함으로써 금융업에 대한 더 넓은 시각을 가질 수 있을 것이다.

🎯 회사형 펀드 vs 신탁형 펀드

리츠는 자금 모집 방법과 자산 관리 형태에 따라 구분할 수 있다. 먼저 자금 모집 방법에 따라 회사형과 신탁형으로 나뉜다. 쉽게 말해 회사형은 주식을 발행하여 투자자의 자금을 조달하는 것이고, 신탁형은 수익증권을 따로 발행하여 자금을 모집하는 것이다. 회사형 펀드는 상장기업이다. HTS나 MTS 같은 주식거래시스템을 통해 주권(주식)을 획득한다. 신탁형 펀드는 증권사 등을 통해 수익증권을 매입함으로써 수익을 분배받을 권리를 얻는다.

특히 신탁형 펀드는 다양한 주체들로 얽혀 있다. 먼저 자산운용사는 신탁형 펀드 상품을 개발한 후 증권사나 은행에 판매를 위탁한다. 증권사나 은행에서는 판매 대행을 통해 수수료를 수취하고, 투자자는 판매사를 통해 '좌수'라는 수익증권을 산다. 이렇게 모인 투자금은 자산운용사의 임의 운용을 방지하기 위해 수탁은행이 별도로

📍 **국내 리츠 총자산 및 리츠 수 추이**

* 자료 : 국토교통부 리츠정보시스템

(조 원)

● 리츠수　■ 총자산

리츠업은 은행, 증권, 보험 등의 금융업에 비해 시장 규모가 작다. 하지만 뛰어난 성장성을 바탕으로 시장 규모가 빠르게 확대되고 있다.

(개)

연도	리츠수	총자산
2010	50	7.6
2011	69	8.2
2012	71	9.6
2013	80	11.8
2014	98	15
2015	125	18
2016	169	25
2017	193	34.2
2018	219	43.2
2019	248	51.2
2020	282	61.3
2021	315	75.6

개설한 신탁계좌에 보관된다.

이후 수탁은행은 자산운용사의 지시에 따라 투자금을 집행하고, 결산 시점에 수익금을 판매사에 보내면 판매사가 투자자 계좌에 수익금을 입금하는 식으로 수익 분배가 완료된다. 법률상 회사형 펀드의 자산 소유자는 펀드 그 차제다. 이와 달리 실체가 없는 신탁형 펀드의 경우 수탁사가 소유자가 된다. 그래서 추후 일어날 수 있는 법적 리스크를 피하고자 최근 들어 회사형 펀드를 선호하는 모습을 볼 수 있다.

자산 관리 형태에 따라서는 크게 자기관리리츠, 위탁관리리츠로 분류된다. 리츠가 투자자의 자금을 조달해 부동산을 직접 운용하는 것이 자기관리리츠, 전문 관리회사에 외주를 맡기는 것이 위탁관리리츠다. 위탁관리리츠의 경우 부동산 수익 중 일부를 전문 관리회사에 수수료 명목으로 지급해야 한다. 국토교통부에 따르면 2021년 12월 기준 위탁관리리츠는 우리나라 전체 리츠의 93%를 차지한다. 아래 설명하는 리츠의 비즈니스 모델은 회사형이면서 위탁관리리츠를 주로 하는 회사를 산정한 것이다. 리츠업이 성행하는 선진국의 경우 대개 '회사형 + 위탁관리리츠'인 경우가 많기 때문에 이에 해당하는 회사를 예로 삼았다.

부동산 불패 신화 속 수혜주

리츠사의 수익은 부동산 임대수익과 매매차익으로 구성된다. 부동산에 임차인이 들어와 돈을 지불하는 것에서 임대수익이, 최초 매입 시보다 매각 시 부동산값이 오를 경우 매매차익이 발생한다. 투자자는 임대수익과 매매차익에서 배당수익을 받는다.

리츠업에서 돈이 어떻게 흘러가는지 구체적으로 알아보자. 은우 씨는 이제 몇 년

뒤면 결혼을 할 예정이라 괜찮은 재테크 방법을 수소
문한 끝에 리츠에 대해 알게 됐고, 지금까지 모아둔 목
돈 1억 원을 투자하기로 한다. 마침 롯데리츠가 1000억
원의 유상증자*를 실시해 은우 씨는 1억 원어치의 실권
주에 청약한다. 롯데리츠는 1억 원의 투자금이 생긴 셈
이다. 은우 씨 뿐만 아니라 다양한 사람들이 이 회사에
투자해 총 1000억 원의 추가 자금이 모였다.

롯데리츠는 이 돈을 가지고 건물을 매입해 임대수

유상증자
기업이 주식을 발행해 자금을 조달하는 방법
을 말한다. 발행주식 수가 늘어남에 따라 기
존 주주의 지분율이 희석되는 단점이 있지만
기업 입장에서는 자기자본을 늘림으로써 투
자자금 모집, 재무지표 개선 효과를 누릴 수
있다. 보통 기존 주주에게 증자에 참여할 수
있는 권리를 우선적으로 주는 주주배정 유상
증자가 선행되며, 기존 주주가 증자 참여 권
리를 포기하면 '실권주'에 대해 일반공모를
진행한다. 은우 씨는 기존 주주가 아니므로
실권주를 매입한다.

익을 받으려고 한다. 그런데 입지에 대한 고민, 사후 관리, 임대인 모집 등 고려할
것이 너무나 많다. 이에 같은 계열사 자산관리회사인 롯데AMC(Asset Management
Company)에 도움을 요청한다. 롯데AMC는 롯데쇼핑과 임대차계약을 맺고 훌륭한 부
지에 위치한 부동산 매매를 주선한다. 그 대가로 롯데리츠는 롯데AMC에 취득 수수

📍 리츠 수익 구조

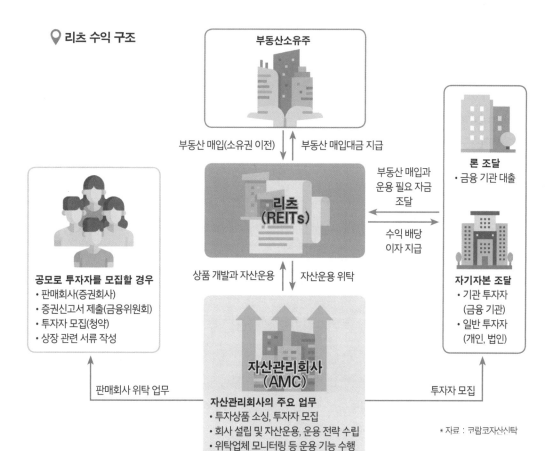

* 자료 : 쿠람코자산신탁

료 0.4%를 지급한다.

이후 건물에 롯데쇼핑이 들어와 영업을 시작한다. 3년 정도 지난 시점에서 롯데리츠는 임대수익으로 20%의 이익을 거둔다. 게다가 부동산 인플레이션에 힘입어 건물 값이 1100억 원으로 뛴 상황에서 이를 매각하는 데 성공한다. 롯데리츠는 임대수익으로 200억 원, 매매차익으로 100억 원을 벌었다. 매매차익의 경우 더 큰 폭으로 뛰는 경우도 많다. 이 과정에서 롯데리츠에 투자한 은우 씨도 배당수익을 받는다.

법적으로 리츠사는 배당가능이익의 90% 이상을 투자자에게 돌려주어야 한다. 3년이 지난 시점에서 은우 씨는 1억 원을 투자했으니 전체 수익의 1000분의 1 정도를 받을 것이다. 롯데리츠도 가져가는 돈이 있어야 하니 투자자에게 수익의 90%만 돌려준다면 은우 씨에게 전체 수익 300억 원 중 0.09%에 해당하는 2700만 원이 돌아간다. 펀드 대신 주식에 투자했기 때문에 리츠사로부터 이 돈을 모두 직접 받는 것은 아니다. 하지만 주가 상승분과 배당수익을 합치면 해당 수익률에 수렴할 것을 예상해볼 수 있다.

리츠에 투자한 지 3년이 지났으니 단순 계산으로 9%에 해당하는 연수익률을 기록한 것이다. 롯데리츠에는 수익 300억 원 중 10%인 30억 원이 돌아간다. 나머지 90%에 해당하는 2700억 원은 투자자들에게 지분율에 따라 분배된다. 물론 취득, 운용, 처분 수수료를 롯데AMC에 지불해야 한다.

결과적으로 부동산의 부동산가치 대비 순영업이익률(Cap rate; Capitalization rate)과 리츠의 자본 조달 비용(Cost of Capital) 차가 리츠의 이익이 된다. 1000억 원짜리 부동산에서 1년간 임대수익 70억 원이 나오고, 이 부동산을 매입하기 위해 발행한 채권과 주식의 가중평균 이율이 5%라고 하자. 이 경우 순영업이익률 7%와 자본 조달 비용 5%의 차이인 2%가 리츠의 이익이다.

🕒 리츠가 당기순손실을 기록하고도 배당금을 주는 이유

법률상 이익의 90%를 주주에게 지급해야 하는 만큼 리츠는 전형적인 고배당주에 속한다. 여기서 말하는 배당가능이익은 당기순이익과 별개의 개념이다. 일반적인 기업의 배당 수준은 지급 배당금을 당기순이익으로 나누어 구한다. 리츠의 배당 수준을 이와 같은 방식으로 구하면 배당지급비율이 비정상적으로 높은 수치를 보이거나, 당기순손실을 기록했는데도 배당이 지급되는 경우를 확인할 수 있다.

리츠의 배당 수준은 조정운영수익(AFFO; Adjusted Funds From Operations)에 의해 결정된다. 매출에서 각종 비용은 제하면 우리에게 익숙한 개념인 당기순이익이 산출되는데, 여기에 감가상각비를 더하고 자산 매각

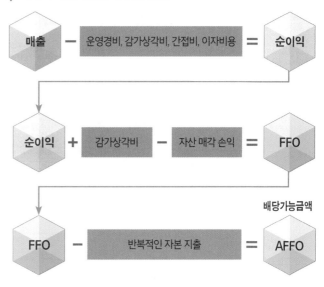

📍 **리츠의 배당가능금액 산출 단계**

매출 − (운영경비, 감가상각비, 간접비, 이자비용) = 순이익

순이익 + 감가상각비 − 자산 매각 손익 = FFO

배당가능금액

FFO − 반복적인 자본 지출 = AFFO

손익을 빼면 운영수익(FFO; Funds From Operations)이 산출된다. FFO에서 반복적인 자본지출을 제하면 최종적인 배당가능금액인 AFFO가 산출된다. 리츠가 이익의 90%를 지급해야 하는 기준이 되는 법률상 이익이 바로 AFFO다.

리츠사가 건물을 매입하면 손익계산서에 일정 기간에 거쳐 감가상각비를 인식한다. 이는 시간이 지남에 따라 감소하는 건물의 가치 변동분을 반영하기 위한 개념으로, 명목상 비용일 뿐 실제 현금이 유출되는 것은 아니다. 더불어 자산 인플레이션 현상이 뚜렷한 요즘에는 오히려 시간이 지날수록 건물의 가치가 증가하기 때문에 감가상각비를 다시 더해주는 것이 매우 자연스러워 보인다. 참고로 자산 매각 손익은 영업과 무관한 손익이기 때문에 제하는 것이다.

이렇듯 리츠는 AFFO의 일정 비율 이상을 정기적으로 주주에게 환원하게 되어 있기 때문에 리츠를 저위험 중금리 상품으로 이해하는 투자자가 많다. 그러나 리츠주도 결국 주식이기 때문에 안정적인 현금 흐름을 기대할 수 있는 우량 채권과 명확히 구분되어야 한다. 리츠주의 변동성이 기타 주식보다 낮은 것은 사실이지만, 코로나19 이후 리츠주가 호텔주, 항공주와 함께 일제히 폭락하는 것을 목격했다. 당시 배당 지급 중단을 선언한 리츠사도 상당수였다. 따라서 리츠사를 조망할 때는 회사별 순자산가치, 재무 구조, 임차인 포트폴리오 등을 자세히 검토해야 한다.

🧭 배당 성향을 가르는 재무레버리지

레버리지는 자기자본 대비 타인자본이 얼마나 많은지 파악하는 지표다. 레버리지는 영업레버리지(194쪽 참고), 재무레버리지 등 다양한 개념을 담고 있는 표현이지만, 통상적으로 자본 대비 부채 비율인 재무레버리지를 뜻한다. 높은 레버리지를 사용할 경우 자기자본만 사용하는 경우보다 더 큰 이익을 거둘 수 있으나, 손실이 날 경우 그만큼 더 큰 손해를 인식해야 한다.

사모펀드가 5%의 이율로 800억 원을 조달했다고 가정하자. 이들은 여기에 자기자본 200억 원을 더해 1000억 원으로 모 유통사를 인수해 1년 후 1300억 원에 매각하는 데 성공했다(사모펀드의 투자 사이클은 이보다 길지만 쉬운 이해를 위해 1년으로 가정했다). 수익 300억 원에서 이자비용 40억 원을 제한 260억 원이 사모펀드의 이익이 된다. 자기자본을 1000억 원 투입했다면 30%의 수익률을 거두었겠지만, 레버리지를 사용함으로써 130%의 수익률을 기록할 수 있었다.

하지만 반대로 유통사 비즈니스 모델에 큰 문제가 생겨 매각대금이 900억 원에 그

📍 레버리지가 배당에 미치는 영향

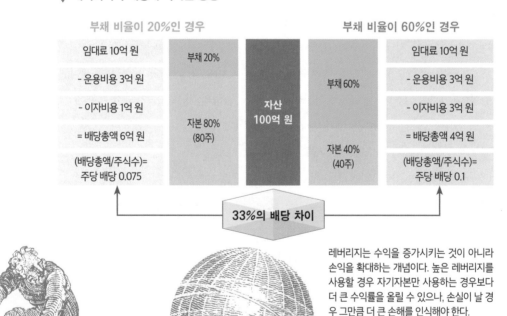

부채 비율이 20%인 경우

임대료 10억 원	부채 20%	
- 운용비용 3억 원		
- 이자비용 1억 원	자본 80% (80주)	자산 100억 원
= 배당총액 6억 원		
(배당총액/주식수)= 주당 배당 0.075		

부채 비율이 60%인 경우

	부채 60%	임대료 10억 원
		- 운용비용 3억 원
자산 100억 원		- 이자비용 3억 원
	자본 40% (40주)	= 배당총액 4억 원
		(배당총액/주식수)= 주당 배당 0.1

33%의 배당 차이

레버리지는 수익을 증가시키는 것이 아니라 손익을 확대하는 개념이다. 높은 레버리지를 사용할 경우 자기자본만 사용하는 경우보다 더 큰 수익률을 올릴 수 있으나, 손실이 날 경우 그만큼 더 큰 손해를 인식해야 한다.

* 자료 : 대신증권 리서치 센터

칠 경우, 이자비용 40억 원에 매각손실 100억 원이 발생해 손실율이 70%에 달한다. 이는 자기자본만 투자할 경우 발생하는 10% 손실보다 훨씬 큰 수치다. 레버리지는 수익을 증가(boost)시키는 것이 아니라 손익을 확대(amplify)하는 개념임을 잊지 말아야 한다.

통상적으로 리츠는 전체 자산 중 50%가 부채로 이루어져 있으나 리츠사마다 재무 구조는 제각각이다. 리츠사의 레버리지도 차이는 배당 성향의 차이로 이어진다. 부채 비율이 각각 20%, 60%인 리츠사를 비교해보자. 둘 다 임대료 10억 원에 운영비용 3억 원이 발생했다. 부채 비율이 20%인 리츠사는 이자비용으로 1억 원을 내지만 60%인 리츠사는 이자비용으로 3억 원을 지출한다. 쉬운 이해를 위해 임대료에서 운영비용, 이자비용을 뺀 값을 배당가능이익이라고 해보자. 이때 부채 비율이 20%일 경우 배당총액이 6억 원이고, 60%일 경우 배당총액이 4억 원이다. 하지만 유통주식수가 2배나 차이 나기 때문에 실제 배당 수준은 부채 비율이 높은 리츠사가 33% 많은 것을 확인할 수 있다. 그러나 리츠사에 악재가 터졌을 때 부채 비율이 높은 경우 입는 손실이 더 크다는 것을 염두에 둬야 한다.

◎ 입지를 보는 눈, 공실을 막는 눈

리츠의 비즈니스 모델이 부동산 투자인 만큼, 리츠사는 위탁관리리츠라 할지라도 스스로 부동산의 가치를 결정하는 중요한 요소를 짚어내는 능력이 필수다. 부동산이 공실이 나거나 건물가격이 내려간다면 수익률이 급격히 저하될 우려가 있기 때문이다. 그래서 리츠사는 건물 매입 시 입지와 임차 용이성을 철저하게 따진다.

입지는 부동산의 절대적인 구성 요소다. 단순히 어느 위치에 있는지 파악하는 것을 넘어 주변 환경이 어떻게 변할지 예측하는 것이 필수다. 신한알파리츠는 훌륭한 입지를 선점한 대표적인 리츠다. 판교 테크노밸리의 크래프톤타워는 신한알파리츠가 보유 중인 대표적인 건물이다. 테크노밸리는 주요 IT업체들이 집결해 있을 뿐만 아니라 강남까지 15분 거리이기 때문에 상당히 우수한 입지로 꼽힌다. 또 다른 대표 건물로 용산에 있는 더프라임 건물이 있는데, 바로 옆 미군기지 이전이라는 호재가 있다. 미군기지가 실제로 이전해 주위가 개발된다면 상당한 매매차익을 누릴 것이다.

신한알파리츠는 많은 건물을 소유하고 있진 않지만 내실 있는 두 건물이 안정적인 수익을 선사한다(대표적인 리츠사 건물의 입지적 특성을 소개한 것일 뿐, 특정 리츠사 관련 매수 추천이 결코 아님을 밝힌다).

임차 용이성도 리츠사들에 매우 중요한 요소다. 아무리 입지가 좋은 부동산을 보유하고 있더라도 임차인 모집에 실패하거나 임차인이 자주 바뀌어 중간중간 공실이 생긴다면 수익에 악영향을 미칠 것이다.

임차 후보군에 같은 계열사 기업이 포진해 있는 것은 리츠사에 더할 나위 없이 좋은 일이다. 캡티브(captive) 마켓(계열사 내부 시장)의 이점을 활용할 수 있기 때문이다. 이 리츠코크렙은 이랜드리테일과, 롯데리츠는 롯데쇼핑과 같은 계열사다. 이 경우 이랜드리테일과 롯데쇼핑은 책임임차인이라는 이름을 달고 100% 임대를 책임진다. 보통 같은 계열사는 10년 이상의 장기계약을 체결하고, 별다른 일이 없으면 10년 후 계약을 갱신할 가능성도 높다. 말 그대로 책임임차인이 책임지고 임차인을 모집하는 것이다. 리츠사 입장에서는 임차인 모집 걱정 없이 안정적인 임대수익을 기대할 수 있다.

단순히 임차인을 모집해 공실률을 0%로 만드는 것에 그치면 안 된다. 임차인의 지

리츠는 공실이 나거나 건물가격이 하락하면 수익률이 저하될 수 있기 때문에 리츠사는 건물 매입 시 입지와 임차 용이성을 철저하게 따진다(사진은 신한알파리츠 자산 포트폴리오).

속적인 월세 지급 능력, 임대차계약 갱신 가능성 등을 따져야 한다. 이를 위해 임차인의 신용등급, 산업의 성장성 및 변동성, 기업 입주에 따른 건물 가치 상승효과 등을 고려해야 한다. 소비재 기업에 제품의 질과 브랜딩이 중요한 만큼 임차인의 질(tenant quality)은 리츠사의 펀더멘탈이 될 만큼 중요한 요소다.

🧭 국내 리츠의 주택·오피스 편애

오피스, 주택, 리테일, 호텔 등 리츠사의 포트폴리오는 매우 다채롭게 구성되어 있다. 리츠업이 더 발전한 미국은 창고, 물류센터, 리조트, 영화관, 병원, 카지노 등 생각할 수 있는 모든 종류의 부동산을 리츠사가 취급한다. 많은 전문가 국내 리츠사도 시간이 지남에 따라 포트폴리오를 넓힐 것이라 예상한다.

현재 국내 리츠 포트폴리오는 미국에 비해 주택과 오피스 섹터에 편중된 모습이다.

📍 부동산 세부 섹터 및 투자 대상

분류	투자 대상	고려사항(경제지표)
REITs	8가지 세부 섹터	• 장기적인 명목 GDP와 성장률에 연동
사무실	상업용 및 도심 사무실, 다용도 시설	• 대기업·금융서비스 고용 시장 현황이 중요. • 유지 보수 비용이 높음. • 중심업무지구 오피스는 경기 변화에 둔감.
상가	쇼핑몰, 복합상가, 소매업, 극장	• 민간소비, 실질임금에 영향. • 지역별 인구 구조와 접근성, 임차인의 시장 지배력.
산업용	제조업, 공장, 물류창고, IT센터	• 경제와 제조업 성장에 영향, 이커머스 트렌드 등.
숙박	호텔, 리조트, 콘도, 카지노 등	• 국내 경기 변화에 즉각적이고 민감하게 반응. • 1인당 소득(GNI), 여행 수요 증가에 수혜.
거주용	거주형 아파트, 빌라, 콘도 형태	• 인구 변화, 기준금리, 대출 정책
헬스케어	병원, 보육 및 간병, 재활 시설	• 인구고령화와 베이비부머 은퇴에 영향. • 장기계약으로 수익성이 확보되나 경기 변화에 둔감.
특수형	데이터센터, 교도소, 신재생에너지	• 사설감옥, 산림(벌목), 통신인프라, 데이터센터 등 • 다양한 특징을 가지는 하위 섹터 존재.
혼합형	주거, 상업 사무용 복합투자 및 개발	• 실업률, 임대료 등

* 자료 : NH투자증권 리포트

미국은 12개의 섹터에 리츠 자금이 고루 분배되어 있지만 국내 리츠는 주택·오피스 섹터가 전체 시장의 80%를 차지한다(주택 56%, 오피스 23%). 물론 미국과 국내 산업 환경이 무척 다른 것은 사실이나 한 섹터에 편중된 포트폴리오는 대외변수에 의한 리스크를 높이기 때문에 긍정적으로 보기 어렵다. 주택시장에서 자산 하락 현상이 발생하거나 코로나19 등의 이슈로 오피스 수요가 급감할 경우 해당 섹터 비중이 높은 우리나라 리츠업계는 큰 타격을 받을 수밖에 없다.

섹터별로 중요시되는 요소와 특징도 다르다. 국내 리츠사가 집중하고 있는 오피스·주거 리츠는 운영 역량에 따른 이익 변동성이 크지 않지만 입지의 중요성이 강조된다. 따라서 매입과 매각 시점을 선정하는 포트폴리오 조정 능력이 핵심 역량이다. 주거 리츠의 경우 세부 섹터인 임대주택 리츠가 주목받는 상황이다. 1~2인 가구가 증가하면서 집을 매매하지 않고 임대주택을 이용하는 경우가 많아졌다. 인구 수가 정체되어 있음에도 라이프스타일이 변함에 따라 가구 수가 늘어나고 있는 현상은 리츠사에 호재라 할 수 있다. 특히 거주가 목적인 만큼 비교적 안정적인 수익을 바라볼 수 있다는 장점이 있다.

리테일·호텔·물류 등은 운영 역량과 입지 모두 중요하게 작용한다. 리테일, 물류의 경우 화주유치 능력이, 호텔은 브랜드 관리 능력 등이 핵심 역량이다. 리테일 리츠는 백화점이나 마트 등을 기초자산으로 한다. 전통적으로 리테일 리츠는 리츠사에 안정적인 수익을 가져다준다고 여겼으나, 최근 전자상거래 증가로 오프라인 유통사들이 난관에 봉착했다. 더는 리테일 리츠사에 고정적인 수익이 보장되지 않는다는 의미다. 반면 같은 기간

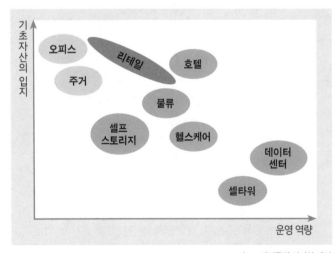

기초자산과 운영 역량의 중요도

오피스·주거 리츠는 입지, 리테일과 물류 리츠는 화주유치 능력, 호텔 리츠는 브랜드 관리 능력 등 섹터별로 중요한 요소와 특징이 다르다.

* 자료 : 대신증권 리서치 센터

물류창고에 대한 수요가 증가하며 물류창고들이 도시 외곽 이곳저곳에 생기고 있다. 물류창고는 지속적인 전자상거래 수요에 힘입어 안정적인 임대수익을 기대할 수 있다. 하지만 도시 외곽에 자리 잡고 있기 때문에 높은 매매차익을 기대하기는 어렵다.

IT에 기반한 데이터·셀타워(통신장비 등을 설치할 수 있는 수직 구조물) 중심 리츠는 입지보다 운영 역량이 핵심이다. 데이터센터 운영 업력이 길거나 유지와 보수 역량이 뛰어난 리츠사가 강점을 가지는 분야다.

ⓢ 리츠, 앞으로도 꾸준히 성장할 것인가?

리츠 제도는 1960년대 미국에서 처음 등장한 이후 2000년대 아시아 및 유럽으로 확산했다. 우리나라는 2001년에 첫 리츠사가 출범했다. 초기에는 낮은 성장률을 보였지만 2010년대 초저금리 시대에 돌입하면서 리츠에 대한 수요가 증가했다. 2010년대 말 주식시장이 침체했을 때도 리츠 관련 주식은 좋은 성적을 거두었고, 점차 리츠의 수익성이 증명되면서 많은 투자금이 모였다.

2022년 2월 기준 우리나라의 상장 리츠사는 18개로, 선진국에 비하면 리츠사 규모와 수에서 아직 성장 여력이 남아있다는 의견이 많다. 그러나 지금껏 국내 리츠사가 높은 수익률을 올릴 수 있었던 이유도 산업 초기 단계였기 때문이라는 지적이 있다. 수익성이 담보된 부동산은 한정되어 있는데 일본처럼 상장 리츠사가 수십 개 수준으로 늘어나면 리츠사 입장에서 비교적 수익성이 낮은 부동산을 선택해야 하는 상황이 생기기 때문이다.

코로나19 이후 오프라인 산업의 축소와 재택근무 확산으로 상권과 오피스에 투자한 리츠상품의 수익률이 저조해졌다. 그동안 임대수익을 통해 주주에게 배당을 지급했는데, 공실률이 높아지면서 배당 수준이 낮아졌다. 실제로 2020년 말 국내 리츠상품의 평균 수익률은 연초 대비 -10% 이하의 실적을 보였다. 오피스에 대한 수요가 급격히 감소하면서 월세 수입이 감소한 데다 포트폴리오가 편중된 리츠에 대한 투자자들의 신뢰도가 떨어졌다. 이런 상황에서 한쪽으로 치우친 리츠 포트폴리오를 재편해야 한다는 주장에 힘이 실리고 있다. 물론 우량한 임차인과 안정적인 계약을 맺는 것은 너무나 당연한 전제 조건이다.

AROUND
INDUSTRIES
IN
40
DAYS

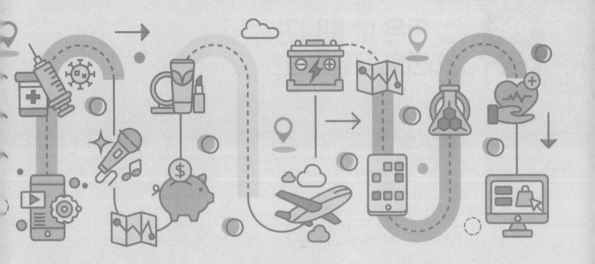

Chapter 3

콘텐츠·엔터테인먼트 산업

DAY 12

잘 만든 IP 하나가 20년을 책임진다

🧭 스마트폰이 바꾼 게임 시장 판도

게임산업은 인터넷과 스마트폰 보급률 성장에 힘입어 빠르게 발전하고 있는 산업이다. 사회가 다원화되고 여가 시간이 많아지면서 특히 게임에 대한 수요가 늘어나고 있다. 또한 단순히 오락이라는 인식을 넘어 이제는 교육에서도 그 기능을 인정받고 있다. 대부분의 대작 게임은 고유의 세계관을 담은 스토리를 바탕으로 하여 문화적 가치도 높게 평가되고 있다.

게임 시장은 플랫폼에 따라 온라인, PC, 모바일, 아케이드 게임의 4가지 유형으로 구분된다. 온라인 게임은 통신망 네트워크를 통해 서버에 접속하여 타인과 함께 진행하는 게임을 의미한다. 대표적인 게임으로는 세계적으로 유명한 리그오브레전드, 오버워치, 리니지 등이 있다. PC 게임은 CD와 같은 저장매체에 수록되어 유통되거나 스팀(Steam) 등의 온라인 유통망을 통해 개인 라이브러리에 다운로드 받아 이용하는 게임이다. 1세대 게임으로 분류되는 스타크래프트, 디아블로 등이 PC 게임에 속한다. 세부적인 분류는 이렇지만 보통 PC 게임은 온라인 게임 범주로 분류된다.

모바일 게임은 스마트폰 등 모바일 기기를 이용한 게임으로 애플리케이션을 다운받아 이용한다. 모두의 마블, 와일드리프트, 리니지M 등이 대표적인 모바일 게임이다. 아케이드 게임은 조이스틱을 이용해 큰 화면 앞에서 하는 형태의 게임이다. 가장 유명한 작품으로 철권이 있다.

2021년 국내 게임 시장 규모는 약 20조 원으로 전 세계 게임 시장의 6%를 차지하고 있다. 중국은 전체 게임 시장의 20%를 점유 중인 1위 국가이며 그 뒤로 미국, 일본, 영국, 그다음이 우리나라다. 국내 게임 시장의 사업별 비중은 온라인 게임이 20%, 모바일 게임이 63%다. 순수 온라인과 모바일 게임만 따져보아도 전체 시장의 83%다. 스마트폰 사용 증가로 온라인 게임 시장 성장률은 마이너스를 기록했다.

◎ 개발사와 퍼블리셔로 나뉘는 게임업 밸류체인

게임업체는 크게 개발업체와 퍼블리셔로 나뉜다. 개발업체는 게임 개발을 전문으로 한다. 출시하는 게임의 판매 실적이 부진했을 때 뒤따르는 손실이 부담되거나 대규모 자금을 직접 조달하는 데 무리가 있는 기업 가운데 전략적으로 게임 개발에만 투자하는 경우가 많다. 주로 소규모 회사로 이루어져 있고 자금 조달과 마케팅·유통은 퍼블리셔에 맡긴다. 퍼블리셔는 게임이 정상적으로 출판될 수 있도록 자금을 조달하며 마케팅과 유통을 담당한다. 엔씨소프트, 넷마블 등의 대기업 위주로 구성되며 개발업체를 겸하는 경우가 많다.

게임산업의 밸류체인은 차례대로 '개발사-퍼블리셔-플랫폼-소비자'로 연결되는 구조다. 앞서 얘기했듯이 대형 게임사는 개발과 퍼블리싱을 모두 담당하는 경우가 많지만, 중소형 개발사는 개발에만 전념한다. 심지어 모바일 게임 시장의 경우 개인 개발자도 많다. 하지만 온라인 게임 개발은 모바일 게임보다 더 많은 기술력을 요구해 비교적 많은 인력이 투입되며 개발 기간도 긴 편이다.

퍼블리셔는 개발사의 베타 버전 게임에 대한 사업성을 검토한다. 충분한 사업성이

◉ 게임산업 밸류체인

개발사	퍼블리셔	플랫폼	소비자
기획·개발	배급	유통·서비스	소비
기획, 개발, 아트, 그래픽, 원화 등	넥슨, 엔씨소프트, 넷마블, 스마일게이트, 카카오게임즈	- 온라인 플랫폼 : 스팀, 에픽게임즈, 오리진 - 모바일 플랫폼 : 구글플레이, 앱스토어, 카카오톡, 라인	구매 및 다운로드

* 출처 : 삼정KPMG 경제연구원

확인될 경우 개발사의 게임 IP를 구입하는 퍼블리싱 계약을 체결한다. 이때 퍼블리셔에 해당 게임을 판매할 수 있는 독점적인 권한이 부여된다. 영구적으로 권한이 귀속되는 것은 아니고 보통 한 판권에 대해 2년 정도의 기간이 보장된다. 이렇게 게임에 대한 서비스 권한을 받은 퍼블리셔는 마케팅 기획 및 전략을 수립한다. 한편 이 과정에서 능력이 뛰어난 개발사를 발굴할 경우 퍼블리셔는 M&A를 통해 몸집을 불리기도 한다.

플랫폼은 퍼블리셔가 출판한 게임과 소비자의 접점이 된다. 모바일 게임 시장에서는 대부분의 소비자가 구글플레이나 애플 앱스토어를 통해 게임을 다운로드한다. 최근에는 카카오톡과 라인 등의 모바일 메신저도 새로운 게임 유통 채널로 등장했다. 온라인 게임 시장에서는 스팀 등의 플랫폼을 통해 게임을 유통한다. 플랫폼은 게임이 진열되는 마트 역할을 한다.

마지막으로 소비자는 게임을 다운로드하여 게임서비스를 이용한다. 소비자가 다운로드하는 시점에 결제를 하거나 이용 과정에서 유료서비스를 사용할 때 퍼블리셔의 매출이 기록된다. 고객이 게임 아이템을 온라인 카드로 결제하거나 가상화폐를 구입할 때 발생하는 매출이다.

지금까지 모든 게임사에 공통적으로 적용되는 프로세스를 설명했다. 하지만 위에서 특기했듯 게임은 다양한 종류로 나뉘고 비즈니스 모델도 저마다 다르다. 그 중 시장의 대부분을 차지하는 온라인과 모바일 시장에 대해 자세히 살펴보자.

◉ 엔씨소프트의 모체가 되는 리니지 IP

온라인 게임 시장은 타인과 함께하는 PC 기반 게임이라는 특징을 바탕으로 퍼블리셔, 게임 플랫폼사, PC방 사업자 등 다양한 주체로 구성된다. 퍼블리셔는 개발사에 판권료와 로열티를 지급하는 대가로 게임서비스를 독점 운영할 권한을 획득한다. 이후 넥슨 등의 플랫폼사(게임포털)를 통해 게임을 유통한다.

온라인 게임 퍼블리셔는 크게 세 곳에서 수익을 얻는다. 우선 PC방은 게임서비스 이용 권한을 얻는 대가로 퍼블리싱 회사에 이용료를 지급한다. 시간당 정액제 방식이다. 우리가 PC방에서 1000원을 내고 리그오브레전드(LOL)를 플레이하면 해당 게

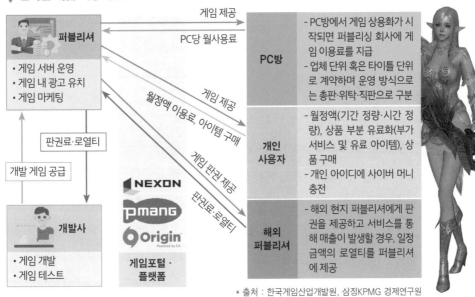

온라인 게임 시장 구조

퍼블리셔
- 게임 서버 운영
- 게임 내 광고 유치
- 게임 마케팅

게임 제공

PC당 월사용료

판권료·로열티

개발 게임 공급

월정액 이용료, 아이템 구매

게임 제공

게임 판권 제공

판권료·로열티

개발사
- 게임 개발
- 게임 테스트

NEXON
PMANG
Origin Powered by EA
게임포털·플랫폼

PC방	- PC방에서 게임 상용화가 시작되면 퍼블리싱 회사에 게임 이용료를 지급 - 업체 단위 혹은 타이틀 단위로 계약하며 운영 방식으로는 총판·위탁·직판으로 구분
개인 사용자	- 월정액(기간 정량·시간 정량), 상품 부분 유료화(부가 서비스 및 유료 아이템), 상품 구매 - 개인 아이디에 사이버 머니 충전
해외 퍼블리셔	- 해외 현지 퍼블리셔에게 판권을 제공하고 서비스를 통해 매출이 발생할 경우, 일정 금액의 로열티를 퍼블리셔에 제공

* 출처 : 한국게임산업개발원, 삼정KPMG 경제연구원

임 퍼블리셔인 텐센트 매출로 200원이 기록되는 식이다.

개인 사용자는 보통 가정에서 개인적으로 게임서비스를 이용하는 이들을 가리킨다. 월정액을 지급하고 게임을 이용하거나 무료로 게임을 플레이하는 대신 좀 더 재밌고 원활하게 플레이하기 위해 과금 서비스 등을 구매한다.

마지막으로 국내 퍼블리셔는 해외 퍼블리셔에 게임 판권을 제공함으로써 판권료나 로열티 수익을 올린다. 이 경우 해외 퍼블리셔의 매출액 중 일정 비율이 국내 퍼블리셔의 수익으로 인식된다. 국내 퍼블리셔가 직접 해외 시장에 진출하면 더 큰 수익을 올릴 수 있는 것 아닌지 의문을 가질 수 있는데, 온라인 게임의 경우 모바일 게임보다 더 많은 인프라를 필요로 해서 현지 업체가 유통에 더 유리하다.

물론 거꾸로 우리나라 퍼블리셔가 해외 퍼블리셔의 게임 판권을 사들이는 경우도 있다. 판권을 보통 IP(Intellectual Property : 지적재산권)라 부르는데, 이 IP가 스스로 개발한 것인지, 다른 개발사나 퍼블리셔로부터 사들인 것인지에 따라 이익률이 크게 달라진다. 만일 IP를 직접 개발하고 마케팅까지 맡는다면 엄청난 이익을 실현할 수 있다. 리니지의 경우 엔씨소프트가 직접 개발부터 유통까지 담당한 게임이다. 대만 등의 국가에 판권을 수출하는 과정에서 인건비와 마케팅비를 제한 대부분의 판매액이 이익이 된다.

LOL 제작사 라이엇게임즈를 인수한 텐센트는 IP 모집에 공격적인 대표 기업이다. 이미 성공했거나 사업성이 있을 것으로 예상하는 외부 IP를 소싱함으로써 리스크를 낮출 수 있지만, 이익 측면에서는 자체 IP 게임에 비해 한계가 있다. 이에 따라 최근 많은 퍼블리셔 전문 기업은 자체 개발 사업에 손을 뻗고 있다.

🕐 플랫폼이 황금알을 낳는 거위인 이유

사람들은 보통 구글플레이나 애플스토어를 통해 모바일 게임을 다운로드한다. 2020년 국내 모바일 게임 애플리케이션 마켓 비중은 구글플레이가 58%, 애플스토어가 25%다. 10%가량은 국내 통신 3사와 네이버가 연합해 만든 원스토를 통해 다운로드한다. 이커머스사는 온라인 판매처를 제공해주는 대가로 상품액의 일정 부분을 수수료로 수취한다(303쪽). 모바일 게임 시장도 마찬가지다. 구글플레이와 애플스토어는 게임 판매액의 30%, 원스토어는 20%를 가져간다. 물론 이런 높은 수수료율에 반발하는 움직임도 심심치 않게 볼 수 있다. 2018년 에픽게임즈에서는 안드로이드 버전 게임 '포트나이트'를 구글플레이를 거치지 않고 파일 형식으로 제공한 바 있

📍 **모바일 게임 유통 모델**

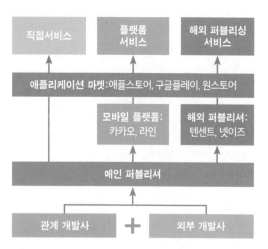

📍 **모바일 게임 마켓별 · 수익모델별 비중**

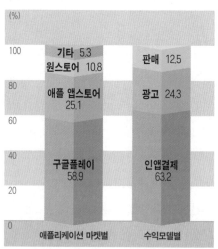

* 출처 : 한국게임산업개발원, 삼정KPMG 경제연구원

애플리케이션 마켓은 게임 매출액의 일정 부분을 수수료로 챙긴다. 구글플레이와 애플스토어는 게임 판매액의 30%, 원스토어는 20%를 가져간다. 이런 수수료 구조 탓에 게임사는 매출에서 판관비가 차지하는 비중이 매우 높다.

다. 한편 카카오톡 등의 모바일 메신저를 통한 공급도 활성화되고 있다. 특히 모바일 메신저는 스마트폰 유저 모두가 사용하고 있다는 점에서 그 확장성이 뛰어나다. 이 경우에도 0~20%의 수수료가 부과된다.

이런 수수료 구조는 게임사의 높은 판매관리비(이하 판관비)로 이어진다. 게임사의 판관비가 매출액의 50%에 달하는 경우도 있다. 판관비 내역을 보면 '지급수수료'라는 항목이 가장 큰 비중을 차지한다. 일반 제조업의 지급수수료는 보통 회계 법인에 지불하는 감사 비용, 로펌에 지급하는 법률 자문료 위주로 구성된다. 게임사는 여기에 몇 가지 항목이 더 추가된다. 우리가 모바일 게임에서 소위 '현질'을 하면 일정 비율은 애플리케이션 마켓 사업자의 수수료로 지급된다. 더불어 이용자의 신용카드 결제액에 비례해 카드사와 PG사에 수수료를 지급한다.

모바일 게임 퍼블리셔 매출의 63%는 인앱결제를 통해 발생한다. 가령 초기 스마트폰 게임 대히트작이었던 '애니팡'은 게임을 계속 진행하려면 '하트'가 필요하다. 이 하트를 얻기 위해 결제를 유도하는 식으로 인앱결제가 이루어진다. 앞서 애플리케이션 마켓이 게임 매출액의 일정 부분을 수수료로 챙긴다고 했는데, 무료 애플리케이션의 경우 인앱결제에서 발생하는 매출액 일부가 수수료로 책정된다.

또한 광고 수수료도 상당한 수입원이 된다. 게임은 다른 콘텐츠에 비해 이용자가 머무는 시간이 길어서 광고에 적합한 환경이다. 광고를 클릭할 경우 게임 내 보상을 제공하는 전략을 펼친다.

판매 항목은 해외 퍼블리셔에 대한 IP 판매 수익을 말한다. 모바일 게임 유통은 그 구조상 현지 인프라 보유 여부에 영향을 크게 받지 않기 때문에 온라인 게임보다 해외 퍼블리셔를 상대로 하는 IP 판매 수익 비중이 낮다.

◎ 플레이어와 게임사가 척을 지게 한 확률형 아이템부터 게임으로 돈을 버는 P2E까지, 과금 모델 변천사

고객의 결제를 통해 발생하는 매출로 게임 구매와 게임 내 아이템 구매 등이 있다고 했다. 게임사가 인게임(In Game) 수익을 올리는 방식에는 지금껏 많은 변화가 있었다. 게임 유통 초기에는 CD 형태의 패키지로 게임이 판매되었다. 고객의 CD 구매비가 게임사의 수익이었다. 그러다 인터넷망이 빠르게 보급되면서 온라인 게임 시장이 발달하자 더는 CD를 통해 번거롭게 유통할 필요가 없어졌다. 이때부터 게임사는 고객에게 한 달에 일정 금액을 받는 월 정액제 방식을 채택했다.

그러다 현재 많이 채택되고 있는 부분 유료화 모델로 발전했다. 게임 자체는 무료로 이용할 수 있지만 아이템 구매 등을 유도하여 수익을 올리는 방식이다. 여기서 좀 더 고도화된 모델이 확률형 아이템이다. 지불한 금액과 무관하게 일정 확률에 의해 아이템이 정해지는 것이다. 가령 만 원을 투자해 10만 원 상당의 희귀 아이템을 얻을 수도 있고 아무것도 얻지 못할 수도 있다. 확률형 아이템은 사행성 조장과 확률 조작 논란이 지속해서 제기되어 그간 국정 감사의 단골손님이었다.

그래서인지 요즘에는 '배틀패스'라는 새로운 수익 모델이 자리 잡았다. 일정 기간 배틀패스라는 상품을 구매하고 특정 게임을 플레이하면 게임 보상을 얻을 수 있는 시스템이다. 플레이어 입장에서는 확률에 의해 보상이 좌우되지 않으면서 확실한 보상을 얻을 수 있고, 게임사 입장에서도 구매 의사가 있는 플레이어를 쉽게 확보할 수 있다.

그동안 게임은 재미라는 원초적인 감각과 함께 플레이어의 경쟁심과 과시욕 등을 자극하며 과금 모델을 유지했다. 리니지의 확률형 아이템이 가장 대표적인 과금 모델이다. 확률형 아이템은 그동안 엔씨소프트에 엄청난 영업이익을 안겨주었지만, 2021년 하반기 들어 과도한 확률형 아이템 모델에 피로감을 느낀 고객의 이탈 이슈가 불거졌다. 더불어 리니지 IP의 현금 창출 여력에 의문이 제기되며 엔씨소프트는 주가가 급락했다.

현재 게임 트렌드는 P2W에서 P2E로 바뀌고 있다. P2W는 'Play to Win'의 준말로 플레이어의 목표가 게임에서 이기는 것이다. 'Play to Earn' 시스템하에서는 플레이어가 게임으로 수익을 창출할 수도 있다. 가장 대표적인 게임이 엑시 인피니티다. 이 게임을 하려면 NFT 캐릭터가 필요한데, 캐릭터를 구매하고 성장시키기 위해서는 게임 속 코인이 있어야 한다. 동시에 배틀에서 이기면 코인을 획득할 수 있는 구조라 많은 사람이 참전할수록 코인의 가치는 상승한다. 게임 플레이 대신 차익을 노리고 코인에 투자하는 이들이 참여하면서 2021년 6월 6000달러 하던 엑시 인피니티의 코인가격은 11월 한때 19만 달러까지 급등한 바 있다. 코인가격이 천정부지로 치솟자 초기 NFT 캐릭터를 구매하는 것을 도와주는 대가로 추후 수익을 배분하는 후원자 제도도 자리 잡았다. 물론 이 코인은 현금으로 환급할 수도 있다. 현재 엑시 인피니티 게

P2E는 플레이어가 게임 내에서 얻은 재화를 가상화폐나 NFT(대체불가능한토큰)로 교환하고 이를 판매해 현금화할 수 있는 방식이다. 베트남 스타트업 스카이마비스가 2018년 출시한 P2E 게임 엑시 인피니티는 동남아 시장을 중심으로 대성공을 거뒀다.

임에 열중하는 개인은 한 달 평균 50만 원가량을 챙길 수 있다고 한다. 이는 동남아 지역의 월 임금을 상회하는 수치라 특히 동남아권에서 선풍적인 인기를 끌고 있다. P2W와 P2E 모두 본질적으로 과금 모델이기는 하지만, 전자가 인간의 경쟁 심리를 자극한다면 후자는 경제 활동 욕구를 공략한다는 데 차이가 있다.

한국의 경우 「게임법」상 게임 아이템을 현금화하는 것은 불법이다. 그래서 한국 기업들은 법적 규제가 없는 나라에서 P2E 게임을 출시한다. 위메이드사의 MIR4 게임에서는 게임 내 '광물'을 코인으로 환전할 수 있다. 양질의 광물을 채굴하려면 캐릭터를 성장시켜야 하고, 캐릭터 성장에 위메이드의 자체 통화 '위믹스'가 필요한 구조다. 이 과정에서 게임사는 거래 수수료를 주요 수익 창구로 삼는다.

P2E 트렌드가 강화됨에 따라 게임회사들은 암호화폐·가상자산 시장에 관심을 기울이고 있다. 비즈니스 모델상 게임 내 코인을 환전할 수 있는 거래소가 필수적이기 때문이다. 실제로 게임빌은 암호화폐 거래소 코인원의 2대 주주이며, 위메이드 또한 빗썸의 2대 주주다.

◎ 점차 낮아지는 규제

게임산업은 아이디어와 콘텐츠를 기반으로 한 고부가가치의 지식 집약적 산업이다. 전형적인 서비스산업이기 때문에 대부분 무형자산 비중이 크고 전문 개발 인력에 대한 의존도가 높다. 또 성공적인 게임을 론칭할 확률이 매우 적은 데 반해 개발 과정에서 상당한 비용과 인력이 투입되기 때문에 리스크가 큰 편이라 할 수 있다. 하지만 성공적인 게임을 하나 개발하면 고객 판매, 퍼블리셔 판매 등 수익 확장성이 매우 크다. 엔씨소프트가 개발한 리니지의 경우 20년 넘게 업계 최고의 수익성을 유지하는 게임이다. 온라인 시장, 모바일 시장, 해외 판권 시장 모든 부문에서 꾸준히 우수한 성적을 거두고 있다.

게임산업의 또 다른 특징은 규제가 매우 강하다는 것이다. 첫째로 등급 규제가 있다. 영화에 연령 제한이 있듯이 게임에서도 특정 연령 이하는 게임을 플레이하지 못하도록 막는 것이다. 두 번째는 게임 이용에 관한 규제이다. 고객의 월 결제 한도를 설정한 결제 한도 규제, 청소년의 심야 시간 게임 이용을 금지하는 셧다운제, 사행성 게임의 경우 하루 10만 원 손실 시 24시간 동안 접속을 막는 웹보드 규제가 대표적이다. 그러나 점차 게임에 대한 인식 개선이 이루어지며 규제 완화를 외치는 목소리가 커졌다. 2021년 7월 강제적 셧다운제를 폐지하는 내용의 「청소년 보호법 일부개정안」이 발의되며 대표적 게임 규제였던 셧다운제가 폐지되었다. 이제는 문화체육관광부의 게임 시간 선택제만 운용된다. 선택적 셧다운제로도 불리는 게임 시간 선택제는 만 18세 미만 본인과 부모 등 법정대리인의 요청 시 게임 이용 시간을 원하는 시간대로 조절할 수 있게 하는 제도다.

2017년 사드 배치 이후 중국에 '한한령'이 발동하면서 한동안 우리나라 기업이 중국 게임 시장에서 설 자리를 잃었다. 하지만 2020년 12월 컴투스의 모바일 게임 '서머너즈워'가 중국 당국의 판호를 발급받으며, 중국 게임 시장이 우리나라에 다시 개방될 조짐이 보였다. 판호는 중국 시장 내 게임서비스 영업권을 말한다. 전문가들은 사드 보복 이후 3년 만에 판호가 발급되면서 세계 최대 게임 시장인 중국에 대한 기업들의 IP 수출 행보가 활발해질 것으로 예상했다. 2021년 6월에는 펄어비스의 '검은사막 모바일'이 중국 퍼블리셔 텐센트를 통하는 식으로 판호를 발급받아 화제가 되었다.

중국은 세계 1위 게임 시장이며 한국 게임 품질에 대한 인식도 긍정적인 편이다. 엔씨소프트가 대만에 리니지를 성공적으로 수출한 것과 같이 우리나라 퍼블리셔들이 중국 게임 시장을 적절히 공략한다면 국내 게임산업의 안정적인 성장을 기대할 수 있다. 하지만 최근 중국 당국은 미성년자의 게임 중독 문제를 지적하며 게임산업에 대한 고강도 규제를 예고했다. 이에 따라 중국향 매출 비중이 큰 국내 게임사의 주가가 전반적으로 하락한 바 있다. 이외에도 중국은 자국 기업에 대한 규제를 대폭 강화하는 추세다. 2020년 10월 알리바바의 마윈이 중국 금융당국을 비판하자 중국은 플랫폼기업에 대한 규제를 시작으로 모빌리티, 사교육, 부동산 등 산업 다방면에 걸쳐 규제를 확대하고 있다.

메타버스가 점 찍은 제1의 콘텐츠, 게임

팬데믹 이후 화두가 된 메타버스(metaverse)는 게임산업, 나아가 콘텐츠산업의 펀더멘탈을 바꿀 것으로 기대된다. SNS, 게임 등 기존의 '가상 현실'은 '현실과 다르다' 정도의 느낌을 주지만, 메타버스는 현실과 구분이 어려운 극한의 UX(User Experience)를 통해 이용자의 새로운 감각을 이끌어내는 것을 목표로 한다. 메타버스는 '아바타로 소통할 수 있는 디지털 생태계' 정도로 정의할 수 있다. 자율주행, IoT 트렌드는 인간의 여가 시간 확대로 이어진다. 이 과정에서 현실과 과하게 괴리되지 않으면서 이용자에게 만족감을 줄 수 있는 메타버스산업이 수혜자로 거론된다. 물론 기존 게임도 사회적 욕구, 존경의 욕구 등을 자극해왔으나 보다 현실감을 주는 메타버스에서는 이런 기능이 극대화될 전망이다. 현재 시장에서는 메타버스 플랫폼의 시작을 게임을 통해 구축하자는 분위기다.

메타버스 선두 주자인 로블록스는 가상 세계에서 누구나 게임을 만들고 즐길 수 있는 서비스를 제공하며 엄청난 기업가치를 인정받았다. 마이크로소프트, 텐센트 등의 테크기업들도 모두 메타버스 기술 개발 전장에 뛰어들었다. 그러나 아직 메타버스 기술은 현실과의 괴리감이 크기 때문에 기술적으로 극복해야 할 지점이 많아 보인다.

메타버스의 밸류체인은 '플랫폼 – 콘텐츠 – 기기'로 나눌 수 있다. 플랫폼 사업자는 말 그대로 메타버스 환경을 조성해주는 이들로 로블록스, 네이버의 제페토가 대표적이다. 메타버스의 선두 주자인 로블록스는 유저가 직접 플랫폼 내에서 게임 콘텐츠를 개발할 수 있도록 한다. OTT와 마찬가지로 메타버스도 결국 콘텐츠 싸움이 될 예정이다. 마이크로소프트는 마인크래프트 개발사 Mojang을 3조 원에, 2022년 들어서는 액티비전블리자드를 약 80조 원에 인수하는 등 메타버스 콘텐츠 확보에 진심인 모습을 보여주고 있다. 밸류체인의 마지막을 구성하는 것은 VR, AR 기기 등의 하드웨어 기기다. VR, AR 기기에 들어가는 디스플레이, 반도체도 핵심적인 요소다. 메타버스의 핵심은 현실성을 주는 것이고 그 키는 디바이스가 쥐고 있다.

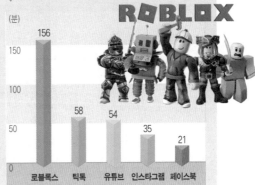

📍 **미국 10대의 플랫폼 접속 시간**

(분)

156	58	54	35	21
로블록스	틱톡	유튜브	인스타그램	페이스북

DAY 13 싸이가 〈강남스타일〉로 번 음원 수익이 3600만 원?

🎯 소속 연예인이 곧 자산인 연예기획사

K-POP은 국가의 위상을 드높이는 것은 물론 그 자체로 매우 큰 시장을 형성하고 있다. 〈강남스타일〉의 싸이, 빅히트엔터테인먼트(현 하이브)의 상장을 이끈 방탄소년단이 대표적인 주역이라 할 수 있다. 음반사업은 소득 탄력성이 큰 산업이다. 음원서비스라는 훌륭한 대체재가 있을 뿐 아니라 보통 음반 구매는 문화 행위라는 사치재 성격을 띠기 때문이다. 음악산업은 거대한 생산 설비나 자본 없이도 뛰어난 재능이나 창의적인 아이디어로 고부가가치를 창출할 수 있다. 또한 디지털음원 시장이 안정적으로 자리 잡고 있어 파급력이 해외에까지 미친다. 전체 매출에서 해외 시장이 큰 비중을 차지해 국가 간 외교 관계에 영향을 받기도 한다.

음악산업은 음악 콘텐츠를 기획·제작하는 단계, 음반이나 음원의 형태로 녹음하고 이를 가공하는 단계, 이를 최종적으로 소비자에게 유통하고 판매하는 단계로 이루어져 있다. 최근에는 유튜브 등의 플랫폼이 발달하면서 유통 창구가 다양해지고 있다. 그런데 이 모든 과정을 아티스트 혼자서 맡기는 어렵다. 흔히 기획사, 또는 소속사라 부르는 엔터테인먼트사는 일련의 과정을 지원해주는 역할을 한다. 단순히 연예 활동을 지원해주는 것뿐만 아니라 직접 연예인을 발굴하고 육성해서 데뷔시키는 역할까지 한다.

연예기획사의 수익 구조를 살펴보기에 앞서 연예기획사의 흥미로운 회계 처리 방식을 짚어보자. 기획사는 오디션이나 캐스팅을 통해 연습생을 모집한 후 지속적인 모니터링을 동반한 트레이닝을 지원한다. 이때 투입되는 금액은 당기에 비용으로 인식하지 않고 '자산성'을 인정해 개발비로 회계 처리한다. 제약사처럼 기획사도 차기부터 일정한 기간을 두고 개발비 일부를 비용으로 상각한다. 회계를 보수적으로 처리하는 기획사의 경우에는 '신인개발비'라는 판매관리비(판관비) 계정을 사용해 당기에 전액 비용으로 처리한다.

몇 년간의 연습생 트레이닝이 끝난 이후에는 음악 제작 과정인 프로듀싱에 들어가고, 음반 및 음원 출시, 마케팅에 돌입한다. 연습생 시절부터 연예인이 되기까지 대부분 비용을 기획사에서 부담하기 때문에 엔터테인먼트업을 두고 '하이 리스크 하이 리턴 사업'이라고 한다. 보통 기획사에는 가수나 아이돌 말고도 일반 연예인이나 배우까지 소속되어 있는 경우가 많다. 만일 이미 데뷔한 연예인을 영입하려면 전속계약을 맺어야 하는데, 이때 전속계약금·수익분배비율·전속 기간 등을 정한다. 이 전속 계약금 또한 무형자산으로 처리하며 일정 기간에 걸쳐 상각한다.

활동 중인 연예인에 대한 지원비도 선급금이라는 자산 계정에 포함된다. 활동지원비는 분명 현금 지출을 수반하는 투자이지만, 추후 수익 창출을 기대할 수 있으므로 비용화하기 전에 자산으로 인식하는 것이다.

동시에 불미스러운 사건으로 소속연예인이 연예계 활동을 하지 못하는 경우를 대비해 '대손충당금*'을 설정한다. 활동 중인 연예인, 활동 중단 1년 이내, 활동 중단 1년 이상 2년 이하 연예인 등에 대해 대손설정율(대손충당금/선급금)을 달리하는 흥미로운 회계 처리 방식도 볼 수 있다. 가령 활동 중인 연예인에 대한 대손충당금은 전체 선급금의 1% 수준이지만, 활동을 중단한 지 1년이 넘은 연예인에 대해서는 40%가량의 대손충당금을 설정하는 식이다.

> **대손충당금**
> 대손충당금은 기업이 투자했을 때 입을 수 있는 잠정적인 손실을 평가한 금액이다. 가령 은행이 1억 원을 대출해주었는데 1000만 원을 돌려받지 못할 것 같다면 이 금액을 대손충당금으로 적립한다. 당기에 자산 일부를 비용으로 인식함으로써 추후 실제로 돈을 돌려받지 못하는 일이 발생했을 때 인식해야 하는 비용을 줄이는 역할을 한다. 자동차산업에서 '판매보증 충당부채'와 같은 맥락으로 이해할 수 있다(231쪽).

◎ 팬 문화로 버티는 음반 시장

엔터테인먼트사(이하 엔터사)의 수익 구조는 크게 음악과 매니지먼트 사업으로 나뉜다. 음악사업은 다시 음반과 음원 사업으로 나뉘고, 매니지먼트사업은 콘서트, 광고,

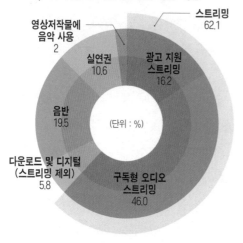

세계 음악 시장 분야별 매출 비중

- 스트리밍 62.1
- 영상저작물에 음악 사용 2
- 실연권 10.6
- 광고 지원 스트리밍 16.2
- 음반 19.5
- (단위 : %)
- 다운로드 및 디지털 (스트리밍 제외) 5.8
- 구독형 오디오 스트리밍 46.0

* 출처: IFPI, <Global recorded music revenues by segment 2020>

2020년 스트리밍서비스가 전년보다 19.9% 성장하며 전 세계 음악산업 매출의 62.1%를 차지했다. 코로나19 여파로 10년 이상 성장세를 이어오던 실연권 매출은 감소했다.

방송 출연 등으로 구성된다. 둘 다 최초에 음악 활동으로 파생된 사업이라는 점에서는 동일하지만 비즈니스 모델에 큰 차이가 있다.

음악산업은 음반의 기획 및 제작·유통으로 이루어진 오프라인 음반산업과 온라인 매체를 통해 음악을 유통하는 음원산업으로 나눌 수 있다. 음반은 음악을 담아 놓은 디스크 형태의 매체를 말한다. 과거 LP 등의 비닐 레코드의 형태에서 카세트테이프, CD 형태로 발전했다. 물론 지금은 사람들이 스트리밍서비스를 사용함에 따라 시장이 많이 위축된 상태다.

과거에는 음반산업이 음악산업의 대부분을 차지했지만 지금은 스트리밍이 주요 음악 소비 매체다. 스트리밍서비스는 전체 음악 시장의 62%에 달하며 매해 20%의 성장률을 기록하고 있다. 세계적으로 음반산업 점유율이 점차 하락하고 있는데, 특이하게 우리나라 엔터사는 아직 음반산업이 주요 매출원이다. 우리나라 주요 기획사는 다수의 아이돌이 소속되어 있는데, 앨범이 출시되었을 때 음반을 구입하는 것이 아이돌의 팬 문화로 자리 잡고 있기 때문에 앨범 구매율이 높다. 음반은 음원보다 객단가가 높아 수익성에 강점이 있기 때문에 엔터사는 음반에 팬미팅 추첨권을 넣는 등의 마케팅을 통해 음반 판매를 촉진한다. 실제로 2020년 글로벌 음반 시장은 5%가량 축소됐지만, 국내 음반 시장은 되려 61% 상승하며 엔터사 실적을 견인했다.

◎ 음원 다운로드 : 커머스 구조와 유사한 음원의 수익 배분 방식

음원은 모바일이나 인터넷으로 다운로드 받거나 실시간으로 스트리밍 하여 재생할 수 있는 매체를 말한다. 우리는 흔히 '멜론' 등의 스트리밍서비스를 통해 음악을 들

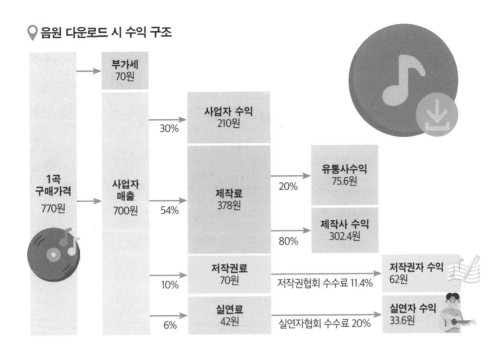

음원 다운로드 시 수익 구조

- 1곡 구매가격 770원
- 부가세 70원
- 사업자 매출 700원
  - 30% → 사업자 수익 210원
  - 54% → 제작료 378원
    - 20% → 유통사수익 75.6원
    - 80% → 제작사 수익 302.4원
  - 10% → 저작권료 70원 → 저작권협회 수수료 11.4% → 저작권자 수익 62원
  - 6% → 실연료 42원 → 실연자협회 수수료 20% → 실연자 수익 33.6원

는데, 이것이 바로 음원에 해당한다. 음원에서 수익이 발생하는 방식은 크게 두 가지다. 음원 자체를 다운로드 받는 경우와 스트리밍업체에 월 구독료를 내고 음원을 듣는 경우로 나뉜다. 우리가 음원을 구입하면 그 돈은 누구에게 얼마씩 돌아가는지 살펴보자.

개별적으로 음원을 구입할 때 770원을 낸다고 가정해보자. 우선 이 금액은 10%의 부가세가 포함된 것이다. 편의상 부가세를 70원으로 계산하자. 나머지 700원은 음원 제작부터 판매 과정까지 관여한 이들이 나눠 가진다. 이 중 30%는 사업자가 수취한다. 여기서 말하는 사업자는 멜론, 지니뮤직 등 스트리밍 서비스를 제공하는 업체를 말한다. 백화점에서 유통 수수료로 30%를 떼는 것과 같은 이치다. 즉 한 곡이 팔릴 때 이들은 210원을 가져간다.

이제 490원이 남았다. 부가세를 제외한 사업자 매출 700원 중 10%와 6%는 각각 저작권협회와 실연자협회로 향한다. 저작권자란 작곡가 및 작사자, 실연자는 가수와 연주자를 가리킨다. 협회에서는 관리 수수료 명목으로 각각 11%, 20%를 가져간다. 결과적으로 700원 중 저작권자 수익은 62원, 실연자 수익은 33원이 남는다.

나머지 54%에 해당하는 378원은 제작사의 수익이 되어야 한다. 하지만 이 중

20%에 해당하는 76원은 유통사에 귀속된다. 현재 주요 음원 유통사로는 멜론에 유통하는 카카오엔터테인먼트, 지니뮤직에 유통하는 KT뮤직 등이 있다. 음원 유통사와 음원 서비스사는 대부분 같은 계열사다. 이들은 스트리밍 업체에 음원을 유통해주는 대가로 저작료의 20%를 받는다. 참고로 일시적인 음원 할인 행사가 있을 경우 그 금액은 유통사가 부담한다.

그런데 왜 기획사에서는 멜론 같은 스트리밍서비스에 직접 유통하지 않고 20%를 뺏기면서까지 유통사를 거치는 걸까? 첫째로 현재 시스템상 개인이나 기획사가 음원서비스업체와 직거래를 하는 것이 불가능하다. 둘째로 유통사는 자본이 부족한 제작사에 투자하기도 하는데, 이를 통해 음원에 대한 일부 권리를 얻는다. 즉 스트리밍업체에 음원을 유통함으로써 마진을 얻는 것이 유통사 나름의 투자금 회수 방식인 것이다.

◉ 음원 스트리밍 : 순수 음원으로 먹고사는 건 불가능한 시대

스트리밍사마다 요금 정책이 다르고 다운로드상품과 스트리밍상품을 묶을 경우 곡당 단가가 변하지만 다운로드할 때의 수익 흐름과 쉽게 비교할 수 있도록 단가를 7.7원, 월정액 스트리밍 단가를 7000원으로 가정해보자. 이 경우 스트리밍업체는 이용자 한 명당 한 달에 약 1000회의 스트리밍을 한다고 가정한 것이다. 한 곡을 스트리밍하면 이 중 0.7원은 부가세로 빠지고 현 규정에 의해 35%가 음원 사업자에게, 65%가 음원 권리자에게 돌아간다. 한 곡이 재생될 때 멜론은 2.45원을 받는다.

다운로드 시와 마찬가지로 전체 7원 중 10%와 6%는 각각 저작권협회와 실연자협회로 향한다. 저작권자와 실연자는 수수료를 제하고 각각 0.63원, 0.33원만을 받는다. 만약 작곡, 작사, 편곡 모두 다른 사람이 했다면 각자 가져가는 몫은 더 적어진다. 실연자도 마찬가지다. 보통 앨범에 표기되는 가수는 주실연자, 그 외 연주자는 부실연자로 불린다. 예를 들어 가수 장범준이 곡의 99%를 작업했더라도 부실연자로 연주자가 한 명이라도 들어갔다면 0.33원을 두고 각각 0.165원씩 나눠 가진다. 그래서 실연자 중에서는 굳이 음악실연자협회에 음원을 등록하지 않는 경우도 많다. 단순 계산으로 만약 실연자가 4명이라면 스트리밍 한 건당 0.084원의 수익이 발생한다. 국밥

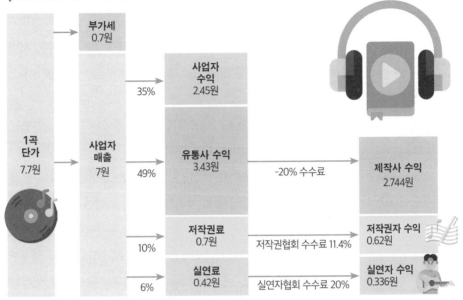

음원 스트리밍 시 수익 구조

1곡 단가 7.7원

부가세 0.7원

사업자 매출 7원

35% → 사업자 수익 2.45원

49% → 유통사 수익 3.43원 → -20% 수수료 → 제작사 수익 2.744원

10% → 저작권료 0.7원 → 저작권협회 수수료 11.4% → 저작권자 수익 0.62원

6% → 실연료 0.42원 → 실연자협회 수수료 20% → 실연자 수익 0.336원

한 그릇 값인 7000원을 벌려면 무려 8만 3000번의 스트리밍이 필요하다. 역사적인 성공을 거둔 싸이의 〈강남스타일〉도 국내 음원 수입이 3600만 원 수준이라고 하니, 음원 수익 중 실연자 몫이 상당히 적다는 것을 알 수 있다.

나머지 전체 49%에 해당하는 금액은 유통사와 제작사가 2:8 비율로 나눠 가진다. 그런데 만일 구독료 7000원을 들여 한 달 동안 수십 명 가수의 노래를 여러 번 들었다면 구독료는 어떻게 분배될까? 음원 사이트에서는 우선 구독료를 하나의 주머니에 담고, 그달에 해당 사이트에서 각 노래가 몇 번 재생되었는지 계산한 후 횟수에 비례해 수익을 분배한다. 국내 OTT업체가 상영 시간에 비례해 구독료를 배분하는 것과 유사하다.

🎯 국내 스트리밍 시장, 탐색 끝내고 전쟁 본격화

세계 최대 음원 스트리밍 플랫폼인 '스포티파이(Spotify)'가 2021년 2월 한국에서 서비스를 개시했다. K-POP의 영향력이 커짐에 따라 한국을 주요 음원 시장으로 인식했다는 분석이 있다. 2021년 4월 기준 국내 음원 스트리밍 앱 사용자(MAU)는 멜론

531만 명(29.8%), 유튜브뮤직 298만 명(12.6%), 지니뮤직 290만 명(17.6%), 플로 177만 명(11.0%)으로 과점 시장이 형성되어 있다. 멜론 〉 지니뮤직 〉 플로 순으로 업계 선두권을 형성하던 것이 유튜브 이용자가 급증하면서 '3강 체제'에 금이 갔다. OTT는 서비스별로 제공하는 콘텐츠도 다르고 자체 제작 오리지널 콘텐츠도 있어 중복하여 구독하는 경우가 많다. 하지만 음원 스트리밍서비스는 서비스별로 포트폴리오 차별화 여지가 거의 없다. 그래서 기존 음원 스트리밍업체들은 통신사 연계 프로모션으로 적극 대응하고 있다.

스포티파이는 광고를 보면 무료로 음악을 들을 수 있는 기능, 다양한 요금제 등을 앞세워 글로벌 음원 시장에서 35%의 점유율을 차지하고 있다. 2021년 한 해 국내 시장에서 스포티파이가 차지하는 점유율은 1% 내외로 생각보다 부진했다는 평가가 많다. 아직까지 한국에서는 해외에서 제공하는 기능을 전부 제공하고 있지 않지만 소비자 데이터를 충분히 모은 후 한국 시장에 알맞은 전략을 내놓을 것으로 예상된다. 과연 스포티파이의 성공이 우리나라에서도 이어질지 관심이 집중된다.

팬데믹 이후 점차 회복 중인 오프라인 수익

공연은 콘서트 콘텐츠를 기획하고 티켓을 판매하는 전 과정을 포함한다. 기획, 제작, 홍보 및 마케팅, 판매 등의 순서로 진행된다. 현재 공연은 아날로그 방식으로 흥행하는 거의 유일한 상품이다. 이전에는 음반 판매를 위한 홍보 수단에 불과했지만 이제는 음반 시장의 부진을 만회할 주수입원으로 자리 잡았다.

콘서트 제작비는 출연료, 대관료, 홍보비 등으로 구성되어 있다. 재현 씨가 10만 원을 내고 콘서트에 갔다고 하자. 우선 10%에 해당하는 1만 원은 부가세로 징수된다. 3%에 해당하는 3000원은 저작권 사용 대가로 저작권협회로 빠져나간다. 또 인터파크와 같은 예매 사이트에서 중개 수수료로 10%를 수취한다. 장소를 대여해준 공연장 주인은 '할부 대관료' 명목으로 5~20%를 부과한다. 할부 대관료는 공연 장소를 제공해준 대가로 공연 매출의 일부를 받는 것이다. 만일 할부 대관료가 20%라면 남은 금액은 5만 7000원이다. 여기에서 음향팀, 조명팀, 연주팀, 안내요원 확보에 드는 인력비와 의자 대여비, 무대 특수효과 구현에 필요한 자재비를 지출한다. 만일 기획사에서 기획사 소속이 아닌 가수와 계약을 맺고 공연을 진행한 것이라면 가수에게 출연료를 지급하게 되어 있다. 만일 전석 매진될 경우 가수에게 추가 인센티브를 지급하기도 한다. 출연료까지 지불하고 남은 금액이 기획사 수익이 된다. 소속사에서 공연을 개최할 경우 5만 7000원에서 각종 비용을 뺀 금액을 가수와 소속사가 나눠 가진다.

코로나19 이후 오프라인 콘서트는 팬데믹 이전 10% 수준으로 급감했으나 유료 온라인 콘서트를 통해 손실을 최소화할 수 있었다. 오프라인 콘서트만큼 각종 비용이 많이 들고 플랫폼사에 지급해야 하는 수수료도 적지 않았지만, 인원 제한이 없다는 온라인의 특성에 힘입어 입장료를 저렴하게 책정하고도 높은 수익을 거둘 수 있었다.

엔터사 소속사 가수들은 광고를 찍거나 예능에 출연하기도 한다. 이를 통해 발생하는 광고료와 출연료는 사전에 계약한 비율대로 소속사와 소속 가수가 나눠 가진다. 또 소속사에서는 MD라는 것을 제작한다. MD는 본래 특정 브랜드의 기획상품을 일컫는 말이었으나, 엔터테인먼트업계에서는 굿즈를 가리킨다. 음반 판매를 촉진하기 위해 굿즈를 함께 넣어두는 등 MD는 다른 사업 부문을 보완하는 역할을 한다.

🌀 하이브는 엔터주가 아니라 플랫폼주

팬데믹 이후 오프라인 창구가 막히자 전 세계 팬들이 모여 아티스트와 소통할 수 있는 팬 플랫폼이 큰 주목을 받았다. 현재 엔터 4사 모두 팬 플랫폼 사업에 열중하고 있다. 이 중 플랫폼 분야 선두 기업으로 분류되는 하이브의 사례를 통해 팬 플랫폼 비즈니스에 대해 알아보자. IPO 당시 하이브는 자신을 엔터사가 아닌 IT 플랫폼기업이라 지칭할 정도로 플랫폼 사업에 공을 들이고 있다.

2019년부터 하이브는 '위버스'라는 자체 팬 플랫폼을 출시했다. 유저는 포스팅과 댓글 등을 통해 아티스트와 직접 소통할 수 있고, 위버스에서만 제공하는 오리지널 콘텐츠도 따로 있다. 강한 팬덤을 기반으로 한 플랫폼인 만큼 80% 이상의 높은 유지율을 기록하고 있다. 팬 플랫폼을 통해 창출한 굿즈, 동영상 수익 등의 간접참여형 매출은 공연, 앨범 등의 직접참여형 매출보다 원가율이 낮아 수익성이 우수하

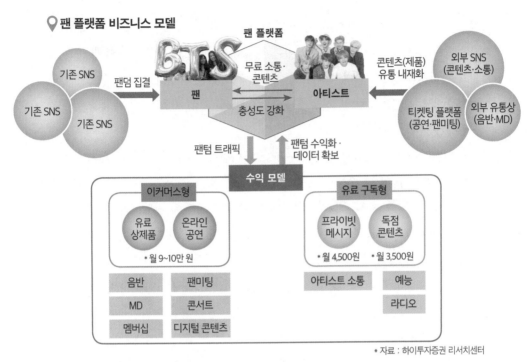

팬 플랫폼 비즈니스 모델

팬 플랫폼

기존 SNS

기존 SNS

기존 SNS

팬덤 집결 →

팬 ← → 아티스트

무료 소통·콘텐츠

충성도 강화

콘텐츠(제품) 유통 내재화 →

외부 SNS (콘텐츠·소통)

티켓팅 플랫폼 (공연·팬미팅)

외부 유통상 (음반·MD)

팬텀 트래픽 ↓

↑ 팬텀 수익화·데이터 확보

수익 모델

이커머스형

유료 상제품 / 온라인 공연

* 월 9~10만 원

음반	팬미팅
MD	콘서트
멤버십	디지털 콘텐츠

유료 구독형

프라이빗 메시지 / 독점 콘텐츠

* 월 4,500원 * 월 3,500원

| 아티스트 소통 | 예능 |
| | 라디오 |

* 자료 : 하이투자증권 리서치센터

K팝 인기에 맞춰 엔터사들은 팬 플랫폼을 잇달아 출시했다. 주요 팬 플랫폼으로는 하이브의 위버스, 디어유의 버블, 엔씨소프트의 유니버스가 있다. 이들 팬 플랫폼은 출시 1~2년 만에 많게는 수천만 명의 가입자를 확보하며, K팝산업의 미래 먹거리로 부상하고 있다.

다. 위버스는 하이브의 자체 커머스샵인 위버스샵에 트래픽을 몰아주는 역할을 한다. 콘서트 티켓 등의 서비스를 위버스샵에서만 단독 제공하는 식으로 팬을 모은다음, 아티스트 IP를 기반으로 한 굿즈도 같이 상품 목록에 놓는 식이다. 의류, 사진첩 등의 전통적인 굿즈를 넘어 이제는 퍼즐, 생수 등 다양한 제품 포트폴리오를 갖추고 있다. 2021년 한 해 하이브 매출이 1조 원을 돌파할 수 있던 일등공신으로 위버스가 꼽힌다.

팬 플랫폼의 비즈니스 모델은 그 구조가 단순한 만큼 안에 담긴 콘텐츠가 중요하다. 넷플릭스가 오리지널 콘텐츠 확보에 열성인 것처럼 하이브도 IPO를 통해 조달한자금으로 콘텐츠 확보에 열을 올렸다. 그중 가장 두드러진 횡보는 이타카홀딩스를인수해 위버스에 아리아나 그란데와 저스틴 비버를 '입점'시킨 것이다. 현재 위버스는YG 등의 경쟁사 아티스트도 속속 입점하는 추세이며, 배우와 스포츠 스타 등으로아티스트 폭을 넓히면서 엔터업계를 포괄하는 글로벌 플랫폼이 되어 가는 중이다.

🌀 NFT는 엔터사의 새로운 캐시카우

팬데믹 이후 NFT*는 메타버스만큼 뜨거운 산업 키워드로 등극했다. 단순히 사진이나 그림만 NFT화가 가능한 것이 아니다. 영상, 음원 등 디지털로 기록될 수 있는 모든 형태의 정보가 토큰화 될 수 있다. 아직 오프라인 유통에 익숙한 전통 예술 시장보다는 음원 시장이 NFT 발행에 적극적이다.

> **NFT(Non-Fungible Token)**
> 말 그대로 '대체 불가능한 토큰'을 의미한다. 가령 비트코인의 경우 같은 가격에 거래되고 있는 다른 비트코인이 있어 FT(Fungible Token)로 분류된다. NFT는 블록체인을 통해 각 토큰에 고유한 값이 부여되는 구조로, '정품 인증서'가 붙은 디지털 자산으로 이해할 수 있다.

NFT는 한정된 상품을 소유하고자 하는 인간 본연의 심리를 자극한다. 비틀스 멤버 머리카락에 엄청난 경매 호가가 쏟아졌던 것을 떠올리면 NFT 광풍도 이해가 된다. 참고로 이더리움 블록체인이 NFT 발행의 기반이 된다는 점에서 NFT 시장 규모가 커지는 기간 동안 이더리움의 가격도 우상향할 수 있었다.

본래 굿즈 문화가 한정성, 유일성을 주요 가치로 내세웠던 만큼 NFT는 그 특성상 연예인의 추가 수입원이 될 여력이 충분해 보인다. 실제로 2021년 말 하이브는 암호화폐 거래소 업비트를 운영하는 두나무와 손잡고 NFT 사업에 나섰다. 아직 내재적 가치, 법적 소유권, 저작권 문제 등 다양한 이슈가 미결인 상태이지만, 당분간 NFT는 강력한 팬덤과 신규 수요자를 기반으로 지속적인 성장을 구가할 것이 예상된다.

트위터 창업자 잭 도시가 2006년 올린 '방금 내 트위터 설정 완료'라는 짧은 메시지는 역사상 1호 트윗이다. 이 트위터 메시지를 담은 NFT가 33억 원에 거래되면서부터 NFT 시장은 세간의 주목을 받게 됐다.

DAY
14

코로나19라는 전염병보다
더 무서운 OTT

🧭 영화 자금 조달을 위한 SPC, 문전사

영화산업은 2020년 전후로 큰 변화를 맞이했다. 코로나19로 영화관으로 향하던 사람들의 발길이 끊기며 큰 피해를 보았으며, 같은 기간 넷플릭스 등의 OTT가 영화관 수요를 잠식했다. 일각에서는 코로나19가 잠잠해진다고 해도 OTT발 고객 유출에 따라 영화관 매출이 이전 수준으로 돌아오기 어려울 것이라는 목소리가 나온다.

코로나19 이전까지 영화산업은 양적으로나 질적으로나 꾸준히 성장해 왔다. 1990년대 중반만 해도 영화 시장에서 외국영화 점유율이 80%에 달했지만, 영화산업이 발전하면서 한국 영화에 대한 수요가 증가했다. 이에 발맞추어 한 건물에 다수의 상영관이 모여 있는 멀티플렉스 상영관이 확산되었다. 2019년에는 국내 극장 관객수 2억 3000만 명을 기록했다. 이는 1인당 연평균 극장방문횟수가 4회에 달하는 수치다.

한국은 세계 영화관 매출 6위를 기록하고 있다. 2019년 중국이 1위, 미국이 2위, 일본이 3위를 차지했는데 2위와 3위의 격차가 매우 큰 편이다. 중국과 미국의 영화관 시장 규모는 약 12조 원인 반면 일본은 우리나라와 비슷한 약 2조 원 규모다.

영화산업의 수익 구조를 파악하기 전 영화의 제작 과정과 상영 절차를 살펴보자. 영화산업의 밸류체인은 '기획-투자 유치-제작-배급-상영'의 5단계로 구성된다. 기획, 투자, 제작의 과정을 통해 한 편의 완성된 영화가 만들어지면 영화배급사는 이를 영화관에 유통한다. 보통은 기획·투자·제작을 영화제작사가 맡지만, 우리나라는 영화배급사가 기획부터 배급까지 모든 과정을 주관하는 경우가 많다. 우리나라 대표 영화배급인 CJ ENM과 롯데컬처웍스의 경우 각각 CGV와 롯데시네마가 동계열사로 존재한다.

영화를 만들기 위해서는 어떤 영화를 만들지 기획하는 게 우선이다. 영화를 기획한 감독과 제작자가 각본가에게 찾아가면 각본가는 이를 기반으로 각본을 집필한다. 감독이 직접 집필하는 경우도 있다. 거꾸로 제작사에서 영화를 기획해 각본가와 조율해 감독을 고용하기도 한다. 여기까지의 과정을 두고 사전작업이라 한다.

기획이 끝나면 제작사는 투자금을 유치한다. 기획 단계에서부터 펀딩할 수도 있고 각본이 완성된 이후에 펀딩하기도 한다. 소자본 영화는 해당하지 않겠으나 컴퓨터그래픽(CG)이나 해외 촬영이 동반되고 출연진의 몸값이 높은 영화는 많은 제작비가 필요하다. 이때 영화배급사는 투자금 대부분을 제공함으로써 영화가 만들어지는 데 크게 기여한다. 때에 따라 자금 유치도 배급사가 맡는다. 배급사가 영화 제작에 필요한 전체 자금의 40%를 투자한다고 해보자. 배급사에서는 나머지 60%를 외부 투자자에게 유치하는데 크게 세 곳에서 펀딩을 받는다. 금융기관 등의 재무적 투자자, 정부 지자체 등의 공적 투자자, 일반인이 투자할 수 있는 펀드 세 가지 채널이 있다.

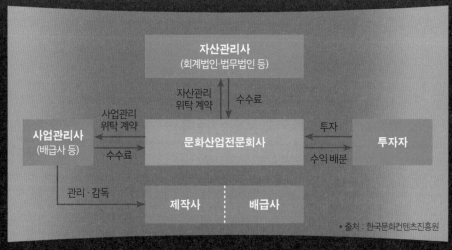

● 문화산업전문회사가 투자금을 조달하는 과정

* 출처 : 한국문화컨텐츠진흥원

문화산업전문회사(문전사)는 영화라는 프로젝트를 위해 설립된 일종의 페이퍼컴퍼니다. 영화가 성공적으로 제작될 경우 사라진다. 문전사는 등록부터 해산까지의 전 과정을 한국컨텐츠진흥원이 관장한다.

한 가지 흥미로운 점은 투자금을 받는 주체가 배급사나 제작사가 아니라는 것이다. 투자금은 흔히 '문전사'라 불리는 문화산업전문회사가 수령한다. 문전사는 수령한 투자금 관리를 회계법인이나 법무법인에 위탁한다. 문전사는 영화라는 프로젝트를 위해 설립된 SPC의 일종이라고 보면 된다. 즉 실질적인 직원이 없으며 영화가 성공적으로 제작될 경우 사라지는 페이퍼컴퍼니 형태다.

다른 SPC의 경우 자금을 수혈하고자 하는 회사가 독자적으로 설립부터 해산까지 주관하지만, 문전사는 등록부터 해산까지의 전 과정을 한국컨텐츠진흥원이 관장한다. 추후 영화에서 발생한 수익이 투자자에게 올바르게 분배되도록 독립성과 안정성을 확보하기 위해서다. 투자자 입장에서도 SPC가 피투자기업이 아닌 제3자에 의해 공정하게 운영되므로 PF에 좀 더 안심하고 투자할 수 있게 된다. 더 적극적인 투자를 유치할 수 있다는 측면에서 배급사와 제작사 모두에게 긍정적인 제도다.

이렇게 돈이 모였으면 본격적인 제작에 들어간다. 원래는 제작사가 하는 일이지만 우리나라의 대형 배급사들은 자체적인 제작 인력을 두고 있다. 제작은 모든 촬영이 이루어지는 단계이자 영화산업 프로세스 중 가장 오랜 시간이 소요되는 과정이다. 전체 촬영이 끝나면 감독은 촬영본을 스토리 순서대로 이어 붙인 러프컷(rough cut)이라는 걸 만드는데 이를 검토한 후 편집에 들어가고 필요에 따라 재촬영을 한다. 이후에도 음악 작업, CG 작업 등이 기다리고 있다. 관객의 수준이 올라감에 따라 후반 작업의 중요성은 더욱 커지고 있다.

제약업은 연구개발비 전액을 당기비용으로 처리하는 대신 '개발비'라는 자산 항목을 이용해 일정 기간에 걸쳐 상각하는 회계 처리를 한다(366쪽). 영화배급사 또한 작품 제작에 지출된 비용에 대해 '판권'이라는 무형자산 계정을 기록한다. 이후 일정 기간에 걸쳐 '무형자산 상각비'라는 계정을 활용해 매해 매출원가에 반영한다. 만약 앞으로 회수할 것으로 예상되는 금액이 장부에 기재되어 있는 '판권'보다 작다면 그 차액을 당기에 비용화하는 '손상차손'을 반영해야 한다.

⊚ CJ의 영화산업 수직계열화

영화가 완성되면 이제 배급사가 나설 차례다. 배급사는 영화의 성공적 상영을 위해 마케팅을 하고, 영화관 상영 혹은 상영 종료 시점에 판권을 IPTV나 OTT에 판매하는 일을 담당한다. 즉 배급은 영화의 전반적인 유통을 포괄하는 개념이다. 국내에서 활동하고 있는 영화배급사의 시장점유율은 2019년 기준 〈어벤져스〉 등의 외화를 유통하는 월트디즈니컴퍼니코리아가 27%, CJ ENM이 23%, 롯데컬처웍스가 8%를 차지했다.

배급사를 통해 영화가 영화관으로 유통되면 비로소 우리가 영화를 관람할 수 있게 된다. 2020년 국내 멀티플렉스 시장점유율은 CGV가 50%, 롯데시네마가 30%, 메가박스 17% 순이다. CJ의 경우 지금까지 설명한 영화산업의 5단계를 모두 담당한다. CJ ENM은 기획부터 배급까지 모든 과정을 맡고 있다. 투자 유치뿐 아니라 다른 영화에 직접 투자하기도 한다. 이후 CJ 계열의 CGV를 통해 영화를 상영한다. 극장 상영이 끝나면 IPTV나 OTT에 판권을 판매하는데 OCN, 채널CGV 등 영화를 상영하는 채널도 CJ 계열이다. 즉 CJ는 우리나라 영화산업을 수직계열화함으로써 내수 시장 대부분을 독점하고 있다.

스크린 독과점은 오래전부터 영화업계에 제기된 문제다. 객관적인 지표를 보았을 때 특정 영화에 대한 우리나라 영화관의 상영률이 해외 영화관보다 높은 것은 사실이다. 2019년 영화 〈어벤져스 : 엔드게임〉의 경우 하루 최대 극장 점유율이 96%에 달하기도 했다. 이런 현상의 가장 큰 원인으로 대기업에 의한 영화산업의 수직계열화가 지적된다. 영화 제작 및 수입에 비용을 부담하는 곳도, 배급 및 상영하는 곳도 모두 같은 계열사다. 예로 CJ CGV에서 CJ ENM이 배급한 영화를 밀어주기 쉬운 환경이 조성되는 것이다. 작품성에 비해 관객수가 지나치게 많은 영화가 등장할 때면 스크린 몰아주기 관행이 한국 영화의 다양성을 해친다는 비판이 종종 제기된다. 독과점을 비판하는 목소리는 시장 논리에 따라 관객의 수요에 부합하는 운영 정책일 뿐이라는 의견과 팽팽히 대립하곤 한다.

◎ 영화 〈극한직업〉을 통해 알아보는 극장 매출방정식

지금까지 영화의 제작 과정과 상영 절차를 알아보았다. 그렇다면 이 과정에서 발생하는 수익은 각 주체에게 어떤 식으로 분배될까?

영화 상영 매출은 '평균 티켓값 × 관람객 수'로 계산된다. 영화 관람료는 꾸준히

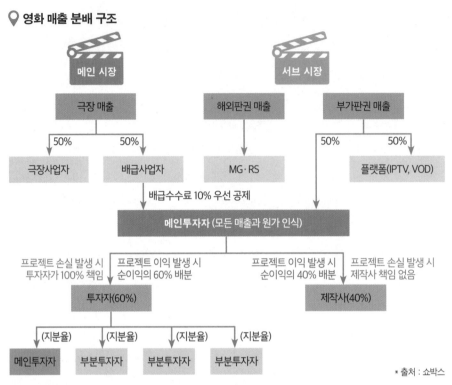

영화 매출 분배 구조

메인 시장 / 서브 시장

극장 매출 / 해외판권 매출 / 부가판권 매출

극장사업자 (50%) / 배급사업자 (50%) / MG·RS / 플랫폼(IPTV, VOD) (50% / 50%)

배급수수료 10% 우선 공제

메인투자자 (모든 매출과 원가 인식)

프로젝트 손실 발생 시 투자자가 100% 책임 / 프로젝트 이익 발생 시 순이익의 60% 배분 / 프로젝트 이익 발생 시 순이익의 40% 배분 / 프로젝트 손실 발생 시 제작사 책임 없음

투자자(60%) / 제작사(40%)

(지분율) 메인투자자 / (지분율) 부분투자자 / (지분율) 부분투자자 / (지분율) 부분투자자

* 출처 : 쇼박스

영화 상영 매출은 '평균 티켓값 × 관람객 수'로 계산된다. 티켓 판매금의 10%는 부가가치세, 3%는 영화진흥기금으로 향한다. 남은 금액은 부금율 정책에 따라 영화관이 50%, 배급사가 50%를 가져간다. 배급사는 이 가운데 10%를 가져가고, 90%는 제작사가 받아서 제작비를 뺀 나머지 수익을 투자자와 나눈다.

증가해 현재 평일 1만 원, 주말 1만 2000원 정도다. 또한 IMAX, 기타 프리미엄관이 등장하면서 평균 단가가 지속해서 증가했다. 2000년대 중반부터 한국 영화 수준이 올라가고 1000만 관객을 동원하는 외화와 한국 영화가 꾸준히 등장하며 관객 수 또한 증가했다.

이렇게 발생한 영화관 매출은 어떻게 분배될까? 영화관에서 티켓 수입이 발생하면 이 중 부가가치세 10%와 영화진흥기금 명목으로 3%를 제한다. 그리고 남은 금액은 영화관과 배급사가 사전에 약속한 비율대로 분배한다. 이 비율을 '부금율'이라고 부른다. 대부분 45:55 수준이다. 이후 배급사는 지급받은 대금 중 10%를 가져가고, 나머지 90%는 제작사에 보낸다. 물론 이때 배급사가 제작까지 담당했다면 부금율에 따라 받은 대금 100%가 배급사의 수익이 된다.

만일 우리가 1만 원을 내고 영화 티켓을 샀다고 하자. 그러면 1000원은 부가가치세, 300원은 영화진흥기금, 부금율이 50:50일 경우 나머지 8700원의 50%에 해당하는 4350원은 영화관 수익, 435원은 배급사, 3915원은 제작사의 몫이 된다. 1000만 관객 영화라고 했을 때 영화관에 무려 435억 원이 돌아간다.

1600만 명의 관객을 동원한 영화 〈극한직업〉의 사례를 살펴보자. 앞선 예에서는 티켓 평균값을 1만 원이라고 했지만 실제로 조조할인이나 기타 이벤트를 통해 더 저렴한 가격에 영화를 관람하는 경우가 많다. 그래서인지 〈극한직업〉의 티켓 판매 금액은 1600억 원이아닌 1380억 원으로 나타났다. 이 중 10%에 해당하는 138억 원은 부가가치세, 3%인 41억 원은 영화진흥기금으로 향한다. 부금율 정책에 따라 나머지 1200억 원의

1600만 명의 관객을 동원한 〈극한직업〉이 경우 투자자에게 300억 원, 제작사에 200억 원 정도가 돌아간다.

45%인 540억 원 정도를 극장에서 가져가고 나머지 660억 원은 배급사에 돌아간다. 이 중 10%는 배급사가 가져가고 90%에 해당하는 595억 원은 제작사의 몫이 된다.

그런데 앞서 제작사는 영화 제작에 필요한 자금을 외부 투자자의 펀딩 금액으로 충당한다고 했다. 따라서 투자자에게 이익을 돌려주어야 한다. 〈극한직업〉의 제작비는 95억 원이라고 한다. 여기서 말하는 제작비는 기획, 시나리오, 촬영, 편집, CG 등 모든 촬영 과정에 들어간 순제작비와 마케팅비의 합을 말한다. 그리고 보통 투자자와 제작사는 수익 분배 비율을 6:4 정도로 정한다. 이 경우 수익에서 제작비를 뺀 500억 원 중 300억 원은 투자자들에게, 200억 원은 제작사로 향한다.

〈극한직업〉은 매우 성공적인 사례다. 만일 영화를 제작했는데 흥행에 실패해 손익분기점을 넘지 못했다면 그 손실은 누가 부담할까? 영화의 손실에 대해서는 투자자들이 100% 책임지는 구조다. 제작사의 손실을 보전하는 비율은 투자 지분율대로 진행된다. 만일 어떤 이의 투자금이 전체 투자금의 30%를 차지했다면 30억 원의 손실이 날 경우 9억 원을 책임진다.

한편 극장은 티켓 판매뿐 아니라 팝콘, 콜라 등을 판매하면서 추가 매출을 올리는데 이 부문의 수익성이 매우 높다. 1만 원짜리 티켓을 팔면 극장이 4350원의 수익을

얻는다는 것을 확인했다. 제조업으로 따지면 매출원가가 56.5%인 셈이다. 반면 팝콘의 경우 원가율이 10%밖에 안 된다. 인건비 등을 고려하지 않는다면 5000원짜리 팝콘을 팔아도 1만 원짜리 티켓을 팔았을 때보다 더 큰 이익이 난다. 영화관 매출의 65%가 영화 티켓, 20%는 매점에서 발생한다. 매점 판매의 이익률을 고려했을 때 어쩌면 팝콘 장사가 본업보다 중요할 수 있다.

◎ OTT Kill the Video Star?

영화산업은 하나의 성공작이 2차 시장에서 반복 판매되어 부가가치가 빠른 속도로 상승하는 특징을 가지고 있다. 흥행 여부를 판단하기 어렵다는 리스크가 있지만, 일정량 이상의 관객을 모집하면 지속적인 수익 창출이 가능하다. 영화 한 편을 제작하는 데 많은 비용이 들어가지만, 일반 제조업과 다르게 한 번 영화를 만들면 추가적인 공급에 거의 아무런 비용을 들이지 않아도 된다. 이미 완성된 영화를 OTT 등의 업체와 계약하는 데 드는 비용이 전부이기 때문에 한계비용 체감효과가 크다.

영화산업은 1차 시장과 2차 시장으로 나뉜다. 1차 시장은 영화관 시장을 가리킨다. 2차 시장은 해외 영화배급사, 텔레비전 방송, VOD, OTT 등의 시장이다. 아직 전체 매출에서 극장 수입이 대부분을 차지하지만 코로나19 이후 지속적으로 확산되고 있는 OTT 시장의 성장세를 고려했을 때 10년 안에 2차 시장이 1차 시장 규모를 넘을 것이라는 예상도 있다.

2차 시장에서 판권 매출이 책정되는 방식은 매우 다양하다. 해외 영화배급사와 판권을 거래할 때는 MG와 RS라는 계약 방식이 사용된다. MG(Minimum Guarantee)는 최소수익 보장이라는 의미로 제작사의 리스크를 줄이기 위한 계약 형태다. 만일 제작사가 해외 배급사 매출의 일부를 가져가는 식으로 계약을 맺는다면, 해외 배급사가 현지에서 성공을 거두지 못할 경우 판권 매출이 매우 적을 것이다. 이런 상황을 방지하기 위해 해외 배급사의 매출과 상관없이 일정 시점까지 일정 금액을 청구하는 것이 MG 방식이다. 일정 시점에 도달하면 RS(Revenue Share) 방식으로 전환해 각종 비용을 제외한 배급사의 순매출 중 일부가 제작사에 돌아가게 된다.

IPTV의 경우 대부분 영화 건당 결제 방식을 책정하고 있다. 시청자가 VOD에 접속해 3000원을 주고 영화 시청권을 구매하면 이 중 일부가 영화배급사로 향한다. 참고로 국내 OTT업체인 왓챠의 경우 정산 방식으로 영화계와 갈등을 빚은 바가 있다. 왓챠는 구독자의 콘텐츠 시청 시간에 비례해 구독료 수익을 분배한다. 2시간 안팎인 영화가 수십 회에서 수백 회에 달하는 드라마나 예능보다 불리할 수밖에 없는 구조다. 또 배급사 입장에서는 더 많은 판권을 공급할수록 점유율 계산식의 분모에 해당하는 전체 시청 시간이 증가해 점유율이 떨어지는 상황에 놓인다. 넷플릭스는 MG 방식을 채택한다. 시청자 수나 시청 시간과 관계없이 일종의 직매입 방식처럼 배급사의 영화 판권을 구매한다. 이렇게 판권 판매로 발생한 수익도 극장 매출과 마찬가지로 지분율에 따라 투자자에게 분배된다.

한편 OTT의 성장은 거스를 수 없는 트렌드인 동시에 영화관이 가장 우려하고 있는 현상이다. 영화관 티켓 한 장 값인 월 이용료와 해당 플랫폼에서만 제공하는 다양한 콘텐츠들을 앞세워 OTT업체들은 영화관을 위협하고 있다. 최근 국내에선 카카오, 해외에선 아마존이 각각 스트리밍 업체, 영화제작사를 인수하는 등 IT·테크 기업들도 OTT 전장에 뛰어들었다. 코로나19 이후에는 극장 개봉을 포기하고 OTT 개봉을 선택하는 영화사도 많아졌다.

2020년 미국 최대 극장 체인 AMC와 미국 대표 스튜디오 유니버설 간 합의는 매우 상징적이었다. 극장에서 개봉한 영화를 다른 플랫폼에서 볼 수 있기까지의 시간을 '홀드백(hold back)'이라고 부른다. 두 회사는 기존 75일이었던 홀드백 기간을 17일로 단축하는 계약을 체결했다.

스튜디오는 최대한 많은 사람이 영화를 보게 하는 것을 최우선 목표로 한다. 그동안 스튜디오는 영화관에 수입의 50%와 3개월에 가까운 독점 상영 기간을 보장해주었다. OTT 스트리밍이나 IPTV를 통한 시청은 그 이후에나 가능했다. 그러나 디지털 채널의 수수료율은 영화관보다 훨씬 낮은 20% 수준인 데다, 코로나19로 관객 수요가 온라인으로 쏠리면서 영화관의 교섭력이 낮아지게 됐다. 이제는 홀드백 관행마저 깨지고 OTT 단독 개봉, 영화관-OTT 동시 개봉이 대세가 되었다. OTT업체도 영화발전기금을 납부해야 한다는 주장이 나올 정도다. 여러 측면에서 OTT가 영화관 대비 강점을 가지는 만큼, 영화관은 영화에만 초점을 맞추기보다 오프라인 엔터테인먼트 공간을 제공한다는 본질에 집중해 사업을 재편해야 할 것이다.

DAY 15

〈오징어 게임〉이 방송업계에 쏘아 올린 작은 공

🎯 방송 생태계의 삼총사, PP·SO·NO

방송산업은 콘텐츠 기반의 문화산업으로 국내에서 생산·공급된 콘텐츠를 다른 이에게 판매함으로써 부가가치를 창출한다. 크게 방송프로그램을 제작하는 부문과 이를 송출하는 부문으로 나뉜다. 사람들이 이용하는 주요 매체가 TV에서 스마트폰으로 이동하는 과정에서 방송산업은 새로운 국면을 맞이하고 있다.

전통적인 방송 사업자에는 지상파, 종합유선방송, 위성방송, PP가 있다. 여기에 IPTV와 OTT가 출현하면서 업계 구도가 급변하고 있다. 아날로그 TV에서 유선통신과 IPTV가 결합한 형태로 트렌드가 넘어갔고, 이제는 OTT 출범으로 개인 모바일 미디어가 시장을 주도하는 형국이다. 방송산업의 수익 구조를 이해하기 위해서는 각각의 주체가 어떤 역할을 하는지 알아볼 필요가 있다.

지상파 방송은 지상 송신소 전파로 방송을 전달하는 채널을 말한다. 지상파의 특징은 별도의 요금을 내지 않고 누구나 안테나만 설치하면 시청할 수 있다는 것이다. 누구나 볼 수 있다는 점에서 국민에게 미치는 파급력이 높아 공익성이 요구된다. 이에 따라 방송통신위원회에서는 다른 방송 대비 지상파 방송의 수위 조절에 엄격하고, 국가재난 시 자막 송출 기능을 갖출 것을 요구한다. 또한 송신소에서 지원하는 주파수 대역은 무한대가 아니므로 채널 개수가 제한되어 있다. 현재 KBS, MBC, SBS, EBS 정도가 지상파 방송으로 분류된다. 이 채널에서는 뉴스, 드라마, 예능, 어린이 프로그램 등 모든 분야의 TV프로그램을 방영한다.

유선방송은 지상파나 인터넷망이 아닌 유선으로 TV를 시청하는 방식을 말한다.

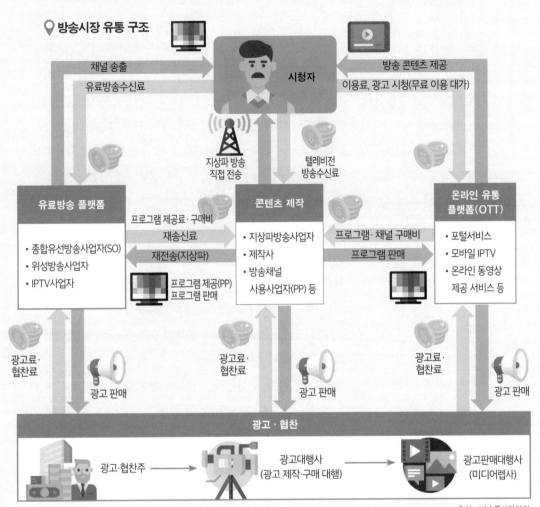

방송시장 유통 구조

채널 송출
유료방송수신료

시청자

방송 콘텐츠 제공
이용료, 광고 시청(무료 이용 대가)

지상파 방송
직접 전송

텔레비전
방송수신료

유료방송 플랫폼	콘텐츠 제작	온라인 유통 플랫폼(OTT)

유료방송 플랫폼
• 종합유선방송사업자(SO)
• 위성방송사업자
• IPTV사업자

프로그램 제공료·구매비
재송신료
재전송(지상파)

프로그램 제공(PP)
프로그램 판매

콘텐츠 제작
• 지상파방송사업자
• 제작사
• 방송채널
  사용사업자(PP) 등

프로그램·채널 구매비
프로그램 판매

온라인 유통
플랫폼(OTT)
• 포털서비스
• 모바일 IPTV
• 온라인 동영상
  제공 서비스 등

광고료·
협찬료

광고 판매

광고료·
협찬료

광고 판매

광고료·
협찬료

광고 판매

광고 · 협찬

광고·협찬주 → 광고대행사
(광고 제작·구매 대행) → 광고판매대행사
(미디어렙사)

* 출처 : 방송통신위원회

지상파, IPTV, 위성방송과 함께 TV를 시청할 수 있는 여러 방법 가운데 하나다. 길거리 전봇대를 보면 서로 연결된 굵은 줄을 볼 수 있다. 유선방송은 이런 케이블을 통해 방송을 전달하기 때문에 케이블 방송이라 불린다. 유선방송에 대해 이해하려면 PP, SO, NO 세 주체에 대해 알아볼 필요가 있다. 큰 틀에서 보면 SO가 다른 두 주체의 도움을 받아 방송이 이루어지는 구조다.

첫째 프로그램 공급업자인 PP(Program Provider)는 종합유선방송국에 방송프로그램을 공급하는 사업자로 방송프로그램 제작을 맡는다. 이들에 대해선 뒤에서 자세히 설명하겠다.

두 번째 주체는 종합유선방송국업자다. 흔히 SO(System Operator)라고 부르며 PP로부터 방송을 공급받아 방송을 송출한다. 우리가 보통 "지상파 수요가 유선방송으로 이동하고 있다"고 말할 때 이 '유선방송'에 해당하는 것이 SO다. PP들은 각각의 채널을 구성하는 프로그램 제작자이기 때문에 시청자들이 직접 PP 채널과 계약을 맺으려면 별도의 수신 장치가 필요하다. SO는 이런 번거로움을 줄여주는 역할로, 이들은 PP가 제작한 다양한 채널을 한데 모아 시청자에게 제공한다. 즉 수많은 PP 채널과 계약을 맺고 이를 가정에 공급해주는 사업자다. 보통 각 시·구 별로 1개씩 있으며, LG 헬로비전과 SK브로드밴드 등 5개 회사의 과점 체제다.

마지막 주체는 전송망 사업자(NO: Network Operator)다. PP가 프로그램을 만들고 SO가 프로그램들을 모아준다고 해도 방송프로그램이 곧바로 가정으로 송신되는 것이 아니다. 송신을 위해 통신전송망을 거쳐야 하는데, KT와 SK브로드밴드 등의 네트워크업체에서 이를 담당한다. 자동차산업에 비유하자면 PP는 자동차를 제조하는 회사, SO는 자동차들을 전체적으로 관리해 소비자에게 전달해주는 회사, NO는 소비자에게 전달하기까지 필요한 이동수단 등 제반시설을 관리하는 회사다.

케이블 TV는 PP, SO, NO가 모두 존재해야 성립하는 개념이다. KBS는 프로그램 제작과 송출 모두를 주관한다. 지상파 방송은 PP, SO, NO를 모두 담당한다. SO들 중에서 PP와 NO를 겸하는 경우도 많다.

케이블 방송을 이용하는 사람들 모두 지상파를 시청할 수 있기 때문에 케이블 방송과 지상파 방송의 차이가 모호하게 다가올 수도 있다. 그러나 지금 설명하는 것이 채널이 아닌 시스템임을 이해할 필요가 있다. 즉 앞서 열거한 지상파, 유선방송, 위성방송, IPTV 등은 채널에 의한 분류가 아니라 채널을 송출하는 시스템으로 분류된 것이다. 따라서 우리가 케이블 TV에서도 지상파 채널을 볼 수 있는 것은 지상파가 PP로서 SO에게 프로그램을 제공했기 때문이다.

위성방송은 방송위성이 쏘는 신호를 안테나를 통해 직접 수신하는 것이다. 위성안테나를 통해 방송을 시청하는 것으로 현재 KT스카이라이프가 무궁화 위성을 통해 거의 독점에 가까운 지위를 누리고 있다. 이를 두고 KT가 대단한 독점의 이익을 누리는 것으로 생각할 수 있지만, 위성방송은 전체 방송 시스템 중 3%에 해당하는 비교적 작은 시장 규모를 형성하고 있다. 이들도 마찬가지로 다른 PP들과 계약을 맺고 채널을 배정한 후 방송을 송출해 수익을 얻는다.

🧭 클라이맥스마다 등장해 흐름을 끊는 중간광고

방송채널사용사업자(PP)들은 SO나 위성방송사업자와 계약을 맺어 채널을 공급하는 역할을 한다. 채널을 직접 소유하지 않으며 방송사에 의존하지 않고 독자적으로 방송 프로그램을 제작한다. 우리에게 친숙한 종편도 PP의 일종이다. 종합편성채널로는 중앙일보의 JTBC, 동아일보의 채널A, 조선일보의 TV조선 등이 있으며 이들은 지상파 PP 대비 다양한 이점이 있다.

PP의 주요 수입원은 광고 매출이다. 지상파가 중간광고를 할 수 없는 반면 종편은 중간광고가 가능하다. 지상파 예능이 1부와 2부로 나뉜 것도 중간광고 규제를 피하기 위한 전략이다. 또한 지상파의 경우 광고 길이가 30초로 한정되어 있지만, 종편은 그보다 긴 40초다. 또한 SO와 위성방송사업자는 PP가 제공한 프로그램 중 어떤 프로그램을 채널로 편입시킬지 선택할 권리가 있다. 「방송법」에 따르면 종편 4개 채널은 KBS, EBS와 함께 필수적으로 편입해야 하는 채널로 지정되어 있다. 즉 지상파보다 규제는 적으면서 비슷한 대우를 받는 것이다. 이에 지상파 3사는 방송통신위원회에 꾸준히 형평성 문제를 제기했고, 방통위는 2021년 4월 지상파 3사의 중간광고를 허용하는 방침을 발표하는 등 지상파가 수익성 제고 방안을 모색하게끔 규제를 완화해주었다.

📍 방송 시장 규모

(조 원)

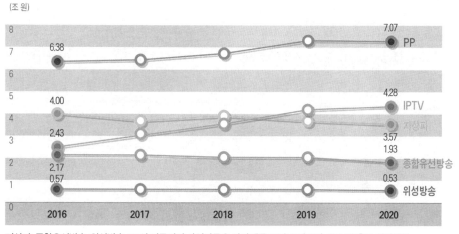

지상파, 종합유선방송, 위성방송, PP의 전통적인 사업자들은 하락세를 보이고 있으며, IPTV만 홀로 성장세다.

IPTV와 OTT는 방송의 새로운 트렌드다. IPTV는 초고속 인터넷을 이용한 방송으로, 자신이 원하는 시간에 원하는 방송을 선택할 수 있다는 장점이 있다. 그동안은 TV에서 송출되는 프로그램을 특정 시간에만 볼 수 있었지만, 이제는 시청자 스스로 방송을 편성할 수 있게 된 것이다. KT, SKT, LG유플러스 통신 3사가 자사가 보유한 인터넷망을 통해 방송 서비스를 출범한 형태다.

OTT(Over the Top) 서비스는 IPTV에서 파생된 모바일 IPTV로 현재 방송업에서 가장 괄목할 만한 성장세를 보여주고 있다. 'Over the Top'에서 Top은 TV 셋톱박스를 뜻한다. 이를 넘어 스마트폰·태블릿 등에서 콘텐츠를 시청할 수 있음을 의미한다. OTT 선두주자인 넷플릭스는 사업 초기 영화를 주요 콘텐츠로 삼았다. 하지만 이제는 대부분의 OTT에서 영화와 드라마뿐만 아니라 일반 채널의 다시보기 기능까지 제공하고 있다. 전 세계적으로도 아마존의 Prime Video, 애플의 Apple TV+, 디즈니의 Disney+ 등 대기업의 OTT 진출이 가속화되고 있다. 아마존의 경우 〈007시리즈〉 제작사로 유명한 MGM을 약 10조 원에 인수하면서 스트리밍산업을 강화하겠다는 의지를 보여줬다. OTT 기반이 되는 역량은 빠른 인터넷 속도이며, OTT 소비의 95% 이상이 스마트폰을 통해 이루어진다. 그래서 미국의 거대 통신사 AT&T, 우리나라의 SKT(웨이브 지분 36% 보유) 등 통신사의 OTT 시장 진출도 활발하다.

🎯 방송사가 시청률에 집착하는 이유

2020년 우리나라 방송 시장은 18조 원 규모다. 지상파방송 19.8%, SO 10.7%, 위성방송 3%, PP 39.3%, IPTV 23.8%의 비중을 차지하고 있다. 이들 중 IPTV는 성장세를, 나머지 전통적인 사업자들은 하락세를 보이고 있다. 지금부터 각 사업자의 수익 흐름을 알아보자.

지상파 매출은 광고 28%, 방송수신료 및 재송신 31%, 프로그램 판매 22%, 협찬 11%, 기타 방송 8%로 구성되어 있다. 광고판매 매출액은 광고를 목적으로 하는 방송 내용물을 송출해 발생하는 금액이다. TV를 보면 서로 다른 프로그램 사이 혹은 한 프로그램 중간중간에 광고가 재생되는 걸 볼 수 있다. PP는 단순히 프로그램만 제공하는 것이 아니라 앞뒤로 어떤 광고를 붙일지 결정한다. 지상파에서는 시청자들

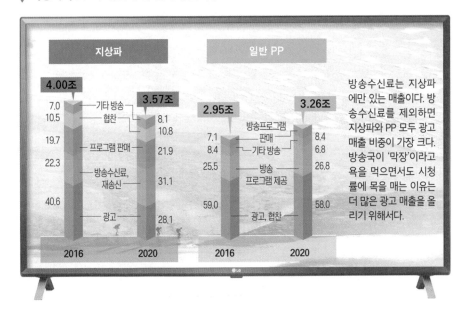

📍**지상파와 PP의 매출 구성 변화** (단위 : %)

방송수신료는 지상파에만 있는 매출이다. 방송수신료를 제외하면 지상파와 PP 모두 광고 매출 비중이 가장 크다. 방송국이 '막장'이라고 욕을 먹으면서도 시청률에 목을 매는 이유는 더 많은 광고 매출을 올리기 위해서다.

을 끌어모아 광고를 보여줌으로써 광고주에게 광고비를 받는다. 프로그램 시청률이 높을수록 앞뒤에 붙는 광고단가가 올라가기 때문에 어떤 측면에서 보면 막대한 제작비를 투입해 프로그램을 만드는 근본적인 목적은 시청률을 올려 높은 광고 매출액을 기록하기 위해서라고 볼 수 있다.

방송수신료는 시청자가 방송 매체를 수신하는 대가로 지불하는 돈이다. 공영방송사에는 KBS, MBC, EBS가 있다. 이들 중 MBC는 주로 광고 매출액을 주요 수입원으로 하여 수신료를 수취하지 않는다. 그런데 앞서 모든 사람이 안테나만 있으면 공짜로 지상파를 볼 수 있다고 했는데, 수신료라는 개념이 어떻게 존재하는 것일까? 우리가 내는 전기요금에는 방송수신료가 포함되어 있다. 월 2500원씩 전기요금과 함께 징수되며, KBS에 2300원·EBS에 70원 나머지는 한국전력공사에 위탁 수수료 명목으로 지급된다. 수신료 제도를 둔 이유는 정부 예산에만 기댈 경우 방송의 공정성이 훼손될 우려가 있기 때문이다.

재송신 매출액은 SO나 위성방송사업자, IPTV와 같은 유료방송사업자에게 실시간 방송을 목적으로 방송프로그램을 제공하고 받는 대가다. 지상파 송신기가 송출한 주파수를 유료방송사들이 수신해 다시 시청자에게 송신한다는 의미에서 재송신이라는 표현이 사용된다. 지상파 방송을 제외한 PP들은 자체 송출 수단이 없어 유료방송사를 통해 송출하기 때문에 재송신이라는 표현은 지상파 방송에만 성립한다.

프로그램 판매 매출은 방송프로그램을 포함한 자사의 모든 영상물 판매로 얻은 이익을 말한다. 재송신이 실시간 송출을 허락하는 것이라면, 판매는 해당 프로그램 자체에 대한 저작권을 부여하는 것으로 더 큰 권리를 제공하는 것이다. 가령 우리가 일정 금액을 지불하고 IPTV나 OTT에서 과거 방영된 프로그램을 원하는 만큼 볼 수 있는 것은 이들 사업자가 사전에 프로그램을 구매했기 때문이다.

협찬 매출은 방송프로그램 제작에 직접·간접적으로 필요한 물품, 인력, 장소 등을 제공받고 이를 방송에 알림으로써 발생하는 매출이다. 광고 매출액이 프로그램 외 시간에 직접적인 광고를 내보냄으로써 발생하는 매출액이라면 협찬은 프로그램 안에 광고를 녹이는 방식이다. 야외 예능 프로그램에서 겨울철 모든 출연진이 동일한 패딩을 입고 나오는 경우가 대표적이다.

기타 방송 매출에는 PPL, 방송 용역 제공 등이 포함된다. 특히 PPL은 방송 내외로 많은 논란을 불러일으키는 요소다. 'Product Placement'의 준말로 간접광고라는 의미다. 가끔 개연성 없는 PPL로 논란이 되기도 하지만, PPL은 지상파 PP의 추가적인 광

📍**SO와 IPTV 매출 구성 변화** (단위 : %)

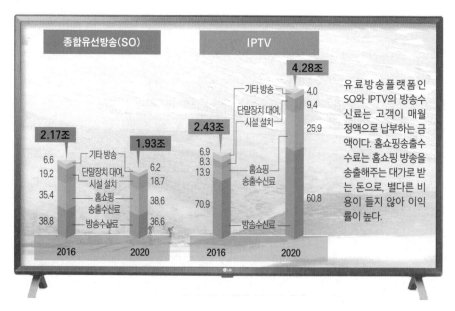

고 매출원으로 상당한 수익을 안겨준다.

일반 PP는 주로 광고 협찬(58%), 방송프로그램 제공(26.8%), 방송프로그램 판매(8.4%)를 통해 수익을 얻는다. 광고 협찬은 다른 사업자의 경우와 마찬가지로 프로그램 전후로 나오는 광고 집행에 따른 매출원이다. 방송프로그램 제공은 지상파의 재송신 성격을 띤다. 실시간으로 프로그램을 송출함으로써 매출을 올린다. 방송프로그램 판매는 저작권에 대한 계약으로 유료방송사업자나 OTT업체에 프로그램을 판매하는 것이다.

유료방송플랫폼인 SO와 IPTV는 서로 수익 구조가 비슷하다. SO 매출은 방송수신료 37%, 홈쇼핑송출수수료 39%, 단말장치 대여 및 설치 19%로 구성된다. IPTV 매출은 방송수신료 61%, 홈쇼핑송출수수료 26%, 단말장치 대여 및 설치가 9%로 구성된다. 우선 이들도 시청자에게 수신료를 받는다. 지상파에서 받는 수수료가 전기세를 통해 간접적으로 징수된다면, 유료방송플랫폼은 최초 기기 설치 시 월 정액제 방식의 계약을 맺는다. 유료방송플랫폼 방송수신료는 원하는 프로그램을 언제든지 볼 수 있도록 하는 VOD 서비스를 제공하는 대가로 수취하는 금액이다. 물론 이 VOD 서비스를 구성하는 콘텐츠들은 지상파 혹은 PP로부터 미리 사들인 것이다.

홈쇼핑송출수수료는 유료방송사가 홈쇼핑 방송을 송출해주는 대가로 받는 채널 사용료다. 즉 홈쇼핑사업자에게 일정 시간 동안 채널을 사용할 수 있게끔 하는 것이다. 특히 홈쇼핑 송출은 유료방송사 입장에서 별다른 비용이 들지 않기 때문에 이익률이 높은 매출원이다. 한편 가정에서 케이블 TV나 IPTV를 시청하려면 단말기가 필요한데 SO, IPTV 사업자는 이를 설치해주면서 추가 매출을 올린다.

🎯 위기의 지상파

규제가 엄한 것은 방송업의 두드러지는 특징이다. 첫째는 진입 규제다. 방송 사업 진출 시 정부 기관의 허락을 얻어야 하며 SO의 경우 5년마다 재허가를 받게 되어 있다. 둘째 소유 규제는 지상파 방송사, SO, PP, NO에게 부여되는 시장점유율의 상한 혹은 겸영 제한 조치다. 마지막으로 모든 프로그램에 대해 방송통신위원회의 심의를 받아야 하는 내용 규제도 있다.

지상파의 경우 타 매체보다 공익성이 요구되기 때문에 각종 정부 규제로 인한 높은 진입장벽이 형성되어 있다. 정부 승인을 받는다고 해도 각종 계약 비용 및 시설투자비 등 막대한 초기투자비용이 발생한다. 유료방송사업의 경우 수십 개의 채널을 송출하는데, 이를 위해 지상파 방송사와 개별 PP들과 계약을 맺어야 하는 번거로움이 있다.

현재 지상파 방송은 큰 위기를 마주하고 있다. 2011년 출범한 JTBC, TV조선 등 종편이라 부르는 종합편성채널이 등장하면서 시청자가 분산되었다. 특히 이들은 공익성을 표방하는 지상파가 그동안 쉽게 다루지 못했던 민감한 시사 이슈나 새로운 예능 포맷을 선보이면서 시청자들을 흡수했다. 또한 CJ그룹이 자회사 CJ ENM을 통해 출범한 tvN을 필두로 커머스를 담당하던 기업도 방송업에 진출하기 시작했다. 이후 채널 CGV 등의 케이블 채널들이 확대되고 OTT가 성장하며 지상파의 점유율 및 매출이 추락하고 있다. 특히 OTT업체와 유튜브 등의 동영상 플랫폼이 급격히 성장하면서 실시간 방송을 송출하는 지상파의 비즈니스 모델에 근본적인 변화가 있어야 한다는 지적이 많다. 지상파에서는 자사 PP 사업을 확대해 OTT업체에 프로그램을 더 많이 공급하는 식으로 대응하고 있다.

지속되는 적자를 충당하기 위해 지상파 3사가 유료방송사업자에 재송신료 인상을 요구하여 논란이 되기도 했다. 실제로 최근 몇 년간 시청률과 전체 매출이 하락했음에도 불구하고 2019년 지상파 매출액 중 재송신료 매출 비중은 전년 대비 2% 증가했다. KBS의 경우 수신료 인상을 추진해 국민의 반발을 사기도 했다.

◎ OTT 전쟁에서 승기를 잡는 데 필요한 IP

OTT의 원조인 넷플릭스는 2021년 5월 기준 1인 요금제로 월 9500원을 받는다. OTT업체의 가장 큰 비용은 영화사나 PP의 영화 및 드라마 판권 구매 비용이다. 사업 초기 OTT업체는 기존에 유행하는 영화나 드라마의 판권을 확보하는 데 주력했다. 하지만 디즈니 등의 대형 제작사가 OTT 시장에 진출하면서 이들이 기존에 제공한 판권을 회수하고 있는데다, "더는 볼 게 없다"고 외치는 소비자들은 더 많은 콘텐츠를 요구하고 있다. 이에 따라 OTT업체들은 각자의 오리지널(자체제작) 콘텐츠에 투자하고 있다. 즉 PP의 영역으로 사업을 확대한 것이다.

OTT 서비스의 KSF(Key Success Factor : 핵심성공요인)는 '킬러 콘텐츠'를 지속적으로 발굴하는 일이다. OTT는 비즈니스 특성상 기술적 차별화의 여지가 거의 없다. 인터넷망을 통해서 영상 서비스를 전송한다는 기본적인 구조는 모두 같아서 IP를 기반으로 한 콘텐츠를 확보하는 것이 중요한 시대가 되었다.

쿠팡을 이용하다가 이베이로 넘어가는 것은 어려워도 넷플릭스를 보다가 디즈니+로 전환하는 장벽은 낮다. 현재 넷플릭스 고객이 가입 후 해지까지 쓰는 금액인 LTV(Life Time Value)는 1200달러 수준이다. 2021년까지만 해도 LTV 100달러를 기록한 디즈니+가 가파른 상승세를 보이고 있다. 실제로 넷플릭스가 구독자 1억 명을 확보하기까지 소요된 기간은 10년이었지만, 디즈니+는 확실한 IP*를 기반으로 5개월만에 1억 명의 구독자를 모집했다. 아직 넷플릭스 구독자 수가 디즈니+보다 훨씬 많다. 그렇다고 안심할 수는 없다. 2021년 2분기 넷플릭스의 신규 구독자 수는 154만 명으로 약 1200만 명인 디즈니+ 구독자 수 증가에 훨씬 못 미친다. 어찌 보면 넷플릭스가 이전까지 엄청난 성장을 보인 데 따른 자연스러운 둔화 현상으로 볼 수도 있다. 그러나 타사 대비 확실한 IP가 부족한 넷플릭스의 고민은 깊을 수밖에 없다.

IP(Intellectual Property)
우리말로 옮기면 '지식 재산권'으로 예술 분야의 저작권을 나타내는 표현이다. 각색과 영상화 등 2차적 저작물에 대한 권리까지 포괄하는 개념이다.

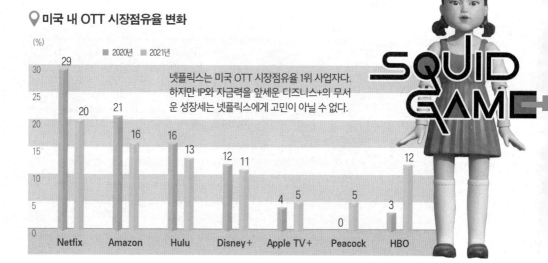

📍**미국 내 OTT 시장점유율 변화**

넷플릭스는 미국 OTT 시장점유율 1위 사업자다. 하지만 IP와 자금력을 앞세운 디즈니스+의 무서운 성장세는 넷플릭스에게 고민이 아닐 수 없다.

■ 2020년 ■ 2021년

	Netflix	Amazon	Hulu	Disney+	Apple TV+	Peacock	HBO
2020년	29	21	16	12	4	5	3
2021년	20	16	13	11	5	0	12

누가 더 콘텐츠에 많은 돈을 쏟아 붓는지가 시장의 성패를 좌우하는 현 OTT 전장에서 넷플릭스는 구조적인 불리함에 있다. 과거 넷플릭스 독주 시절에는 가입자에게 받은 구독료보다 비용을 덜 들여서 이윤을 남기면 그만이었다. 그러나 지금은 OTT 밸류체인 전반을 다루는 기업이 시장에 진입하면서 비용을 더 태울 수밖에 없는 상황이다. 디즈니의 경우 타사가 300억 원을 들일 때 3000억 원을 들여 양질의 콘텐츠를 영화관에 공급한 뒤, 이를 디즈니랜드·굿즈 판매까지 연계해 3000억 원 이상을 회수하는 시스템을 마련했다. 아마존 또한 전사적인 차원에서 클라우드와 커머스 매출이 대단히 크기 때문에 OTT 투자 여력이 남다르다. IP와 자금력 두 측면에서 타사 대비 경쟁력이 부족하다는 우려로 넷플릭스는 2022년 접어들어 고점 대비 주가가 75% 이상 빠졌다. 최근 넷플릭스가 게임서비스를 구독 혜택에 끼워 넣은 것도 경쟁력을 제고하기 위한 전략으로 해석할 수 있다.

인기 IP를 보유한 OTT는 경쟁 우위를 지닌다. HBO는 〈왕좌의 게임〉 등 우수한 수준의 콘텐츠로 유명하다. 디즈니(Disney), 픽사(Pixar), 마블(Marvel), 스타워즈(Star Wars), 내셔널지오그래픽(National Geographic), 스타(Star) 등 핵심 브랜드를 보유한 디즈니는

디즈니+는 2022년 한 해 콘텐츠에만 330억 달러(약 40조 원)를 투자하겠다고 밝혔다. 이는 2020년 넷플릭스의 자체 콘텐츠 투자금액인 170억 달러의 2배 규모다. 글로벌 OTT 시장에서 선두주자 넷플릭스를 바짝 따라붙은 디즈니+가 경쟁력을 강화하기 위한 포석이다.

2019년 무려 80조 원을 들여 21세기폭스를 인수했다. 마블 팬들이 열광하는 MCU 세계관을 구축하고 있는 디즈니는 IP 특유의 확장성을 십분 활용할 것으로 보인다. 2021년 12월 개봉한 〈스파이더맨 : 노 웨이 홈〉이 대표적인 사례다. 넷플릭스와 디즈니의 차이는 IP 수보다 세계관 유무에서 두드러진다는 분석도 많다. IP의 가장 큰 특징은 하나의 IP가 여러 사업에 활용될 수 있다는 것이다. 넷플릭스는 일찍이 〈기묘한 이야기〉와 같이 성공한 원작 IP를 소재로 한 게임을 출시한 바 있다. NFT, 메타버스 등 활용할 수 있는 공간은 무궁무진하다. 원 소스 멀티유즈(One Source Multi-Use) 시대에 IP는 세계관을 구축하기 위한 필수 재료이자 엄청난 사업 잠재성이 있다. 최근 넷플릭스가 〈찰리와 초콜릿 공장〉 IP를 보유한 로알드 달을 인수한 것도 같은 맥락에서 이해할 수 있다.

참고로 글로벌 OTT에서 한국 콘텐츠가 잇따라 성공을 거두고 있는 현상은 매우 고무적이다. 국내 OTT 시장은 아직 초기 단계로 분류된다. 현재 이용자는 1000만 명 수준으로 집계되는데, 유료 방송 가입자가 무려 3500만 가구인 만큼 아직 성장 여력이 충분하다. 더불어 미국은 한 사람이 평균 4.5개의 OTT를 구독할 정도로 한 명이 여러 OTT 서비스를 이용하는 경향이 두드러진다. 웨이브, 왓챠 등 국내 OTT 서비스에 공격적인 투자가 집행되는 이유다.

웨이브 등의 국내 OTT는 여태껏 오리지널 콘텐츠 제작에 있어 해외 OTT업체 대비 규모에서 밀리는 모습을 보여줬지만, 최근에는 콘텐츠 확보에 수천억 원 투자를 공언하고 있다. 티빙의 경우 네이버 이커머스 서비스와 연계하는 식으로 성장 활로를 모색하고 있다.

참고로 아마존의 아마존프라임과 쿠팡의 쿠팡플레이는 OTT가 주요 사업이라기보다 커머스 트래픽을 모으기 위한 부가서비스 성격이 강하다. 그럼에도 이들의 공격적인 투자 성향에 비추어볼 때 OTT를 주요 사업으로 하는 기업의 강력한 경쟁자임은 분명하다.

DAY 16

빅테크까지 가세한
광고시장 쟁탈전

🏵 건물주 위에 광고주

광고는 제품이나 서비스에 대한 정보를 잠재 고객에게 전달하고 구매하도록 설득하는 활동이다. 제품에 대한 소비 욕구를 자극하거나 기업의 브랜드 이미지를 높이기 위해서 사용된다. 때로는 공익을 목적으로 광고하기도 한다. 기업 중에서 광고 수입이 매출 대부분을 차지하는 회사도 많다. 플랫폼기업과 각종 매체 모두 광고가 주요 수입원이다. 또한 구글과 페이스북 등 유수의 테크기업 또한 광고 매출 비중이 매우 높다.

광고업에는 다양한 주체들이 등장한다. 전통적으로 광고주, 광고대행사, 매체사 세 주체가 광고 시장을 이끌어 왔다. 그러다 미디어렙이라는 새 플레이어가 등장한 지 얼마 지나지 않아, '프로그래매틱 광고'라는 새로운 형태의 서비스가 미디어렙의 자리를 위협하고 있다. 이렇게 총 5개 주체를 이해하고 나면 광고 시장에 대한 전반적인 이해가 가능할 것이다.

광고주는 자신의 제품이나 서비스를 대중에게 알리기 위해 광고에 자본을 투자하는 광고비 지불 주체다. 삼성전자의 갤럭시 폴드 광고, 야놀자의 플랫폼 광고가 송출될 수 있는 것은 모두 이들 회사가 해당 매체에 광고비를 지급했기 때문이다. 광고주는 제품 및 서비스의 종류에 따라 크게 두 유형으로 나뉜다. 먼저 소비자에게 제품이나 서비스를 판매해 영리를 취할 목적으로 광고를 집행하는 광고주가 있다. 다른 한쪽에는 학교, 정부기관 등 공익적 목적을 추구하는 광고주가 있다. 그러나 광고 시장에서 공익광고가 차지하는 비중은 매우 작다. 따라서 광고업은 광고주가 제품이나 서비스 매출 신장을 목적으로 하는 기업인 경우를 중심으로 살펴보려 한다.

⑤ 약은 약사에게 광고는 광고대행사에게

광고대행사는 광고주의 의뢰를 받아 광고에 대한 전문적인 업무를 수행한다. 광고주가 대략적인 광고 콘셉트와 목적을 전달하면, 광고대행사는 시장 조사부터, 광고 기획, 제작, 광고 매체 선정까지 전반적인 업무를 맡는다. 동시에 선정한 매체를 상대로 광고지면과 광고시간에 대한 계약을 체결한다. 대표적인 광고대행사에는 삼성 계열의 제일기획, 현대 계열의 이노션, LG 계열의 HS애드가 있다. 물론 광고 기획과 제작 과정에서 광고주와 광고대행사가 긴밀하게 소통하지만, 우리가 최종적으로 접하는 광고 모델과 스토리 등은 광고대행사의 손길을 거친 결과물들이다. 광고대행사는 광고 전반을 담당하기 때문에 광고산업에 종사하는 다양한 유형의 플레이어 중 가장 큰 역할을 맡고 있다고 볼 수 있다.

제품에 대해 가장 잘 알고 있는 건 광고주일 텐데 왜 광고대행사에 업무를 위탁하는 것일까? 첫째로 광고 기획과 제작은 전문성을 요구한다. 광고주 단독으로 시장 조사 전문가와 카피라이터 등의 전문 인력을 확보하기 어렵다. 대기업이 아니라면 더욱 어렵고, 대기업이라도 비정기적인 이벤트를 위해 필요한 인력을 상시 고용하는 것은 수지타산이 맞지 않다. 둘째로 광고주가 직접 광고를 제작할 경우 기업 내부 정책과 외부 요소들까지 고려하기 때문에 가장 효과적인 광고를 만들기 어렵다. 반면 대행사는 구조적으로 광고주와 분리되어 있기 때문에 더욱 객관적인 시각에서 광고를 제작할 수 있다. 기업이 전략을 수립하고자 할 때 자체 인력 대신 컨설팅 업체를 고용하는 경우와 그 동기가 유사하다.

광고대행사는 위에 열거한 많은 업무를 대행하는 대가로 수익을 얻는다. 보통 광고주가 매체에 광고비 전액을 지급한 후 매체에서 중개 수수료 명목으로 광고비의 15% 정도를 광고대행사에 지급한다. 이를 커미션(commission) 방식이라 한다. 수수료율은 매체에 따라 다르다. 지상파의 경우 「방송광고법」의 규제에 의해 광고비의 11~12% 정도에서 대행사 수수료가 책정된다. 생수를 판매하는 회사가 자사 제품 광고를 송출해준 대가로 종합편성채널에 1억 원을 지급했다고 해보자. 그러면 광고비를 받은 종편 PP에서는 이 중 8500만 원만 수익으로 취하고 나머지 1500만 원은 광고대행사에 지급한다. 반대로 광고주가 광고대행사에 먼저 광고비를 지급하고 광고대행사에서 수수료를 제한 나머지 금액을 매체사에 전달하는 경우도 있다.

영미권 국가에서는 커미션 방식을 사용하다가 2000년대부터 피(Fee) 제도를 적용하고 있다. 피 제도는 광고주가 광고대행사와 매체에 각각의 금액을 직접 지불하는 방식이다. 이 시스템에서는 광고대행사가 광고주를 위해 들인 시간과 노력에 대해 추가적인 보상이 주어진다. 기존 커미션 제도하에서는 단순히 높은 광고비를 지급하는 광고주와 계약하는 것이 광고대행사의 주요 목표가 된다. 전체 광고비에서 받아오는 수수료율은 대부분 계약 시점에 정해지기 때문이다. 하지만 피 제도는 광고주에게 수수료를 직접 받는 구조이므로, 광고에 광고주의 이해관계가 더 적절히 반영될 수 있다.

광고대행사는 판관비 중 인건비 비중이 다른 산업에 비해 높다. 타깃층을 제대로 공략할 수 있는 양질의 광고를 만들기 위해서는 전문 인력이 필요하기 때문이다. 최근에는 광고대행사가 경쟁력을 높이기 위해 자발적으로 수수료율을 낮추는 전략을 펴기도 한다. 이 경우 광고주는 더 적은 비용으로 매체에 광고를 판매할 수 있기 때문에 해당 광고대행사가 매력적인 계약 대상이 된다. 하지만 자발적 수수료율 인하는 대행사 간의 출혈경쟁으로 이어질 뿐, 광고대행사가 광고 기획 및 제작 역량을 기르는 데 소홀해진다는 지적이 있다.

🧭 MZ세대가 전통 미디어를 외면하면서 나타난 광고비 역전

대행사에서 제작한 광고의 최종 송출은 매체를 통해 이루어진다. 광고 시장에서 발생하는 수익 대부분이 매체사로 향한다. 2020년 매체사가 거둔 광고 수익은 12조 원으로, 디지털 부문 48%, TV 26%, 신문 8%, 옥외 6%를 차지하고 있다. 2000년 당시 디지털이 3%, 신문이 34%를 차지하고 있던 상황과 정반대가 되었다. 디지털 부문에서 큰 비중을 차지하고 있는 부문은 동영상 광고 시장이다. 2021년 6월 기준 유튜브 57%, 페이스북 20%, 인스타그램 17%, 네이버가 3%를 차지한다.

이렇게 광고 시장의 무대가 디지털로 옮겨 간 데는 크게 두 가지 이유가 있다. 첫

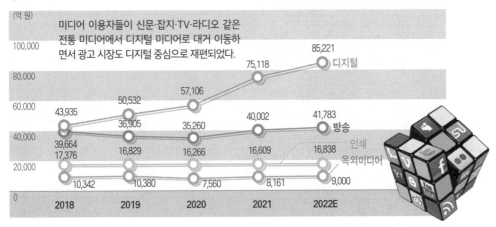

매체별 총광고비 추이

(억 원)

미디어 이용자들이 신문·잡지·TV·라디오 같은 전통 미디어에서 디지털 미디어로 대거 이동하면서 광고 시장도 디지털 중심으로 재편되었다.

	2018	2019	2020	2021	2022E
디지털	43,935	50,532	57,106	75,118	85,221
방송	39,664	36,905	35,260	40,002	41,783
인쇄	17,376	16,829	16,266	16,609	16,838
옥외미디어	10,342	10,380	7,560	8,161	9,000

째로 스마트폰 이용률 증가로 디지털 매체가 성장했다. 트래픽이 높을수록 광고단가가 증가하므로 디지털 부문의 광고 송출 수익성이 좋아진 것은 당연한 수순이다. 둘째로 광고주 입장에서 디지털로 광고를 송출할 경우 고객이 언제 어떤 광고를 시청했는지에 대한 데이터를 얻을 수 있기 때문에 광고투자효과(ROI: Return on Investment)를 측정하는 것이 용이하다.

새로운 플레이어 등장으로 변혁을 맞은 광고업 패러다임

TV, 신문, 라디오, 잡지가 중심인 전통 광고 시장에서는 매체의 수가 한정적이었기 때문에 광고 매체 계약 과정이 단순했다. 하지만 온라인 시대에 접어들면서 다양한 방식의 광고 매체가 등장했다. 이 과정에서 매체와의 계약 과정은 더욱 복잡해지고, 광고대행사는 매체와 일일이 계약하는 방식에 문제점을 느꼈다. 마침 매체사에서도 기존 광고 슬롯*

> **슬롯(slot)**
> 광고에서 슬롯은 광고가 노출되는 시간이나 자리를 뜻한다.

을 판매하기 위해 광고대행사나 광고주를 직접 만나 협의하는 데 큰 부담을 느끼던 중이었다. 이에 '미디어렙'이라는 새로운 플레이어가 등장했다.

　미디어렙은 매체사를 대신하여 광고주에게 광고 슬롯을 판매한다. 매체의 시간과 지면을 광고대행사에 판매하고 대금을 회수해 매체사에 지불한다. 이 과정에서 판매 대행 수수료를 수취한다. 시계회사가 지상파에 광고를 내보내는 경우를 생각해보자.

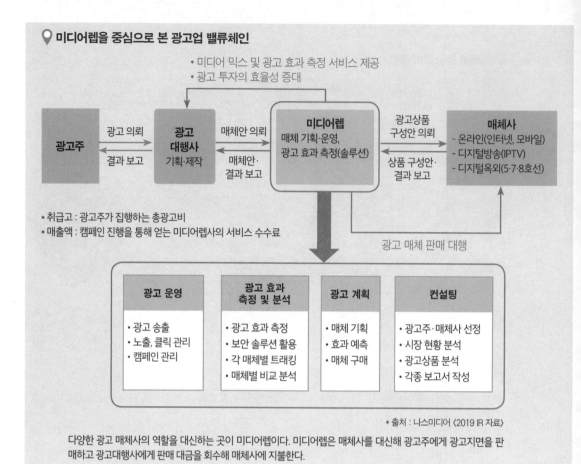

미디어렙을 중심으로 본 광고업 밸류체인

- 미디어 믹스 및 광고 효과 측정 서비스 제공
- 광고 투자의 효율성 증대

| 광고주 | → 광고 의뢰 → / ← 결과 보고 ← | 광고 대행사 기획·제작 | → 매체안 의뢰 → / ← 매체안·결과 보고 ← | 미디어렙 매체 기획·운영, 광고 효과 측정(솔루션) | → 광고상품 구성안 의뢰 → / ← 상품 구성안·결과 보고 ← | 매체사 - 온라인(인터넷, 모바일) - 디지털방송(IPTV) - 디지털옥외(5·7·8호선) |

* 취급고 : 광고주가 집행하는 총광고비
* 매출액 : 캠페인 진행을 통해 얻는 미디어렙사의 서비스 수수료

광고 매체 판매 대행

광고 운영	광고 효과 측정 및 분석	광고 계획	컨설팅
• 광고 송출 • 노출, 클릭 관리 • 캠페인 관리	• 광고 효과 측정 • 보안 솔루션 활용 • 각 매체별 트래킹 • 매체별 비교 분석	• 매체 기획 • 효과 예측 • 매체 구매	• 광고주·매체사 선정 • 시장 현황 분석 • 광고상품 분석 • 각종 보고서 작성

* 출처 : 나스미디어 〈2019 IR 자료〉

다양한 광고 매체사의 역할을 대신하는 곳이 미디어렙이다. 미디어렙은 매체사를 대신해 광고주에게 광고지면을 판매하고 광고대행사에게 판매 대금을 회수해 매체사에 지불한다.

이때 미디어렙은 지상파를 대신해 시계회사 측 광고대행사와 광고 단가와 시간을 두고 협의한다. 광고주의 역할 대행을 광고대행사가 한다면, 매체사의 역할을 대신하는 곳이 미디어렙이다.

광고주가 광고대행사에 광고대금을 지급하면 대행사는 15%를 제외한 85%를 미디어렙에 전달한다. 미디어렙에서는 5% 수수료를 챙기고 남은 80%를 매체에 전달하는 식이다. 만일 LG전자에서 10억 원을 들여 네이버에 에어컨 광고를 게시한다면 광고대행사에서 1.5억 원, 미디어렙에서 5000만 원, 네이버에서 8억 원을 가져가는 구조다. 한편 미디어렙 입장에서는 최대한 많은 광고지면을 판매하는 것이 높은 수익으로 연결된다. 그래서 매체 측에 일정 금액을 납부해 해당 광고지면에 대한 독점 판매 권리를 얻는 경우가 많다. 일종의 리베이트 개념으로 볼 수 있다.

미디어렙은 광고대행사와 매체 사이에 위치해 광고지면의 거래를 중개한다. 광고주

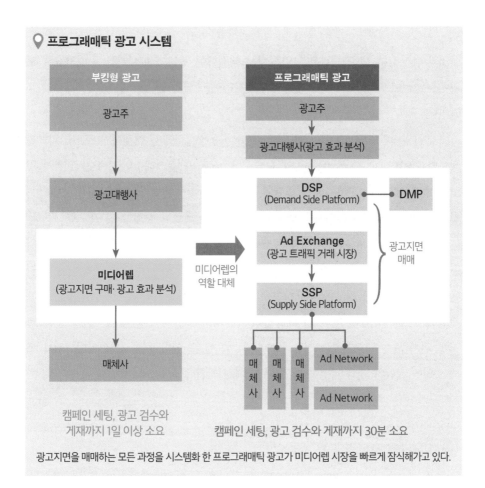

프로그래매틱 광고 시스템

부킹형 광고	프로그래매틱 광고

광고주 → 광고대행사 → 미디어렙 (광고지면 구매·광고 효과 분석) → 매체사

캠페인 세팅, 광고 검수와 게재까지 1일 이상 소요

광고주 → 광고대행사(광고 효과 분석) → DSP (Demand Side Platform) ― DMP

미디어렙의 역할 대체

DSP (Demand Side Platform) → Ad Exchange (광고 트래픽 거래 시장) → SSP (Supply Side Platform)

광고지면 매매

SSP → 매체사 / 매체사 / 매체사 / Ad Network / Ad Network

캠페인 세팅, 광고 검수와 게재까지 30분 소요

광고지면을 매매하는 모든 과정을 시스템화 한 프로그래매틱 광고가 미디어렙 시장을 빠르게 잠식해가고 있다.

와 광고대행사에 투자 효과 분석 서비스를 제공하는 한편 매체사의 판매 대행 역할을 한다. 최근에는 프로그래매틱 광고라는 시스템이 미디어렙 시장을 빠르게 잠식해가고 있다.

프로그래매틱 광고는 광고지면을 매매하는 모든 과정을 시스템화 한 방식이다. 전체적인 구조를 간단히 설명하자면 광고주와 광고대행사의 입장에서 좋은 광고지면을 찾아주는 DSP, 공급자의 입장에서 가장 수익성이 좋은 광고를 찾아주는 SSP, DSP와 SSP를 연결해주는 중개소인 Ad Exchange로 구성되어 있다.

먼저 광고대행사는 광고주와 DMP(Data Management Platform)라 불리는 외부 정보 플랫폼에서 데이터를 수집해 광고의 타깃 고객에 관한 정보를 얻는다. 이 데이터를 기반으로 원하는 광고지면 수량과 호가를 입찰프로그램인 DSP(Demand Side Platform)에 입력한다. 사고자 하는 수량과 가격을 직접 입력한다는 측면에서 일종의 주식 거래

화면과 유사하다. DSP는 광고주 입장에서 최적화된 광고 인벤토리를 구매하도록 도와주는 서비스다. 참고로 광고계에서 인벤토리란 매체가 판매할 수 있는 광고지면을 말한다.

이렇게 입력된 DSP 정보는 Ad Exchange라는 중개소에서 매체사가 SSP에 입력한 정보와 만난다. Ad Exchange는 매체 슬롯을 사고 파는 거래소다. DSP는 고객의 의뢰를 받고 어느 곳에 투자해야 고객이 가장 높은 이득을 취할 수 있을지 고민하는 자산운용사로, Ad Exchange를 주식이 거래되는 거래소로 이해할 수 있다.

DSP가 광고주를 위해 움직이는 시스템이라면 SSP(Supply Side Platform)는 매체를 위한 시스템이다. 매체 입장에서 이익을 극대화하기 위해 여러 광고 중 가장 높은 수익을 안겨줄 수 있는 광고를 채택하는 구조다. 이렇게 프로그래매틱 시스템하에서는 철저히 수요와 공급에 따라 가격이 결정되기 때문에 인기 있는 광고지면은 높은 가격에, 인기 없는 광고지면은 저렴한 가격에 거래될 수 있다. 이를 통해 미디어렙을 통해 수일이 걸렸던 계약 과정이 단 30분 만에 처리된다.

🧭 빅테크의 광고 밥그릇 싸움

코로나19로 TV 시청 시간과 OTT 이용자가 급격히 증가하면서 광고 시장의 호황을 점치는 이들이 많았다. 하지만 막상 광고회사 실적은 이전 보다 악화한 것으로 드러났다. 우선 광고비를 들여도 이전만큼 효과가 나지 않자 광고주들이 광고 집행에 소극적으로 나서게 됐다. 매체 트래픽이 증가했음에도 불구하고 광고 집행의 ROI가 하락하면서 광고지면에 대한 수요가 떨어진 것이다. 또한 코로나19로 인해 모바일 이용 시간이 증가했으나, 이는 주로 Instagram Live 등 광고 인벤토리가 할당되지 않은 플랫폼 수요 증가에 따른 결과로 밝혀졌다. 이와 더불어 세계 최대 디지털 광고 매체인 구글은 유튜브 프리미엄, 애드블록 등의 광고 차단·제어 서비스를 통해 새로운 수익원을 발굴하고 기존 웹서비스 환경을 개선하는 데 힘을 싣고 있다. 이에 따라 전반적인 광고업 수익성에 금이 가는 것 아닌지 우려하는 목소리가 커지고 있다.

2021년 애플은 'ATT(App Tracking Transparency : 앱 추적 투명성)' 정책을 도입했다. 이에 따라 애플 유저들은 개인 맞춤형 광고를 거부할 수 있게 되면서 메타(옛 페이스북),

스냅 등 광고를 주 수입원으로 하는 테크기업들이 큰 타격을 입게 되었다. SNS 기업 입장에서는 아이폰 유저에 대해 광고 사업의 필수 재료인 소비자 데이터를 받지 못하게 된 것이다. 메타의 경우 개인 식별이 되지 않는 데이터까지 활용하는 기술을 개발 중이긴 하지만, 광고 타깃이 불명확해진 데 불안을 느낀 광고주들의 지출이 줄어드는 추세다.

물론 모든 기업이 ATT 정책으로 피해를 본 것은 아니다. 가령 게임회사 유니티는 본래 자사 플랫폼 내 플레이어 데이터를 바탕으로 광고를 집행하던 터라 오히려 애플의 정책 변경으로 경쟁사 대비 경쟁력을 갖추는 계기가 되었다.

앱 기반 플랫폼의 길목을 지키는 애플은 앱스토어 안에 'Search Ads'라는 자체 광고 사업을 운영하고 있다. 애플에 광고비를 집행한 광고주 앱이 상위에 노출되는 식이다. 이커머스사의 광고 모델과 동일하다. 그동안 SNS 업체들로 향하던 광고 수입을 애플이 직접 챙겨가겠다는 전략이다.

'1초에 2억 원', 세상에서 가장 비싼 광고

광고업은 경기 민감도가 높은 산업이다. 국내 광고 시장의 주요 발주자는 기업이므로 호황기에는 대기업의 광고비 지출이 늘어나면서 광고 시장도 높은 성장률을 보인다. 하지만 지속적인 불황이 닥칠 경우 대기업에서는 가장 손쉽게 감축할 수 있는 비용인 광고비를 우선해서 줄이는 경향이 있다. 또한 광고는 계절성이 존재하는 산업으로, 기업은 소비가 증가하는 여름 휴가철과 연말이 되면 공격적인 광고 마케팅을 펼친다. 또한 스포츠 이벤트나 블랙프라이데이와 같은 주요 행사를 앞둔 한 달 동안은 광고 수요가 급격히 상승해 광고단가가 높아진다.

지상 최대 광고 장은 단연 NFL 결승전 '슈퍼볼'이다. 초당 2억 원 이상의 광고비가 책정됨에도 1억 명 이상의 라이브 시청자를 동반하는 이벤트인 만큼 수많은 광고주가 광고 집행을 위해 오랜 기간 줄을 선다. 2022년 가장 화제가 된 광고 주인공은 암호화폐 회사인 코인베이스였다. 검은 화면에 움직이는 QR 코드를 통해 앱에 접속하는 신규 유저에게 15달러를 지급하는 이벤트를 통해 무려 1분 만에 2천만 명의 유저를 확보했다. 대개 슈퍼볼 광고의 ROI는 일반 광고 대비 4배의 효과를 낸다고 추정되는데, 코인베이스 광고의 ROI는 6배 이상으로 추정되었다.

슈퍼볼에서 코인베이스가 송출한 광고 화면.

학령인구 감소에도 교육주가 훨훨 나는 이유

🎯 구매자 따로 고객 따로인 시장

국토가 좁고 물적 자원이 부족해 인력이 곧 국력이었던 우리나라는 높은 교육열을 바탕으로 인구 대비 큰 교육 시장을 형성하고 있다. 대학교 진학률에서도 OECD 국가 중 1위다. 교육은 서비스 수요자와 구매자가 일치하지 않는 독특한 산업이다. 교육 시장의 직접적인 고객은 대부분 학생이지만 돈을 지불하는 주체는 학부모다. 자녀에 대한 학부모의 지출 탄력성이 낮아 교육산업은 수요 탄력성이 낮다. 연간 변동성은 작은 편이지만, 연중 변동성은 어느 정도 있는 편이다.

통계청에 따르면 2020년 우리나라 사교육 시장 규모는 약 20조 원이다. 학령인구 감소 및 코로나19 효과로 전년 대비 소폭 하락했다. 2020년 학교급별 1인당 월평균 사교육비는 고등학교가 38.8만 원(2019년 36.5만 원), 중학교가 32.8만 원(33.8만 원), 초등학교가 22.1만 원(29만 원)이었다. 개인 과외처럼 공식 통계에 포함되기 어려운 시장까지 고려한다면 실질적인 사교육 시장 규모는 30조 원이 넘을 것이라는 분석도 있다.

전통적으로 우리나라 교육 시장 매출의 대부분은 대학교 입시 시장에서 발생했다. 하지만 기타 교육 시장 부문의 성장세도 두드러진다. 자격증, 취업, 로스쿨 입시, 자기계발 등 다양한 분야에서 교육 수요가 증가하고 있다. 기존 미성년자 중심의 교육 시장이 성인 교육 시장으로 확대되고 있다.

교육산업은 공교육, 사교육, 교육 관련 사업 모두를 포괄하는 개념이다. 크게 교육 서비스업과 교육자료산업, 에듀테크산업으로 구분된다. 오른쪽 표를 바탕으로 교육 서비스업에 대해 살펴보자.

📍 교육서비스 분류

교육 단계	공공교육	민간교육	
		정규교육 과정	비정규교육 과정
영·유아 교육 과정	국공립유치원, 국공립어린이집	-	사립유치원, 사립어린이집, 유아학원
초·중등 교육 과정	국공립초중고	사립초중고	입시학원, 보습학원
고등 교육 과정	국공립대학교	사립대학교	-
기타	-	-	직업 교육기관, 어학 교육기관, 자격증 취득 교육기관, 취미 교육기관

* 출처 : KOTRA

우선 교육서비스는 교육 단계에 따라 영·유아, 초·중등, 고등 교육 과정과 기타 성인을 타깃으로 하는 부문으로 나뉜다. 또 서비스를 제공하는 주체에 따라 공공교육과 민간교육으로 나뉘고, 민간교육은 정규와 비정규교육 과정으로 나뉜다. 우리가 자주 언급하는 사교육은 민간교육 중 비정규교육 과정에 포함된다. 우리나라는 현재 의무교육제도를 통해 모든 학생이 최소 중학교까지 졸업할 것을 규정하고 있다. 참고로 유치원이나 어린이집은 필수 교육 과정이 아니므로 민간교육 중 정규교육 과정에 해당하는 기관이 없다.

교육자료산업은 말 그대로 교육 및 학습에 필요한 자료를 만들고 이를 학생에게 공급한다. 우리가 초등학교 과학 시간에 접했던 다양한 교구를 제작하는 교육 기자재업과 교과서나 문제집을 출판하는 교재 출판업이 있다. 대표적인 업체로 천재교육과 비상교육이 있다. 교육자료산업에만 특화된 업체들도 있지만, 대부분의 교육은 책을 통해 이루어지기 때문에 교육서비스 업체가 교육자료산업까지 겸하는 경우가 많다.

에듀테크산업은 교육기술이라고도 한다. 2000년대 초반 이러닝에서 증강현실 등을 이용한 지능형 맞춤산업으로 발전했다. 초기 이러닝은 기존의 교과서를 PC에 그대로 담은 형태에 불과했다. 하지만 모바일 네트워크가 발달하면서 인터넷 강의(인강)가 확산되었고 학교 수업 안에서도 디지털화가 일어나며 지금의 에듀테크로 발전했다. 예로 초등학교 과학 시간에 태양계 행성 탐사 스토리를 만든 후 증강현실 콘텐츠를 활용해 직접 행성을 탐사하는 활동을 하는 식이다. 또 코로나19로 인해 고등교육 과정인 대학교 수업이 한때 전면 줌(zoom) 수업으로 실시되는 등 교육기술산업은 우호적인 시장 환경을 마주하고 있다.

교육서비스, 교육자료, 에듀테크 이 세 가지 산업은 영역이 분리되어 있다기보다 수요가 동일하다고 볼 수 있다. 예를 들어 메가스터디 인터넷 강의의 경우 실제 강의실에서 학생을 대상으로 한 강의를 녹화한 다음, 이를 인터넷 수강생들에게 온라인으로 전달한다. 이 학생들은 메가스터디에서 만든 교재를 배송받아 학습하는데, 이 과정에서 세 가지 산업이 모두 관여한다.

🎯 노벨 경제학상 수상자의 강의를 집에서 듣는 시대

교육에는 공교육과 사교육이 있지만, 교육 시장 규모를 산출할 때 주로 이야기하는 부문은 사교육이다. 공교육 매출은 사교육에 비해서 미미한 수준이기 때문이다. 사교육 중에서 영·유아 교육 과정은 다른 사업 부문보다 규모가 작다. 영·유아는 유치원이나 어린이집에서 사회적인 교류 능력을 키우는 데 초점을 맞추는 시기이기 때문이다. 따라서 지금부터는 초·중학생, 고등학생, 성인, 기타 부문으로 나누어 교육산업의 수익 구조에 대해 살펴볼 것이다.

초·중학생의 경우 고등학생보다 인터넷으로 혼자 공부할 수 있는 학습능력이 부족하기 때문에 온라인보다 오프라인 수업이 선호된다. 선행학습을 준비하는 입시학원, 내신 중심의 보습학원, 특목고 전문학원이 대부분의 시장을 차지한다. 2019년 우리나라 초·중학생 사교육비는 15조 원으로 나타났다.

고등학생 교육 시장은 2000년대부터 인터넷 보급률이 늘고 인터넷 강의가 확산되면서 온라인이 오프라인과 함께 시장의 큰 축으로 자리 잡았다. 2019년 기준 고교생 사교육비 지출은 6조 원 규모이며 무려 60%에 달하는 고등학생이 사교육을 받고 있다. 고등학생 교육 시장 수요는 상당히 비탄력적이며, 여름방학부터 11월 수능 전까지 시장 매출이 집중된다. 또 새로운 정부가 들어설 때마다 큰 변화가 일어난다. 정시 및 수시 관련된 뉴스가 발표된 직후 교육회사 주가가 급변할 정도다.

성인 교육 시장은 사회가 점차 전문화되면서 그 수요가 늘어나고 있다. 취업이 힘들어지면서 취업준비생을 대상으로 하는 교육 수요와 공무원·경찰·교사에 대한 선호도가 높아지고 이를 담당하는 교육기관의 매출도 성장하고 있다. 또한 로스쿨 진학을 위해 LEET 등의 시험이 도입됨에 따라 관련 전문 시험 시장이 확대되고 있다. 그뿐만 아니라 직장인들 또한 업무 능력 향상이나 이직을 목적으로 온라인 강의를 찾는 수요가 늘어나고 있다. 넷플릭스, 유튜브 등의 구독 서비스가 생활 속에 자리 잡으면서 사설업체 강의에 대한 가격 탄력성이 줄어든 효과도 있다. 2020년 이후 재택·여가 시간이 늘어난 덕분에 '클래스101' 같은 온라인 강의 플랫폼이 호황을 맞이하기도 했다. 성인 교육 수요가 증가함에 따라 교육 공급자의 수준도 매우 높아지는 추세다. 미국 온라인 교육 구독 플랫폼인 Masterclass에서는 노벨상 수상자인 폴 크루그먼(Paul Krugman)의 경제학 강의를 들을 수 있을 정도다.

◎ 교육업체 주가를 움직이는 방향키, '대치동 1타 강사'

교육회사는 강사와 학생을 연결해주는 플랫폼 사업자다. 강사에게는 강의실과 학생 모집의 역할을, 학생에게는 교육 인프라 제공 역할을 한다. 교육서비스 매출은 크게 오프라인과 온라인 매출로 나뉘고 이 과정에서 도서 매출도 발생한다. 오프라인 수익 구조는 단순하다. 학원과 강사가 계약을 맺어 수입을 일정 비율로 배분하는 식이다. 전통적으로 교육 시장 매출은 주로 오프라인이 담당했다. 그러나 2000년대에 접어들면서 온라인 시장이 가파르게 성장했다. 학생 입장에서 온라인 강의는 오프라인 강의 대비 시간과 경비 소요가 덜하고 반복학습이 가능하다는 장점이 있다. 물론 관리·감독 측면에서는 오프라인 대비 약점이 있으나 시간을 조정할 수 있다는 큰 장점을 중심으로

시공간 제약이 없는 인강은 1타 강사에게 학생이 무제한 몰릴 수 있는 시스템이다. 교육업체, 스타강사, 수강생의 관계는 연예기획사, 대표 연예인, 팬클럽의 관계와 유사하다. 교육업체는 어떤 스타강사를 확보하느냐에 따라 한 해 성적표가 갈리기 때문에 스타강사 영입에 전력을 다한다.

빠르게 성장을 거듭해 지금은 교육산업의 주요 시장으로 자리 잡았다.

온라인 시장의 수익 구조는 다음과 같다. 인터넷 강의 1위 업체 메가스터디를 예로 살펴보자. 메가스터디에서는 대학 입시 수험생을 타깃으로 강의를 개설하고자 한다. 그래서 대치동 학원가에서 활약 중인 김수학이라는 강사를 인강 강사로 영입한다. 이때 기존 현장 강의에서 활약하고 있는 강사를 영입하는 경우도 있지만 타 인강 사이트에서 많은 인기를 누리고 있는 강사를 스카우트하기도 한다. 오프라인 강의는 정원과 시간에 제한이 있어 2타, 3타 강사도 많은 학생을 모집할 수 있다. 하지만 온라인 강의는 장소와 시간에 제약이 없기 때문에 고객 입장에서 비슷한 가격이라면 1타 강사(1등 스타강사의 줄임말)를 선택한다. 그래서 교육업체들은 스타강사를 영입하기 위해 경쟁한다. 증시에서도 교육업체의 주가는 스타강사를 얼마나 확보했는가에 달려있다.

이후 메가스터디와 김수학 씨는 강의 매출을 7:3으로 분배하기로 계약한다. 보통 인강업계에서는 이렇게 강사와 회사가 일정 비율로 매출을 분배하는 정률제 방식을 채택한다. 이때 인기가 높은 스타강사는 매출 분배 비율이 50%에 달하는 경우도 있다.

이전에는 강의가 개별적으로 판매됐지만 2015년부터 '프리패스'라는 새로운 상품이 개발됐다. 가령 30만 원으로 메가패스라는 상품을 구매하면 1년 동안 메가스터디에 소속된 모든 강사의 모든 강의를 들을 수 있는 서비스다. 이 경우 프리패스 상품으로 인한 수익을 강사별 기여도에 따라 분할 지급한다. 만일 프리패스 수익이 300억 원이고 김수학 씨의 점유율이 30%라면 90억 원이 김수학 씨의 수입이 된다. 참고로 보통 점유율은 학생들의 수강 시간에 비례한다.

한편 모든 강의는 교재가 필요하기 때문에 학생들은 인강 수강과 함께 교재를 구입한다. 보통 강의교재는 일반 도서보다 객단가가 높아 쏠쏠한 수입원이 된다. 강사가 독자적으로 개발한 책일 경우 매출액 대부분이 강사에게 돌아가는데, 강의 매출보다 교재 매출이 큰 경우도 많다.

⏱ 줄어드는 파이에 안팎으로 재정비에 나선 교육업체

학령인구의 감소는 교육업계가 가장 우려하는 문제다. 결혼을 하지 않는 비혼족, 결

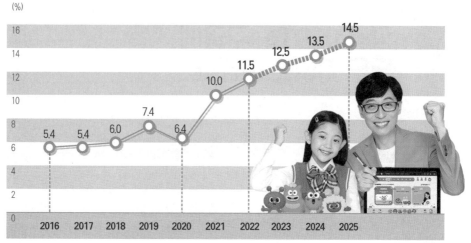

초·중등 교육 온라인 침투율 전망

(%)

	2016	2017	2018	2019	2020	2021	2022	2023	2024	2025
	5.4	5.4	6.0	7.4	6.4	10.0	11.5	12.5	13.5	14.5

* 자료 : NH투자증권

1990년대 중반에서 2000년대 초반 태어난 Z세대는 인강으로 공부하는 것이 익숙한 세대다. Z세대보다 어린 알파세대(2011년 이후 출생)는 유아 때부터 디지털 미디어에 더 많이 노출됐다. 이들은 온라인 플랫폼과 콘텐츠를 적극적으로 소비하며 교육 온라인 침투율 상승, 인당 교육비 증가에 기여할 것이다.

혼을 하긴 하지만 늦게 하는 만혼족, 결혼하더라도 아이를 낳지 않는 딩크족(Double Income No Kids)이 늘어나면서 출산율이 빠르게 줄고 있다. 이는 교육회사의 잠재적 수요 하락으로 이어진다.

그래서 교육업체들은 고등학교 및 대학교를 졸업한 취업준비생에 초점을 맞춰 사업을 확장하고 있다. 성인 교육 시장의 경우 해를 거듭할수록 규모가 커지고 있다. 또한 문화적 한계를 극복하고 해외 진출에 나서는 업체들도 있다. 안정적인 매출을 견인해주었던 학생 수요가 감소 국면으로 접어들면서 모든 교육업체가 에듀테크, 직장인 교육, 해외 시장 등으로 사업을 다각화하고 있다.

메가스터디는 해외 시장에서 한차례 실패한 바 있다. 2010년 베트남 진출을 목적으로 합작법인 MCF를 설립했지만, 2015년 완전자본잠식* 상태에 빠지면서 사업을 중단했다. 2020년 메가스터디는 우리나라와 입시제도가 비슷한 태국 시장을 공략하기 위해

> **완전자본잠식**
> 회사의 누적 적자폭이 커져서 재무제표상에서 자본총계가 자본금보다 작은 상태(자본총계 < 자본금). 결손금이 더 커져 자본총계가 마이너스가 되면 완전자본잠식 상태다.

태국 합작법인 메가에듀테크를 설립했다. 코로나19에도 꾸준한 매출 증가세를 보이고 있는 메가스터디가 해외 시장에서는 어떤 결과를 낼지 지켜볼 필요가 있다.

DAY 18

항공사, OTA, 구글에 모두 치이는 여행사

🧭 전통적인 여행 중개자 역할에 찾아온 위기

스스로 여행을 계획한다면 항공권 발권부터 숙소 예약, 현지 식당 선정에 걸친 광범위한 결정을 내려야 한다. 수학여행을 계획하거나 회사에서 단체여행을 가는 경우 일일이 대량의 예약 문제를 해결해야 한다. 여행사는 여행자를 대신해 예약과 여행 기획 등을 담당해 이런 번거로움을 덜어준다. 자유여행의 경우에도 여행사를 통해 항공권이나 호텔 숙박권을 결제할 때가 많다. 항공료는 해외여행 시 여행비용의 상당 부분을 차지하는데, 저비용항공사(LCC) 시장이 성장하고 중장거리 신규 노선이

📍 관광객 수 추이

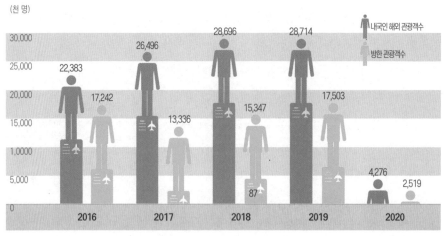

(천 명)

코로나19로 전 세계인이 발이 묶인 2020년을 제외하고 내국인의 해외여행은 연평균 9.5% 성장했으며, 한국을 방문한 여행객 또한 10년 사이 3배 가까이 증가했다.

생기면서 해외여행의 장벽은 점차 낮아졌다.

2010년대 국내 아웃바운드 여행객은 연평균 9.5% 성장했다. 코로나19 직전 해인 2019년 출국자는 약 3000만 명으로 집계되었다. 방한 여행객 또한 2008년 680만 명에서 2019년 약 1800만 명으로 10년간 3배 가까이 증가했다. 생활 수준 상승과 여가 시간 증대에 힘입어 코로나19 이후 여행 시장은 앞으로도 꾸준히 성장할 것으로 예상된다. 다만 여행사를 거치지 않고 개별적으로 여행을 계획하는 자유여행 비중이 높아지는 추세라 여행사가 여행 시장 성장의 혜택을 볼지는 지켜볼 문제다.

◎ 본사-대리점이 윈윈하는 B2B2C 시스템

여행사의 매출은 주로 패키지 여행상품, 항공 발권 수수료에서 나온다. 패키지 여행 상품은 전체 매출의 50~90%, 항공 발권 수수료는 5~20%를 차지한다. 다만 세부적인 수익 구조에 있어 여행사마다 형태가 다르다. 가령 하나투어는 여행상품 판매가 대리점을 통해 이루어지지만, 경쟁사 노랑풍선은 직영체제다. 이 중 업계 1, 2위 업체인 하나투어와 모두투어의 대리점 비즈니스 모델을 기반으로 여행업의 수익 구조를 알아보자. 더불어 여행사 수요는 국내보다 해외여행 시 크게 발생하기 때문에 내국인의 아웃바운드 여행 시장에 초점을 맞추어 살펴보자.

패키지 여행은 여행사가 기획한 여행상품에 따라 정해진 일정대로 움직이는 여행이다. 여행사의 주요 매출이 발생하는 지점으로, 항공·숙박·식사·관광 등을 한데 모아둔 상품이다. 보통 4인 이상 40인 이하 단위로 운영된다. 여행사는 항공이나 숙박 등의 상품을 대량으로 구매하기 때문에 일반 여행자들이 소매로 구매할 때보다 더 저렴한 가격으로 상품을 취득할 수 있다. 가령 여행사에서는 10명을 모아 그룹 요금으로 항공 좌석을 발권한다고 해보자. 이 경우 개인이 항공권을 구매할 때보다 낮은 가격이 부과된다. 참고로 그룹 요금은 원칙적으로 항공 발권 대리점에만 적용되므로 개인 10명이 모여도 여행사를 거치지 않고는 그룹 요금을 적용받을 수 없다.

패키지 여행상품의 수익 구조는 다음과 같다. 먼저 여행사 본사에서 패키지상품을 개발하면 여행사 대리점이 고객에게 해당 상품을 판매한다. 고객이 지급한 금액에서 항공권 도매가격 등의 여행 원가를 뺀 금액이 여행사 본사와 대리점에 배분된

여행사의 패키지 여행상품 수익 구조

공급자		여행사 본사		판매처		고객
	상품 대량구매 →		상품 예약 →		상품 구매·예약 →	
	← 최저 그룹 요금 최다 모집 최다 할당		← 커미션 지급		← 오프라인 서비스 제공 • 예약 상담 및 관리 • 여행 정보 제공	
• 항공사 • 호텔 • 관광지 • 교통수단 등		• 상품 기획·마케팅 • 현지 행사		• 일반 대리점 • 판매 제휴사 • 온라인·모바일		

여행사-대리점-고객으로 이루어진 B2B2C 시스템을 통해 여행사는 항공사, 호텔 등 공급자에 대한 교섭력을 강화하는 한편 집객에 투입되는 광고와 마케팅 비용을 절감할 수 있다.

다. 그런데 대리점이라는 것은 정확히 무엇을 가리키는 것일까? 길거리를 돌아다니다 보면 하나투어 간판을 달고 있는 사무실을 볼 수 있다. 이곳 직원들은 하나투어 직원이 아니라 하나투어 상품을 판매하는 대리점 직원들이다. 하나투어에서는 상품을 본사 직원이 판매하지 않고 대리점 직원들이 판매하게끔 되어 있다. 즉 '하나투어-대리점-고객'의 구조로 이루어져 있는 B2B2C 구조다. 하나투어, 모두투어 둘 다 도매여행사(wholesaler)로서 개인사업자가 오픈한 대리점을 통해서 예약을 받는다. 본사는 직접판매도 하면서 대리점을 통한 간접판매를 병행한다.

본사가 대리점 체제를 고수하는 이유는 무엇일까? 여행사는 항공권 등의 상품을 도매로 구입할 때 낮은 객단가를 위해 상품을 대량으로 구입한다. 그래서 패키지 여행은 최소 출발 인원에 따라 경쟁력 있는 판매가격이 산출된다. 본사에서 일일이 고객을 응대해 최소 출발 인원을 모집하기에는 무리가 있어 대리점과의 협업을 통해 출발 보장 인원을 수월하게 확보하는 것이다. 하나투어는 코로나19 직전 전국에 무려 1200여 개의 대리점을 두었는데, 이는 그 어떤 단일 은행 점포 수보다 많은 수치다.

그렇다면 대리점 입장에서는 왜 스스로 상품을 개발하지 않고 매출의 일정 부분을 본사에 납부하는 체제로 운영할까? 프랜차이즈 가맹업과 비슷한 이유가 있다. 요식업 프랜차이즈 본사는 대량 매입을 통해 원재료를 할인된 가격에 구매한다. 여행사 또한 큰 규모를 기반으로 할 경우 항공권과 숙박권을 저가에 매입해 원가경쟁력을 확보할 수 있다.

🧭 여행사의 이익방정식

본사는 소매여행사(Retailer)가 고객 모집을 대행한 대가로 대리점에 판매 수수료를 지급한다. 80만 원짜리 상품이 판매됐고 항공 원가가 25만 원, 기타 숙박비·가이드비·식사비 등이 35만 원이라면 나머지 20만 원을 본사와 대리점이 나눠 가진다. 통상 대리점에는 8~10% 안팎의 수수료가 지급되기 때문에, 이 경우 대리점은 7만 원, 본사는 13만 원의 수익을 얻는다.

이를 정리하면 여행사 본사의 이익은 '상품가격－여행 원가－대리점 수수료'로 계산된다. 우선 상품가격은 여행 원가에 성수기 및 비수기 여부를 반영한 마진을 더해 구한다. 고객 수요에 맞추어 여행 원가를 보전하는 범위 내에서 정해진다. 여행 원가는 항공비와 지상비의 합으로 계산된다. 항공비는 항공료, 지상비는 그 이외 숙박비·식사비 등을 통칭한다. 쉬운 이해를 위해 태국 여행 패키지 상품을 가정해보자.

항공료는 해외여행 경비 중 상당 부분을 차지한다. 개인이 태국 왕복 항공권을 구입한다면 평균적으로 FSC는 50만 원, LCC는 25만 원 정도를 지불해야 한다. 하지만 여행사는 대량구매를 통해 비수기 LCC 항공권 매입원가를 10만 원 수준까지 떨어뜨린다. 참고로 여행사는 성수기 항공권 좌석 확보를 위해 비수기 항공권 또한 다량 매입해야 하는 조건에 놓인다. 항공사가 일감을 주는 입장이다 보니 여행사끼리 출혈경쟁을 할 수밖에 없다. 더불어 지속적인 계약 관계를 유지하기 위해 한 항공사와 독점계약을 체결하는 경우도 많다.

하나투어 같은 대형 여행사에서 거래하는 태국 호텔은 숙박료가 저렴한 편이 아니다. 저가 호텔과 계약을 맺어 위생 문제라도 발생하면 고객들이 해당 숙박시설을 선정한 여행사에 불만을 가질 수 있기 때문이다. 여행사는 안정적인 객실 확보와 가격경쟁력을 위해 일정한 기준에 따라 호텔을 선별한 후, 장기계약을 통해 저렴한 가격으로 숙박권을 매입한다. 이후 식사비, 차량비, 레저 스포츠 상품 등의 옵션이 차례로 더해져 여행 원가가 산출된다. 여기에 마진을 더한 것이 태국 여행 패키지 상품의 판매가격이 된다.

그런데 한 가지 짚고 넘어가야 할 사항이 있다. 우리가 돈을 지급하는 곳은 국내 여행사지만 우리가 해외에 도착했을 때 우리를 인솔해주는 이들은 국내 여행사가 아니라 현지 여행사 소속이라는 점이다. 일부 대형 여행사는 지역에 따라 현지와 합작법인을 설립하거나 단독법인을 세우는 경우도 있다. 하지만 자본, 경영상 국내 여행사와 일체 관계가 없는 외주업체인 경우가 많다.

어떤 해외여행 패키지 상품이 있을 때 상품을 기획하고 판매한 여행사가 아닌, 해외 현지에서 고객의 여행을 주관하는 여행사를 랜드사(Land Operator)라 한다. 현지 임금이 대부분 국내보다 저렴하므로 여행사 입장에서는 현지 법인을 세우는 것보다 위탁 계약을 맺는 것이 더 효율적이다. 앞서 여행 원가는 항공비와 지상비로 이루어져 있다고 했다. 항공비는 국내 여행사에서 직접 처리하고 지상비는 현지 랜드사가 처리하게끔 한다. 물론 이후 여행사에서 원가에 일정량의 마진을 더해 랜드사에 지급한다. 추가로 랜드사가 고용한 가이드가 특정 식당이나 쇼핑샵에 고객을 안내해주고 매출이 발생한다면 해당 매장으로부터 커미션을 받는다.

커미션 매출은 여행의 질적인 부분에 많은 문제점을 야기하기도 했다. 이전에는 여행사들이 항공료, 숙박비, 식대의 원가에도 미치지 못하는 상품가격으로 관광객을 유치한 후 현지 커미션 매출로 이를 충당하는 이른바 '마이너스 투어'가 성행했다. 여행사에서 여행상품의 가격을 낮추다 보니 저가의 아웃바운드 상품을 구매한 관광객들이 여행의 질에 만족하지 못하는 경우가 늘어난 전례가 있다.

◎ 하드블록에서 제로컴 시대로

항공사는 몇 가지 절차를 거친 여행사에 항공권 발권 대행 자격을 부여한다. 항공권 발권 대행 시 현금 지급은 일주일에 한 번씩 후불로 이루어지기 때문에 지급 불능 사태를 대비해 담보를 갖추는 것이 일종의 자격 요건이다. 앞서 여행사가 패키지 상품 부문에서 항공권을 대량으로 구매해 가격을 낮춘다고 설명했다. 항공권 발권 대행의 경우도 마찬가지다. 동일한 방식으로 얻은 항공권을 패키지 상품에 끼워 넣느냐 개별적으로 판매하느냐 차이다.

항공권 발권 대행 계약 시 주로 '하드블록(hard block)'이라는 방식이 사용된다. 하드블록 계약하에 여행사는 항공권의 일정 부분을 선구매하는 대신 할인된 가격으로 받는다. 이를 통해 항공사는 성수기와 비수기의 항공권 수요 변동에 따르는 부담을 덜 수 있다. 대형 여행사에 하드블록은 영세 여행사 대비 원가 우위를 가져오는 방편으로 활용된다. 실제로 그동안 대형 여행사는 하드블록을 통해 일반 판매가 대비 10%가량 할인된 가격에 항공권을 대량매입했다.

한가지 위험 요소는 이 계약으로 획득한 항공권은 취소나 환불 및 양도가 대부분 불가능하다는 것이다. 즉 이 계약을 통해 판매 책임이 항공사에서 여행사로 이전된다. 미리 구매한 항공권을 판매하지 못할 경우 항공사로부터 패널티를 받는 경우도 있다. 출국 막판에 여행사를 통해 나오는 반값 항공권은 하드블록으로 매입한 미판매 항공권이다. 참고로 기업회계기준서는 항공기 하드블록 좌석 중 판매되지 않은 금액을 여행사의 재고자산으로 기록하도록 한다.

온라인의 발달로 항공사의 항공권 판매 루트가 다양해지면서 항공사가 여행사에 수수료를 지급하면서까지 항권권 판매를 맡길 이유가 적어졌다. 이에 따라 2010년대에 접어들면서 대한항공을 시작으로 교섭력이 높아진 다수의 항공사는 커미션이 없는 제로컴(zero comm) 정책을 폈다. 여행사들이 모든 구매에 대해 할인율을 적용받지 않는 대신, 볼륨 인센티브(VI; Volume Incentive)라 하여 일정 수량 이상을 판매하면 커미션을 받는 방식이 적용됐다. 급여에 비유하자면 일괄적인 연봉제에서 성과제로 바뀐 셈이다. 이 경우에도 판매 행위는 대리점이 한다. 만일 항공권가격의 7%를 커미션으로 받았다면 이 가운데 5% 정도가 대리점에, 나머지 2%는 본사로 향한다.

⊚ 비즈니스 모델의 약점을 극복하고 살아남는 방법은 수익 다각화뿐

때때로 국내 여행사의 수익 구조에 문제가 제기된다. 국내 여행사는 대부분 패키지 상품과 항공권 발권에 매출이 집중되어 있다. 전통적으로 항공권 판매 대행 업무는 여행사의 쏠쏠한 수입원이었지만 항공사의 판매 채널 확대로 수익성이 저하되고 있다. 따라서 우리나라와 같이 패키지 여행상품 비중과 항공권 판매 수수료 비중이 높은 구조는 수익성 차원에서 상당히 불안정하다고 볼 수 있다.

반면 미국이나 유럽 등의 선진국 소재 여행사는 10년 전부터 보험상품 판매, 항공권 외 단일 상품 판매 등 새로운 수익원을 발굴해 왔다. 대표적인 것이 호텔, 크루즈 등 단품 상품에 대한 판매 수수료다. 특정 호텔에 일정량의 숙박권 판매를 보장해주는 대가로 할인된 가격에 숙박권을 구매한 후 이를 고객들에게 재판매해 매입가격

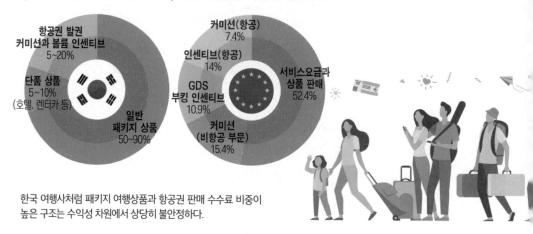

한국 여행사 매출 구조

항공권 발권
커미션과 볼륨 인센티브
5~20%

단품 상품
5~10%
(호텔. 렌터카 등)

일반
패키지 상품
50~90%

선진국(유럽) 여행사 매출 구조

커미션(항공)
7.4%

인센티브(항공)
14%

GDS
부킹 인센티브
10.9%

커미션
(비항공 부문)
15.4%

서비스요금과
상품 판매
52.4%

한국 여행사처럼 패키지 여행상품과 항공권 판매 수수료 비중이
높은 구조는 수익성 차원에서 상당히 불안정하다.

과 판매가격의 차익만큼 이익을 거두는 식이다.

호텔 숙박권 이외에도 여행과 연계성이 높은 렌터카 중개 수수료도 받는다. 여행객 수요를 밀어주는 대가로 렌터카업체 매출의 일정 퍼센트를 수수료로 받는 방식이다. 또한 여행보험상품을 판매하거나 기타 일반보험상품 판매를 대행하기도 한다. 국내 여행사도 선진국 여행사가 진출한 사업을 거의 모두 다루지만 아직은 그 비중이 미미하다. 참고로 수익 다각화의 일환으로 2010년대 중반 종합여행사들은 호텔과 면세점 사업에 진출했다.

전통적인 여행사 비즈니스 모델은 크게 세 가지 부분에서 취약하다. 첫째로 여행업의 비즈니스 모델은 모방에 취약하다. 여행상품 구조가 단순한 탓도 있지만 무엇보다 지식재산권을 통해 보호받을 수 있는 대상이 아니기 때문이다. 패키지 여행을 이용하는 소비자의 취향은 어느 정도 정형화되어 있어 상품 차별화도 어렵다. 대규모 자본 투자도 필요 없어 진입장벽이 낮다. 2020년 3분기 기준 여행업 등록 업체는 1만 개가 넘는다. 현행법상 관광버스 회사도 여행사에 속하는 등 여행업체의 범주가 넓긴하지만, 이를 감안하더라도 해당 수치는 여행업의 과포화 상태를 여실히 보여준다.

두 번째는 여행상품에 시한성이 있다는 점이다. 항공권이나 호텔의 경우 보유한 상품서비스가 아무리 높은 가치를 지녔다 하더라도 특정한 시간을 넘기면 그 가치가 아예 사라진다. 이 때문에 여행사는 손실을 보지 않기 위해 갖가지 마케팅 수단을 동원해 상품을 판매한다.

마지막으로 여행사의 매출과 이익은 시기에 큰 영향을 받는다. 가령 성수기인 1분기와 3분기에 매출을 극대화하기 위한 전략으로 2분기와 4분기에 마케팅비를 많이 지출하기 때문에 매출은 물론 이익까지 악화되는 경향이 있다.

코로나19로 가장 큰 타격을 입은 산업을 꼽으라고 하면 단연 여행업일 것이다. 2020년 들어 국내 여행사들의 현금성 자산은 전년 대비 40% 가까이 줄었다. 현금성 자산이란 3개월 안에 현금화가 가능한 예금이나 적금을 말한다. 여행사의 현금성 자산 주요 계정으로 여행수탁금이 있다. 이는 일종의 여행 예약금으로 해외여행이 어려워지자 고객들이 수탁금을 대거 환불하면서 급감했다. 또한 항공사에서도 판매 좌석 수를 절반 수준으로 줄이면서 항공권 발권 대행 수수료 수입도 급격히 줄었다. 이에 따라 하나투어 등의 국내 대표 여행사에서는 직원들을 대상으로 무급휴가를 실시하는 등 고정비를 줄이는 조치를 취했다.

다른 한편 코로나19를 계기로 한 온라인 채널 확대로 대리점 수 감소가 예상된다. 이전까지 대리점 수가 중요했던 이유는 고객의 대면 문의가 많았기 때문이다. 이제는 고객의 온라인 채널 친화력이 높아진 만큼 대리점 수를 늘릴 유인이 작아졌다. 더불어 대규모 여행 수요가 FIT(Free Independent Travel : 자유여행) 수요로 대체됨에 따라 여행사는 패키지 여행 비중을 점차 줄일 것으로 보인다. 게다가 호텔과 항공권 예약 모두 여행사를 통하는 비중이 줄어들고 있다.

심지어 구글은 구글플라이트라는 서비스를 출시하며 OTA(Online Travel Agency : 온라인 여행 예약 플랫폼) 점유율마저 빼앗는 추세다. 에어비앤비 등 새로운 형태의 여행 서비스가 생겨나는 데다, 가격에 민감한 MZ세대는 번거롭더라도 좀 더 저렴한 직판 창구를 알아보는 것을 주저하지 않는다. 한동안 온라인을 기반으로 한 호텔이나 항공권 예약 대행의 역할이 커질 것으로 예상된다. 더구나 익스피디아 등의 글로벌 OTA들이 중소 OTA를 인수하며 몸집을 불리는 추세라 경쟁이 매섭다. 트립어드바이저, 에어비앤비와 같이 여행 밸류체인의 일부만 담당하던 사업자들도 사업 영역을 넓히고 있다. 여행사의 사업 다각화가 더욱 강조되는 이유다. 고객 데이터를 기반으로 한 보험, 기타 부동산업 등 생존을 위한 여행사의 사업 다각화의 결과가 어떻게 흘러갈지 귀추가 주목된다.

DAY
19

부동산에서 브랜드로,
진화하는 호텔업의 본질

🧭 호텔의 핵심 사업부는 사실상 면세점

전통적인 호텔은 여행자에게 숙박 서비스만 제공했지만, 점차 부대시설과 서비스를 확장해 나갔다. 「관광진흥법」에 호텔업은 '관광객의 숙박에 적합한 시설을 갖추어 이를 관광객에게 제공하거나 숙박에 딸리는 음식, 운동, 오락, 휴양 등에 적합한 시설을 갖춘 사업'이라 명시되어 있다. 호텔산업은 외국인과 내국인 모두를 대상으로 하며 고용 효과가 높고 지역 경제 활성화에 크게 기여한다.

호텔산업은 두 가지 핵심적인 특징이 있다. 하나는 여행업과 관련성이 크다는 것이고, 다른 하나는 호텔산업의 본질이 '부동산 운용업'이라는 것이다. 호텔은 이 두 가지 특성을 살려 점차 사업의 범위를 넓혀왔다. 먼저 여행업과 깊게 연관되어 있다는 특성을 살려 업계 1, 2위인 호텔롯데와 호텔신라 모두 면세점 사업에 진출했다. 또한 호텔은 뛰어난 부동산 입지를 활용해 레스토랑이나 기타 부대시설을 활용한 사업을 적극적으로 벌이고 있다.

업계를 이끄는 호텔신라와 롯데호텔 모두 전체 수익에서 호텔 사업 비중이 10%에 불과하다. 나머지 90%는 면세점 사업에서 발생하는 매출이다. 호텔 부문은 객실 판매, 식음료 판매, 기타 부대 수입으로 이루어져 있다. 'TR(Travel Retail)'이라고도 부르는 면세점 사업은 말 그대로 면세상품을 판매하는 사업이다. 면세점의 경우 '오프라인 유통업'에서 자세히 살펴볼 예정이다(293쪽). 이번에서는 호텔 사업에 대해 자세히 살펴보자.

호텔 사업 수입은 호텔이라는 일정한 공간에서 발생하는 모든 수익을 말한다. 호텔은 객실과 식음료 등을 제공함으로써 매출을 얻는다. 이를 식으로 표현하면 '판매 객실 수 × 객단가 + 식음료 판매 및 부대수입'으로 나타낼 수 있다.

먼저 판매 객실부터 알아보자. 객실은 호텔의 기초가 되는 상품이다. 호텔 사업자는 자본을 끌어와 시설을 갖춘 다음 객실을 팔아 매출을 올려야 한다. 일반 제조업의 경우 수요가 줄어들 때 공장가동률을 낮춤으로써 비용을 줄일 수 있지만 호텔 객실 수는 고정적이다. 당일 객실을 판매하지 못하면 그날의 객실 가치가 완전히 사라지게 된다. 이에 따라 호텔은 객실점유율을 100%에 가깝게 하려고 다양한 판매 창구를 두고 판매처에 인센티브를 지급한다.

호텔의 판매 창구는 판매 주체에 따라 위탁 판매와 직접 판매로 나뉜다. 위탁 판매는 OTA, 여행사, 기타 예약 망을 통한 판매를 말한다. OTA(Online Travel Agency)는 온라인에서 숙박업소의 예약을 대행함으로써 판매 수수료를 받는 업체를 말한다. 여러 호텔의 리스트를 제공해주고 예약 시스템까지 갖춘 익스피디아, 아고다가 대표적이다. 또한 국내 플랫폼 야놀자나 에어비앤비 등의 숙박 플랫폼에서도 호텔 객실 판매대행 서비스를 한다. 참고로 야놀자의 경우 모텔 숙박 중개를 기반으로 성장했기 때문에 제휴 시도 초기에는 호텔 측에서 브랜드 훼손 우려로 제휴를 거부한 바 있

📍 호텔신라 매출 비중

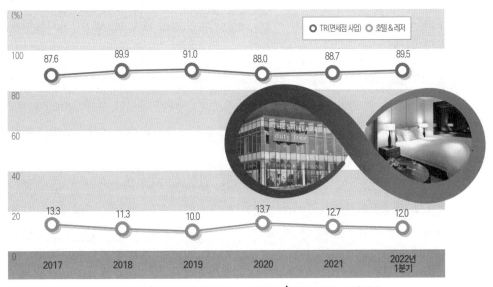

호텔업에서 호텔 사업 비중은 10%에 불과하다. 나머지 90%는 면세점 사업에서 발생하는 매출이다.

다. 하지만 고객의 접근성을 올릴 수 있다는 장점에 집중해 지금은 유수의 최고급 호텔과도 제휴를 맺은 상태다.

직접 판매는 유선 예약이나 자사 홈페이지를 통한 예약을 말한다. 위탁 판매와 다르게 호텔 측에서 별도의 판매 수수료를 지급하지 않아 수익성이 더 높다. 이에 따라 호텔에서는 직접 판매 채널을 통해 예약한 고객에게 부가 혜택을 제공하는 등 직접 판매 비중을 늘리기 위해 노력한다.

호텔의 주요 고객은 외국인과 내국인으로 나눌 수 있고, 숙박 목적도 레저와 비즈니스로 나뉜다. 호텔 측에서는 비즈니스 투숙객을 레저 고객보다 선호하는 경향이 있다고 한다. 보통 비즈니스 고객은 결제를 법인 카드로 해서 가격 민감도가 낮기 때문이다. 한가지 주목할 만한 점은 비즈니스 투숙객 중에는 우리나라 고객보다 외국인 고객이 많다는 것이다. 우리나라는 국토가 좁고 교통망이 우수하여 전국 대부분이 1일생활권 안에 들어오기 때문에 내국인 비즈니스 투숙 수요가 해외 호텔에 비해 적다. 다른 나라에 비해 객실 판매 비중이 낮은 여러 이유 중 하나다. 우리나라 5성급 호텔의 호텔 사업 부문 중 객실 판매 수입은 40%지만 미국 호텔은 60%다.

◎ 고객도 늘리고, 체면도 살려주는 제휴 전략

다음으로 객단가를 살펴보자. 호텔은 객실의 등급, 침대 종류, 뷰, 기타 부가서비스 이용 여부에 따라 금액을 차등 적용한다. 가령 객실의 이름이 '이그제큐티브 스위트 오션 뷰 킹배드'라고 해보자. 이 객실은 높은 등급의 스위트룸이며, 이그제큐티브 라운지를 이용할 수 있고, 바다를 조망할 수 있으며, 침대가 하나인 방이다. 여기에 'n일까지 무료 취소 가능', '2인 조식 포함' 등의 옵션이 추가된다면 객실가격은 더 높아질 것이다.

앞서 이야기했듯이 객실은 이월할 수 없는 재고상품이다. 따라서 객실요금을 적게 받더라도 매출을 올리는 편이 대부분 이득이다. 따라서 비수기에는 객실요금을 대폭 할인해 최소한의 이익을 확보하는 전략을 사용한다. 호텔은 객실요금을 두고 많은 고민을 한다. 호텔 비즈니스 모델 상 일단 객실을 파는 것이 중요한데 무턱대고 가격을 낮추려니 호텔 브랜드 가치가 떨어지지 않을까 걱정이 앞서는 것이다.

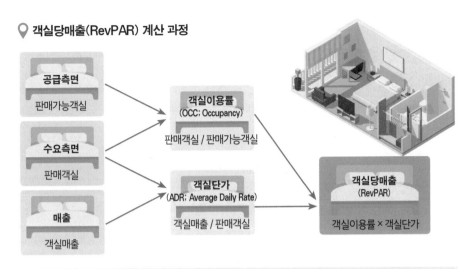

📍 객실당매출(RevPAR) 계산 과정

호텔기업을 분석할 때 가장 주의를 기울이는 지표는 객실당매출(RevPAR)이다. RevPAR은 객실 1개에서 하루 평균 벌어들인 돈을 뜻한다. 2020년 5성급 호텔의 평균 RevPAR는 7만 7939원이었다.

이에 대한 해결책으로 특급 호텔에서는 카드사와 적극적으로 제휴를 맺는다. 호텔-카드사 제휴 모델은 할인분을 호텔 측과 카드사가 나누어 부담하는 경우가 많다. 즉 표면적으로는 높은 가격이 책정되어 있지만, 고객이 실제로 지불하는 금액은 더 낮게 만들어 고객을 유치하는 것이다. 특급 호텔 할인 혜택이 있는 카드들은 대체로 연회비가 높아서 구매력이 높은 고객을 주요 고객으로 전환하는 부수 효과도 있다.

참고로 애널리스트들이 호텔기업을 분석할 때 가장 주의를 기울이는 지표는 '객실당매출(RevPAR; Revenue Per available Room)'이다. RevPAR은 객실이용률과 객실단가를 곱한 것이다. 즉 객실 1개에서 하루 평균 벌어들인 돈을 뜻한다. 만일 객실평균단가가 200달러인 호텔의 객실이용률이 90%라면 RevPAR은 180달러가 된다. 여기에 판매가능 객실일수(객실수×365일)를 곱하면 호텔 전체 객실 매출이 계산된다. 한국호텔업협회 자료를 보면 2020년 평균 객실이용률은 39.1%, 객실당매출은 4만 2412원이었다(702개 호텔). 5성급 호텔(45개)의 객실이용률은 39.31%, 객실당매출은 7만 7939원이었다.

객실매출 비중은 부대 사업 대비 낮은 수준이지만, 숙박 고객이 부대시설 매출에 기여하는 효과를 생각하면 매출 발생의 시작점으로 볼 수 있다. 호텔은 수익을 올리는 동시에 비용을 낮추는 방안을 생각해볼 법도 하지만 그리 쉬운 문제가 아니다.

인력을 감축하거나 유지보수를 소홀히 하게 되면 호텔의 질이 전체적으로 떨어질 위험이 있기 때문이다. 호텔은 서비스산업 중에서도 소비자 접촉 빈도가 높은 축에 속해 서비스 품질 관리가 중요하다. 객단가가 높고 경쟁자가 많은 호텔업의 특성상 어느 한 군데라도 문제가 발생할 경우 고객 이탈로 이어지기 때문에 구조 조정에 보수적인 편이다.

🎯 5성급 호텔에 딸린 레스토랑은 선택이 아닌 필수

객실 판매를 제외한 기타 수입으로는 식음료 판매와 부대 수입이 있다. 식음료 판매는 말 그대로 업장을 운영해 얻는 수입이다. 부대 수입은 예식장, 연회 장소를 제공해 주는 대가로 받는 수익이다.

거의 모든 고급 호텔은 각종 레스토랑과 음식점, 카페를 두고 있다. 여기에는 크게 두 가지 이유가 있다. 첫째로 투숙객을 통해 식음료 판매가 촉진되는 경우도 있지만 훌륭한 음식점이 고객을 끌어와 객실 판매로 이어지는 경우도 많기 때문이다. 즉 좋은 레스토랑과 카페는 호텔의 경쟁력을 올려준다.

두 번째 요인은 호텔 등급을 충족하기 위한 기준이다. 한국관광공사에서는 주기적으로 각 호텔의 등급을 평가한다. 한국관광공사가 제시한 호텔 등급별 충족 기준 중에는 'n개 이상의 레스토랑'을 갖추어야 한다는 기준이 있다. 5성급 호텔의 경우 3개 이상의 레스토랑을 가지고 있어야 한다.

호텔 업장은 운영 형태에 따라 직영 매장과 임대 매장으로 갈린다. 직영 방식은 호텔 본사가 인력, 메뉴, 영업 모든 것을 직접 관리하는 방식이다. 외부 셰프를 영입하고 로열티를 지불해 노하우를 전수받는 과정을 거친다. 임대 매장은 백화점 내 음식점처럼 공간만 내주고 해당 공간에서 발생하는 수익의 일정 부문에 대해 수수료나 임대료를 수취한다. 기존 호텔들은 직영 방식을 많이 사용했지만, 최근에는 외주를 맡기는 식으로 트렌드가 변하고 있다. 이전까지 호텔에서만 제공했던 파인다이닝 문화가 호텔 바깥에도 자리 잡으면서 고객 수요가 분산되었고, 이에 여러 호텔 음식점이 폐점 위기에 놓이기도 했다. 호텔신라의 미슐랭 3스타 한식당인 '라연'도 한때 폐점될 뻔한 위기를 겪었다. 외주 시스템을 도입하면 최소한 영업손실은 피할 수 있기 때문에 현재 호텔들은 등급 유지에 부담이 가지 않는 선에서 직영 업장을 외주 업체로 대체하고 있다.

글로벌 호텔 체인 vs 국내 직영 호텔

글로벌 호텔업과 우리나라 호텔업은 비즈니스 모델에 큰 차이가 있다. 힐튼, 메리어트, 하얏트 등의 글로벌 호텔기업은 엄밀히 말해 '호텔 프랜차이즈' 기업이다. 호텔신라나 호텔롯데는 호텔 부동산을 직접 소유하고 운용하는 경우가 많지만, 글로벌 호텔 프랜차이즈기업은 부동산을 소유하지 않고 가맹 호텔로부터 브랜드 로열티 등을 받아 수익을 창출한다. 이건희 회장은 생전 각 계열사 경영진과 업의 본질을 논하는 자리에서 호텔업을 '부동산업'으로 정의했다. 하지만 글로벌 호텔 체인산업의 본질은 부동산이 아닌 '브랜드'다.

미국 호텔기업은 프랜차이즈와 직영 사업을 병행하며 크게 네 가지 방식으로 매

글로벌 호텔업의 비즈니스 모델

글로벌 호텔

프랜차이즈·위탁 운영
- 프랜차이즈·라이선싱 → ·로열티 ·라이선싱
- 위탁 운영 → ·총매출의 일정 퍼센트
- 위탁 운영 인센티브 → ·영업이익의 일정 퍼센트

직영·임대
- ·호텔 객실 판매 수익
- ·식음료 판매 수익
- ·부가 수익(예. 장소 대여)

글로벌 호텔 체인산업은 본질이 '부동산'이 아닌 '브랜드'라고 할 만큼, 부동산을 소유하지 않고 가맹 호텔로부터 브랜드 로열티 등을 받아 수익을 창출한다.

출을 올린다. 직영·임대 사업은 국내 호텔의 비즈니스 모델과 동일하다. 매출이 호텔 객실 판매, 식음료 판매, 그리고 장소 대여로 구성된다. 글로벌 호텔 체인 중에서 하얏트가 직영 사업 비중이 높은 편이다. 직접 호텔 부동산을 구매하거나 리스를 통해 소유하면서 직영하는 비즈니스 모델은 한정된 공간에서 서비스 및 상품을 제공한다는 점에서 백화점과 유사하다고 볼 수 있다.

반면 힐튼은 프랜차이즈·라이선싱 사업 비중이 크다. 프랜차이즈·라이선싱 사업은 커피 프랜차이즈와 유사하다. 호텔 프랜차이즈·라이선싱 사업도 가맹 계약을 맺은 호텔에 브랜드 사용권과 가이드라인을 제공하고 그 대가로 일정액을 수수료로 수취한다. 가령 메리어트는 메리어트 간판을 달고 영업하고자 하는 호텔주에게 건설사 선정, 설계 자문, 개업 전 광고 전략 등 호텔 영업 초기 전략부터 개장 이후 지속적인 품질 관리 가이드라인을 제공한다. 호텔주 입장에서는 메리어트 브랜드가 가지는 모객 효과가 매우 강력할 뿐만 아니라 본사의 노하우를 전수받을 수 있다는 장점이 있기 때문에 매출액의 일정 비율을 수수료로 지급하더라도 프랜차이즈 형태를 선택한다.

⊚ 팬데믹 이후 호텔별 주가가 차등화 된 이유

영업레버리지는 재무레버리지(118쪽)와 구분되는 개념이다. 영업레버리지도(DOL; Degree of Operating Leverage)는 매출액이 1% 변동할 때 영업이익이 몇 배 증감하는지 측정하는 지표다. 영업이익 변동률을 매출액 변동률로 나누어 구한다. 결론부터 말하면 고정비 비중이 높을수록 영업레버리지도가 커진다.

매출 규모가 1조 원인 기업을 가정하자. 이 기업은 변동비가 매출의 20%이고, 고정비가 6000억 원이다. 만일 매출이 1조 2000천 억 원으로 상승하면 영업이익은 2000억 원에서 3600억 원으로 증가한다. 이때 영업레버리지도는 4다. 하지만 고정비가 7000억 원일 경우 영업이익은 1000억 원에서 2600억 원으로 증가하게 되므로 영업레버리지도는 8이 된다. 이렇게 매출이 상승하는 시기에는 영업레버리지도가 높은 사업의 영업이익이 빠르게 오른다. 하지만 매출이 하락하는 시기에는 영업레버리지도가 높은 사업이 낮은 사업보다 영업이익이 더 큰 폭으로 감소한다.

📍 영업레버리지도에 따른 영업이익 변화

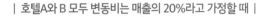

| 호텔A와 B 모두 변동비는 매출의 20%라고 가정할 때 |

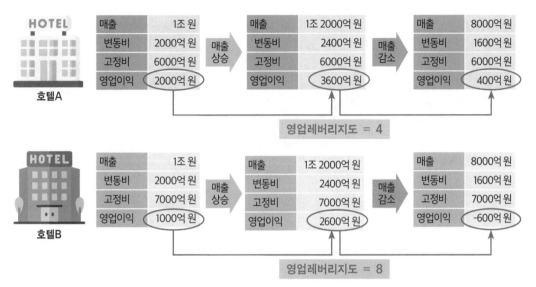

매출이 상승하는 시기에는 영업레버리지도가 높은 사업의 영업이익이 빠르게 오른다. 하지만 매출이 하락하는 시기에는 영업레버리지도가 높은 사업이 낮은 사업보다 영업이익이 더 큰 폭으로 감소한다. 호텔 직영 구조는 프랜차이즈 모델보다 고정비 비중이 커 영업레버리지도가 높다.

호텔 직영 구조는 프랜차이즈 모델보다 고정비 비중이 커 영업레버리지도가 높다. 호텔 프랜차이즈 사업의 경우 플랫폼 운영비, 프랜차이즈 관리 IT 시스템 구축비, 본사 운영비 등의 비용이 발생한다. 이 비용들은 고정비에 해당한다. 프랜차이즈 계약을 맺은 가맹 호텔이 늘어난다고 해서 이 비용이 비례해 늘어나지는 않는다. 하지만 프랜차이즈 사업비의 상당 부분을 차지하는 마케팅비, 시스템 유지비용 등은 가맹 호텔 수에 비례해 증가한다. 글로벌 호텔 체인의 경우 '규모의 경제'를 이룬 형태로 고정비 비중이 작다.

반면 직영 모델은 객실관리비, 식음료비 등의 변동비보다 부동산 관리비, 호텔 자산으로부터 나오는 감가상각비 등의 고정비 비중이 더 크다. 사업 초기 투자액의 80% 이상이 토지나 건축물 등의 고정자산에 사용될 정도다. 팬데믹 이후 호텔업계의 매출이 급락했을 때 직영 구조를 앞세운 호텔의 영업이익 감소폭이 더 컸다.

AROUND
INDUSTRIES
IN
40
DAYS

Chapter 4

건설·중공업·자동차 산업

DAY 20 일감을 따왔는데 주가가 하락하는 이유

토목과 건축, 다 같은 거 아니야?

건축물은 한 사회의 발전을 가늠하는 척도이기도 하다. 건설이란 주택, 아파트, 빌딩, 도로, 발전소 등 다양한 형태의 시설을 짓는 것이다. 건설업은 통상 두 가지 기준으로 구분할 수 있다. 우선 시공하는 건물 종류에 따라 토목, 건축, 플랜트로 나뉜다.

토목은 국토개발사업·항만공사·철도·도로 및 교량 공사 등 국가 경제 발전의 바탕을 이루는 인프라를 건설한다. 주로 정부가 SOC 발주를 통해 경기 부양을 도모하는 수단으로 사용된다. 토목은 경제 성장을 뒷받침하며 고용 및 부가가치 유발 효과가 크다.

건축은 주거·의료·교육·사무 등 광범위한 시설을 담당한다. 재개발, 재건축, 아파트 등의 주택 사업을 핵심으로 삼아 대부분 민간 부문에서 발주가 이루어진다. 건축의 경우 국민의 주택구매력이 전제조건이므로 GDP와 약한 상관관계가 있으며 정부 정책에 큰 영향을 받는다. 시장 포화에 따라 리츠 연계 임대업과 시설 유지보수 등 신규 사업 분야로 확장하는 경우도 있다.

플랜트산업은 석유화학플랜트·기타 설비 분야 및 원자력 사업으로 구분된다. 한국전력이나 한국가스공사 등의 에너지 기업이 필요로 하는 시설을 짓는다. 개발도상국이나 중동 지역 등 해외 국가 수요가 많다. 플랜트 건설은 뛰어난 기술력과 자본력이 요구되어 후발기업이 진입하기 어렵다.

또 다른 구분은 발주자에 따른 것이다. 발주자가 국가, 개인, 회사인지 혹은 해외소재 기업인지에 따라 공공, 민간, 해외 건설로 구분된다. 만일 지방자치단체에서 도로 건설을 발주했다면 공공 부문 토목 건설에 해당한다. 전체 시공 중 공공, 민간, 해외 부문 비율은 토목, 건축, 플랜트 비율과 거의 같고 이 비중은 해마다 바뀐다. 가령 2010년도 부근에는 모든 부문이 비슷한 비중이었다. 그러다 2015년을 기점으로 민간 부문이 폭발적으로 늘어나 현재는 민간, 즉 건축 부문이 전체 수익의 절반을 차지한다. 정부에서 SOC 예산을 줄이면서 공공 부문 비중이 줄었고, 해외 부문의 경우 플랜트 시공 특유의 원가 산정 어려움으로 시공사들이 예전보다 수주에 보수적인 태도를 보이고 있다. 결과적으로 업계 수익은 건축 부분에 크게 의존하고 있는데, 정부의 부동산 정책이 건설업 수익에 지대한 영향을 끼친다는 문제가 있다.

🧭 현금 흐름의 가변성이 클 수밖에 없는 수주업의 숙명

건설회사가 돈을 어떻게 버는지 알아보기 전에 건설업을 구성하는 두 주체를 이해할 필요가 있다. 건설회사에는 시행사와 시공사가 있다. 시행사는 공사를 발주하는 곳이다. 여러 부동산을 탐방하며 수익성 있는 프로젝트를 구상하여 그와 관련된 공사를 의뢰하는데, 의뢰 대상이 바로 시공사다. 시공사는 발주된 공사를 맡아 건물을 짓는다. 가령 아파트를 짓는다고 했을 때 아파트의 뼈대나 외벽을 건축한다. 그러나 단지 내 조경과 같이 세심한 전문기술이 필요한 부문은 하도급업체에 외주를 맡긴다. 하도급업체를 '전문건설사'라 부르고, 시공사는 '원도급업체' 혹은 '일반건설사'라 부른다. 우리가 많이 들어본 현대건설, 삼성물산 등이 시공사의 예다. 물론 시행사와 시공사를 겸하는 건설회사도 있다.

건설업 매출 대부분이 시공사로부터 발생하는 만큼 아래 설명은 시공사의 시각에서 쓰였음을 참고하기 바란다. 건설회사가 돈을 버는 방식은 매우 간단하다. 발주자와 계약한 금액보다 낮은 비용으로 건물을 지어 수익을 내는 구조다. 이때 주지해야 할 점은 건설업은 대표적인 수주업으로서 건물을 먼저 짓고 돈은 나중에 받는다는 점이다. 건물은 금방 지어지는 것이 아니기 때문에 판매대금 회수가 늦다. 따라서 건설사는 현금 흐름이 좋지 못하다는 고질적인 문제를 안고 있다.

일반 제조업은 수요를 예측해 상품을 생산하지만, 건설업은 발주자의 선주문이 있어야 공사에 돌입한다. 그래서 제조업을 계획생산(MTS; Make to Stocks), 수주업을 주문생산(MTO; Make to Order)이라고 한다. 더불어 발주자가 시공사에 일감을 주는 입장이기 때문에 시공사(건설사)의 발주자에 대한 협상력이 약하다. 수주업 체제의 건설업에서는 두 가지 현상이 나타난다.

첫째로 시공사는 공사진행률(공정률)에 따라 공사대금을 받는다. 시공이 완료된 다음에 돈을 받는다면 시공사의 부채 부담이 이만저만이 아닐 것이다. 따라서 발주자는 건설사와 최초 계약 시 일정 금액을 계약금 명목으로 선지급하고, 추후 공사진행률에 따라 중도금을 지급한다.

둘째로 시공사는 다양한 자금 조달처를 확보한다. 100층이 넘는 빌딩을 짓는다고 해보자. 아무리 자본이 풍부한 회사라도 수천억 원의 공사 비용을 부담하기에는 무리가 있을 것이다. 따라서 발주처 예산, 분양금, 부동산PF 등을 통해 공사비용을 마련한다. 시공사는 기본적으로 부동산 사업을 하므로 부동산을 활용한 자금 조달 기법을 사용한다. 신규 아파트의 경우 분양 대금을 통해 자금을 조달하고, 재개발 아파트의 경우 재개발 조합원들의 자금 등으로 비용을 충당한다. 또한 은행업(69쪽)에서 설명한 부동산PF는 시공사가 자금을 조달하는 단골 채널이다.

🕐 자기자본 2억 원으로 20억 원짜리 건물을 짓는 법

부동산PF는 건설업계에서 요긴하게 쓰는 자금 조달 창구로 건설업을 이해하기 위해 꼭 알아둬야 하는 개념이다. 부동산PF 대출은 부동산 개발을 통해 발생하는 현금 흐름을 담보로 한다. 분양자와 계약을 체결한 수분양자로부터 받는 분양 대금이 핵심적인 현금 흐름이다. 신용 대신 미래 현금 흐름을 근거로 하는 만큼 일반 대출보다 한도가 높은 것이 장점이다.

우선 시행사는 SPC라는 프로젝트 회사를 설립한다. SPC(Special Purpose Company, 특수목적법인)란 특정 사업에 투자하기 위해 설립한 페이퍼컴퍼니다. 참고로 모회사인 시행사가 직접 자금을 조달하지 않고 굳이 SPC를 설립하는 이유는 금융기관으로부터의 차입이 모회사의 현금 흐름 및 신용도에 영향을 주지 않게 하기 위함이다. SPC가 금융기관으로부터 대출을 받은 후 시공사에 자금을 공급하면, 시공사는 공사 대금을 활용해 공사 원가를 충당한다.

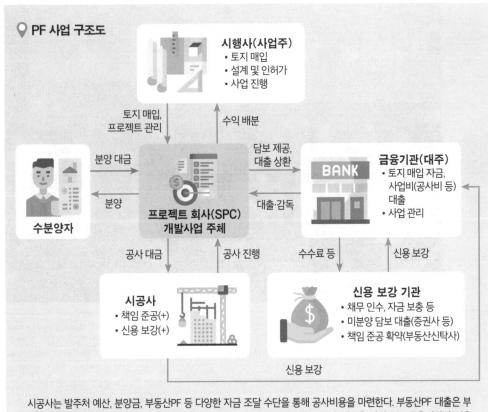

PF 사업 구조도

시행사(사업주)
- 토지 매입
- 설계 및 인허가
- 사업 진행

토지 매입, 프로젝트 관리 / 수익 배분

분양 대금 / 분양

수분양자

담보 제공, 대출 상환 / 대출·감독

프로젝트 회사(SPC) 개발사업 주체

금융기관(대주)
- 토지 매입 자금, 사업비(공사비 등) 대출
- 사업 관리

공사 대금 / 공사 진행 / 수수료 등 / 신용 보강

시공사
- 책임 준공(+)
- 신용 보강(+)

신용 보강 기관
- 채무 인수, 자금 보충 등
- 미분양 담보 대출(증권사 등)
- 책임 준공 확약(부동산신탁사)

신용 보강

시공사는 발주처 예산, 분양금, 부동산PF 등 다양한 자금 조달 수단을 통해 공사비용을 마련한다. 부동산PF 대출은 부동산 개발을 통해 발생하는 현금 흐름을 담보로 한다. 수분양자로부터 받는 분양 대금을 바탕으로, 금융기관과 신용 보강 기관 등이 대출해준다.

* 자료 : 나이스신용평가

부동산PF 대출은 실물자산을 담보로 하는 기타 대출보다 돈을 떼일 위험, 즉 대손위험이 높아서 금융기관은 추가적인 담보를 요구한다. 과거에는 시공사가 책임 준공(건물의 준공을 책임지는 약정)을 약속하는 식으로 신용 보강에 나섰다. 최근에는 이에 더해 증권사에서 수수료를 받는 대가로 미래 발생할 수 있는 '우발채무'에 대한 위험을 짊어진다. 신용 보강 기관은 일종의 보험사 역할을 한다. PF 대출 또한 여느 대출과 마찬가지로 상환 순위*에 구분이 있기 때문에 중순위 이하 대출을 자제하는 식으로 위험을 줄일 수 있다.

채권의 상환 순위
모든 채권은 부도 위험이 있기 때문에 채권 투자자는 대손확률이 높은 채권일수록 높은 수익률을 보장받는다. 만일 지속적인 적자로 현금이 고갈된 기업이 추가 대출도 불가능한 상태에 놓여 파산에 이르렀다고 해보자. 이 경우 기업은 보유 중인 자산을 모조리 팔아 선순위 채권-중순위 채권-후순위 채권-우선주-보통주 투자자 순으로 투자금을 상환한다. 따라서 선순위 채권은 후순위 채권보다 이율이 낮고, 주식의 기대수익률이 채권보다 높다.

그렇다면 최초에 시공사와 시행사의 계약은 어떻게 이루어지는 것일까? 건설업은 일종의 오디션 현장이다. 발주자가 건축물을 발주하면 시행사가 프로젝트를 기획하고, 해당 공사를 맡으려는 시공사들이 경쟁 입찰을 벌인다. 시행사는 시공사의 시공실적, 설계능력, 가격경쟁력 등을 고려해 최종 입찰자를 선정한다. 일감을 따오기 위해 건설

경매에서 매물의 내재 가치보다 과도하게 높은 가치를 지불한 최종입찰자가 입찰 이후 난항을 겪는 현상을 승자의 저주라고 한다. M&A 시장에서 기업이 외형 확장을 위해 과도한 금액을 지불할 때 자주 등장하는 표현이다. 대우건설을 인수했던 금호아시아나그룹, 조선·해운 회사들을 인수했던 STX그룹이 승자의 저주를 받은 대표적인 예다. 통계적으로 인수 이후 회사가 더 발전할 확률은 1/3이 채 되지 않는다.

사들은 자신이 감당할 수 있는 최소한의 공사가격을 제시하는데, 이따금 공사 원가에 미치지 못하는 가격을 써내어 '승자의 저주(Winner's Curse)'에 빠지기도 한다. 실제로 2010년 모 건설사가 중동에서 수주한 플랜트 공사에 지나치게 낮은 입찰가를 써낸 후 12만 원 정도였던 주가가 3년 후 3만 원까지 폭락한 사례가 있다.

2022년 현재 공급이 계획된 개발 건이 많은 만큼 수급 현황이 건설사에 유리하게 기울어질 예정이다. 따라서 원가 경쟁 때문에 건설사의 수익성이 저하되는 문제는 해소될 것으로 보인다.

자칫하면 적자 사업으로 허송세월을 보낼 우려가 있기 때문에 건설사는 공사비용을 정확하게 예측할 수 있는 역량이 필수다. 일반적인 공산품과 다르게 건물은 정형

화되거나 규격화되어 있지 않아 원가 산정에 신중해야 한다. 해외 플랜트 수주를 받은 기업이라면 원자재가격 변화에 더해 환율 변화까지 고려해야 한다.

⦿ 비싸게 사서 비싸게 파는 것으로 급변하는 건설사 패러다임

지난 20년 평균 상장 대형 건설사의 주택 분양 점유율은 17%, 최근 4년 기준으로는 20%에 불과하다. 이렇게 대형사의 시장점유율이 낮은 산업은 국내 내수 산업 중 건설업이 유일하다. 시장 자체는 고도성장이 멈추었지만, 각각의 회사별로 보면 성장 여력이 남아 있는 것으로 해석할 수 있다.

지금까지의 한국 주택은 빈 땅에 아파트를 짓는 식으로 공급되었다. 그래서 시행사는 단순히 가장 값싼 입찰가를 제시하는 시공사를 선정해왔다. 그러나 앞으로는 재건축, 재개발을 통한 주택 공급 방식이 주를 이루면서 원가경쟁력 이외의 요소들이 시장점유율 확대의 핵심 역량이 될 예정이다. 과거에는 싸게 사서 싸게 파는 것이 핵심이었다면, 건축비가 아파트가격에서 차지하는 비중이 줄어든 지금은 비싸게 사서 비싸게 파는 것이 주요 전략으로 자리를 잡았다. 따라서 브랜드 파워, 탄탄한 자금력을 갖춘 대형사들이 시장점유율을 확대할 것으로 보인다.

⦿ 건설업체 현황

종사자 규모별	업체수	매출 (조 원)	업체당 매출 (억 원)
5인 미만	490	0	3
5~9	490	0	3
10~19	3,627	11	31
20~49	3,902	29	75
50~99	811	19	240
100~199	287	19	672
200~299	113	14	1,216
300~499	55	13	2,284
500~999	38	18	4,733
1000인 이상	57	119	20,928

* 자료 : 통계청, 메리츠증권 리서치 센터

최근 4년 기준으로 대형 건설사의 주택 분양 점유율은 20%에 불과하다. 대형사의 시장점유율이 낮은 산업은 내수 산업 중 건설업이 유일하다.

⦿ 건설업에서 분식회계가 자주 발생하는 이유

분식회계(Make-up Accounting, Accounting Fraud)는 회사의 재무 상태를 조작하는 것이다. 구체적으로 매출액 과대 계상, 부채 축소 등이 있다. 원가 임의 변경, 페이퍼컴퍼니 설립 후 허위 계약서 작성 등의 방법이 분식회계에 동원된다. 모든 회사가 매년 회계법인을 통해 감사를 받는다. 하지만 회계감사는 계약서의 진위 여부를 확인하는 '조사'를 하는 것이 아니라 계약서와 재무상태표 상의 금액이 일치하는지 확인하는 '감사'를 하는 것이기 때문에 분식회계를 적발하는 것은 쉬운 일이 아니다.

특히 건설업은 분식회계에 취약한 수익 인식 구조로 되어 있다. 건물을 완공하는 데 수년이 걸리기 때문에 건설사는 전체 예상 원가 중 지금까지 투입한 비용이 차지하는 비율만큼 수익을 인식한다.

1000억 원의 공사대금을 받기로 하고 800억 원의 비용이 투입될 것으로 예상하는 건설 프로젝트를 가정하자. 연말 시점에 400억 원의 원가가 책정됐다면 건설사는 500억 원의 수익과 100억 원의 이익을 인식한다. 만일 매출액을 과대 계상할 목적으로 전체 예상 비용을 600억 원으로 하향 조정한다면, 당기 수익은 666억 원, 이익은 266억 원으로 상승한다. 하지만 최종적으로 받게 될 공사대금은 1000억 원으로 동일하기 때문에 당기에 이익을 과도하게 인식한 만큼 공사 완료 시점에 추가적으로 계상되는 이익은 줄어들고, 때에 따라 순손실을 기록하게 된다.

◎ 정부 손안에 있는 건설사 주가

건축 부문의 대부분을 차지하는 것은 아파트 시공이다. 현재 아파트 신규 분양 중 재개발·재건축이 차지하는 비율은 30% 수준이지만 앞으로는 그 비중이 더욱 확대될 것으로 보인다. 아파트 분양은 다수의 이해관계자가 얽힌 이슈인 만큼 정부 규제가 매우 강하게 작용한다. 주택담보인정비율 조정, 분양가 상한제 정책, 초과이익환수제 등의 정책이 대표적이다.

주택담보인정비율 조정은 아파트가격을 담보로 대출받을 수 있는 금액의 비율을 줄인 것이다. 이 경우 아파트 수요자의 주택구매력이 떨어지면서 시공사의 아파트 수요자 모집에 차질이 생긴다. 앞서 은행업(71쪽)에서 소개한 LTV와 동일한 개념이다.

분양가 상한제는 시공사 이익에 직접적인 영향을 준다. 일반 분양 시 시공사는 시공한 건물을 입주자들에게 팔아 차익을 실현한다. 좀 더 구체적으로는 분양가에서 경비, 외주비, 노무비, 자재비, 일반관리비 등을 제한 금액이 수익이 된다. 그런데 분양가 상한제는 이 분양가를 택지비(토지가격)와 건축비의 합 이하로 제한한다. 따라서 시공사는 예전만큼 높은 분양가를 받지 못하게 되고 자연히 수익률도 낮아진다.

다만 코로나19 전후와 같이 아파트 매매가가 고공행진을 보이는 시기에는 분양가 상한제에도 불구하고 건설사가 꽤 괜찮은 시황을 누릴 수 있다. 주택 매매가가 상승하면 매매가와 분양가의 스프레드인 시세차익을 노리는 청약자가 증가한다. 청약률이 상승하면 미분양 주택이 감소하고, 이는 발주자의 추가 발주로 이어져 건설사의 수주가 늘어난다. 또한 부동산 개발에 대한 투자 심리가 개선돼 금융권의 부동산PF 대출 비중이 확대되는 효과도 있다.

시공사 입장에서는 속전속결로 계약 및 공사를 마무리하여 많은 일감을 처리하려고 하는데, 재건축 초과이익환수제는 재건축 사업의 진행을 어렵게 한다. 주위 아파트를 돌아다니다 '재건축 설립 인가 경축' 등의 피켓을 본 적이 있을 것이다. 재건축은 일반적으로 기존 주민들에게 큰 이익을 가져다주기 때문에 호재로 여겨진다. 재건축을 위해 아파트 주민들은 조합설립인가를 받아 조합을 결성하고 안전진단 및 사업시행인가를 받은 후 시공사를 선정한다. 그러나 다음 단계인 관리처분인가 단계에서 2년 이상의 시간이 소요된다.

관리처분인가는 기존 건축물의 권리를 재건축물의 권리로 변환하는 단계다. 이때

📍 **분양가 상한제**

분양가의 상한으로 규정

건축비 — 기본형 건축비 + 건축비 가산비

택지비 — 택지의 공급가격 (감정평가액) + 택지비 가산비

분양가 상한제는 분양가를 택지비와 건축비의 합 이하로 제한한다. 분양가 상한제 하에서 시공사는 예전만큼 높은 분양가를 받지 못하게 되고 자연히 수익률도 낮아진다.

조합원이 출자한 재산권의 가치가 평가된다. 쉽게 말해 재건축 완료 후 기존 입주민들이 얼마를 부담해야 하는지를 평가하는 것이다. 재건축을 할 경우 아파트의 가치는 당연히 높아진다. 이 과정에서 조합원들에게 발생하는 이익을 제한하는 것이 초과이익환수제다. 초과이익환수제의 적용 시점인 2018년 1월 전에는 이 규제를 피하려는 조합원의 움직임으로 재건축 사업이 속전속결로 진행되었지만, 초과이익환수제가 시행된 2018년 이후 재건축 사업 진행이 전반적으로 지지부진한 모습을 보이고 있다.

부동산 규제는 정권에 따라 그 종류와 정도가 다르고 국민의 이해와 직접적으로 결부된 문제로, 정권의 임기 중에도 지속적으로 수정되는 사안이다. 따라서 수년 후 건설사가 마주할 시장 환경은 현재 시점에서 쉽사리 예측하기 어렵다.

ⓢ 미래 새로운 먹거리 마련에 분주한 건설업

정부 정책은 민간 건축 사업의 수익을 좌지우지하기 때문에 건설사들이 건축 부문에 의존할수록 잠재적인 위험 요소가 많아진다. 이에 따라 건설사들은 다양한 분야로 사업 다각화를 시도하고 있다. 가령 롯데건설은 주거시설의 책임관리서비스와 기타 부동산 종합서비스를 제공한다. GS건설의 경우 기존에는 하도급업체에 맡겼던 엘리베이터 시공 부문을 자회사를 설립해 해결하기도 하고, 2차전지 재활용 사업과 태양광 사업 등 에너지 분야에도 손을 뻗었다.

리모델링 사업도 건설사들이 주목하는 먹거리다. 완공 이후 10년 이상이 지난 노후주택이 2015년 전후로 급격히 증가하면서 가구, 인테리어 시장이 수혜를 받은 이력이 있다. '가구 공룡' 이케아가 한국에 진출한 것도 이때다. 그 당시 10년 된 아파트의 연식이 이제는 20년이 다 되어 간다. 이 시기에는 마루, 욕실 등 전체적인 리모델링 수요가 증가하기 마련이다. 가구업체 한샘은 물론이고 많은 건설사가 리모델링 사업에 뛰어드는 이유다.

건설업은 전형적인 아웃도어(outdoor) 산업으로 대량생산과 표준화가 불가능하다. 자동차업의 경우 인도어(indoor) 산업으로 제품 생산이 정해진 공간에서 이루어져 효율화가 가능하다. 그러나 건설회사는 도로를 건설하러 전국 곳곳으로, 플랜트를 건설하러 해외 각지로 나가야 한다. 원재료를 현장에서 조립하기 때문에 효율화가 어려운 구조다. 최근에는 이런 건설업을 '인도어화' 하려는 움직임이 보이기도 한다. 실제로 한 중소기업은 건축 자재 일부를 미리 조립하는 기술을 개발하여 삼성물산, 현대건설 등 대형 시공사들의 시공을 단축하는 데 도움을 주고 있다.

　일찍이 전문가들은 국제 원자재가격이 오를수록 중동 산유국 등의 재정이 개선돼 발주가 늘어날 것으로 전망했다. 그러나 막상 유가가 치솟은 지금 해외 플랜트 발주는 크게 늘지 않은 모습이다. 정유 플랜트를 발주한다는 건 휘발유 판매를 염두에 두고 있다는 것인데, 전기차 시대가 도래함에 따라 휘발유 수요가 불명확해졌다. 석유화학 플랜트를 발주한다는 건 에틸렌을 팔겠다는 이야기인데, 최근에는 플라스틱을 줄이는 추세다. 이러한 분위기 때문에 전통 에너지를 생산하던 업스트림 업체들의 발주량이 기대에 못 미친다는 평가가 많다. 에너지가격이 오른다고 플랜트 발주가 활성화된다는 논리가 통하지 않는 시대가 된 것이다. 반면 친환경에너지로 분류되는 천연가스, 수소는 앞으로 지속적인 플랜트 수요가 발생할 지점으로 손꼽힌다.

각종 규제로 재건축·재개발 사업이 어려움을 겪으며 리모델링에 주목하는 단지가 많아졌다. 이에 대형 건설사들이 잇달아 아파트 리모델링 시장에 뛰어들고 있다. 리모델링은 재건축보다 규제가 덜하다. 재건축을 하려면 준공한 지 30년이 지나고 안전진단 D등급 이하를 받아야 한다. 반면 리모델링은 준공 15년 이상에 안전진단 B, C등급을 받으면 추진할 수 있다. 2026년이 되면 분당, 일산 등 1기 신도시에 재건축 연한을 넘긴 주택이 28만 채에 이를 것으로 전망된다.

DAY 21

친환경 바람 타고 수주 호황 기대

🧭 전방산업인 해운업과 함께 뛰는 조선업

국가 간 교류가 필수적인 시대다. 삼면이 바다로 둘러싸인 우리나라는 국제무역을 위해 선박이 꼭 필요하다. 일찍이 우리나라는 조선 기술을 다져 현재 전 세계 선박 발주량 중 상당 부분을 수주하고 있다.

무역에 이용하는 화물선부터 호화로운 크루즈선, 어선까지 다양한 목적을 가진 선박은 세계 경제에 큰 역할을 한다. 택시회사가 택시를 직접 생산하는 게 아니듯, 선박을 운영하는 회사(해운사)는 배를 만드는 데 필요한 복잡한 기술을 가지고 있지 않다. 뛰어난 기술력을 가진 조선사에 선박을 주문해서 사들인 것이다.

조선업은 건설업과 마찬가지로 수주업에 속한다. 선주의 주문을 받고 배를 건조하여 판다. 작게는 수백 톤에서 크게는 수만 톤에 이르기까지 선박의 종류는 다양하다. 선박은 통상적으로 계약부터 설계, 가공, 조립, 도장, 탑재, 진수, 인도의 과정을 통해 만들어진다. 여러 과정 중 핵심은 '계약-설계-조립-진수 및 인도'의 4단계다.

📍 상선의 종류

벌크선	탱커선	가스선	컨테이너선

선박이 필요한 선주는 조선사 측에 구체적인 주문사항을 담은 제안서를 보낸다. 제안서에는 선박의 종류, 사용 목적, 선박의 크기나 무게, 속력, 활동 해양 범위 등 세세한 내용이 들어간다. 이를 바탕으로 조선사에서 견적을 내고 선주와 계약을 체결한다.

삼성중공업처럼 세계적으로 기술력을 인정받은 조선사는 지속적인 수주 제안을 받는다. 그렇다면 수주를 예상해 미리 선박을 만들어 놓고 파는 전략을 생각할 법도 하다. 그러나 선주의 요구 사항이 매번 다르고 선박은 규모만큼 생산단가도 어마어마해 수주를 예상해 미리 생산하는 것은 무리다. 또한 같은 종류의 선박이라 할지라도 어느 범위에서 어떤 활동을 하는지에 따라 필요로 하는 설비가 천차만별이다. 이런 구조적 특징으로 인해 조선업은 완전한 주문생산 방식하에 운영된다.

선박의 종류는 매우 다양하다. 사용 목적에 따라 상선, 함정, 어선, 특수작업선으로 분류된다. 이 중 시장 규모가 가장 큰 것은 상선이다. 우리나라 조선사도 상선 건조에 특화되어 있다. 상선은 싣는 상품 종류에 따라 벌크선, 탱커선, 가스선, 컨테이너선으로 구분된다.

우선 벌크선은 석탄이나 철광석, 곡물 등을 운송한다. 높은 기술력이 필요하지 않기 때문에 단가가 저렴한 축에 속한다. 벌크선은 곡물 수급 현황에 따라 발주량이

 세계 선박 발주량과 한국 수주량

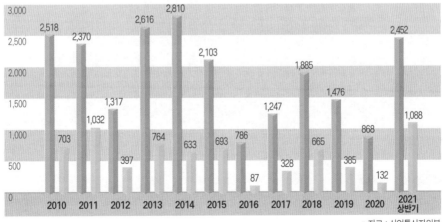

(만 CGT)

■ 세계발주량 ■ 한국수주량

연도	세계발주량	한국수주량
2010	2,518	703
2011	2,370	1,032
2012	1,317	397
2013	2,616	764
2014	2,810	633
2015	2,103	693
2016	786	87
2017	1,247	328
2018	1,885	665
2019	1,476	385
2020	868	132
2021 상반기	2,452	1,088

* 자료 : 산업통상자원부

달라진다. 탱커선의 경우 원유와 석유 등을 운송한다. 세부 설비에 따라 다르지만 보통 1000억 원 이하에 거래된다. 가스선은 LPG, LNG 등을 운송한다. 뛰어난 기술력이 필요해 2000억 원이 넘는 높은 단가를 형성한다. 우리나라 조선사가 업계 1위를 차지하고 있는 분야이기도 하다. 마지막으로 컨테이너선은 가전, 섬유 등 완성품이나 산업재를 싣는다. 이 외에도 다양한 종류의 선박이 있다.

🧭 배값을 받는 여러 가지 방법

선박가격을 협상하는 과정에서 판매대금 지불 방식이 논의된다. 조선업에서는 크게 세 가지 지급 방식이 있다. 스탠다드(standard) 방식은 계약, 제조, 조립, 진수, 인도 시점에서 각각 전체 대금의 20%씩 지급하는 방식이다. 선주 입장에서는 한 번에 수천억 원에 달하는 금액을 지급하는 데 부담을 느낄 것이고, 조선사 입장에서도 상당히 큰 자산이 팔리지 않고 묶여 있는 상황이 달갑지 않을 것이다. 양측의 이해관계를 절충한 형태가 스탠다드 방식으로, 선박 계약에서 가장 많이 사용된다.

헤비 테일(Heavy Tail) 방식은 대금 대부분을 선박을 인도할 때 지급한다. 이 경우 선주가 건조 초반 계약금 명목으로 일정 금액을 조선사에 지급하기는 하지만 금액

📍 선박 건조 대금 지급 방식

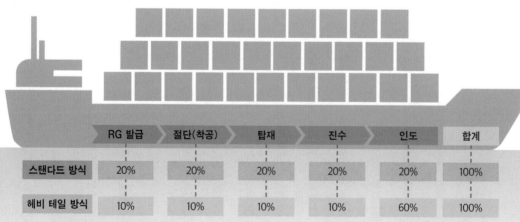

	RG 발급	절단(착공)	탑재	진수	인도	합계
스탠다드 방식	20%	20%	20%	20%	20%	100%
헤비 테일 방식	10%	10%	10%	10%	60%	100%

* 자료 : 금융감독원

과거 글로벌 조선업계는 수주 초기에 선금을 많이 받는 '톱 헤비' 방식의 계약이 일반적이었다. 하지만 선주들이 선금의 20~30%만 결제하고, 2~3년 뒤 선박 건조가 완료되면 나머지 잔금을 치르는 '헤비 테일' 방식을 요구했다. 대금 지급 방식이 변경되면서 조선사들은 일감을 확보했지만, 당장 수중에 현금이 없는 상황에 내몰렸다.

대부분을 뒤늦게 상환한다는 점에서 조선사의 현금 흐름에 불리한 방식이다. 금융위기 이후 조선 경기가 악화함에 따라 수주를 따내기 위해 발주사의 현금 흐름에 유리한 헤비 테일 방식을 제안하는 조선사들이 많았다. 하지만 여러 문제가 뒤따랐다. 헤비 테일 방식에서는 최초 계약 시 전체 대금 중 5% 정도의 금액만 지불하면 되니 자본력 없는 발주사들도 대거 몰려든 것이다. 막상 선박 인도 시점이 되자 지불능력이 없는 발주사가 계약을 돌연 취소하고, 건조에 들어간 비용이 고스란히 적자가 되어 조선사가 재정난에 빠진 사례도 있다. 따라서 2년가량 소요되는 선박 건조 과정에서 외부로부터 자금을 조달할 수 있는 역량이 매우 중요하다.

조선사는 시공사와 마찬가지로 공사진행률을 수익 인식 기준으로 삼기 때문에 건조 도중 자금이 고갈된다면 큰 문제가 생긴다. 매출은 공사진행률에 따라 인식되기 때문에 매출 인식은 대금 수취 방식과 전혀 관계가 없다. 따라서 기업의 실적과 실제로 들어오는 현금에 차이가 발생한다. 발주처에서 돈을 주지 않으면 매출이 올라도 실질적으로 현금 곳간이 텅 빌 수도 있다. 기업을 분석할 때 손익계산서와 현금흐름표를 모두 주의 깊게 봐야 하는 이유다.

톱 헤비(top heavy) 방식은 계약 시점에 선박 대금 대부분을 지급하는 것이다. 이 방식은 조선사에 양날의 검으로 작용한다. 조기에 현금을 회수해 현금 흐름이 개선되기는 하지만, 대금 지급이 일찍 이루어지므로 스탠다드와 헤비 테일 방식보다 할인된 금액을 받기 때문이다.

한편 조선사의 주요 고객은 대부분 해외 발주사기 때문에 선박 대금은 보통 달러로 결제된다. 따라서 환율에 의해 수익성이 감소하는 리스크를 낮추고자 조선사들은 정유업과 마찬가지로 파생상품을 활용한다(255쪽).

⚙️ 조선업 수익을 좌우하는 후판가격

선주와 모든 합의가 끝났다면 이제는 선박을 설계할 차례다. 선박의 종류에 따라 다르지만 통상적으로 설계도면을 그리는 데 6개월에서 1년 정도의 기간이 소요된다. 설계도면이 완성될 즈음에는 선박 건조에 필요한 여러 자재를 구입한다. 미리 구비해놓은 자재가 있긴 하지만 설계를 하면서 필요한 자재의 종류와 양이 수시로 바뀌기 때문에 계속해서 자재를 들여온다.

선박을 건조할 때 주로 사용하는 원재료는 후판이다. 후판은 선박에 사용하는 두께 6mm 이상의 두꺼운 철판이다. 국내 철강업체인 포스코, 현대제철에서 공급받는다. 후판은 선박 자재비의 40% 이상, 원가의 20% 이상을 차지하는 주요 자재다. 부족 물량이 생길 경우 일본과 중국에서 수입한다. 후판가격의 상승은 조선사들의 비용 부담으로 이어지기 때문에 예의주시해야 하는 지표다. 지금처럼 수주 일감을 대량으로 확보해둔 상황이라면 후판가격 인상분을 전방산업(예 해운산업)에 전가할 수 있어 큰 우려가 되지는 않는다.

아웃도어 산업인 건설업은 생산 과정에서의 표준화와 효율화가 불가능하다. 조선업은 생산하는 공간이 매번 달라지는 건설업과 달리 일정한 공간(조선소)에서 선박을 건조하는 인도어 산업이므로 생산 효율화가 가능하다. 그래서 조선업에서는 제조나 착공이라는 표현보다 '조립'이라는 표현이 많이 쓰인다. 미리 만들어 놓은 부속을 결합하는 식이다. 선박의 규모가 무척 크기 때문에 처음부터 선체를 만드는 게 아니다. 먼저 완성된 선체를 도면으로 만들고 이를 여러 단위로 나누어 블록 조립식으로 건조한다.

이렇게 해서 선박이 완성되면 배를 물 위로 띄우는 진수 과정을 거친다. 곧바로 선주에게 인도되는 것이 아니라 정상적으로 작동하는지, 결함은 없는지 철저한 테스트를 거친 후 선주에게 최종 인도된다. 이 시점에 도달하면 조선사는 모든 대금을 회수하게 된다.

📍 **조선업의 전후방 산업**

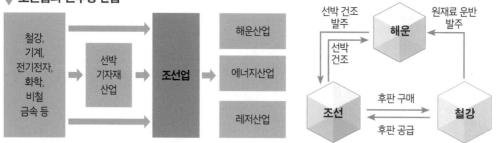

* 자료 : 서울경제신문, 나이스신용평가

조선업은 철강사 등으로부터 부품을 조달해 해운사, 에너지사 등 전방기업의 영업 활동에 사용되는 선박을 가공하는 산업이다. 특히 조선사, 해운사, 철강사 간 긴밀한 관계가 두드러진다. 해운사가 선박을 발주하면 조선사는 철강사로부터 후판을 공급받아 선박을 건조하고, 이후 해운사가 철강사의 원재료를 운반해준다.

🧭 조선업도 결국 사이클이 중요하다

선박을 인도하고 나면 조선사는 새로운 발주사를 찾아 나선다. 이때 많은 발주사를 상대로 높은 가격을 받는 것이 중요하다. 발주사는 해운사이기 때문에 수주 물량은 국제 경기와 밀접하다. 그렇다면 어떤 요소들이 선박가격에 영향을 미칠까?

선박의 가격도 수요와 공급이라는 기본 원리에 의해 결정된다. 조선업은 기본적으로 선박의 건조 기간이 길어 공급이 비탄력적이라는 특성을 가진다. 때문에 호황기에는 발주량이 증가해도 곧바로 선박을 내어줄 수 없어 선박가격이 상승한다. 이후 불황기가 도래하면 호황기 때 발주했던 많은 선박으로 인해 발주량이 급격히 줄어 선박가격이 하락한다.

선박 수명은 평균 25년이다. 조선업은 짧게는 5년, 길게는 25년마다 호황과 불황이 반복되는 경기순환 경향을 보인다. 만일 선박의 대규모 교체 수요가 도래하거나 선주들이 미래 경기를 낙관적으로 전망해 발주량을 늘린다면 조선사들의 수주 잔고가 급증할 것이다. 이후 선박의 공급 과잉에 대한 우려가 퍼지면 선박의 발주가 감소하고, 조선사들은 몇 안 되는 계약을 따오기 위해 헤비 테일 방식을 제시하며 선박가격을 낮춘다. 이 경우 조선사의 수익이 악화되어 구조 조정 바람이 불고 한계에 다다른 기업들은 퇴출된다. 해당 기간에 선박 인도량이 감소한 만큼 선박 공급 과잉이 해소된다. 이렇게 업황 등락이 반복적으로 일어나는 조선업을 '사이클 산업'이라 부르기도 한다.

가격에 영향을 미치는 또 다른 요인은 해상운임과 중고선가이다. 해상운임은 선박이 사람이나 화물을 운송한 대가로 받는 요금으로 해운사들의 수익과 연관이 있다. 발주사인 해운사의 수익이 늘면 선박에 대한 수요도 늘어 가격 인상 여력이 올라간다. 중고선가는 말 그대로 중간에 선박을 다른 선주에게 인도했을 때 받을 수 있는 금액으로 선박의 가치를 평가하는 데 사용되어 수주가격에 영향을 준다.

참고로 2021년 하반기가 되면서 중고선가가 신조선가보다 2배 이상 뛰는 이례적인 현상이 발생했다. 2021년에는 전 세계적으로 물동량이 폭발적으로 증가하면서 이를 충당할 수 있는 선박 수가 부족했다. 새로 발주한 선박을 3년 후 인도받는 것보다 당장 투입할 수 있는 선박에 대한 니즈가 매우 커진 탓에 중고선가가 신조선가보다 높게 형성된 것이다.

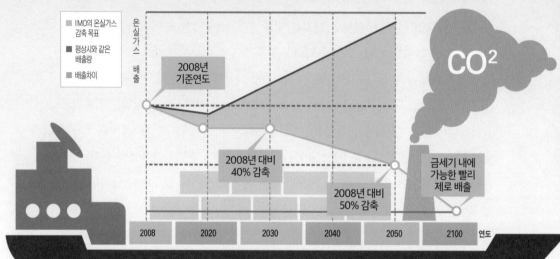

IMO의 해운산업에서 온실가스 감축 전략

- IMO의 온실가스 감축 목표
- 평상시와 같은 배출량
- 배출차이

온실가스 배출

2008년 기준연도

2008년 대비 40% 감축

2008년 대비 50% 감축

금세기 내에 가능한 빨리 제로 배출

CO^2

2008 2020 2030 2040 2050 2100 연도

2018년 선박 운송으로 10억 7000만 톤의 이산화탄소가 배출되었다. 이는 전 세계 이산화탄소 배출량의 약 2.89%에 해당한다. IMO는 2050년에 2008년 대비 온실가스를 50% 절감하기 위해 신조선 에너지효율설계지수(EEDI), 현존선에너지효율지수(EEXI), 탄소집약도지수(CII) 규제를 도입하였다. 에너지효율이 낮은 선박의 퇴출이 가속화되면 선박 발주가 증가할 것으로 예상된다.

글로벌 여건 변화가 조선업에 미치는 영향

요소	영향 요인
유가 상승	탱커 수요 감소와 해운사 원가 상승으로 부정적(-)이나, 장기적으로는 해양 플랜트 수요증가로 긍정적(+)
보호무역 강화	물동량 감소로 전방산업인 해운 시황 악화와 선사들의 발주 심리 위축으로 부정적(-)
환경 규제 강화	노후 선박의 폐선 증가와 대체 선박 발주에 긍정적(+)
공급 과잉 조정	세계 조선업의 구조 조정으로 경쟁 강도는 증가(-)하고 있으나, 장기적으로는 완화될 전망(+)

이외에도 조선업 시황에 영향을 미치는 요소는 다양하다. 가령 유가가 상승할 경우 장기적으로 해양 플랜트 수요 증가로 시황이 개선될 것으로 예상할 수 있다. 그러나 북극과 같이 해상 개발이 어려운 곳은 유전 개발 원가가 높아서 손익분기점을 넘기 위해서는 유가가 매우 높아야 한다. 반면 중동 지역의 경우 비교적 유전 개발이 원만해 손익분기점이 낮다. 유가가 배럴당 70달러 수준을 지속적으로 상회한다면 플랜트 발주량이 늘어날 것으로 보인다.

ⓢ 이제는 새로운 배를 만들 때

조선사는 전방산업인 해운사 대비 교섭력이 낮고, 해운업의 수급 상황에 따라 수익이 변동한다. 그리고 환율 변동 리스크도 존재한다. 반면 연간 150조 원 안팎의 거대한 시장 규모를 형성하고 있다는 점, 대규모 설비와 건조 기술이 요구되어 진입장벽이 높다는 점은 조선업의 전통적인 강점이다. 최근 들어서는 환경 규제가 차례대로 시행됨에 따라 규제에 맞지 않는 선박에 대한 교체 수요가 늘어나고 있다.

코로나19의 여파가 잠잠해진 후 경기 회복에 따른 해운운임의 증가로 해운사는 전에 없던 호황을 맞이했다. 이에 따라 조선사도 2008년 이후 최대 호황을 누리고 있다. 2021년 1분기 전 세계 선박 발주량은 전년 동기 대비 4.3배 증가했고, 이 중 한국의 조선사는 전체 선박 수주량의 52%를 차지했다.

또한 환경 규제가 강화됨에 따라 신규 선박에 대한 수요가 증가하고 있다. 국제해사기구(IMO; International Maritime Organization)는 2020년부터 선박 연료의 황 함유량을 3% 줄이는 규제를 시행했다. 그리고 2025년까지 선박 온실가스 배출량을 2008년 대비 최소 30% 감축하는 규제를 내놓았다. 이에 따라 환경 규제에 적합한 신규 선박 발주가 이어질 것으로 예상된다. 실제로 친환경 연료로 운항하는 선박과 친환경 연료를 운송하는 선박의 수요가 모두 증가하는 추세다. 기존의 선박들은 대부분 디젤 엔진을 이용했는데 환경 규제에 따라 친환경 에너지 연료를 사용하는 선박의 발주가 늘고 있다. LNG 등의 친환경 연료를 운송하는 가스선의 발주 또한 크게 늘 것으로 예상된다. 선박의 대형화 트렌드도 수주단가 상승에 긍정적인 영향을 줄 것으로 기대된다.

친환경 선박 기술은 선박 운항 과정에서 연비를 높이고 온실가스 배출을 줄이는 기술이다. 고효율 엔진 개발, 온실가스 포집, 선체 최적화 기술을 장착한 친환경 선박을 만들기 위해 조선사들이 치열하게 경쟁하고 있다.

중국의 탄소 감축 정책이
불러온 나비효과

◎ 제철보국(製鐵寶國), 철을 생산해 국가 경제 발전에 기여한다

철은 '산업의 쌀'이라 불린다. 철강업은 모든 산업의 근간을 이루는 산업이다. 철강업의 기술과 규모는 한 국가의 경제력을 판단하는 지표로 사용되기도 한다. 조선업, 건설업 등 우리나라의 굵직한 산업들이 경제 성장에 앞장설 때, 철강산업은 이들을 후방에서 지원했다. 우리나라의 대표적인 철강 제조기업인 포스코의 경영이념이 '제철보국(製鐵寶國)'일 정도다.

철강업은 종종 국가 간 무역 견제의 타깃이 되기도 한다. 철강 공급 과잉이 계속되면서 이런 기조는 한층 더 강화되었다. 자국 철강산업 보호를 목적으로 발령하는 반덤핑, 긴급수입제한조치(safeguard)가 대표적이다. 특히 미국은 트럼프 정부 당시 외국산 수입 제품이 미국의 국가 안보를 위협한다고 판단될 경우 고율의 관세 부가 및 수입을 제한하는 「무역특혜연장법」을 제정하며 강한 보호무역주의를 표방했으며, 안보를 명분으로 EU 철강제품에 25%의 관세를 부과하기도 했다.

양과 접근성의 측면에서 철은 다른 원소보다 큰 장점이 있다. 철은 지각을 구성하는 수많은 원소 중 산소, 규소, 알루미늄에 이어 4번째로 많은 원소로 지각 전체의 5%를 차지한다. 아무리 매장량이 많다 하더라도 흩어져 있거나 채굴이 쉽지 않다면 활용도가 떨어질 것이다. 그러나 철은 광맥의 형태로 한 곳에 집중적으로 매장되어 있어 다른 천연자원보다 쉽게 활용할 수 있다.

철은 탄소 함유량에 따라 순철, 강철, 선철로 구분된다. 탄소량이 많을수록 단단하고, 탄소량이 적을수록 연하고 늘어나는 성질이 강하다. 순철(0.035% 이하)의 탄소 함유량이 가장 낮고 선철(1.7% 이상)이 가장 많은 탄소를 함유하고 있다. 선철은 '고로'라 불리는 용광로에서 철광석을 녹여 만든 가장 초기 상태의 철로, 선철보다 탄소 함유량이 적은 강철(0.035%~1.7%)을 만드는 재료로 쓰인다. 강철은 선철에서 불순물을 제거한 상태로 더 강하고 늘어나는 성질이 있어 산업현장에서 많이 쓰인다.

흔히 철강을 말할 때는 이 강철을 가리킨다. 강철은 크게 판재, 조강류, 특수강으로 분류된다. 판재는 말 그대로 판 모양의 철강재다. 선박·보일러·압력 용기 등 다양한 제품에 쓰이는 후판과 함께 열연강판, 냉연강판으로 구성된다. 조강류는 가늘고 기다란 형상의 철강을 말하는데, 공장·건물·지하철 등의 기초공사에 이용된다. 조강류는 주로 기계부품·건설용 볼트 등을 생산하여 공장·건물 등의 기초공사에 활용되기 때문에 건설업의 계절성을 따라 연중 수요가 등락한다. 최근에는 건설기술 발달로 계절성이 줄어들어 규칙적인 등락폭이 나타나기보다는 정부의 부동산 정책, 철강재 공급량 등에 더 큰 영향을 받는다. 특수강은 특수원소를 첨가하여 용도에 맞는 특정 성질을 띠게 한 제품이다.

◎ 철강가격의 키를 쥔 중국

철광석을 채굴하는 5개 글로벌 광산회사가 전 세계 철광석 시장의 70%를 차지하고 있어, 철강업계의 후방 교섭력은 낮다. 그래서 철강업체들은 변동하는 철광석 국제가격을 그대로 수용해야 하는 구조적 취약점을 안고 있다. 안정적인 원재료를 확보하기 위해 포스코는 해외 광산업체 지분을 인수하는 등 국제 가격에 따른 수익 변동성을 줄이기 위해 노력하고 있다.

원재료 조달 과정이 중요한 이유는 철강재의 주요 경쟁 요소가 가격이기 때문이다. 제품 특성상 차별화가 어려워서 철강사들은 낮은 원가와 저렴한 판매가로 경쟁한다. 더불어 철광석과 석탄, 철스크랩 등이 제조원가의 대부분을 차지해, 철강업체의 수익성은 원재료 수급과 가격에 큰 영향을 받는다.

한 가지 특징지을 만한 점은 최근 들어 공급 요인이 가격에 영향을 미치는 정도가 매우 미미해졌다는 점이다. 철강의 경우 수요가 공급보다 가격에 절대적으로 많은 영향을 미친다. 정유업(255쪽)을 설명할 때 유가가 떨어지면 산유국들이 모여 공

📍 철강 생산 톱 20국의 철강 생산량 (단위 : 백만 톤)

＊자료 : World Steel Association

16위 프랑스
11.0

8위 독일
35.7

12위 우크라이나
20.6

5위 러시아
71.6

18위 캐나다
11.0

7위 터키
35.8

6위 한국
67.1

3위 일본
83.2

4위 미국
72.7

13위 이탈리아
20.4

1위 중국
1064.8

10위 이란
29.0

11위 대만
21.0

15위 멕시코
16.8

17위 스페인
11.0

2위 인도
100.3

14위 베트남
19.5

9위 브라질
31.0

20위 이집트
8.2

19위 인도네시아
9.3

세계 철강 생산량 1위 국가는 중국이고, 우리나라는 6위다. 우리나라는 철강 제조 공정의 기초 재료인 철광석과 원료탄 등 기초 재료를 전량 수입한다.

📍 주요국 철강 수요 추이

■미국 ■EU ■중국 ■인도 ■ASEAN ■MENA ■세계 수요

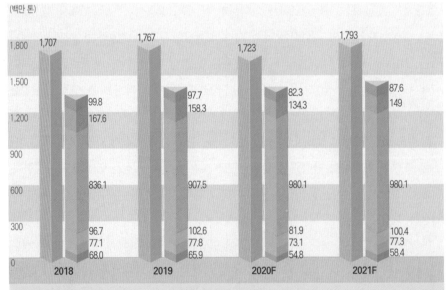

중국은 철강 생산과 수요 모두 세계 1위다. 철강가격은 전 세계 철강 수요의 50% 이상을 차지하는 중국의 철강 수요에 가장 크게 영향을 받는다.

218

급량 조절을 논의한다고 했다. 그러나 철강사는 이 같은 담합이 불가능하다. 전체 철강 시장에서 중국 철강사들이 차지하는 비중이 절반에 달하는데, 중국 철강사만 해도 수만 개에 달해 합의를 통한 감산이 어려운 구조다. 실제로 중국 철강가격과 LME(London Metal Exchange, 런던금속거래소) 구리가격 간에 매우 강한 동행성이 나타남을 확인할 수 있다. 이는 공급과 재고 지표가 가격의 방향성을 결정하지 못한다는 사실에 힘을 싣는다. 철강 재고가 구리가격에 아무런 영향을 주지 못함에도 불구하고 같은 방향으로 움직인다는 것은 철강가격이 주로 수요에 의해 결정됨을 시사한다. 그리고 그 수요는 전 세계 철강 수요의 50%를 차지하는 중국에 의해 좌우된다.

◎ 친환경 정책에 맞춰 고로를 전기로로 바꿀 수 없는 이유

원재료를 조달한 철강사들은 제조 공정에 돌입해 철강을 생산하기 시작한다. 제조 공정은 사용되는 원재료와 세부 공정 단계에 따라 고로 방식과 전기로 방식 두 종류가 있다.

고로 방식은 '일관제철소 방식'이라고도 불리는데, 제선-제강-압연의 3단계를 거친다. 용광로는 높이가 100m가량으로 매우 높아서 '고(高)로'라 불린다. 첫 번째 단계인 제선은 쇳물을 만드는 공정이다. 원재료인 철광석과 함께 코크스 등의 연료를 용광로에 넣고 뜨거운 바람을 불어주면 코크스가 연소하면서 발생하는 열에 철광석이 녹는다. 철광석이 녹는 과정에서 불순물이 다량 포함된 쇳물, 즉 선철이 가라앉는다.

이렇게 만들어진 쇳물에서 불순물을 제거하는 단계가 제강 공정이다. 선철에는 탄소, 유황 등 기타 물질이 다량 함유되어 있다. 쇳물에 산소를 불어넣음으로써 불순물을 제거한다. 이를 통해 탄소 함유량이 적어진 쇳물을 '강'이라고 부른다. 이 과정을 통해 철강의 중간재료인 슬래브, 블룸, 빌릿 등이 만들어진다.

마지막 압연 공정을 통해 후판, 열연강판 등의 최종 제품이 탄생한다. 고로 방식은 일정 기준을 충족하는 철광석을 원료로 사용하는 만큼 주로 균일한 제품, 고급재를 생산할 때 사용된다.

전기로 방식과 고로 방식 간 가장 두드러지는 차이점은 전기로 방식은 제선 과정이 생략되어 있다는 것이다. 전기로 방식은 철광석을 녹이는 제선 과정을 거치지 않

철강 생산 공정

제선
철광석을 녹여 쇳물을 만드는 공정

제강
쇳물에서 불순물을 제거해
강철을 만드는 공정

압연
철강을 강판이나 선재로 만드는 공정

철광석이 후판, 열연강판, 봉형강 같은 최종 제품이 되기까지 크게 제선-제강-압연의 3단계를 거친다. 고로 방식은 3단계를 모두 거치지만, 전기로 방식은 제선 과정이 생략되어 있다.

고 철 스크랩을 주원료로 곧바로 제강 공정에 돌입한다. 이 과정에서 전기의 열로 철 스크랩을 녹여 철강을 생산한다. 고철을 전기로 녹여서 쇳물을 만드는 재활용 설비라고 이해할 수 있다. 고로의 생산 공정 중 한 과정이 생략된 만큼 투자비용을 아낄 수 있다.

하지만 고로 방식이 다양한 제품을 생산할 수 있는 데 반해 전기로 방식은 조강류 위주의 제품만 생산 가능하다는 단점이 있다. 철 스크랩은 여러 곳에서 생산되다 보니 불순물을 많이 함유하고 있다. 그래서 전기로 방식은 일반적으로 봉형강과 같이 건물의 뼈대로 사용되는 제품, 겉으로 잘 보이지 않는 곳에 사용되는 제품 제조에 이용한다.

두 방식 중 하나의 방식이 우위에 있는 기술이라기보다 각자의 역할이 있다. 2021년 정부에서는 친환경 정책의 일환으로 포스코와 현대제철에 고로를 전기로로 대체할 것을 주문했는데, 이는 고로와 전기로의 역할에 대한 이해가 선행되지 않은 조치다. 이와 별개로 ESG가 강조되는 트렌드에 발맞추어 두 회사 모두 탄소 배출이 비교적 적은 전기로 신설을 추진 중이다. 그동안 포스코는 100% 고로, 현대제철은 고로와 전기로를 절반씩 운영해왔는데 환경 규제에 대응하기 위해 전기로를 신설한다는 성명을 발표했다.

🌀 안정적인 수출 효자 산업

철강산업 전방에는 자동차업, 조선업, 건설업 등이 있으며, 이들 기업은 철강사의 주요 고객이다. 〈국내 철강재 수출입 동향〉을 보면 6년간 철강재 수출과 수입 금액이 일정한 폭으로 움직여 무역수지(수입액-수출액)에 큰 변동이 없었음을 확인할 수 있다. 철강 수출 지역은 일본, 중국, 인도, 동남아 위주로, 인접 지역들의 비중이 높다.

철강은 부가가치 대비 운반비가 많이 들기 때문에 전통적으로 국가 간 교역이 원활하게 일어나던 제품군은 아니다. 하지만 국제적인 공급 과잉 문제와 전방산업의 부진에 따라 한중일을 비롯한 아시아 국가들은 서로에 대한 수출을 확대하면서 일종의 철강 경제 연합을 구축했다. 더불어 아시아 신흥국에서는 건설업을 비롯해 철강 수요처에 해당하는 산업이 빠른 성장률을 보이며 더 많은 자체 교역이 이루어지고 있다. 철강 생산은 비탄력적이어서 국내 경기가 부진하면 내수 수요가 감소해 수입이 줄고 수출이 늘지만, 활황기에는 내수 수요를 충당하기 위해 수입이 증가하는 경향이 있다. 경기와 관계없이 우리나라가 생산하지 않는 일부 특수강은 지속해서 수입하고 있다.

내수 판매는 안정적인 수요 확보를 위해 자동차, 조선, 건설업 관련 실수요자 판매 비중을 70% 수준으로 유지하고 있다. 더불어 거존에 계약을 맺은 상대 기업과 지속

📍 국내 철강재 수출입 동향

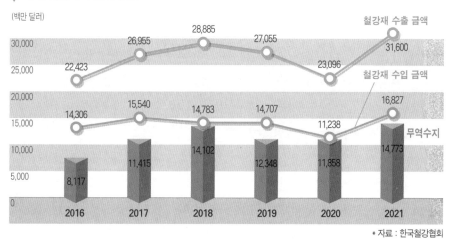

(백만 달러)

* 자료 : 한국철강협회

철강 생산량은 비탄력적이지만 한·중·일 아시아 국가들이 철강 경제 연합을 구축해, 경기 변화에 따라 철강업 무역수지가 요동치지 않도록 조절하고 있다.

적인 관계를 유지하며 주문생산 방식으로 수익을 창출하고 있다.

우리나라의 대표 철강기업인 포스코와 현대제철의 주요 매출원은 열연강판과 냉연강판이다. 앞서 설명한 판재의 세부 종류다. 열연강판은 제강 공정에서 생산된 중간 제품인 슬래브를 고온으로 가열해 만든 강판이다. 정밀 기계를 활용해 열연강판을 더 얇게 만든 것이 냉연강판이다. 각각의 특성이 달라 수요처도 곳곳에 분포해 있다.

대기업 고객의 경우 철강사가 직접 계약을 맺을 수 있겠지만, 거래 규모가 상대적으로 작은 중소기업과는 일일이 판매 계약을 체결하기에 무리가 있다. 실수요자 대상 거래 70%를 제외한 나머지 거래는 판매대리점(steel service center)을 통해 이루어진다. 대표적으로 2020년 기준 포스코는 8개의 열연 대리점, 18개의 냉연 대리점과 관계를 맺고 있다. 대리점은 철강사로부터 직접 구매한 제품을 소형 고객사가 원하는 형태로 가공해 판매한다. 직접 가공하지 않고 단순 유통만 맡는 경우라도 철강사가 직접 소형 고객사와 계약을 체결하는 비용을 줄여주는 역할을 한다. 대리점이 철강사로부터 일감을 얻어오는 구조다 보니 철강사 대비 교섭력이 열위에 있다.

⏣ 세계 철강가격의 벤치마크, 중국의 철강가격

철강산업은 막대한 설비 투자가 필요한 장치산업으로 빠른 증설이 어렵다. 따라서 호황기 때 갑자기 증설한다든가 불황기에 설비를 폐쇄하기가 쉽지 않다. 철거하는데도 막대한 비용이 들어 공급이 비탄력적인 특성이 있다. 또 철강은 수요 증가세가 완만해서 한 번 공급 과잉이 발생하면 철강가격이 낮은 수준에서 장기간 유지되는 경우가 많다. 그러나 앞서 설명했듯이 이런 경향은 코로나19 이후 옅어졌다.

철강은 수입과 수출이 원활하게 이루어지는 글로벌 시장으로, 국가별 생산량이 시장에 영향을 끼친다. 특히 중국의 경우 세계 철강 시장에 미치는 영향력이 엄청나다. 사실상 중국 철강가격이 곧 전 세계 가격의 벤치마크가 된다. 전 세계 조강 시장 규모가 약 20억 톤인데 중국은 전체의 절반에 달하는 10억 톤 규모의 조강을 생산하고 있다. 미국이 1억 톤, 우리나라가 1000만 톤이라는 점에 비추어볼 때 압도적인 영향력이다. 전 세계 철강사 주가가 중국 열연강판가격과 동행하는 모습을 보일 정도다. 그러나 중국은 최근 '탄소 중립'이라는 강력한 목표를 달성하기 위한 차원에서 철강 감산을 선언했다. 생산량을 급격히 낮추기는 어려워 보이지만 세계 시장에 미치는 영향이 워낙 큰 만큼 예의주시해야 하는 이슈다.

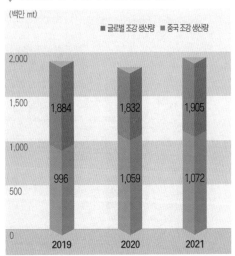

글로벌 대비 중국 조강 생산 규모

(백만 mt)

■ 글로벌 조강 생산량 ■ 중국 조강 생산량

- 2,000
- 1,500 / 1,884 / 1,832 / 1,905
- 1,000
- 996 / 1,059 / 1,072
- 500
- 0
- 2019 / 2020 / 2021

중국은 전 세계 조강 생산량의 절반에 달하는 약 10억 톤의 조강을 생산한다. 따라서 중국 철강가격이 곧 전 세계 철강가격의 벤치마크가 된다. 이런 중국이 최근 '탄소 중립'을 위해 철강 감산을 선언했다.

🎯 공급이 아닌 수요에 의해 가격이 설정되는 비철금속 시장

철강이 아닌 원자재를 모두 '비철'이라 부르고, 가장 수요가 높은 비철금속 6개를 묶어 '6대 비철'이라 부른다. 구리, 알루미늄, 아연, 납, 니켈, 주석이 그 주인공이다. 광산에서 막 채굴한 광석은 비철 함유량이 매우 떨어진다. 철광석의 경우 철 함량이 60%에 달하는 데 반해 광석 내 비철 함유량은 5%에 그친다. 그래서 비철은 가격이 높게 형성되어 있다.

광산회사는 채굴한 비철을 압축해 함량을 50% 가까이 높인 후 제련사에 수출한다. 비철을 수입한 국내 제련사들은 비철 함량을 99%까지 높인 메탈을 생산해 LME 시장에 판매한다.

비철금속 시장은 크게 메탈과 광석 시장으로 나뉜다. 한 가지 흥미로운 점은 비철금속 시장 가격이 LME가격을 추종한다는 것이다. 철강사의 경우 수요처와 개별 가격 협상을 진행하지만 비철금속 시장에서는 그 어떤 협상 과정 없이 LME 전월 평균 가격으로 거래된다.

정광*가격이 제련 수수료에 의해 등락한다는 것도 특징이다. 가령 고려아연이 아연 1톤을 제련해 메탈 시장에 2000달러에 팔았다고 하자. 고려아연은 2000달러를 모두 가져가는 것이 아니라 정해진 제련 수수료를 빼고 남은 금액을 광산업체에 돌려주어야 한다. 만일 광산에서 아연 수급이 빠듯해질 경

> **정광**
> 채광과 제련의 중간 과정인 선광에 의해 먹석, 불순물 등을 제거해 제련에 적합하도록 품위를 높인 광물을 가리킨다.

비철금속 밸류체인과 수익 구조

비철금속 밸류체인

* 자료: 키움증권 리서치센터

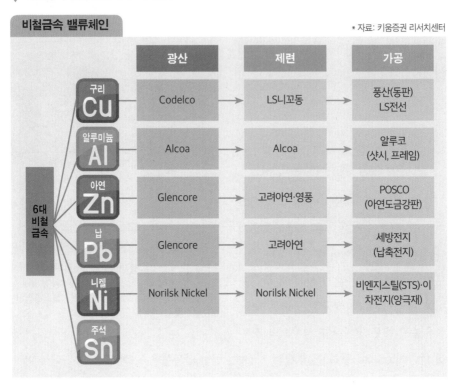

	광산	제련	가공
구리 Cu	Codelco	LS니꼬동	풍산(동판) LS전선
알루미늄 Al	Alcoa	Alcoa	알루코 (샷시, 프레임)
아연 Zn	Glencore	고려아연·영풍	POSCO (아연도금강판)
납 Pb	Glencore	고려아연	세방전지 (납축전지)
니켈 Ni	Norilsk Nickel	Norilsk Nickel	비엔지스틸(STS)·이차전지(양극재)
주석 Sn			

6대 비철금속

비철금속의 수익 구조

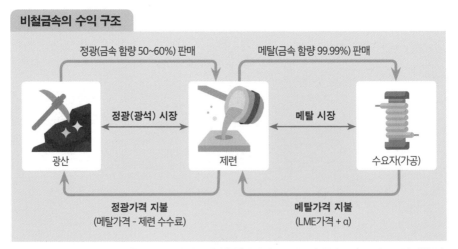

비철금속은 광산에서 캐낸 금속 함량이 50~60%인 정광을 제련 작업을 통해 금속 함량 99.99%의 순수한 비철금속으로 제련해 판매한다. 광산업체는 정광의 제련을 제련사에 요청한다. 제련 수수료는 광산업체가 제련소에 지불하는 수수료다. 제련소는 제련한 비철금속을 메탈 시장에 팔고 받은 금액에서 제련 수수료를 제하고 남은 금액을 광산업체에 돌려준다.

런던금속거래소(LME; London Metal Exchange)는 1877년 설립된 세계 최대의 금속선물거래소다. 시카고상품거래소(CBOT)와 함께 세계 원자재 시장의 양대산맥이다. LME에서 결정하는 가격을 'LME가격'이라고 하며 세계에서 거래하는 가격의 기준이 된다. 1877년 설립된 LME 입회장은 과거 상인들이 런던 커피하우스 바닥에서 원을 그리며 거래를 해오던 것에서 유래했다.

우 광산회사의 협상력이 올라가므로 제련 수수료는 더 적게 책정된다. 따라서 제련 수수료 추이를 보면 광석 시장의 수급 현황을 파악할 수 있다. 참고로 비철금속 시장 또한 철강과 마찬가지로 중국이 전 세계 시장의 절반을 차지하고 있다.

앞서 철강가격은 공급이 아닌 수요에 의해 좌우된다고 했는데, 이는 비철금속에도 적용되는 원칙이다. 코로나19 이후 광산이 셧다운 하는 바람에 비철금속가격이 오른다는 내용의 기사가 언론에 오르내리곤 했는데, 이는 엄밀히 말해 잘못된 분석이다. 광산의 수급 상황은 제련 수수료를 통해 파악할 수 있다고 했다. 제련 수수료가 떨어진다는 것은 광산 수급이 빠듯하다는 걸 의미한다. 지난 10년간 구리와 아연의 가격은 동행했으나 각각의 제련 수수료는 반대로 움직여왔다. 이는 광산의 수급 상황을 나타내는 지표가 비철금속의 가격 방향을 결정하지 못한다는 사실을 증명한다.

파괴적 혁신의 세 번째 근원지, 자동차산업

🎯 우리 경제의 10%를 담당하는 거대 산업

자동차는 현대 사회에서 가장 보편적인 이동수단인 만큼 산업 규모와 중요성도 독보적이다. 자동차산업은 전 세계 매출이 2500조 원(이익은 130조 원), 관련 종사자가 천만 명 이상인 세계 최대 규모의 제조업이다. 실제로 자동차산업은 국가 경제에 상당한 영향을 미친다. 우리나라 자동차산업은 전체 제조업 부가가치, 총수출 고용 등 다양한 지표에서 10% 안팎의 비중을 차지한다. 수많은 산업이 존재하는 현대 사회에서 이렇게 한 업종이 큰 비중을 차지하는 경우는 쉽게 찾아보기 힘들다.

우선 자동차산업을 구성하는 플레이어들을 살펴보자. 자동차산업은 완성차 그룹, 주요 부품사, 일반 부품사로 구성되어 있다. 완성차 그룹은 자동차의 초반 설계부터 최종 생산까지 담당하는 이들로 현대자동차가 대표적이다. 차체와 같은 주요 부품은 자체 기술로 생산하지만, 다른 부품은 부품사로부터 공급받는다. 세 플레이어 중 가장 큰 부가가치를 창출하기 때문에 매출액과 영업이익이 가장 높다.

주요 부품사에는 원재료인 강판을 공급하는 철강회사, 초기 설계 단계부터 관여하는 타이어회사, 기타 부품을 공급하는 종합부품사 등이 있다. 주요 부품사와 일반 부품사의 차이는 기술력과 독점력에 있다. 주요 부품사는 기술력에 우위가 있을 뿐만 아니라 대기업인 완성차 그룹과 긴밀한 관계를 유지하며 독점력을 구축하는 경우가 많다.

마지막으로 일반 부품사는 세 플레이어 중 교섭력이 가장 낮다. 새시, 공조 시스템, 도어, 외장재, 전장품 등 완성차 그룹이 자체 생산하기에는 번거로운 부품을 생산한다. 건설업으로 치자면 완성차 그룹이 일반건설사, 부품사들이 전문건설사에 해당한다. 완성차 그룹은 부품사보다 규모와 영향력이 훨씬 큰 만큼, 완성차 그룹을 중심으로 자동차산업을 살펴보자.

🕐 자동차 제조 과정 A to Z

자동차산업은 원재료를 들여와 싸게 생산하고 차익을 더해 파는 제조업의 기본 원칙을 따른다. 완성차 그룹의 매출원가 비율은 80% 수준으로, 원재료·인건비·유가 변동에 따른 물류비·환율에 영향을 받는다. 유가나 환율 변화는 파생상품 외에는 통제하는 방법이 마땅히 없다. 따라서 원재료 조달과 생산 과정에서의 비용 효율화를 위해 노력한다. 이해를 돕기 위해 현대자동차의 A자동차 제조 프로세스를 살펴보자.

▶ 1단계 **리서치 및 소비자 니즈 파악**

하나의 새로운 차종이 출시되기까지 대개 5년의 기간이 소요된다. 그 첫 단계는 시장 조사를 통해 소비자가 어떤 차량을 원하는지를 알아내는 일이다. 때때로 타사의 차량 모델을 벤치마킹하기도 하고, 전문가와 일반인의 의견을 종합해 수요를 파악한다. 더불어 기존에 인기가 많았던 차량의 특징과 부진했던 차량의 개선점을 바탕으로 고객의 니즈를 도출한다. 이를 통해 A자동차가 갖추게 될 기본적인 기능과 형태가 결정된다.

📍**자동차 제조 프로세스**

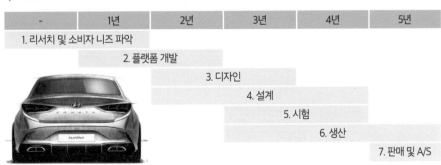

-	1년	2년	3년	4년	5년
1. 리서치 및 소비자 니즈 파악					
	2. 플랫폼 개발				
		3. 디자인			
		4. 설계			
			5. 시험		
			6. 생산		
				7. 판매 및 A/S	

* 자료 : 〈대한민국 주식투자 산업·업종 종합 분석〉, 류종현 외 2인

▶ 2단계 **플랫폼 개발**

플랫폼 개발 단계는 설계의 시발점이다. 소비자의 니즈를 충족시키는 차량이 기술적으로 구현 가능한지 판별하는 단계다. 시장 조사를 통해 구상한 차체, 엔진 개발에 필요한 기술을 파악한다. 이 단계를 플랫폼 개발이라 칭하는 이유는 기술적 실현 가능성을 파악한 이후 초기 설계를 진행하기 때문이다. 즉 A자동차의 뼈대를 설계하는 단계로 이해할 수 있다.

플랫폼 개발은 비용 절감의 여지가 가장 큰 부분이기도 하다. 1999년 현대자동차는 기아자동차를 인수한 후 현대자동차의 쏘나타에 적용된 플랫폼을 기아자동차의 중형 세단에 접목해 플랫폼 개발비를 대폭 절감할 수 있었다. '알맹이는 그대로 둔 채 껍데기를 바꾸는' 전략이다. 이런 사례를 앞세워 현대자동차는 2025년까지 전체 플랫폼을 4가지로 제한해 비용적 우위를 가져가겠다는 계획을 제시했다.

▶ 3단계 **디자인**

다음은 A자동차에 살을 붙이는 디자인 단계다. 차량을 선택할 때 디자인 또한 중요한 고려 사항이기 때문에 전문가들이 심혈을 기울이는 과정이다. 우선 5개 정도의 디자인을 구상한 후 축소 모형을 만들어 평가를 시행한다. 이를 통해 출시 3년가량을 앞두고 최종 디자인이 선정된다.

플랫폼 개발 단계에서 공유가 이루어지는 것처럼, 디자인 과정에서도 원가 절감 전략이 사용된다. 디자인의 변형 범위를 설정해 디자인 변화를 효율적으로 하는 것이다. 이 경우 디자인 개발에 드는 인건비를 줄일 수 있고 생산 단계에서 기존 설비를 십분 활용할 수 있게 된다.

▶ 4단계 **설계**

설계는 플랫폼과 디자인을 바탕으로 엔지니어링 도면을 만드는 단계다. 여기서는 크게 두 가지 과정을 거친다. 우선 디자이너와 설계자가 심미적 요소와 기술적 실현 가능성 사이에서 합의를 거친다. 두 번째로는 A자동차 생산에 필요한 재원들을 공수해 온다. 이 단계에서 완성차업체의 수직계열화가 빛을 발한다. 석유화학업체들이 정유업부터 이어지는 수직계열화를 통해 원가를 절감한 것처럼 완성차업체도 원재료 조달부터 차량 운송 단계까지 수직계열화를 이루었다. 현대자동차의 경우 원재료인 철강은 현대제철에서, 부품은 현대모비스에서 공수해 완성차를 제조한다. 유통 역시 계열사인 현대글로비스를 통해 이루어진다.

▶ 5단계 **시험**

완성된 샘플 차량을 가지고 국토교통부에서 테스트한다. 테스트를 통해 A자동차의 안정성을 평가해 정상적으로 시판될 수 있는지를 결정한다.

▶ 6단계 **생산**

본격적인 생산 단계에 돌입하면 A자동차는 '프레스-차체 생산-도색-조립'의 4단계를 거친다. 프레스는 자동차 모형 틀 위에 철판을 올려 두고 프레스로 눌러 판넬을 만드는 과정이다. 자동차는 프레스 된 판넬이 400개 이상 필요하다. 이후 로봇을 이용해 판넬을 이어 붙이는 과정을 차체 생산이라 한다. 그리고 이렇게 완성된 차체에 페인트를 칠하고 대형 수조에 담근 후 광택을 입히는 과정이 도색이다. 마지막으로 부품사에서 조달한 엔진, 시트, 인테리어 부품 등을 조립해 소비자에게 출시할 A자동차가 완성된다.

▶ 7단계 **판매 및 A/S**

고객은 자동차 판매대리점에서 자신이 원하는 차량을 선택하고 시승할 수 있다. 구매를 결정하면 최종적으로 자신에게 필요한 옵션을 추가한다. 국내 완성차업체는 금융서비스, 오토론과 연계해 직영점, 판매대리점을 통해 판매 마케팅을 진행하고 있다.

이렇게 생산한 A자동차는 전 세계로 수출된다. 우리나라 자동차산업에서 주목해야 할 점은 수출 비중이 매우 크다는 것이다. 해외 비중이 높은 만큼 국내 완성차업체는 수출

현대자동차 분기보고서 중에서 차량 판매 실적

사업 부문	구분		2021년 3분기 (단위 : 천 원)
차량 부문	국내 완성차	승용	47,587
		RV	42,083
		소형상용	26,549
		대형상용	131,131
	해외 완성차	승용	42,396
		RV	54,074
		소형상용	42,460
		대형상용	51,541
기타 부문	철도차량		3,450,000

관련 이슈에 민감하다. 관세와 타 국가의 환경 규제 등에 큰 영향을 받는다.

2021년 들어 완성차업체의 이익률이 개선되었는데, 여기에는 크게 두 가지 요인이 있었다. 첫째는 차량 객단가의 상승이다. 세계적 인플레이션 현상에 발맞추어 가격 인상을 한 것에 더해 점차 고급화되는 소비자의 취향이 반영된 현상이다. 또 다른 요인은 마케팅 비용 하락이다. 차량이 판매될 때 딜러에게 지급하는 인센티브가 하락했다. 재고가 쌓일수록 차량을 할인 판매하고 딜러에게 지급하는 인센티브가 올라간다. 미국 시장의 경우 재고가 최저치를 기록하며 인센티브를 사용할 이유가 없어졌다. 더불어 사전예약이나 온라인 판매 비중이 늘어 대리점 운영비가 줄었다. 비대면 판매는 앞으로도 계속 상승해 마케팅비 하락에 지속해서 기여할 것으로 보인다.

◎ 옵션은 황금알을 낳는 거위, 리콜은 이익을 갉아먹는 악재

완성차의 이익은 크게 네 가지 부문으로 구성된다. 판매 시 즉시 발생하는 이익, 보험, 캐피털 등의 금융서비스, 추후 유지관리 차원에서 소비자가 필요로 하는 부품·서비스, 그리고 차량 판매 시 내거는 옵션이 있다. 자동차산업을 위주로 컨설팅 서비스를 제공하는 올리버와이만에 따르면 200만 대의 기본 차량을 팔 때의 이익과 40만 대의 '옵션' 차량을 판매할 경우의 이익이 유사하다고 한다. 가장 큰 이유는 옵션 기능을 추가하는 데 드는 비용이 전체 원가 대비 매우 적기 때문에 가공비, 재료비, 인건비 등을 감안한 전체 원가는 기본 차량과 옵션 차량이 대동소이 하다는 점이다. 가령 현대차는 3000만 원의 차를 팔면 5%에 해당하는 150만 원 이익이 남는데, 옵션으로 300만 원 어치를 판매할 경우 이익이 고스란히 450만 원에 준한다는 것이다.

만일 A자동차에서 결함이 발생했다

완성차 이익 비중

옵션 판매 20%
부품 및 서비스 40%
차량 판매 20%
금융서비스 20%

* 자료 : 올리버와이만, 메리츠증권 리서치 센터

자동차 이익의 20%는 에어백, 고급 내장재, 안전장치 등 소비자가 선택하는 옵션에서 발생한다.

면 이에 대한 보상도 이루어진다. 결함 발생으로 인한 리콜 및 수리 비용은 완성차업체에 막대한 손해를 끼친다. 2021년 현대자동차는 잇단 화재로 논란이 된 코나 전기차(EV) 등에 대해 4000억 원 이상의 리콜비용을 지불하며 큰 타격을 입은 바 있다.

현대자동차의 사례처럼 수천억 원의 리콜비용을 부담하는 경우는 흔치 않지만 A/S나 기타 보상은 차량 판매 이후 일정하게 발생한다. 이에 따라 완성차업체에서는 차량 판매 시 '판매보증 충당부채'라는 회계 계정을 사용한다. 현대자동차가 판매 차량에 대해 3년간 무상수리 혜택을 제공하고, 지금까지의 기록에 따르면 판매분의 3% 수준에서 무상수리 요청이 있었다고 가정하자. 3000만 원짜리 차를 1만 대 팔았다면 그해 3000억 원의 매출을 인식한다. 만일 당해 무상수리 요청이 없었더라도 연말 결산 시점에 매출의 3%에 해당하는 90억 원을 판매보증 충당부채로 계상한다. 동시에 제품보증비 90억 원을 기록한다.

이러한 회계 처리를 하는 이유는 미래에 더 큰 보상비용이 발생하더라도 미리 비용을 인식하여 그 변동폭을 줄이기 위함이다. 회계의 보수주의* 가 잘 드러나는 항목이다.

> **회계의 보수주의**
> 아직 실현되지 않았거나 확실하지 않은 수익은 인식하지 않는 회계 원칙이다. 동시에 아직 실현되지 않았지만 어느 정도 발생 확률이 있는 비용을 미리 인식함으로써 경영자나 주주가 임의로 기업 실적을 부풀리는 것을 방지한다.

⏱ Too big to fail, 자동차산업은 대마불사?

자동차산업은 현존하는 산업 중 전후방 산업과의 연관 효과가 가장 크다고 할 수 있다. 자동차는 제조, 유통, 운행 단계를 거친다. 제조 단계에서만 철강·화학·전기 업체 등 2만여 개의 부품업체와 연관되어 있다. 유통 단계에서는 할부금융·탁송회사와 밀접한 관계를 맺고 있고, 운행 단계에서는 보험·주유·정비 산업에 영향을 준다.

동시에 우리나라 자동차산업은 관련 종사자가 45만 명, 협력 업체도 수천 개에 이르러 실적 부진이 계속될 경우 정부의 도움을 받기도 한다. 쌍용자동차가 대표적인 예다. 쌍용차는 이전부터 지속적인 적자에 시달려 부채를 갚을 수 없는 상황이 수차례 반복되었다. 다른 산업이었다면 부실기업으로 판단해 청산 절차를 밟았을 것이다. 하지만 쌍용차 파산 시 사회에 끼치는 파장이 커 정부 차원에서 인수 대상을 물색하는 데 도움을 주기도 한다. 법원에서 자칫하면 파산 선고로 이어질 수도 있는 기

📍 자동차산업의 전후방 산업

전방산업	자동차 및 자동차부품 산업	후방산업

소재산업

- 자동차 내외부 소재산업
- 철강, 금속, 유리, 고무, 플라스틱, 섬유, 피혁 등

시험 연구 및 생산설비 산업

- 자동차 설계·제작 연구 및 제조 설비 산업
- 디자인 연구, 설계, 자동화 설비, 금형, 공작 기계

자동차산업

- 완성차산업
- 크기·목적·용도 별 완성 차량

자동차부품산업

- 자동차 내외장 부품산업
- 축, 패드, 디스크, 타이어 등 자동차 구성 요소·부품

인프라 · 금융 산업

교통시설, 도로, 정보 인프라, 보험 산업 등

유통 · 정비 산업

자동차 판매, 마케팅, 부품 교체, 정비 등

운송서비스산업

화물 수송, 주차 관리설비, 렌트, 리스 산업 등

자동차산업은 제조, 유통, 운행 단계에서 다양한 산업과 관계를 맺고 있다. 또한 관련 종사자가 45만 명, 협력 업체가 수천 개에 이르는 등 연관 기업에 미치는 파급효과가 가장 큰 산업이다.

업회생 절차를 잠시 보류해 인수자를 물색할 시간을 주는 식이다.

🧭 스마트 모빌리티 : 세 번째 혁신

전 세계적으로 전기차 수요가 늘어나고 있다. 갈수록 환경 규제가 엄격해지는 추세에 따라 전기차 성장이 가속화될 전망이다. 한국은 2030년 친환경차 비중 83%, 중국은 2035년까지 화석연료차 퇴출이 목표다. 미국의 대표적인 완성차 기업인 GM과 포드도 머지않은 미래 휘발유와 디젤차의 생산을 중단할 것으로 발표한 상황이다.

또한 자동차산업은 우버와 같은 차량공유플랫폼과도 경쟁하게 되었다. 소비 트렌드가 소유에서 공유로 변하면서 먼 미래에 전반적인 차량 구매 수요가 떨어질 가능성도 고려해야 한다. 실제로 전 세계 유수기업은 자율주행 기능을 바탕으로 한 '로

보택시'를 구현하기 위한 투자를 아끼지 않고 있다. ESG와 공유 경제 트렌드는 결코 독립적인 패러다임의 전환이 아니다. 현대 사회의 세 번째 혁신인 스마트 모빌리티를 구성하는 다양한 이야기 중 하나다.

'혁신'이라는 표현은 그 변화를 통해 산업 각지에 연쇄적인 반응이 일어날 때 사용한다. 현대에 우리는 크게 세 가지 혁신을 접했다. 첫 번째가 1990년대 개인용 PC와 인터넷 열풍이다. 두 번째는 2007년 스마트폰이 등장한 이후 모바일 네트워크를 기반으로 한 업체 중심의 산업 재편이다.

미래 자동차산업, 즉 스마트 모빌리티(smart mobility)는 2020년대를 장식할 세 번째 혁신이 될 전망이다. 이를 통해 다양한 산업에 연쇄적인 변화가 예상되기 때문이다. 2000년대에는 컴퓨터가, 2010년대에는 스마트폰이 IoT의 핵심 플랫폼이었다면 앞으로는 그 자리를 스마트 모빌리티가 차지할 것이다. 머지않아 완전자율주행 기술이 시현된다면 자동차는 단순한 이동수단에서 벗어나 휴식과 여가의 공간으로 자리매김할 것이다. 우리는 차 안에서 스마트폰이 아닌 자동차 내부에 탑재된 다른 디바이스를 이용할 것이다. '굴러다니는 컴퓨터'는 스마트 모빌리티의 잠재성을 과소평가한 표현이다.

◉ 글로벌 차량공유시장 전망

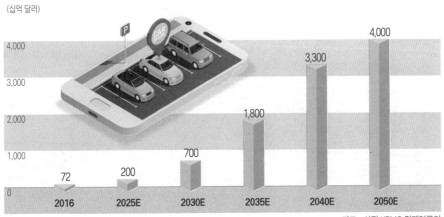

(십억 달러)

* 자료 : 삼정 KPMG 경제연구원

자동차업계는 소비 트렌드가 소유에서 공유로 변하면서 먼 미래에 전반적인 차량 구매 수요가 하락할 가능성을 고려해야 한다. 자율주행차 비즈니스가 본격적으로 성장하면 소비자들은 더 이상 개인 차량을 보유하기보다는 기업에서 제공하는 공유서비스를 이용할 것이다. 완성차업체는 미래를 대비해 VC 투자, PE 투자, 지분 인수, 전략적 M&A 등으로 차량공유산업에 투자하고 있다.

완성차업체의 정체성은 제조업에서 서비스업으로 변모할 예정이다. 스마트 모빌리티 시대에는 브랜드와 하드웨어보다 차량 내에서 제공하는 경험과 소프트웨어의 차이가 일등기업을 결정할 것이다. 즉 '현대 내연차 vs 테슬라 전기차'의 구도에서 '애플 OS vs 테슬라 OS'로 구매 동인 양상이 바뀌게 된다. 우리가 노트북을 구매한 후 마이크로소프트 OS를 별도로 구매하거나 새로 산 휴대폰에 SD카드를 추가하는 것처럼, 스마트 모빌리티 시대에는 차량 구매 이후 소프트웨어를 업그레이드하는 데 추가적인 수요가 발생한다. 이 과정에서 구독 경제 비즈니스가 활성화될 가능성이 매우 크다. 실제로 테슬라는 2021년 7월 월 99달러에 자율주행 소프트웨어서비스를 구독형으로 출시했다.

스마트 모빌리티는 2020년대를 장식할 세 번째 혁신이 될 것이다. 완전자율주행기술이 시현된다면 자동차는 이동수단에서 벗어나 휴식과 여가의 공간으로 자리매김할 것이다. 그리고 완성차업체의 정체성은 제조업에서 서비스기업으로 변모할 것이다.

테슬라 주가가 천정부지로 솟은 것도, 2022년 접어들어 애플의 시가총액이 삼성전자보다 8배 이상 높아진 것도 모두 이들 사업의 방점이 소프트웨어 혁신에 있기 때문이다. 이들 기업은 일반 제조기업 대비 더 높은 미래가치를 인정받고 있다. 이쯤 되면 아마존, 마이크로소프트, 화웨이 등 유수의 테크기업들이 자율주행 소프트웨어 개발에 발 벗고 나서는 이유도 이해가 될 것이다.

자율주행이 구현된다면 다양한 산업이 수혜주가 될 것이다. 방위, 유통, 각종 제조산업은 자율주행기능이 접목될 경우 산업 체질에 큰 변화를 경험할 것이다. 가령 차량공유기업 우버의 원가는 현재 마일당 3달러 수준이지만 매출은 2달러에 그친다. 만일 완전자율주행기능이 탑재된다면 인건비 절감 및 불필요한 대기 시간을 줄일 수 있다. 또한 유지보수비가 적은 전기차의 특성에 힘입어 마일당 1.5달러의 이익을 낼 것으로 예상된다.

부품사에 요구되는 역량도 급변할 것이다. 스마트 모빌리티 시대에는 화석 연료 구동을 담당했던 수많은 부품, 운전대, 기어 모두 사용자 편의에 맞춘 디스플레이, 가구, 맞춤형 기자재로 대체될 것이기 때문이다. 또한 완전자율주행 시대가 도래한다면 국내선 비중이 큰 항공사(예 사우스웨스트항공)의 수요가 무인택시 시장으로 이탈할 가능성도 고려해야 한다. 더불어 지역 간 이동 시간은 고스란히 여가 시간이 되어 콘텐츠 기업도 큰 수혜를 누릴 것이다.

혁신의 최전선에 있는 테슬라에 주목하자

테슬라는 현재 급변하는 스마트 모빌리티 산업의 전 분야를 선도하는 기업이다. 전기차라는 제품을 선두에 세워 각종 부가서비스를 붙여 나가는 테슬라의 비즈니스를 들여다보며 세 번째 혁신이 가져올 확장성을 이해할 수 있다. 전통 완성차업체의 매출과 이익은 오랫동안 정체 국면에 있었다. 그만큼 자동차 섹터의 주가도 지지부진했으나 2020년대 들어 스마트 모빌리티 산업이 각광을 받으며 테슬라가 이끄는 자동차 섹터 주가가 2021년 시장 지수를 상회했다. 이제는 테슬라의 시가총액이 기존 완성차업체들의 시가총액 합과 견줄 수준이 되었다.

테슬라가 지금 수준의 밸류에이션을 받는 것은 단순히 기존 내연기관차 수요를 가

가까운 미래의 자동차는 주행 목적을 뛰어넘어 각종 서비스의 매개체 역할을 할 것이다. 스마트 모빌리티 산업의 전 분야를 선도하는 테슬라는 전기차라는 제품을 선두에 세워 보험 등 각종 부가서비스를 붙여 나가고 있다.

져올 것이라는 기대만으로 설명될 수 없다. 테슬라, 그리고 스마트 모빌리티 산업에 주목하는 투자자는 자동차가 주행 목적으로만 존재하는 것이 아니라 각종 서비스의 매개체 역할을 할 것으로 내다본다. 더욱이 테슬라는 주행 데이터에 기반한 알고리즘을 통해 고객의 주행 경험을 빠르게 개선하고 있다.

자동차 사고의 82%는 인간의 과속, 부주의 등 비이성적 판단으로 발생한다고 한다. 테슬라는 판매된 차량의 주행 데이터를 수집해 2019년 엄청난 성과를 냈다. 산업 평균 10만 마일 주행 시 13%의 사고율이 형성되어 있었는데, 테슬라의 경우 자율주행 소프트웨어(FSD; Full Self-Driving)를 통해 사고율을 2%로 끌어내렸다. 현재 테슬라는 완전자율주행 시대를 열기 위해 이 사고율을 최대한 0에 가까운 수준으로 내리는 것을 목표로 하고 있다. 해당 시점이 되면 로보택시를 필두로 한 공유 경제가 시장의 대부분을 차지할 것이라는 시장 컨센서스가 형성되어 있다.

FSD 소프트웨어로 구동되는 테슬라 차량은 중고차 감가율에서도 놀라운 모습을 보여준다. FSD는 본사에서 일괄 업데이트가 가능하기 때문에 굳이 신차를 사지 않아도 새로운 기술이 출시되었을 때 이를 곧바로 이용할 수 있다. 일반 내연차량의 1년 치 감가율이 35%인 데 반해 테슬라의 감가율은 10%다.

테슬라는 보험상품서비스도 출시했다. FSD가 고도화될수록 0에 가까워지는 사고율은 매우 낮은 손해율로 이어질 것이다. 때문에 테슬라 입장에서는 기존 자동차 보험보다 50%가량 더 싼 보험료를 책정해도 매우 큰 이익을 누릴 수 있다. 보험료를 책정하는 방식도 혁신적이다. 기존 보험은 나이, 성별, 과거 보험금 청구 이력 등을 따져 보험료를 책정한다. 하지만 테슬라는 실시간 주행 습관에 따라 보험료에 차등을 둔다. 즉 운전자의 주행 습관을 면밀히 분석해 알맞은 보험료를 책정하는 전략이다.

기존 완성차업체들은 전기차를 출시하더라도 100% 전기로 구동되는 방식보다는 하이브리드 차량처럼 엔진이 붙어있는 차량 개발에 집중하려 했다. 하지만 테슬라가 등장하면서 경쟁력을 갖추기 위해 전기차·수소차 중심으로 제품 포트폴리오를 빠르게 재편하고 있다. 전기차에 사용되는 배터리는 그 특성상 기존 전력망 안에서 활용할 수 있다는 장점이 있다. 지속적으로 전기차 충전소 수가 늘어나고 있는 데다, 여의치 않으면 가정용 콘센트와 연결해 충전하는 것도 가능하다.

반면 수소는 생산, 저장, 유통으로 이어지는 일련의 밸류체인을 별도로 개설해야 한다. 상용화를 위한 기술적인 제약도 아직 미결 상태다. 그럼에도 불구하고 완성차업체들이 수소차 사업을 놓지 못하는 이유는 간단하다. 내연기관차의 핵심은 엔진인데, 전기차 전환 시 가장 중요한 이슈는 배터리를 얼마나 싸고 효율적·안정적으로 제조할 수 있는지 여부다. 이 경우 자동차 시장의 주도권은 완성차업체가 아니라 배터리 업체가 쥐게 된다. 이러한 이유로 완성차업체는 모든 기술을 내재화할 수 있는 영역인 수소차 사업에 발을 걸치고 있다.

DAY 24

2차전지는
제2의 반도체가 될 수 있을까?

완성차업체의 첫 번째 조력자, 타이어

현대자동차와 같은 완성차업체는 차량에 들어가는 모든 부품을 자체 생산하지 않는다. 완성차업체 입장에서 특수한 기술을 요구하거나 기술 변화가 빠른 분야까지 전담하는 것은 생산 관점에서 비효율적일 수 있다. 따라서 이런 특수한 분야는 외주를 통해 해결한다.

완성차업체에 상품을 공급하는 시장을 크게 세 가지로 나눌 수 있다. 첫째는 차량의 구동 및 제어에 꼭 필요한 타이어 시장이다. 두 번째는 자동차부품 시장이다. 자동차 한 대에는 무려 2만여 종의 부품이 사용된다. 마지막은 가장 가파르게 성장하고 있는 2차전지 시장이다. 2차전지 시장은 환경 규제 강화로 전기차 수요가 빠르게 증가하면서 급격히 성장하고 있다.

타이어는 차를 많이 탈수록 마모되기 때문에 주기적으로 교체해야 한다. 또 타이어 수명이 다하지 않았더라도 구멍이 나는 등 타이어가 훼손되면 교체해야 한다. 이 과정에서 타이어 시장은 두 종류로 나뉜다.

신차용타이어(OE; Original Equipment)는 차량이 처음 생산될 때 수요가 발생해 완성차업체와 긴밀한 관계를 맺는 산업이다. 완성 차량을 조립할 때는 타이어업체에서 공급받은 타이어를 장착한다. OE는 전체 타이어 시장의 30%를 차지하며 출고차량 수와 매출이 비례한다.

교체용타이어(RE; Repairable Equipment)는 OE와 다르게 정비소 등 유통업체를 통해 판매된다. '타이어가 신발보다 싸다'라는 플래카드를 걸어 두는 곳들이 많다. RE는

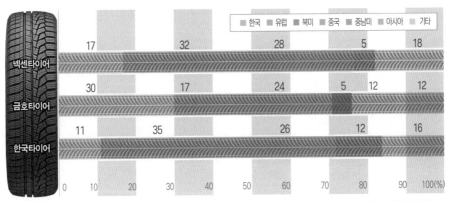

국내 주요 타이어업체 지역별 매출 비중 (단위 : %)

■ 한국 ■ 유럽 ■ 북미 ■ 중국 ■ 중남미 ■ 아시아 ■ 기타

넥센타이어	17	32	28	5	18
금호타이어	30	17	24	5	12	12
한국타이어	11	35	26	12	16

교체용타이어 시장은 신차용타이어 시장에 비해 안정적이며, 전체 타이어 시장의 70%를 차지한다. 신차 판매가 정체된 유럽, 북미 등 선진국 시장에서는 교체용타이어가 꾸준한 이익을 낼 것으로 기대된다.

운행되고 있는 차량의 타이어 교체 주기나 정비 수요에 영향을 받는다. 타이어 교체 주기는 통상 3년 정도다. 타이어 교체 수요는 비교적 균일하게 발생하기 때문에 신차 판매량에 좌우되는 OE에 비해 안정적이다. 전체 타이어 시장의 70%를 차지하는 RE는 신차 판매가 정체된 선진국 시장에서 꾸준한 수익을 낼 것으로 기대된다.

🧭 유가가 올랐는데 타이어회사가 웃는 까닭

타이어업체의 이익은 '가격 × 판매량 − 비용'으로 나타낼 수 있다. 먼저 이 식의 앞단을 살펴보자. 2010년대 타이어업계의 시장 동향을 보면 흥미로운 점이 있다. 판매량이 감소하는데 매출이 늘어난다는 점이다. 그렇다고 타이어업체들이 담합을 통해 원재료 값 상승분 이상으로 일괄적인 가격 인상을 단행한 것도 아니었다. 바로 SUV 차량 수요가 늘어난 결과다. SUV는 일반 차량보다 규격이 더 큰 타이어가 장착되고, 타이어단가도 일반 타이어보다 높다. 이런 트렌드 변화로 인해 판매량 감소에도 불구하고 타이어업계는 안정적인 수익을 구가할 수 있었다.

저유가 시대에는 평균 주행거리가 늘어난다. 그래서 저유가는 RE산업에 호재로 작용한다. 또한 SUV와 외제차 수요가 지속해서 늘고 있어 판매단가 역시 상승하고 있다. 환경 규제로 인한 친환경타이어 신규 수요도 타이어 판매에는 긍정적 요인이다.

다음으로 비용을 살펴보자. 타이어를 생산하기 위해서는 천연고무, 합성고무, 카본블랙 이렇게 세 가지 원료가 필요하다. 천연고무는 해외에서 전량 수입하기 때문에 타이어의 원가는 현지 원자재가격 변동에 민감하다. 합성고무는 석유화학산업의 정제 공정에서 생산된다. 기초원료가 원유인 만큼 유가 변동에 취약하다. 카본블랙도 마찬가지다. 따라서 타이어의 생산비용은 원자재가격과 유가 및 환율 변동에 민감하다.

그러나 타이어산업의 이익 자체는 원자재가격에 민감하지 않다. 타이어는 원가가 오를수록 판매가가 증가한다. 다만 원자재가격이 판매단가에 반영되기까지 시차가 존재한다. 원자재가격 하락기에는 영업이익이 개선되는 효과를 누리고, 반대의 경우 영업이익이 하락한다.

제품 차별화가 어려운 상황에서 타이어업체들은 단순 제조업에서 벗어나 서비스 측면에서 승부를 보려는 움직임을 보이고 있다. 수도권을 대상으로 타이어 방문 장착서비스를 출시한 넥센타이어처럼 타이어회사들은 소비자 중심의 서비스 개편을 차별화 전략의 방점으로 찍고 있다.

🧭 전기차 전환에 발맞춰 체질 개선에 나선 자동차부품업계

자동차부품업은 엔진, 새시, 공조 시스템, 도어, 외장재 등을 생산해 완성차업체에 공급한다. 수익이 발생하는 지점에 따라 크게 세 부문으로 나눌 수 있다. 우선 전체 수익의 61%를 차지하는 조립용 부품 납품(OEM)은 완성차업체와 긴밀한 관계를 구축하는 것이 중요하다. 전체 OEM 수익 중 80%가 현대자동차 계열에서 발생하는 등 국내 완성차 시장에 크게 의존하고 있다.

수출 비중은 2010년 20% 수준에서 현재 34%까지 꾸준히 성장했다. GM, 폭스바겐 등의 해외 완성차업체에 직접 납품하고 있다. 국내 OEM산업이 경기 변동에 더 유연하게 대처하기 위해서는 수출 비중을 늘리고 판매처를 다양화하는 것이 필요하다.

차량의 A/S를 담당하는 차량보수 부문은 전체 매출의 5%를 차지한다. 가령 공조 시스템이 고장 날 경우 별다른 보수 능력을 갖추고 있지 않은 완성차업체를 대신해 전문성을 보유한 자동차부품사가 수리를 맡는다.

차량보수
5%

수출
34%

OEM
61%

　　자동차부품산업은 두 가지 특성이 있다. 첫째로 전후방 산업과의 연관성이 매우 높다. 예를 들어 엔진은 차의 성능과 직결되는 핵심 기관인데, 완성차업체는 엔진을 자동차부품사에서 공급받는다. 더불어 기타 수많은 부품을 조달하는 만큼 자동차 부품사가 차량 완성도에 큰 영향을 미친다. 자동차부품산업의 후방산업으로는 원자재를 수급해오는 철강, 전기, 소재 업체들이 있다. 자동차부품사는 이들 매출에서 큰 비중을 차지한다.

　　또 다른 특징은 부품업체 대부분이 중소기업이며, 이들의 수익성이 대기업 부품사보다 열세라는 점이다. 대기업 부품사는 전체 부품업체의 25%에 불과하지만, 전체 납품량의 80%를 차지한다. 더불어 중소업체의 전방 교섭력은 현대모비스와 같이 수직계열화 안에 있는 대기업 부품사보다 떨어진다. 그래서 동일한 부품이라도 중소업체는 대기업보다 더 낮은 단가에 부품을 판매하게 된다. 대기업 부품사의 영업이익률이 3% 수준인 데 반해, 중소 부품사들의 영업이익률은 1%에 불과하다.

　　그러나 전기차로 전환이 확정된 지금 전통적인 자동차부품업체들은 전기차용 배터리와 관련 모터 기술 개발로 전사적인 방향을 튼 지 오래다. 전통 부품사들은 변화하는 산업 구조에 발맞추어 체질 개선에 나서고 있다. 대표적으로 현대모비스는 2021년 '모빌리티 플랫폼기업'이라는 새로운 정체성을 내걸고 7조 원 이상의 투자를 공표했다. MaaS(Mobility as a Service) 기업과 자율주행 4단계 이상의 로보택시를 공동 개발하는 등 전통적인 부품 납품에서 벗어나 소프트웨어 역량 강화에 힘쓰고 있다.

◎ 역대급 규모로 성장 중인 신시장, 2차전지

현재 대다수 자동차는 내연기관 차량이지만, 20년 후에는 전기차(혹은 수소차)로 대체될 것이라는 예상에 이견이 없다. 스마트폰을 작동하기 위해서 배터리를 충전해야 하는 것처럼 전기차 또한 거대한 배터리가 원동력이다. 전기차를 구성하는 부품은 배터리, 전기모터, BMS, 인버터 등으로 굉장히 다양하지만, 그중 핵심은 배터리다. 배터리는 주행거리, 충전속도, 무게 등 전기차의 시장가치에 큰 영향을 미칠 뿐 아니라 원가의 20%가량을 차지한다.

전 세계 연간 신차 판매가 모두 전기차로 전환된다고 가정할 때 신차를 위해서만 총 10Twh의 배터리 셀이 필요하다. 차량 평균 배터리 사용기간이 통상 12년임을 고려하면 120Twh의 배터리 셀이 있어야 한다. 5일에 한 번씩 전기를 충전한다고 가정하면, 연간 자동차산업의 전력 소비량은 9000Twh에 달한다. 2020년 전 세계 연간 전력 생산량이 25000Twh였으니, 시장 규모가 30% 이상 커지는 셈이다.

어마어마한 전력 수요를 충족하려면 어떻게 해야할까? 신재생발전을 통해 공급량을 늘릴 수 있을 것이다. 하지만 신재생발전은 저장이 어려운 간헐적 방식인 만큼 각종 기업들은 전력을 효율적으로 사용하는 배터리 개발에 좀 더 집중하고 있다. 2019년까지 테슬라는 총 617건의 특허를 냈는데, 이 중 70%가 배터리 관련 특허일 정도다.

◎ 배터리산업을 이해하는 데 꼭 필요한 소재 지식

배터리산업의 밸류체인을 이해해보자. 리튬, 니켈 등의 원료를 통해 전구체와 같은 중간재를 만들면, 소재업체들은 이를 활용해 양극재·음극재·분리막·전해액을 만든다. 이 네 가지 핵심 소재가 모여 배터리 셀을 형성한다. LG에너지솔루션, SK이노베이션, 삼성SDI가 배터리 셀 업체다. 이들은 전기차업체에 직접 배터리를 공급한다.

원료 → 중간재

원료	중간재
리튬, 니켈, 코발트	전구체
흑연 원광	구형 흑연

① 양극재
③ 전해액
④ 분리막
③ 전해액
② 음극재

전기차 완성업체

배터리 셀

리튬, 니켈 등의 원료를 통해 전구체와 같은 중간재를 만들면, 소재업체들은 이를 활용해 양극재·음극재·분리막·전해액을 만든다. 이 네 가지 핵심 소재가 모여 배터리 셀을 형성한다.

배터리의 성능은 주행거리, 가격, 고속 충전 여부, 안정성, 온도 민감도, 수명 등 크게 다섯 가지 측면에서 평가된다. 배터리 성능은 특정한 소재 기술의 발전만으로 고도화될 수 없다. 4대 소재 모두 복합적인 기술 발전을 이루어야 한다. 배터리 셀을 이루는 4대 소재의 역할을 간단하게 알아보자.

▶ **배터리 셀을 이루는 4대 소재**

① 양극재 : 에너지의 밀도를 높여주는 역할로 배터리 힘의 원천이다. 양극재에서 리튬이온을 많이 만들수록 주행거리가 길어진다.

② 음극재 : 배터리 충전 시 에너지가 저장되는 곳이다. 현재는 대부분 흑연으로 제조되고 있는데, 충전 속도 측면에서 실리콘이 유리하다. 그래서 대부분의 소재업체들은 흑연 대신 실리콘으로 음극재를 만드는 로드맵을 따르고 있다.

③ 전해액 : 리튬이온이 양극과 음극 사이를 왔다 갔다 할 수 있도록 만드는 매개체다. 리튬이온의 이동 속도가 빠를수록 충전시간이 단축된다. 전해액은 말 그

대로 액체 상태이기 때문에 온도가 낮은 환경에서는 리튬의 이동 속도가 느려
진다는 단점이 있다.

④ 분리막 : 양극과 음극이 서로 만나지 못하도록 분리하는 역할을 한다. 배터리
의 안정성을 위한 핵심 소재다.

🧭 고밀도 배터리를 향한 여정

현재 업계에서 가장 많은 쓰는 배터리는 리튬이온 배터리다. 리튬이온이 양극과 음
극을 왔다 갔다 하며 전기가 생산되는 구조다. 배터리의 용량과 출력을 결정하는 양
극재에는 니켈, 코발트, 알루미늄 등이 쓰인다. 배터리 수명에 영향을 미치는 음극재
에는 흑연, 실리콘 등이 쓰인다.

배터리를 생산하는 업체 중에는 같은 계열사를 통해 니켈이나 알루미늄부터 생산
해 수직계열화를 도모하는 경우도 있다. 양극재의 품질을 일정하게 유지하면서, 저렴
한 원재료 비중을 높이고 고가 원재료 비중을 낮추는 노력도 이루어진다. 배터리 업
체는 이런 일련의 과정을 통해 원가경쟁력을 확보한다. 그리고 충전시간을 줄이고 에
너지 용량과 수명을 늘리는 것을 최우선 과제로 삼고 있다.

많은 소비자가 전기차를 구매할 때 1회 완충 시 주행거리를 중요하게 여긴다. 이를
위해 2차전지 제조사들은 같은 부피에 많은 에너지를 담을 수 있는 고밀도 배터리
셀을 개발하는 데 전력을 다한다. 전기차에 설치되는 배터리 팩은 배터리 모듈로 구
성되어 있고, 각각의 배터리 모듈은 배터리 셀로 구성된다. 이 과정에서 뛰어난 기술
력을 바탕으로 최소 부피, 최대 에너지 밀도를 구현하기 위해 엄청난 개발 비용이 투
입된다.

스마트 모빌리티의 핵심은 전기차다. 스마트 모빌리티에서 자동차는 '굴러다니는
컴퓨터' 이상의 기능을 제공한다. 완전자율주행기능과 각종 부가서비스를 장착한 미
래의 모빌리티는 현재의 전기차보다 전력 소모량이 30% 이상 높을 것으로 예상된
다. 아무리 엔비디아 등의 업체가 고효율 반도체를 들고 오더라도 인지, 판단, 제어
과정에서 여전히 엄청난 양의 전력이 요구된다.

◎ 한국과 중국의 배터리 패권 전쟁

2021년에 크게 두 가지 이슈가 배터리업체의 잠재적 위협으로 언급되었다. 첫째는 완성차업체들의 배터리 내재화 계획이다. 일찍이 자동차산업의 전 밸류체인에 발을 담근 테슬라에 이어 폭스바겐 등의 선도 업체가 배터리 제조부터 완성차까지 이어지는 수직계열화 전략을 발표했다. 배터리산업은 자본 집약적인 만큼 배터리 셀 내재화를 위해서는 엄청난 설비 투자가 필요하다. 따라서 규모의 경제를 누리기 위해서는 자체 전기차 플랫폼을 가지고 있는 동시에 시장점유율이 높아야 한다. 폭스바겐이 배터리 내재화 전략을 발표한 직후 배터리업체의 주가가 일제히 조정을 받았으나, 그 이상으로 완성차업체의 내재화 이슈가 불거질 가능성은 적어 보인다.

두 번째 이슈는 삼원계 배터리와 LFP 배터리 간 패권 다툼이다. 두 배터리 모두 리튬이온 배터리의 한 종류이다. 그간 국내 업체들은 삼원계에, 중국 업체들은 LFP 배터리에 주력했다. 테슬라, 벤츠 등 전기차 트렌드를 이끌거나 뒤따르는 대형 완성차업체들이 잇따라 LFP 배터리 탑재를 선언하면서 국내 배터리업계에 전운이 감돌았다.

완성차업체가 LFP 배터리를 채택한 것은 가격경쟁력 때문이다. 니켈, 코발트 등의 원자재가 필요한 삼원계 배터리보다 리튬과 인산철을

⦿ 전기차 배터리 원재료 가격상승률

니켈, 코발트, 알루미늄 등의 원자재가 필요한 삼원계 배터리는 가격 경쟁력에서 LFP 배터리에 밀린다. 2021년 원자재가격이 급속히 상승하며 대형 완성차업체들이 잇따라 LFP 배터리 탑재를 선언했다. 그동안 국내 업체는 삼원계, 중국 업체는 LFP 배터리에 주력했다.

(%)
- 리튬 (Li, 3): 320.4
- 코발트 (Co, 27): 84.8
- 알루미늄 (Al, 13): 34.1
- 구리 (Cu, 29): 25.9
- 니켈 (Ni, 28): 19.4
- 망간 (Mn, 25): 13.6

* 연초 대비 2021년 11월 16일 기준, 자료 : 트레이딩 이코노믹스

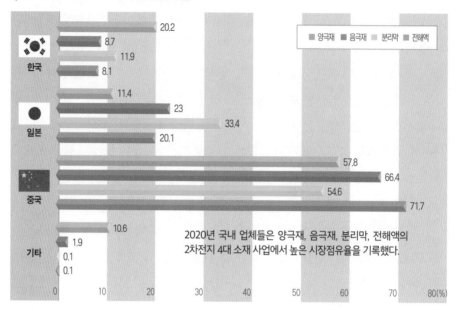

📍 2차전지 4대 소재 세계 시장점유율

범례: ▪ 양극재 ▪ 음극재 ▪ 분리막 ▪ 전해액

한국
- 20.2
- 8.7
- 11.9
- 8.1

일본
- 11.4
- 23
- 33.4
- 20.1

중국
- 57.8
- 66.4
- 54.6
- 71.7

기타
- 10.6
- 1.9
- 0.1
- 0.1

2020년 국내 업체들은 양극재, 음극재, 분리막, 전해액의
2차전지 4대 소재 사업에서 높은 시장점유율을 기록했다.

배합하여 생산하는 LFP 배터리가 원가경쟁력이 우수하다. 2021년 가속화된 원자재가격 상승도 이런 현상을 부추겼다. 리튬가격은 2016년 이후 지속해서 하락 중이었으나, 2021년을 기점으로 급격히 상승했다. 전기차 수요 증가로 이러한 원자재가격 상승 랠리는 지속될 것으로 보인다. 프랑스 에너지 컨설팅 회사 아비센에 따르면 2030년 전 세계 리튬의 80%가 전기차 배터리 생산에 활용될 것이라고 한다.

2021년 신차 판매의 8%가 전기차였을 정도로 전기차 시장이 빠르게 성장하다 보니 완성차업체는 하루빨리 저렴한 원가를 앞세워 충성고객을 확보하는 전략을 수립했다. 기존 삼원계 배터리는 LFP 배터리보다 주행거리가 길다는 강점이 있었다. 그러나 CATL 등의 중국 배터리업체들이 에너지 밀도를 보완하는 기술을 마련한 데다, 전기차 배터리 화재 이슈가 터지며 안정성이 높은 LFP 배터리의 인기가 상승했다. 이에 따라 LG에너지솔루션을 비롯한 국내 업체들이 LFP 배터리 전장에 뛰어들었다. 곧바로 배터리 셀을 공급하겠다는 계획은 아니지만, 에너지저장장치 시장을 시작으로 점차 영역을 넓혀가는 계획을 발표했다.

이렇게 삼원계 배터리가 점차 LFP 배터리에 밀리는 모습을 보이며 업계는 전고체 배터리에 주목하고 있다. 전고체 배터리의 핵심은 액체 전해액과 분리막을 고체 전

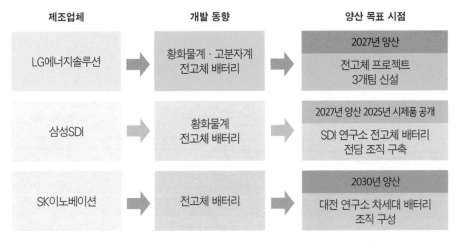

배터리 제조업체 전고체 배터리 개발 현황

제조업체	개발 동향	양산 목표 시점
LG에너지솔루션	황화물계·고분자계 전고체 배터리	2027년 양산 전고체 프로젝트 3개팀 신설
삼성SDI	황화물계 전고체 배터리	2027년 양산 2025년 시제품 공개 SDI 연구소 전고체 배터리 전담 조직 구축
SK이노베이션	전고체 배터리	2030년 양산 대전 연구소 차세대 배터리 조직 구성

LG에너지솔루션, 삼성SDI, SK이노베이션 등 K-배터리 3사는 2027년 전고체 배터리를 상용화한다는 목표로 연구 개발에 매진하고 있다.

해질로 대체하는 것이다. 발화성 물질인 액체 전해액이 없어지면서 화재 위험이 줄고 같은 밀도를 적은 부피로 구현할 수 있다는 장점이 있다. 전고체 배터리는 삼원계와 LFP 배터리의 장점을 합쳐 놓은 배터리로 아직 상용화 단계에 이르지는 못했다. 하지만 새로운 배터리 패권을 두고 여러 기업이 아낌없는 투자를 진행하고 있다.

국내 매스컴은 2차전지를 '제2의 반도체'라 부른다. 시장 규모와 성장성이 뛰어난 데더해 한국 기업의 경쟁력이 우수한 분야이기 때문이다. 실제로 국내 업체들이 소재산업, 전기차용 배터리 부문(2021년 세계 전기차 배터리 시장점유율 LG에너지솔루션 21.5%, 삼성 SDI 5.4%, SK이노베이션 5.1%) 모두에서 전 세계 점유율의 상당 부분을 차지하고 있다.

반도체의 경우 요구되는 기술력이 매우 높고 메모리 부문에서 삼성전자가 압도적인 1위를 구가하고 있다. 하지만 2차전지산업에서 요구되는 기술력은 비교적 낮아 국내 기업이 시장을 독점하기는 어려울 것이라는 예상도 있다. 실제로 CATL을 앞세운 중국 기업이 원가경쟁력이 우수한 LFP 배터리를 앞세워 국내 업체의 점유율을 빼앗고 있다. 전기차 배터리는 태동기에 위치한 잠재력이 엄청난 산업인 만큼 국내 업체가 세계 시장의 주도권을 거머쥘 수 있을지 지켜볼 필요가 있다.

AROUND
INDUSTRIES IN
40
DAYS

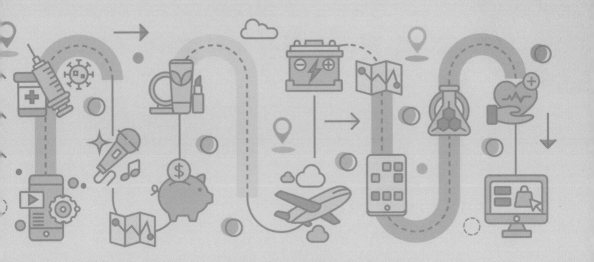

Chapter 5

에너지산업

유가를 흔드는 여러 개의 손

DAY 25

🧭 모든 산업의 혈액을 공급하는 정유사

모든 기계는 연료가 있어야 가동할 수 있다. 자동차는 경유나 휘발유, 각종 공장 설비에는 LPG 등 다양한 종류의 연료가 사용된다. 그리고 이런 연료들은 대부분 땅에서 추출한 석유를 가공해서 만든다. 정유사들은 '석유'라는 핵심 원료를 통해 우리 사회 다방면에 연료를 공급한다.

국내 정유산업은 SK이노베이션, GS칼텍스, 에쓰오일, 현대오일뱅크의 4사 과점 체제이다. 원유 정제량이 국내 수요를 훨씬 웃도는 공급 과잉의 형태를 띠기 때문에 신규 경쟁자의 진입 가능성은 낮다. 정유업의 전방산업으로 석유화학산업이 있다. 그러나 석유화학업체들은 정유사 대비 규모가 작고 경쟁 강도도 높아 정유사가 협상 우위에 있다. 반면 후방에 위치한 OPEC, 미국 등 각종 산유국으로부터 원유를 전량 수입하기 때문에 정유사의 후방 교섭력은 열위에 있다.

석유산업은 크게 상류(upstream)와 하류(downstream) 부문으로 나뉜다. 상류 부문은 지하에 있는 원유를 찾아내는 원유 탐사 단계, 발견한 원유를 땅에서 뽑아내는 시추 단계, 이후 운송할 수 있는 형태로 만드는 개발 및 생산 단계로 구성된다. 하류 부문은 원유 수송, 정제 단계를 거쳐 최종 소비자에게 인도되는 석유제품 판매 단계로 구성된다. 우리나라는 석유 매장량이 극히 적어 일찍이 하류 부문 사업에만 집중했다. 그러나 기술이 발전함에 따라 해외로 진출해 원유 탐사 및 시추를 지원하는 단계에 이르렀다. 하지만 아직까지 매출 대부분은 하류에서 발생한다. 국내의 석유산업은 해외에서 원유를 수입해 이를 정제한 후 소비자에게 판매하는 형태가 일반적이다.

정유사의 수익은 정유 사업과 석유화학 사업, 그리고 윤활유 사업에서 발생한다. 이 중 석유화학 사업은 정유 과정에서 생산되는 나프타(Naphtha)를 원재료로 제품을 생산한다. 정유 사업과의 연계성이 뛰어나 대다수의 정유사가 석유화학 사업을 겸한다. 석유화학업의 경우 LG화학 등 정유사 이외의 주요 경쟁자들의 규모가 상당하며 산업의 중요성도 크기 때문에 별도로 살펴보자(262쪽).

정유 사업은 정유회사 전체 매출의 70%를 차지하는 주요 사업 부문이다. 정유회사들은 원유를 수입해서 정제 과정을 통해 다양한 석유제품을 생산한다. 원유를 싸게 들여와 제품을 정제하는 과정에서 부가가치를 창출해 원가보다 비싼 값에 파는 것이 정유사의 비즈니스 모델이다.

정유사는 원유를 정제하여 휘발유·등유·경유·중유·나프타·LPG 등을 생산한 이후 이를 각 수요처에 공급한다. 유통 구조에 따라 소매와 직매, 수출로 구분한다. 소매와 직매, 수출은 전체 정유 매출 중 각 35%, 10%, 55% 정도를 차지한다. 소매는 주유소 또는 충전소를 통해 일반소비자에게 판매하는 부문이다. 차를 타고 돌아다니면 정유사 이름을 내건 주유소를 많이 볼 수 있다. 정유사는 정제한 휘발유와 경유를 주유소에 판매해 차익을 남긴다.

직매는 중간판매업자나 기타 기업에 정제유를 공급하는 것이다. 나프타를 석유화학업체에 공급하거나 중유를 해운사에 판매하는 식이다. 자동차 연료로 쓰이는 경

📍 석유산업 구조

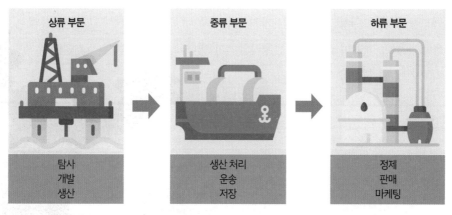

우리나라는 석유 매장량이 극히 적다. 따라서 국내 석유산업은 해외에서 원유를 수입해 이를 정제한 후 소비자에게 판매하는 형태(하류 부문)가 일반적이다.

유나 항공유 등은 수출 부문에서 높은 판매량을 보인다. 정유사에서 원유를 정제할 때 특정한 제품만 골라 생산할 수 없기에 내수 수요보다 적게 혹은 많이 생산되는 제품군이 생기기 마련이다. 그래서 내수 수요보다 적게 생산되는 제품은 수입하고, 많이 생산되는 제품은 수출한다.

🧭 에쓰오일의 재고자산평가손실은 왜 유독 높았을까?

석유제품 생산비용 중 유가가 차지하는 비중은 90%에 달한다. 따라서 유가는 정유사의 매출, 이익과 직결된다. 석유제품의 가격은 유가를 따라 변하기 때문에 유가가 오르면 매출이 오르고, 유가가 하락하면 매출도 하락한다. 유가가 상승하는 시기에 정유사는 과거에 값싸게 매입한 원유로 석유제품을 생산하여 높은 마진을 거둘 수 있다. 반면 유가가 내리면 제품 판매가가 하락할 뿐 아니라 원유를 다량 보유하고 있는 정유사의 특성상 재고자산평가손실이 발생해 당기순이익 하락으로 이어진다.

2020년 에쓰오일은 유가가 마이너스 수준으로 급락함에 따라 1분기 무려 7210억 원의 재고자산평가손실이 발생해 영업손실 1조 1900억 원을 기록했다. 이는 타사 대비 유독 높은 수치였다.

정유사는 매우 많은 양의 재고자산을 보유하고 있다. 중동 산유국으로부터 원유를 수송하는 데 시간이 오래 걸릴 뿐 아니라 원유 정제 후 판매까지도 상당한 기간이 필요하기 때문이다. 법적으로 정유사가 소비하는 에너지의 45일분을 비축하도록 규정한 데 따른 영향도 있다. 원유가격의 등락 폭이 커지면 어떤 재고자산평가법을 사용하는지에 따라 재고자산평가금액이 변하고, 이는 정유사 당기순이익과 주가에 큰 영향을 미친다.

재고자산을 평가하는 방법은 선입선출법과 총평균법 두 가지다. 에쓰오일은 대주주 아람코를 따라 선입선출법을 사용하지만, 나머지 정유 3사(GS칼텍스, SK이노베이션, 현대오일뱅크)는 총평균법을 사용한다. 선입선출법은 먼저 매입한 재고 순으로 판매된다

재고자산
평가손실

고 가정한다. 따라서 회계장부에 남게 되는 재고는 가장 최근에 매입한 것으로 인식해 가장 최근 가격이 적용된다. 반면 총평균법은 분기 초 재고와 해당 분기 매입분을 평균해 재고자산을 측정하기 때문에 최근 가격이 희석된다. 구체적으로는 일정 기간의 원유 매입금을 같은 기간 매입수량으로 나누어 계산하는 방식이다. 따라서 유가 하락기에는 에쓰오일의 기말 원유 재고 장부가가 정유사 3사보다 낮아진다. 재고자산평가손실은 기말 장부가가 낮을수록 더 크게 인식하는 것이 아니다. 재고자산평가손실은 기말재고의 단위당 장부가보다 국제 유가가 낮을 때 인식하는 것이므로, 유가 하락기에는 기말 재고 장부가가 낮은 선입선출법이 유리하다. 시험에서 같은 점수를 받더라도 기대치가 낮았을 때 더 큰 기쁨을 느끼는 것과 같은 이치다.

코로나19 직후 유가가 마이너스를 기록하자 유일하게 선입선출법을 쓰던 에쓰오일은 타사 대비 더 큰 폭의 재고자산평가손실을 기록했다. 반면 총평균법을 사용하는 기타 3사는 재고자산평가손실이 덜했다. 총재고평가손실액은 단위당 평가손실액과 재고량의 곱으로 계산되기 때문에 배럴당 평가손실액이 더 작더라도 재고량이 많다면 더 큰 폭의 손실을 기록할 수 있다.

한편 '저가법' 원칙도 주목할 필요가 있다. 현행 회계 시스템상 기업은 재고자산의 원가와 시가 중 더 낮은 금액을 재고자산 가액으로 인식해야 한다. 가령 배럴당 100달러에 매입한 재고가 현재 시장에서 70달러에 거래된다면 30달러만큼의 손실을 인식하게 된다. 그러나 보수주의를 표방하는 국제회계기준은 수익과 비용 인식 방식이 비대칭적으로 설계되어 있다. 따라서 시가가 110달러로 상승한다고 해서 10달러만큼의 평가이익을 인식하지는 않는다. 다만 이전에 인식한 평가손실분을 한도로 환입하는 것은 가능하다.

🧭 원유가격이 오를 때 정유사가 웃는 이유

정유사의 이익률은 정제마진으로 결정된다. 보통 배럴당 4~5달러의 정제마진을 손익분기점으로 본다. 아시아 정유사들은 손익분기점을 통상 4달러로 보고, 고도화 설비를 잘 갖춘 국내 정유사는 이보다 손익분기점이 낮다.

정제마진은 석유제품가격에서 원유가격, 수송비, 운영비를 뺀 금액이다. 유가가 오른

📍 정제마진 계산법

정제마진은 최종 석유제품가격에서 원유가격과 수송·운영비 등을 뺀 금액으로 정유사의 수익을 결정짓는 핵심 지표 중 하나다. 석유제품은 수요의 가격탄력성이 낮아 일반적인 상황에서는 유가가 오르면 석유제품가격도 오른다. 그래서 유가가 오르면 정유사 이익이 개선된다.

다고 반드시 정유사의 이익이 느는 것이 아니라, 정제마진이 개선되어야 한다. 유가 상승 폭 대비 제품의 판매가격이 얼마나 오르는지가 실적에 큰 영향을 준다. 보통 유가 인상분을 제품가격에 전가하지만, 그만큼 제품 수요가 줄어들 우려가 있을 뿐만 아니라 제3의 변수로 수요가 급감해 제품가격에 인하 압력을 줄 수 있다.

실제로 코로나19 이후 유가가 급격히 회복했으나 정제마진은 한동안 1달러 수준을 벗어나는 데 오랜 시간이 걸렸다. 원유가격이 오르는 동안 부진한 수요로 석유제품가격이 낮은 수준을 유지했기 때문이다. 그러나 원유를 정제해 생산하는 휘발유와 경유는 필수재에 속해 수요의 가격탄력성이 낮은 만큼 일반적인 상황에서는 유가가 오르면 대부분 정유사의 이익이 개선된다.

⏱ 유가는 어떻게 결정되는 것일까?

유가는 수요와 공급이라는 아주 기본적인 원칙에 의해 결정된다. 수요가 줄거나 공급이 늘면 가격이 하락하고, 수요가 늘거나 공급이 줄면 가격이 상승한다. 경제가 활성화될수록 산업 전반에서 더 많은 연료를 필요로 하기 때문에 석유 수요가 늘어난다. 가령 각국에서 동시다발적으로 양적완화를 통해 시중에 돈을 풀면 경제가 활성화되면서 유가가 올라갈 것이다. 반대로 코로나19가 처음 확산되었을 때 모든 산업 분야가 작동을 멈추면서 유가는 유례없는 마이너스를 기록하기도 했다. 회사에서 장기계약을 통해 미리 확보해 두었던 석유가 팔리지 않아 재고로 쌓이면서 석유를 저장하는 데 드는 비용만 계속 나가는 상황에 놓이게 된 것이다. 이 시기에는 석유에 웃돈을 주고 파는 게 더 이득이었다.

공급 측면에서는 감산 합의, 정치적 상황, 셰일가스의 등장이라는 세 가지 이슈가 존재한다. 우선 OPEC(Organization of the Petroleum Exporting Countries, 석유수출국기구)은 산유국으로 구성된 이익집단으로 전 세계 석유 매장량의 70%를 확보하고 있다. OPEC에서는 종종 생산량을 줄이는 감산에 합의하는데, 이를 통해 공급을 줄여 유가를 일정 수준 이상으로 유지하고 마진을 극대화한다.

한편 주요 산유국 중 다수가 중동에 포진해 있는데, 내전 등의 정치적 혼란이 가중될 경우 석유 시추 및 개발이 어려워진다. 2022년에 접어들어 러시아와 우크라이나의 전쟁 위험이 고조되며 원유 선물가격이 뛴 이유이기도 하다. 트럼프 정권 당시에는 산유국 이란이 핵무기를 보유함에 따라 미국에서 이란과 무역하는 국가에 불이익을 주는 제재를 가해 이것이 유가 상승 압력으로 작용했다.

2010년대에 접어들어서 석유와 비슷한 성질을 가진 셰일가스(탄화수소가 풍부한 셰일층에 매장되어 있는 가스)가 추출되기 시작했다. 이후 시장에 원유와 셰일가스가 공존하면서 전체 공급량이 증가했고 OPEC의 영향력도 이전보다 줄었다. 셰일가스의 등장과 기타 여러 요인으로 인해 2010년대에 저유가 시대로 진입한 전력이 있다.

🌀 환율 변동에 대응하는 파생상품 찬스

유가 다음으로 정유사 이익에 크게 영향을 미치는 요인은 우리나라가 석유를 수입할 때 적용되는 환율이다. 만일 환율이 1달러당 1000원일 때 유가가 배럴당 50달러라면, 정유사는 배럴당 5만 원을 지불해야 한다. 그러나 환율이 1달러당 1200원으로 오른다면 배럴당 6만 원을 지불해야 한다. 만일 환율이 1달러당 800원이라면 싼값에 원유를 매입할 수 있으니 정유사에 더할 나위 없이 좋은 상황일 것이다. 그러나 그런 상황이 언제까지 지속될지 모르는 정유사는 불안할 수밖에 없다.

이렇듯 정유사 이익은 환율에 민감하므로 정유사는 외환 관련 파생상품을 적극적으로 활용해 환율 변동에 따른 리스크를 줄이려고 한다. 환율뿐 아니라 원유가격 자체의 변동성도 심해 유가에 대한 위험도 가급적 회피하려고 한다. 정유사 공시 자료

헤지(hedge)
헤지는 환율이나 금리, 기타 보유 자산의 가격 변동 위험을 제거하는 개념이다. 선물, 옵션, 스와프 등을 통해 불확실한 미래의 자산가치를 현재의 확실한 가치로 확정 짓거나, 자산가치의 하한이나 상한을 정해두는 방법이다.

를 살펴보면 파생상품을 통해 환율과 유가 변동에 따르는 리스크를 줄이는 전략을 엿볼 수 있다.

파생상품(derivatives)에는 선물(futures), 옵션(option), 스와프(swap)가 있는데, 정유사는 주로 스와프를 이용한다. 환율 변동 위험을 헤지*하는 스와프 거래를 예로 들어보자. 스와프는 특정일에 미리 정한 가격으로 거래 당사자 간 자산을 교환하기로 한 계약이다. 정유사는 특히 외환스와프를 애용하는데, 이는 현물환을 매입(매도)하는 동시에 선물환을 매도(매입)하는 일종의 외환매매거래다. 쉽게 말해 현재 회사가 여유 있는 통화를 담보로 맡기고 회사가 필요한 통화를 빌린 후 특정기간이 지나면 빌려 쓴 통화를 반납하고 담보로 맡겼던 통화를 되찾는 것이다. 이를 통해 정유사는 현재와 미래 시점에서 사전에 정해진 양의 원화로 정해진 양의 달러를 가져올 수 있다.

환율이 1000원인 상황에서 원유 구입을 위해 달러가 필요한 SK이노베이션에 1000억 원이 있고, 원화가 필요한 미국의 모 기업에 1억 달러가 있다고 해보자. SK이노베이션은 미국 기업에 원화를 제공하고 미국 기업은 SK이노베이션에 달러를 제공한다. 이후 각국가 통화의 이자율 등을 고려해 계약 만기 시 각자에게 약속한 금액을 갚는 식이다. 환율이 오르든 내리든 상관없이 사전에 약정한 금액을 갚는다. 만일 SK이노베이션이 은행에서 달러를 빌렸다면 환전 수수료를 지출할 뿐만 아니라 환율이 오를 경우 원화로 더 많은 돈을 갚아야 했을 것이다. 그런데 외환스와프라는 훌륭한 제도를 통해 위험을 헤지한 것이다.

📍 환헤지 구조의 예

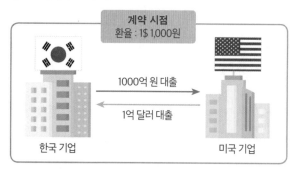

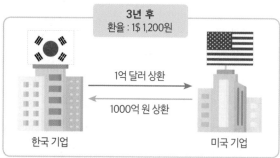

정유사 이익은 환율에 민감해서, 정유사는 외환 관련 파생상품을 적극적으로 활용해 환율 변동에 따른 리스크를 줄이려고 한다.

정유사는 외환스와프와 함께 원유에 대한 상품스와프도 적극적으로 활용한다. 실제로 2021년 1분기 기준 GS칼텍스는 987만 배럴에 대한 159건의 상품스와프 매입계약과 427만 배럴에 대한 109건의 상품스와프 매도계약을 체결했다. 옵션 또한 원가의 대부분이 해외 결제로 이루어지는 정유사에 유용한 도구다.

파생상품 가운데 선물은 오히려 정유사의 위험을 가중시킬 수 있어 잘 사용되지 않는다. 선물이란 미래 특정한 가격에 상품을 거래하기로 약속하는 것이다. 원유선물을 매입하면 약속한 시점에 특정한 가격으로 원유를 구매해야 하는 의무가 생기고, 원유선물 매도는 미래 특정 가격에 원유를 팔 의무를 부여한다.

정유사가 원유를 매입해 휘발유를 제조한다고 하자. 보통 정유산업에서는 원가가 판매가에 반영되기 때문에 원유가격이 상승하면 휘발유가격도 상승한다. 만약 미래에 원유 매입가격이 오를 위험을 헤지하기 위해 원유선물을 매입하면 유가 상승 위험은 제거되지만 기업 이익의 변동성은 커지는 아이러니한 상황이 발생한다. 정유사는 투자사가 아니라 제조사이기 때문에 이익보다 손실의 크기가 더 중요하다.

현재 원유가 배럴당 50달러라면, 원유가 40달러로 하락하거나 60달러로 상승할 때 휘발유가격도 일정한 폭으로 하락 혹은 상승해 선물을 이용하지 않은 기업의 이익은 일정하게 유지된다. 반면 원유선물 매입계약을 체결한 기업은 원유가격 상승 시 이익이 상승하지만, 유가 하락 시 이익이 감소한다. 원유 매입가격이 일정한 상태에서 휘발유 판매가가 변동하기 때문에 결과적으로 이익의 변동성이 커지게 된다. 이런 이유로 정유사는 선물보다는 외환과 통화 위주의 스와프를 통해 위험을 헤지한다.

🧭 정유사 영업이익의 숨은 공신 윤활유

정유사 매출에서 윤활유 사업이 차지하는 비중은 15%에 불과하다. 그러나 수익성이 워낙 좋아 전체 영업이익의 30% 이상을 차지하는 알짜배기 사업이다. 석유를 가공하면 윤활기유(base oil)가 나오는데, 이 윤활기유를 배합한 후 첨가제를 넣어 윤활유를 생산한다. 윤활유는 기계 작동 시 발생하는 열을 식혀 효율성을 높인다. 기계 사용이 확대되면서 윤활유 시장도 함께 성장했다. 윤활유는 용도에 따라 자동차·산업·선박·특수용으로 구분되고 종류에 따라 엔진오일·터빈유·기어유 등으로 나뉜

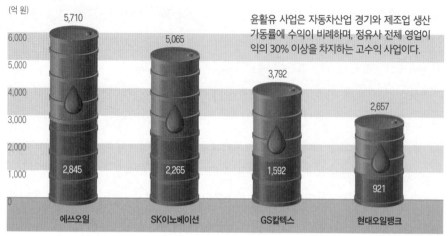

정유 4사 영업이익 중 윤활유 영업이익

■ 2021년 2분기 영업이익 ■ 윤활유 영업이익

(억 원)

윤활유 사업은 자동차산업 경기와 제조업 생산 가동률에 수익이 비례하며, 정유사 전체 영업이익의 30% 이상을 차지하는 고수익 사업이다.

구분	에쓰오일	SK이노베이션	GS칼텍스	현대오일뱅크
2021년 2분기 영업이익	5,710	5,065	3,792	2,657
윤활유 영업이익	2,845	2,265	1,592	921

기준 : 2021년 2분기

다. 이 중 자동차용 엔진오일이 가장 큰 비중을 차지한다.

윤활유 사업의 주수요처는 차량과 공장이다. 운전자들의 경우 대리점, 판매점, 카센터에서 엔진오일을 구매한다. 윤활유 특성상 성능의 차별화가 어려워 판매사들은 브랜드 마케팅에 힘을 쓴다. 공장의 경우 산업용 윤활유를 사용해 기계 가동 효율을 높인다. 윤활유는 일정 기간이 지나면 교체해야 해서 지속적인 수익 창출이 가능하며 자동차산업의 경기와 제조업 생산가동률에 수익이 비례하는 특징이 있다. 한편 윤활유의 원재료인 윤활기유 자체가 팔리기도 하는데, 이는 전기절연 등에 사용된다.

🧭 수익성 잡는 고도화 시설

보통 기업에서는 수익성을 개선하기 위해 비용을 줄일 때 변동성이 적은 원가보다 변동성이 큰 판관비(급여, 임차료, 광고선전비 등)를 줄이는 전략을 취한다. 그러나 정유사는 원유가 생산비용의 90%를 차지하기 때문에 판관비를 줄여도 수익성이 개선될 여지가 적다. 때문에 정유업은 대외변수 리스크가 매우 큰 업종으로 분류된다.

국내 정유사는 일찍이 고도화 시설을 도입해 수익성 개선에 힘을 썼다. 고도화 시설이란 중질유의 원유를 경질유로 변화시켜주는 시설이다. 원유는 API라는 원유 성분 측정 지수에 따라 중질유와 경질유로 나뉘는데, 경질유는 중질유보다 가치가 높아 더 비싼 가격에 팔 수 있다. 문제는 우리나라에서 수입하는 대부분의 원유가 중동 중질유*라는 점에 있다. 미국이나 유럽에서 생산되는 원유는 경질유에 속하지만, 원유 자체의 가격이 높은데다 지리적 여건상 운송비용도 상당하다. 고도화 시설은 비교적 저가인 중동 중질유를 경질유로 바꾸어 더 높은 부가가치를 창출할 수 있게 해준다.

세계 3대 원유
원유는 생산지에 따라 화학물질 함량이 달라지며 그 종류만 해도 200가지 이상이다. 그중 생산량과 거래량 측면에서 WTI, 브렌트유, 두바이유가 세계 3대 원유로 꼽힌다. 각각 미국 텍사스, 영국 북해, 중동에서 시추하며 WTI와 브렌트유는 경질유, 두바이유는 중질유에 속한다.

원유를 정제한 후 남는 벙커C유 등을 휘발유나 등·경유와 같은 고부가가치의 경질유로 재처리하는 식이다. 정유사들은 10년 전부터 꾸준히 고도화 시설 비중을 높이며 정제마진 개선에 박차를 가했다.

◎ 정유사가 'ESG'라는 새로운 물결에 대처하는 법

2020년대는 그야말로 ESG 전성시대가 될 예정이다. 2021년 미국의 행동주의 헤지펀드 엔진넘버원은 불과 0.02%의 지분으로 글로벌 선도 석유기업인 엑손모빌의 이사회를 갈아엎었다. ESG에 초점을 둔 투자를 하는 엔진넘버원이 엑손모빌의 2대 주주인 블랙록과 손잡고 석유 중심의 비즈니스 모델을 고집하는 엑손모빌에 동시다발적으로 ESG 정책으로의 전환을 요구한 덕분이다. 실제로 블랙록은 석탄을 이용한 매출이 25%가 넘는 기업의 주식과 채권을 처분하기 시작했다.

보통 ESG 투자는 친환경에너지 회사같이 ESG 조건을 갖춘 기업을 포트폴리오에 담는 식으로 이루어져 왔다. 그런데 이제는 직접 경영진을 압박해 ESG에 알맞은 회사 전략을 요구하는 방식도 등장한 것이다. 전기차와 자율주행차를 개발하는 테슬라가 2021년 10월 기준 시가총액 1조 달러를 돌파한 것과 비록 지금은 법정 공방 중에 있지만 2021년 5월에 있었던 한앤컴퍼니의 남양유업 인수 모두 ESG가 강조되는 현시대를 잘 보여주는 사례다.

ESG는 결코 새로운 개념이 아니다. ESG는 Environmental(환경), Social(사회), Governance(지배구조)의 머리글자를 딴 용어다. 1950년대부터 기업이 사익 외에도 공익을 추구해야 한다는 목소리가 있었다. 모두가 한 번쯤 들어봤을 CSR, 즉 기업의 사회적 책임이 오랜 기간 화두였지만 투자자들의 호응을 얻지 못했다. 그도 그럴 것이 투자자 입장에서는 본인의 지분 가치 상승을 염두에 두고 투자한 것인데, 영업과 전혀 무관한 일에 돈이 쓰인다면 이를 배임의 일종으로 받아들일 수도 있다. 기업이 성장하는 과정에서 고용을 창출하고 양질의 제품을 생산하면 그만큼 사회적 효용이 증가하는 것이기 때문에 기업이 본연의 영역에 집중하는 것이 진정으로 사회에 기여하는 것이라는 목소리가 많아지면서 점점 CSR에 대한 지지가 시들었다.

반면 ESG의 경우 투자자들이 직접 기업에 ESG 정책을 요구하는 모습으로 나타난다. 블랙록이나 우리나라의 연기금에서 ESG를 준수하지 않는 기업에 투자하지 않겠다는 공식 의견을 발표하기도 하고, 채권 발행 시에도 조달한 자금을 ESG 개선에 투입하겠다는 조건이 근래 자주 등장한다. 높은 이익률만큼 사회에 환원하라고 요구했던 목소리가 이제 친환경에너지, 친환경차, 인력 구조 개선에 투자하라는 목소리로 바뀌었다. 단순한 도덕심의 발로라 보기에는 ESG 투자 규모가 무척 크다. 더구나 앞서 소개한 엔진넘버원의 경우 헤지펀드라는 점을 고려할 때, ESG 정책을 펴는 기업이 장기적으로 더 높은 이윤을 얻어 투자자들의 수익에 긍정적인 영향을 줄 것이라는 공감대가 형성되었음을 알 수 있다. 즉 작금의 ESG 열풍은 많이 버는 기업이 그만큼 사회에 환원해야 한다는 공허한 메시지가 아니라, 주주 자본주의의 일환으로 주주들이 적극적으로 자신의 이익을 기업에 요구하는 움직임이다.

ESG 트렌드는 제조와 판매 과정 모두에서 정유사에 부담으로 작용한다. 본래 정유사의 탄소배출량이 철강, 자동차, 석유화학 회사 다음으로 많기도 하고 주판매처였던 화석연료차가 친환경차로 빠르게 대체되고 있기 때문이다. 당장 선진국의 경우 정부 차원에서 전기차를 장려하고 있는데, 이렇게 되면 앞으로 휘발유와 경유 수요가 떨어질 것이 확실하다. 중국은 2035년까지 내연기관차를 퇴출할 것을, 미국의 각 기업은 2030년 이후 화석연료차량 생산 중단을 공언했다. 이전까지는 단순 권고 사항에 그쳤지만, 이제는 환경 기준에 따르지 않을 경우 직접적인 패널티를 받게 되는 상황이다. 그래서 몇 년 전부터 정유사는 ESG 개선을 위해 매우 활발한 행보를 보였다. "정유주가 탄소배출권 주식이 아닌가?"하는 우스갯소리가 있을 정도로 모두가 탄소중립을 향해 비즈니스 모델을 전환하고 있다.

이에 따라 환경오염의 주범으로 꼽혀온 정유업계에 큰 변화의 바람이 불고 있다.

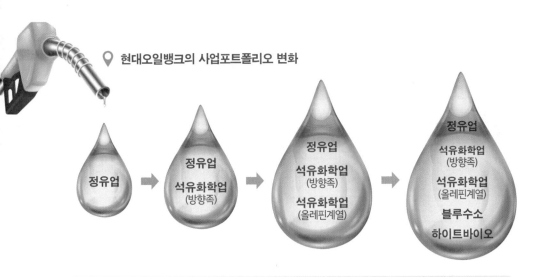

현대오일뱅크의 사업포트폴리오 변화

정유업

정유업
석유화학업
(방향족)

정유업
석유화학업
(방향족)
석유화학업
(올레핀계열)

정유업
석유화학업
(방향족)
석유화학업
(올레핀계열)
블루수소
하이트바이오

환경오염의 주범으로 손꼽혀온 정유사는 ESG 시대에 맞춰 이산화탄소 감축 설비 기술을 확보하고 매출에서 정유업이 차지하는 비중을 줄이는 등 친환경 비즈니스 모델로 변신을 꾀하고 있다.

2021년 현대오일뱅크의 4000억 원 규모 ESG 채권 발행이 이를 단적으로 보여준다. ESG 채권이란 조달받은 자금을 기업의 ESG 개선에 사용할 것을 투자자들에게 약속한 채권이다. 현대오일뱅크의 경우 이산화황 배출 감소를 위한 탈황 설비와 온실가스 저감 시설 구축을 약속했다. 이 과정에서 2030년까지 현재 매출의 85%를 차지하는 정유 사업 비중을 45%로 낮출 것을 발표했다. 같은 기간 전체 영업이익의 70%를 블루수소·화이트바이오·친환경화학소재 등 3대 친환경 미래 사업으로 구성할 것을 공언했다.

에쓰오일은 2021년 3월 수소연료전지를 중심으로 에너지솔루션을 제공하는 FCI의 지분 20%를 매입함으로써 수소 사업 진출 의지를 보였다. SK에너지의 경우 감압잔사유 탈황 설비(VRDS)를 완공하고 이산화탄소 감축 설비 기술을 확보하기 위해 노력하고 있으며, GS칼텍스는 수소연료전지 사업에 박차를 가하고 있다. 거스를 수 없는 ESG 시대에 정유사들이 기존 비즈니스 모델을 친환경으로 전환하는 것은 시간 문제로 보인다.

DAY 26

脫탄소 트렌드에 깊어지는 시름

🧭 '산업의 쌀' 나프타에서 출발하는 석유화학업

"우리 몸의 70%가 물이라면 우리 소지품의 70%는 석유화학제품"이라는 말이 있다. 다른 업종들이 우리 생활 양식에 영향을 미친다면, 석유화학업종은 우리 피부에 닿는 물질적인 모든 것을 구성한다. 석유화학업은 우리 삶에 필요한 물품의 기본 소재를 가공하는 산업이다. 좀 더 전문적으로 표현하자면, 주로 나프타(Naphtha)를 원료로 하여 에틸렌·프로필렌 등의 올레핀제품, 벤젠·톨루엔 등의 비올레핀제품을 생산하는 기초 소재산업이다. 석유화학업체는 최종적으로 합성수지, 합성고무, 합성섬유 등을 생산해 다른 기업에 판매한다.

석유화학업체들이 생산하는 제품 종류는 매우 다양해 한 회사가 전 제품을 생산하기는 어렵다. 나프타에서 합성수지와 같은 최종 제품이 생산되기까지 관여하는 기업을 크게 두 부류로 나눌 수 있다.

상공정기업(upstream)은 우선 정유사로부터 들여온 나프타를 분해하는 공정을 진행한다. 나프타를 분해하면 다양한 원료가 추출되어 다원화된 상품 포트폴리오를 확보할 수 있다. 더불어 수직계열화를 실시해 하

📍 원유에서 나프타 비율

아스팔트 1% ——   —— LPG 3%

휘발유 18%

나프타 11%

등유 27%

경유 12%

중유 28%

원유에는 다양한 성분이 섞여 있는데, 끓는점 차이를 이용해 이 성분들을 분리한다. 나프타는 '산업의 쌀'이라고 불릴 만큼 중요한 제품으로, 에틸렌과 프로필렌 등 석유화학에서 사용하는 기초원료의 원재료다.

공정 부문에도 진출할 여지가 있다. SK이노베이션은 SK에너지를 통해 정유 사업도 하고 SK지오센트릭이 담당하는 석유화학 부문의 하공정으로 이어지는 커다란 수직 계열화를 이루고 있다(SK지오센트릭과 SK에너지 모두 SK이노베이션의 100%자회사다).

하공정기업(downstream)은 나프타를 1차 가공해서 생산된 기초유분과 중간원료를 이용해 좀 더 세분화된 제품을 생산한다. 상공정기업에 비해 규모가 작고 특정 제품에 치중하는 경우가 많아 교섭력에서 열위다. 이렇게 상공정과 하공정 기업이 분리되어 있기는 하지만 조달한 원재료를 가공하여 판매하는 사업 구조는 동일하다. 또한 상공정과 하공정이 서로 유연한 연계성을 갖는 만큼, 두 가지 공정을 겸하는 기업을 설정해 설명해보려 한다.

석유화학제품은 원재료 비중이 제조원가의 80% 이상을 차지하며, 제품 특성상 품질 차별화가 어려워 원가경쟁력을 확보하는 것이 높은 이익의 전제 조건이 된다. 특히 판매관리비 등 기타 비용의 변동 여지가 적어 원재료가격에 의해 영업이익이 좌우되는 경향을 보인다. 기업을 상대로 하는 B2B 사업이기 때문에 기타 비용 중에선 운반비 비중이 높은 편이다. 석유화학업종의 비즈니스 모델은 정유업과 유사하다. 최대한 싼값에 나프타를 조달해 이를 가공하고, 다른 기업에 최대한 비싸게 판매하는 구조다.

⑤ 석유화학업체의 수익을 결정하는 스프레드

제품과 원료가격의 차이를 '스프레드'라 표현한다. 이는 연료비나 첨가제원가, 감가상각비 등을 고려하지 않은 개념이므로 스프레드만으로 석유화학업체의 영업이익을 설명할 순 없다. 그럼에도 불구하고 업황이나 기업별 제품 이익을 비교하는 데 가장 많이 사용되는 지표다.

석유화학업체들은 정유업체 주변에 위치해 정유 공정에서 생산되는 나프타를 파이프로 공수하거나 해외 정유업체로부터 나프타를 수입한다. 정유업(254쪽)을 설명하면서 유가에 영향을 미치는 요소에 대해 살펴보았다. 나프타는 기본적으로 원유에서 생산되는 부산물이기 때문에 원유가격에 비례해 가격이 변동한다. 유가에 영향을 미치는 요인들이 나프타가격에도 동일하게 영향을 미친다. 만일 국제 분쟁이 일어나 원유 공급이 줄어들면 유가가 상승하고, 동시에 나프타가격도 상승한다.

그런데 한 가지 흥미로운 현상이 있다. 정유업의 경우 원재료 값이 최종 판매가에 반영되기 때문에 유가가 오르면 매출이 상승하는 반면, 유가가 내리면 매출이 감소하고 재고자산평가손실이 발생한다고 설명한 바 있다. 석유화학업에서도 비슷한 결과가 나타나지만, 그 양상이 조금 다르다.

유가 및 나프타가격이 급락하면 석유화학제품의 스프레드는 상승하고, 반대로 나프타가격이 급등할 경우 스프레드는 감소한다. 즉 유가와 원유제품가격은 일정한 폭으로 움직이지만, 나프타와 석유화학제품의 가격 변동폭은 서로 다르다. 이는 나프타에 비해 석유화학제품이 가격 변동성이 더 낮기 때문이다.

정유업과 석유화학업의 가격 변동성이 이렇게 다른 까닭은 원재료의 다양성 차이에 기인한다. 정유제품을 생산할 수 있는 원재료는 원유 정도에 국한된다. 반면 석유

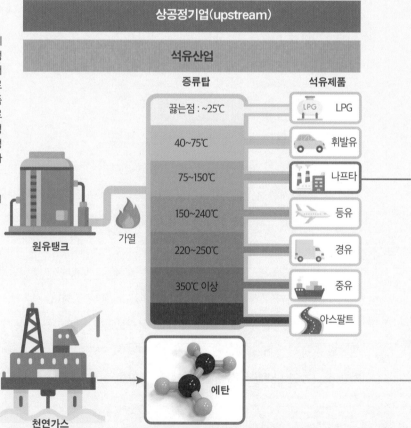

석유화학산업 계통도

석유화학기업은 크게 원유에서 나프타를 분해하는 상공정기업과 나프타를 1차 가공해서 생산된 기초유분과 중간원료를 이용해 좀 더 세분화된 제품을 생산하는 하공정기업으로 나뉜다. 하공정기업은 상공정기업에 비해 규모가 작고 특정제품에 치중하는 경우가 많아 교섭력에서 열위다.

* 자료 : 석유화학협회

상공정기업(upstream)

석유산업

증류탑   석유제품

끓는점 : ~25℃   LPG LPG
40~75℃   휘발유
75~150℃   나프타
150~240℃   등유
220~250℃   경유
350℃ 이상   중유
                 아스팔트

원유탱크   가열

에탄

천연가스

화학제품의 30% 이상을 차지하는 에탄올의 원재료에는 나프타 이외에도 에탄, 석탄 등이 있다. 유가 및 나프타가격이 변할 때 대체재가 존재하는 석유화학제품은 가격 변동이 덜하다. 뒤에서 자세히 설명하겠지만, 우리나라는 석유화학제품의 원재료로 나프타를 이용하는 데 반해 미국이나 중국은 주로 에탄이나 석탄을 이용한다.

◉ ECC에서 NCC로 이동하는 석유화학 패러다임

우리나라 석유화학업체들은 정유 과정에서 생산된 나프타를 원료로 다양한 제품을 생산한다(《석유화학산업 계통도》 참조). 여기서는 석유화학업종 자체를 이해하는 것이 목적이므로 화학 성분 이름보다는 전체적인 흐름에 좀 더 초점을 맞춰 살펴보자.

석유화학업체들은 나프타를 NCC(Naphtha Cracking Center, 나프타 크래커)에 투입해

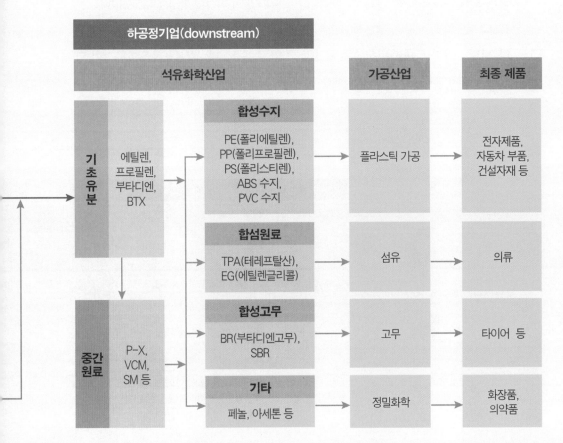

에틸렌, 프로필렌, 부타디엔, BTX 등 석유화학제품의 기초유분이 되는 제품을 생산한다. 이를 바탕으로 합성수지, 합섬원료, 합성고무를 생산해 가공업체에 판매한다. 참고로 합성수지의 경우 플라스틱제품, 합섬원료는 의류의 원재료인 섬유, 합성고무는 고무를 생산하는 데 사용한다. 또한 페놀과 아세톤 등의 원료를 통해 의약품이나 화장품을 생산하는 정밀화학 부문도 있다. 정밀화학 부문은 다른 화학제품과 달리 특정한 성능을 가지도록 설계되어 모방이 어렵다.

코로나19 직후에는 가전, 자동차 등의 수요가 급감하면서 타이어의 원재료인 부타디엔 등의 석유화학제품 가치가 하락했다. 반면 재택근무, 온라인 교육 등의 언택트 문화가 확산하면서 IT인프라, 전자기기에 대한 수요가 늘었다. 이에 따라 프로필렌과 같이 전자제품에 사용되는 석유화학제품의 가격이 올랐다.

석유화학제품 가공은 화학 원료를 쪼개서 새로운 제품을 만드는 과정의 연속이기 때문에 기업별로 가공 및 판매 부문에 별다른 차별점이 없다고 생각하기 쉽다. 그러나 화학제품을 어떤 원료로 가공하는지에 따라 수익성이 달라진다. 우리나라는 100% 나프타로 제품을 생산하지만 미국, 중국 등의 국가에서는 다른 원료를 사용한다. 원료에 따라 원재료비는 물론 생산할 수 있는 제품이나 생산 공정의 효율성이 달라진다. 석유화학제품 제조 방식에는 NCC, ECC, CTO가 있다. 사용하는 원료에 따라 구분하며 각각 나프타, 에탄가스, 석탄을 사용한다.

📍 **에틸렌 생산 방법과 부산물**

구분		올레핀계열		비올레핀계열		기타
		에틸렌계	프로필렌계	부타디엔계	BTX계	
에틸렌 생산 방법	NCC	31%	15%	11%	24%	19%
	ECC	75%	2%	3%	5%	15%
	CTO	100%		생산 불가		생산 불가

* 출처 : 하나경제연구소

에틸렌은 NCC, ECC, CTO 3가지 방법으로 생산한다. 우리나라는 석유화학제품을 100% 나프타를 원재료로 하는 NCC 방식으로 생산한다. NCC 방식은 제조원가가 높지만 생산할 수 있는 제품의 종류에 제한이 없어 부가가치가 높다.

NCC(Naphtha Cracking Center)는 나프타를 원재료로 하는 방법으로 우리나라를 포함한 아시아 국가와 유럽에서 주로 사용하는 공정이다. 나프타는 원유에서 생산되므로 유가에 따라 가격경쟁력이 결정된다. 제조원가가 비교적 높지만 생산할 수 있는 제품의 종류에 제한이 없어 부가가치가 높다.

ECC(Ethane Cracking Center)는 에탄가스, 즉 천연가스를 원재료로 한다. 2010년대 미국이 본격적으로 저가의 셰일가스를 생산하기 시작하면서 과거 부진했던 ECC 공정의 수익성이 크게 개선된 바 있다. 주로 에틸렌 계열만 생산할 수 있어 제품 다양성이 상대적으로 떨어진다.

CTO(Coal to Olefin)는 석탄을 원재료로 삼는 공정으로 2010년 이후 중국에서 대규모 증설을 추진했다. NCC와 ECC보다 원가경쟁력이 우수하지만 생산할 수 있는 품목이 세 공정 중 가장 제한적이다. 또한 환경오염 정도가 심해 중국 정부의 환경 규제에 큰 영향을 받는다. 석탄 생산이 감소하면서 최근에는 가격경쟁력이 감소하는 모습이다.

셰일가스로 에틸렌을 생산하는 ECC업체가 2010년대를 주도했다면, 현재는 그 주도권이 나프타로 에틸렌을 생산하는 NCC업체로 넘어가고 있다. 셰일가스의 90%는 메탄으로 이루어져 있다. 메탄은 난방과 발전에 주로 쓰이며, 셰일가스의 주요 추출 목적도 메탄에 초점이 맞춰져 있었다. 그래서 부산물 중 하나인 에탄은 그동안 석유화학업체에 헐값에 팔렸다. 공급이 늘어난 에탄은 가격이 떨어졌지만, 석유화학제품은 가격이 일정하게 유지되었기 때문에 ECC업체의 스프레드가 개선되었다. 그러나 코로나19 이후 수많은 셰일가스 업체들이 파산했고, 엎친 데 덮친 격으로 바이든 정부 집권 이후 셰일가스 업체에 대한 투자가 크게 줄면서 에탄 공급이 줄었다. 이에 따라 에탄 원가가 상승해 ECC업체의 스프레드가 악화했다. 반면 코로나19 회복 시기에 NCC업체는 슈퍼 사이클을 누리며 높은 이익을 달성해왔다.

원자재 시황은 크게 A, B, C, D 네 가지로 나눌 수 있다. A는 원자재와 판매가격이 같이 오르는 상황으로, '슈퍼 사이클'이라고 부른다. 석유화학업체에 가장 좋은 상황은 원자재가격은 하락하고 판매가격이 오르는 D이지만, 이는 비정상적인 상황으로 오래가기 어렵다. 2010년대 ECC업체는 홀로 D 시황을 누린 행운아였다.

여기서 의문이 드는 것은 원자재와 판매가격이 모두 하락해 침체기로 분류되는 C

시황이다. 단순히 생각해보면 A나 C 시황에서 석유화학업체의 스프레드는 비슷하게 나타날 것 같은데 왜 C 홀로 침체기로 분류되는 것일까? 석유화학사의 제조원가가 500억 원, 판관비 100억 원, 기타비용이 300억 원이라면 1000억 원의 제품을 팔았을 때 100억 원의 이익이 생긴다. 이 상황에서 제품판매가격과 원료의 가격 모두 일정한 비율로 떨어진다고 가정해보자. 가령 제품판매가 500억 원, 제조원가가 250억 원으로 하락하면 매출총이익률은 50%로 동일하다. 하지만 매출총이익(매출-

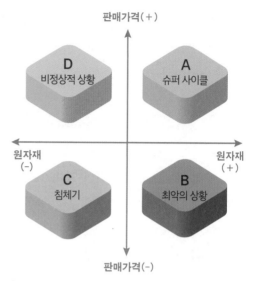

📍 **원자재 시황 구분**

2010년대 ECC업체는 원자재가격은 하락하고 판매가격은 오르는 비정상적인 상황(D)을 누렸다. 그러나 코로나19 이후 셰일가스 업체들이 줄줄이 파산하며 더는 원자재(에탄)를 헐값에 매입할 수 없게 되었다.

매출원가)이 250억 원으로 하락해 전체 150억 원의 순손실을 기록하게 된다. 인건비, 공장가동비 등의 고정비가 일정하게 유지되기 때문이다. 이는 비단 석유화학업뿐만 아니라 정유, 화학, 제지 등 모든 소재산업에 적용되는 논리다. 업종 특성별로 원가가 판매가에 전가될 수 있는지가 갈릴 뿐이다.

🧭 중국의 탈탄소 정책 불똥이 튄 국내 석유화학업계

우리나라는 글로벌 석유화학 시장의 5%를 생산하는 세계 5위 규모의 생산국이다. 1위는 전체 생산량의 약 40%를 차지하는 중국이다. 그래서 중국의 석유화학제품 생산 규모에 따라 전체 공급 수준이 출렁이고 제품가격이 요동친다. 한 가지 주목할 만한 점은 최대 공급자인 중국은 동시에 최대 수요자라는 것이다.

NCC 공정의 특성상 가동률을 낮추었다가 다시 올릴 경우 큰 비용이 발생하기 때문에 대부분 국내 NCC업체들은 가동률을 100%로 유지해왔다. 그러나 중국이 탈탄소 정책을 펼치자 특히 에틸렌 수요가 감소해 국내 NCC업체가 타격을 입었다. 전 세

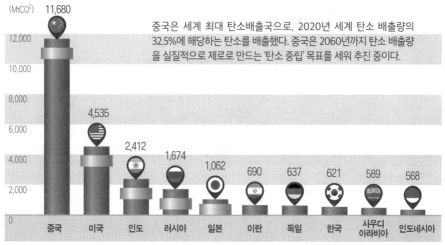

주요국 탄소 배출량

(MtCO²)

- 중국: 11,680
- 미국: 4,535
- 인도: 2,412
- 러시아: 1,674
- 일본: 1,062
- 이란: 690
- 독일: 637
- 한국: 621
- 사우디아라비아: 589
- 인도네시아: 568

중국은 세계 최대 탄소배출국으로, 2020년 세계 탄소 배출량의 32.5%에 해당하는 탄소를 배출했다. 중국은 2060년까지 탄소 배출량을 실질적으로 제로로 만드는 '탄소 중립' 목표를 세워 추진 중이다.

자료 : 대외경제정책연구원

계 석유화학 원료의 50%가량을 소비해온 중국이 탈탄소 정책에 대한 의지를 강력히 표명한 데 더해 베이징올림픽에 앞서 제조업 가동률을 급격히 줄인 영향도 있다. 실제로 에틸렌가격에서 나프타가격을 제한 에틸렌 수익성은 2021년 말부터 점차 낮아져 2022년 1월 10년 평균 441달러를 훨씬 하회하는 175달러를 기록했다.

국내 석유화학업체들은 연 1억 1700만 톤의 온실가스를 배출하는 철강에 이어 두 번째로 많은 온실가스를 배출한다. ESG 트렌드가 가속화되며 주주들은 비즈니스 모델 전환에 목소리를 높였고, 이에 석유화학사들은 사명까지 바꿔가며 친환경 비즈니스 구축 의지를 보이고 있다. SK이노베이션의 자회사 SK종합화학은 2021년 9월 사명을 'SK지오센트릭'으로 변경해 새로운 핵심 사업으로 폐플라스틱 재활용을 꼽으며, 2025년까지 재활용 사업에 5조 원을 투자할 것을 발표했다. 한화종합화학도 최근 '한화임팩트'로 사명을 변경했으며, M&A를 통해 수소 발전 전단계로 여겨지는 혼소 발전 기술을 보유하게 됐다. 수소 혼소 발전은 LNG와 수소를 같이 태워 전기를 만드는 기술이다. LG화학을 위시한 기타 석유화학사들도 체질 개선에 한창이다. 업력이 오래된 만큼 기존 사업 구조가 안정적이지만 급변하는 트렌드 속 새로운 먹거리를 겨냥해 사업다각화에 힘을 쓰는 형국이다.

DAY 27

'원전'이라는
거대한 딜레마를 품고 있는 업계

한국전력의 독무대, 송·배전 부문

전력산업은 일상생활에 필수적인 전력을 생산하고 판매하는 산업이다. 공익성이 강해 도시가스업과 함께 '유틸리티(Utility)업'으로 불린다. 전력업 성장률은 국민의 경제 수준과 산업가동률에 비례한다. 여름이면 전력 사용이 증가하는 등 전력산업은 계절성이 뚜렷하다.

전력산업은 전력을 생산하는 단계인 발전 부문과 전력을 구입해 소비자에게 전달하는 단계인 송·배전 부문으로 나뉘며, 회사도 발전회사와 송·배전 회사로 구분된다. 참고로 우리나라의 발전회사는 400여 개이고, 송·배전 부문은 한국전력이 독점하고 있다.

발전회사는 전기를 생산하고 파는 회사다. 전기를 생산하는 것이 가장 큰 역할이므로, 비즈니스 모델이 1차 산업의 특성을 띤다. 발전회사는 화력, 원자력, 수력 등을 이용해 전기를 생산한다. 발전소를 가동한다는 말은 터빈을 회전시켜 전기를 발생시킨다는 의미다.

터빈을 어떤 방식으로 회전하는지에 따라 화력, 원자력(이하 원전), 수력 발전 등으로 나뉜다. 화력발전은 석유 등의 연료를 태워 발생하는 증기로 터빈을 돌린다. 원전도 증기로 터빈을 돌리는데, 핵분열을 통해 증기를 발생시킨다는 차이가 있다. 수력발전은 물의 위치에너지를 이용한 물레방아 원리로 터빈을 돌린다. 신재생에너지를 이용해 전력을 생산하기도 하지만, 아직은 효율성이 낮아 많이 사용하는 방식은 아니다. 2020년 국내 전력 수급 발전원 비중을 보면 석탄이 35.6%, 원자력이 29%, LNG가 26.4%를 차지한다.

🧭 원전을 포기할 수 없는 이유

400여 개의 발전회사가 생산한 전력은 전력거래소에서 거래된다. 전력거래소는 일종의 시장이다. 판매자는 발전회사이고 구매자는 송·배전회사다. 전력거래소에서 판매되는 평균 전기단가를 보면, 1kWh 당 통상 석탄은 90원, 원자력은 60원, 유류는 200원, LNG는 100원 안팎의 단가를 형성한다. 여기서 주목해야 할 점은 발전원별로 전력 1kWh를 생산하는 데 드는 비용이 천차만별이라는 점이다. 2021년 6월 발전원별 평균 연료단가를 보면 1kWh를 생산하는 데 석탄 55원, 원자력 6원, 유류 178원, LNG 84원이 소모된다.

구매자 입장에서 가장 매력적인 발전원은 가격이 싼 원자력이다. 발전회사 입장에서도 원자력 〉 석탄 〉 유류 〉 LNG 순으로 많이 생산하는 것이 이상적이다. 단순히 원가와 판매단가 차이에서 비롯된 마진 때문에 그런 건 아니다. 원전의 경우 사용후 핵연료처리비 등이 발생해, 판매단가와 원가의 차이가 그대로 마진이 되지는 않

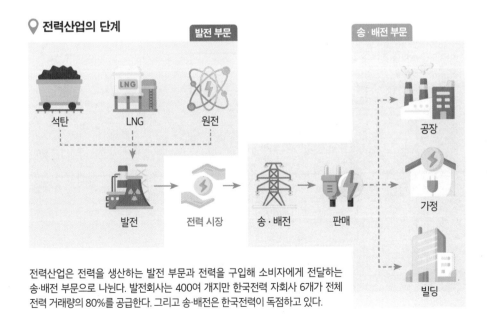

📍 **전력산업의 단계**

발전 부문

석탄 LNG 원전

발전 전력 시장 송·배전 판매

송·배전 부문

공장 가정 빌딩

전력산업은 전력을 생산하는 발전 부문과 전력을 구입해 소비자에게 전달하는 송·배전 부문으로 나뉜다. 발전회사는 400여 개지만 한국전력 자회사 6개가 전체 전력 거래량의 80%를 공급한다. 그리고 송·배전은 한국전력이 독점하고 있다.

는다. 발전회사 입장에서 원자력이 매력적인 이유는 판매율 때문이다. 원전으로 생산했든 신재생에너지로 생산했든 전력 1kWh는 소비자에게 동일한 가격에 팔리기 때문에 전력을 구입하는 회사는 최대한 판매단가가 낮은 전력을 구입하려고 한다.

좀 더 깊은 이해를 위해서 전력거래소가 변동비 반영 시장(CBP; Cost-Based Pool)임을 알아 둘 필요가 있다. 국제 석탄가격은 날마다 달라지기 때문에 전력회사들이 전력을 생산하는 데 드는 비용 또한 바뀌고 이것이 판매단가에 반영된다. 즉 거래가격은 발전회사들의 호가가 아닌 발전기들의 연료비로 구성된다. 이후 발전회사들은 자신들이 생산한 전기를 전력거래소에 입찰하며 송·배전회사는 가장 값싼 전기부터 계약을 체결한다. 전력 시장을 담당하는 전력거래소는 하루 전 그 다음 날의 전력 수요를 1시간 단위로 예측해 입찰을 진행한다. 이때 발전비용을 최소화하기 위해 가격 변동비가 낮은 전력부터 구매한다. 즉 전력 수요가 적은 새벽에는 원자력과 석탄만 가동하다가 하루 중 전력 수요가 가장 많을 때는 중유까지 태운다. 2021년 6월 기준 판매단가는 원자력 〉 석탄 〉 LNG 〉 석유 순으로 낮았기 때문에 판매량도 같은 순서임을 유추해 볼 수 있다.

📍 **시간대별 SMP(전기도매가격) 결정 원리**

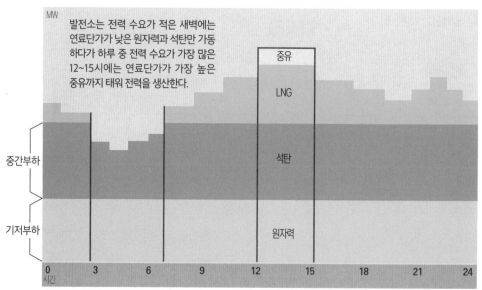

자료 : 한국전력

앞서 살펴본 내용을 정리해보자. ① 소비자 입장에서는 원자력으로 생산된 전력과 LNG로 생산된 전력 등 발전원에 따른 차이가 없다. ② 따라서 송·배전 독점업체인 한국전력은 전기를 값싼 순서대로 매입하는 것이 유리하다. ③ 발전회사 입장에서도 동일 마진하에 가장 낮은 판매가를 제시할 수 있는 원전이 가장 매력적이다.

한국전력은 예전에 발전사를 포함하고 있었으나 김대중 정부 시절 전력산업 구조 개편의 일환으로 화력발전 회사들과 한국수력원자력(이하 한수원) 주식회사를 자회사로 분할했다. 현재 원자력발전은 한수원, 기타 화력발전 등은 다른 자회사, 송·배전 부문은 모회사 한국전력공사가 담당하고 있다. 그렇다면 한국전력은 왜 전사적인 차원(자회사와 기타 관련 기업 등의 실적까지 반영한 연결재무제표 상의 수익성)에서 가장 높은 수익성을 안겨줄 수 있는 한수원에만 집중하지 않는지 의문이 생길 수 있다. 그러나 원전만으로 발전을 가동하기에는 여러 가지 제약이 따른다.

에너지 포트폴리오가 중요한 이유

우선은 원전의 경직성 문제가 있다. 원전은 특성상 출력 변동에 잦은 변화를 주기보다는 일정한 출력을 유지하며 발전을 하는 것이 효율적이다. 현재 기저부하*를 담당하는 역할을 원전이 맡는 이유이기도 하다. 프랑스와 같이 원자력 비중이 70% 정도로 높은 나라에서는 부하추종(하루 중 원자력의 출력을 조절하는 방식)이 도입됐으나, 국내에서는 아직 부하추종을 채택하지 않고 있다. 참고로 전기는 수요보다 공급이 많아도 정전이 발생할 수 있기 때문에 수요와 공급이 일치해야 한다. 날씨에 따라 재생에너지의 전

> **기저부하**
> 사람과 사회가 생존하기 위해 반드시 소비하는 전력량을 기저부하라고 한다. 사람과 사회가 최소한의 활동을 하는 데 필요한 전력량을 중간부하라고 한다. 소비량이 수시로 변하는 전력량은 첨두부하라고 한다. 우리나라는 기저부하는 원자력발전, 중간부하는 석탄발전, 첨두부하는 가스발전이 맡고 있다.

력 생산이 변하면 이에 맞추어 다른 전력원의 생산량을 조정해야 한다. 그래서 부하추종을 채택하지 않는 상황에서 과도한 원전 도입은 공급의 비탄력성을 초래한다. 추후 발전 동력원으로 재생에너지가 본격 도입되면 원전에 대한 부하추종이 고려되겠지만, 그렇게 되기까지는 어느 정도 시간이 걸릴 것으로 보인다.

초기 비용도 짚어봐야 할 사항이다. 원전은 연료비가 싸지만 초기 시설투자비가 비싸고 건설기간이 길어 투자금을 회수하는 데 오랜 시간이 걸린다. 최초 시설투자

부터 전기 생산까지 10년 정도의 기간이 필요하다. 특히 원전은 사회적 수용성이 낮아서 지역 주민들과의 협의에도 오랜 시간이 걸린다. 가스발전은 연료비가 많이 들고 가격 변동이 심하지만, 건설비가 싸고 건설기간이 짧다는 장점이 있다.

에너지 안보도 고려 대상이다. 특정 발전원에만 의존한다면 국제 정세에 따라 에너지 수급에 문제가 생길 수 있다. 원자력의 경우 연료비 비중이 10% 정도로 가격 변동에 영향을 적게 받는다. 더불어 원전을 가동하는 국가가 많지 않아 우라늄 공급자는 안정적인 전력 판매를 위해 합리적인 가격에 발전사와 장기계약을 맺다. 덕분에 원전은 가격 측면에서 발전원 중 변동성이 가장 낮지만, 수급 차원에서는 여전히 위험을 안고 있다. 그래서 현재 정부에서 발전원을 다변화하는 동시에 수년 치 원전 연료를 비축해두고 있다.

더불어 원전은 불시 정지하면 2주 정도 점검을 받아야 하는데, 이 경우 전력 공급에 차질이 생길 수 있다. 이는 에너지 포트폴리오를 다각화해야 하는 또 다른 이유가 된다.

🕹 탈원전 정책과 ESG 트렌드의 최대 피해자, 한국전력

우리나라 송·배전 시장은 한국전력 독점체제로, 송·배전 회사를 한국전력이라 칭하는데 무리가 없다. 한국전력은 발전회사에서 전기를 구입해 송전과 배전을 통해 소비자에게 판매한다. 송전은 구입한 전기를 높은 전압으로 변전소까지 운반하는 것이다. 변전소에서는 전압을 낮추는 변전 과정을 거친다. 이후 소비자에게 최종적으로 전기를 전달하는 배전 단계를 밟는다. 이렇게 소비자가 전기를 받아 한 달간 사용하고 납부하는 전기요금이 한국전력의 수익이 된다.

송·배전 시장을 얘기할 때 탈원전 이슈를 고려하지 않을 수 없다. 한국전력의 수익 구조를 가감 없이 보여주는 이슈이기 때문이다. 탈원전은 말 그대로 원전에서 벗어나자는 움직임이다. 보통 환경오염과 위험성을 근거로 한다.

탈원전이 한국전력에 미치는 영향은 그리 긍정적이지 못하다. 탈원전을 하게 되면 원전 비중이 줄어들고 발전회사들은 많은 발전원을 석탄과 LNG 등으로 대체하게 된다. 그러나 이렇게 만들어진 전력은 원전에서 생산한 전력보다 단가가 높다. 전력거래는 '변동비 반영' 원칙으로 이루어지기 때문에 탈원전은 발전회사보다 송·배전 회사에 큰 영향을 미친다. 발전회사의 원가는 판매단가에 반영된다. 하지만 소비자가 납부하는 전기요금은 한국전력이 마음대로 정할 수 없어 원가 부담은 고스란히 한국전력에 돌아간다. 전기요금을 인상하려면 산업통상자원부의 인가를 받아야 하는데, 그리 쉬운 일이 아니다.

탈원전에 따른 온실가스 배출 비용도 한국전력의 골칫거리다. 원전 가동률이 줄어들면 화력 발전원 비중이 늘어날 수밖에 없다. 이 경우 '정책비용'도 함께 늘어나, 한국전력이 지불하는 실질 전력 구매가격이 증가한다. 정책비용이란 국가 차원에서 유해물질을 배출하는 생산·공급자에게 부과하는 비용이다. 신재생에너지에 방점이 찍힌 최근 트렌드 속에서 확대되고 있다. 신재생공급의무화제도(RPS) 관련 비용, 탄소배출권 거래 비용이 대표적이다.

RPS는 발전량 일부를 반드시 신재생에너지로 구성하도록 강제하는 제도다. 직접 생산하는 신재생에너지가 목표치에 미달할 경우 신재생사업자로부터 부족분을 구

탈원전·ESG 트렌드는 송·배전을 독점하는 한국전력의 수익성을 악화시키는 요인이다. 한국전력은 탈원전 시행으로 이전보다 전기를 비싸게 구매해야하고, 발전회사의 RPS와 탄소배출권 거래 비용 등 관련 비용을 보전해줘야 한다.

ESG
탈원전

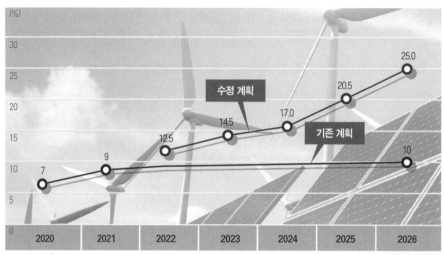

📍 **신재생에너지 의무공급비율 추이**

(%)

- 2020: 7
- 2021: 9
- 2022: 12.5
- 2023: 14.5 (수정 계획)
- 2024: 17.0
- 2025: 20.5
- 2026: 25.0 / 10 (기존 계획)

* 자료 : 산업통상자원부

2026년까지 신재생에너지 의무공급비율이 25%로 확대될 계획이다. 발전회사들의 신재생에너지 생산비용과 재생에너지공급인증서(REC) 구매 비용을 보전해주는 한국전력 입장에서는 신재생에너지 의무공급비율이 확대될수록 수익이 악화될 수밖에 없다.

입해야 한다. 한국전력은 발전회사들의 신재생에너지 생산비용과 재생에너지공급인증서(REC) 구매 비용을 보전해준다. 계획대로라면 2026년까지 신재생에너지 의무공급비율이 25%로 점진적으로 늘어나게 되어 있어, 한국전력의 부담이 상당할 것으로 보인다.

또한, 지금까지는 한국전력이 화력발전사들의 탄소배출권(286쪽) 관련 비용을 전력판매분에 따라 사후 정산해주었다. 그러나 한국전력 측에서 발전회사가 부담해야 할 비용을 대신 떠맡고 있다는 불만이 제기되어, 현재 비용 부담 구조 개편에 관한 논의가 진행 중이다.

한국전력은 2021년 RPS 3조 2천억 원, ETS(탄소배출권) 4323억 원을 지출해 정책비용으로만 무려 3조 6천억 원이 발생했다. 2022년에는 4조 2000억 원의 정책비용 지출이 예상된다. 코로나19 이후 에너지가격이 급격하는 동안 한국전력은 탈원전으로 고유가 부담을 그대로 떠안아야 했고, 엎친 데 덮친 격으로 기후환경 비용까지 점차 규모가 커졌다. 같은 기간 전기요금이 요지부동인 탓에 비용 부담은 더욱 크게 느껴졌다.

한국전력은 2020년 국제 연료가격 하락으로 생산과 구매 비용이 크게 줄어 당기순이익 흑자 전환에 성공했다. 그러나 연료가격이 재차 상승한 상황에서 가중되는 정책비용 부담으로 2021년 3분기에는 당기순손실 2조 2000억 여 원을 기록했다.

탈원전 이슈는 이해관계자가 뚜렷하게 갈리는 이슈이기 때문에 정치권과 한국전력에서 내놓는 정보와 논리가 상당히 다른 양상을 보인다. 따라서 객관적인 시각을 견지하는 것이 중요하다.

🧭 독점이라고 전부 다 대박은 아니다!

발전 부문은 400여 개의 회사가 난립하고 있고 송·배전 부문은 한국전력 독점체제이다. 발전회사가 400개에 달하지만, 한국전력 자회사 6개가 전체 거래량의 80%를 차지할 정도로 전력업에서 한국전력의 영향력은 매우 크다. 일례로 한국수력원자력은 국내 유일 원전회사로 전체 전기 생산량의 30%를 책임진다. 포스코에너지, GS파워, GS EPS 등 주요 민간발전사가 전기 생산량의 5% 정도를 차지하고 나머지는 소규모 발전회사들로 구성된다.

송·배전 부문은 한국전력의 독점체제이긴 하지만 전력업의 공공성을 감안해 정부에서 규제를 자주 내놓는 까닭에 독점 혜택이 그리 크지 않다. 정부 차원에서 원자력, 화력 등 발전원별 전기 생산량에 일정 수준의 상한선을 두기도 하고, 한국전력의 이익이 커지면 국민 복지 차원에서 전기요금을 인하하기도 한다. 전기요금의 가격결정권이 정부에 있기 때문이다.

전력업의 또 다른 특성은 국제 석탄가격 및 유가에 따라 수익성이 달라진다는 것이다. 유가가 상승하면 천연가스에서 추출되는 LNG의 가격이 동반 상승한다. 한국전력에 의하면 유가가 배럴당 1달러 상승할 때마다 영업이익이 약 1000억 원 하락한다고 한다.

🧭 연료비 연동제 덕 좀 볼 줄 알았는데……

2021년 전기요금체계가 개편됐다. 기존에는 연료비와 관계없이 정부 정책에 의해 전

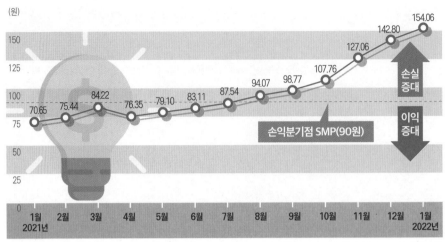

통합 SMP(전기도매가격) 추이 (2022년 1월은 1~14일 기준)

자료 : 한국전력거래소

(원)

150

125

100

75

50

25

0

70.65 75.44 84.22 76.35 79.10 83.11 87.54 94.07 98.77 107.76 127.06 142.80 154.06

손실
증대

이익
증대

손익분기점 SMP(90원)

1월
2021년 2월 3월 4월 5월 6월 7월 8월 9월 10월 11월 12월 1월
2022년

한국전력이 손익분기점을 달성하는 SMP는 1kWh당 90원인데, 2021년에 연료비가 상승하면서 SMP도 동반 상승했다. 전기요금에 전기 생산원가를 반영할 수 없는 상황에서 한국전력의 수익성은 악화될 수밖에 없다.

기요금이 결정됐다. 하지만 '연료비 연동제'라 부르는 새로운 전기요금체계는 송·배전회사가 소비자에게 전기요금을 징수할 때 전기 생산원가를 반영한 금액을 받을 수 있도록 한다.

한국전력은 그동안 유가가 상승하는 등의 이슈가 있더라도 전력 시장에서 높은 가격에 전기를 구입해 정부에서 정해준 가격에만 소비자에게 판매할 수 있었다. 이번 조치를 통해 소매가격에 도매가격이 반영되면서 한국전력의 수익성이 안정화될 것으로 전망됐다. 소비자 입장에서도 국제 연료가격이 내려가 더 싼 가격에 전기를 많이 쓸 수 있었음에도 불구하고 전기요금이 일괄적으로 고정되는 바람에 그동안 더 높은 가격을 지불해야 하는 경우가 있었다.

전기요금체계 개편으로 전력업계는 한층 더 발전할 것으로 예상됐다. 그러나 정부가 공공요금 물가 상승을 막는 차원에서, 2021년에 연료비가 상승하는 와중에도 전기요금을 고정하며 제도의 효율성에 대한 논란이 일기도 했다. 같은 기간 발전업체가 한국전력에 판매하는 도매가격인 SMP는 꾸준히 증가해 한국전력의 적자는 심화되었다. 판매가격은 같은데 매입가는 오르니 적자가 나는 것이 당연한 수순이다. 통상 손익분기점을 달성하는 SMP를 kWh당 90원으로 보는데, 에너지 원료가격이 지속적으로 상승해 SMP도 동반 상승하고 있다.

🔄 서서히 헐거워지는 독점 사슬

최근 산업통상자원부 조치도 주목해야 할 이슈다. 한국전력의 독점체제에는 그동안 많은 논란이 뒤따랐다. 특히 최근 ESG가 강조되는 추세여서 독점체제에 대한 비판의 목소리가 더욱 커졌다. 석탄 발전 비중이 높은 한국전력의 독점체제하에서는 늘어나는 친환경 에너지 수요에 전력업이 발맞추기 어렵다는 이유에서다. 이에 2021년 산업통상자원부에서 그동안 한국전력이 독점했던 전기 판매권을 지역별 신재생에너지 발전사에 분산하는 제정안(「분산에너지 활성화 특별법」)을 국회에 제출했다.

한국전력은 과거 '발전 → 송전 → 배전 → 판매' 전 과정을 담당했다. 하지만 2001년 정부 조치로 한국전력의 발전 부문이 여러 개 자회사로 분할되면서 기타 민간기업들이 진입하기 시작했다. 지난 20여 년간 판매 부문에서는 한국전력이 계속해서 독점체제를 유지할 수 있었지만, 이번 조치로 전력업에서 민간기업이 차지하는 비중이 한층 커질 것으로 예상된다.

📍 기존의 에너지 시스템과 분산에너지 시스템 비교

	기존의 에너지 시스템	미래의 분산에너지 시스템
기본 방향	• 대규모 발전소 기반의 집중형 발전 • 원거리 해안가 발전 → 수도권 내 소비	• 소규모 발전소 중심의 분산형 발전 • 지역 내에서 에너지 생산·소비 가능
인프라 (전력망)	• 선형 위주의 전국적 네트워크 • 일방향적 전력 계통체계 * 발전사업자 → 송·배전사업자 → 소비자	• 면적 위주의 마이크로그리드 • 프로슈머형 전력플랫폼 기반의 양방향 계통체계
전력 거래	• 규모의 경제에 기반한 효율성 위주의 전력시장 • 변동성 재생에너지 급전 어려움	• 자가소비, 수요지 인근 거래가 중심 • 재생에너지 입찰제도, 실시간 시장 등으로 재생에너지 관리 강화
에너지 분권	• 중앙 정부 주도의 중앙집중형 전력 체계 구축	• 중앙정부와 지방정부 간 협업 + 적극적인 주민 참여 체계

* 자료 : 산업통상자원부

친환경에너지 수요 증가로
독점체제에 균열 조짐

경제성·청정성·안정성 3박자로
도시가스의 주원료 자리를 꿰찬 천연가스

가스는 사회가 정상적으로 돌아갈 수 있게 하는 필수적인 연료로, 도시가스업은 전력업과 함께 '유틸리티업'이라 부른다. 도시가스는 배관을 통해 가정, 산업 등 수요처에 공급되는 연료용 가스다. 도시가스산업은 해외에서 도시가스를 수입해 이를 소비자에게 전달한다. 그렇다면 도시가스는 어떻게 만들어지는 것일까? 도시가스는 석탄, LPG(액화석유가스), 천연가스 등 다양한 원료로 생산한다. 그러나 대부분 도시가스는 천연가스로 만들어지고 매우 드물게 LPG가 사용된다.

천연가스가 도시가스의 주요 원료로 자리매김한 이유는 크게 경제성·청정성·안정성 3가지 요인 때문이다. 우선 천연가스는 타 연료보다 열효율이 높다. 같은 양으로 더 큰 에너지를 낼 수 있는 특성을 두고 '경제성'이라 한다. 둘째로 천연가스를 우리나라에 들여오려면 액화 과정을 거쳐야 하는데, 액화 과정에서 분진과 황이 제거되어 청정성이 높다. 마지막으로 중동 지역에 치우쳐 있는 석유와 다르게 천연가스는 전 세계에 고루 매장되어 있기 때문에 수급이 안정적이다.

우리나라가 1951년 도시가스를 처음 도입했을 때만 해도 주원료는 LPG였다. 그러나 1980년 석유파동이 일면서 LPG 수급에 문제가 생겼고 우리나라의 경제성장률은 마이너스를 기록했다. 이에 1980년대 후반부터 천연가스를 액화시킨 LNG를 주원료로 변경했다. 점차 점유율을 높인 LNG는 현재 전체 도시가스 생산량의 99%를 담당한다.

구분	에너지원	단위	총 발열량	
			MJ	kcal
가스	천연가스(LNG)	kg	54.6	13,040
	도시가스(LNG)	Nm³	43.6	10,430
	도시가스(LPG)	Nm³	62.8	15,000
석유	경유	ℓ	37.7	9,010
	BC유	ℓ	41.6	9,950
	등유	ℓ	36.8	8,790
석탄	연료용 수입무연탄	kg	21	5,020
전기	전기(소비 기준)	kWh	9.6	2,300

도시가스는 대부분 타 연료 대비 열효율이 높은 천연가스를 사용해 생산한다. 천연가스는 파이프를 통해 운송하는 PNG와 액화시켜 선박으로 운송하는 LNG 두 가지 방식이 있는데, 우리나라는 LNG 형식으로 조달한다.

참고로 천연가스는 지하에서 자연적으로 발생하는 가연성 가스다. 수급 형태에 따라 PNG와 LNG로 나뉘는데, PNG는 파이프라인가스로 파이프를 통해 운송된다. 우리나라는 삼면이 바다로 막혀 있어 PNG 형태로 조달받는 것이 불가능하므로 천연가스를 액화시킨 LNG를 선박으로 운송한다.

천연가스가 난방이 되기까지

도시가스업의 수익 구조를 이해하기 위해서는 천연가스가 어떤 경로로 소비자에게 전달되는지 알아 둘 필요가 있다. 우선 한국가스공사에서 카타르 등 16개국으로부터 LNG 형태의 천연가스를 수입한다. 이후 평택, 인천, 통영 기지에서 액화 상태인 가스를 기화하여 34개의 지역별 도시가스업체에 판매한다. 지역별 도시가스업체들은 자체적으로 매설한 배관을 통해 최종적으로 가정, 공장 등에 가스를 배급한다.

이 과정에서 도시가스업의 가장 큰 특징 두 가지가 나타난다. 첫째는 도매와 소매 부문으로 이원화되어 있다는 점이다. 한국가스공사가 해외에서 천연가스를 들여와 지역별 업체에 판매하는 도매 부문과 지역별 업체가 소비자에게 되파는 소매 부문으로 구분된다.

둘째로 도시가스 사업은 독점으로 운영된다. 도매처는 한국가스공사 하나지만 소매처는 34개에 달하기 때문에 '독점'이라는 말이 쉽게 와 닿지 않는다. 하지만 34개 업체가 지역을 나누어 공급권역별로 도시가스를 독점 공급하는 구조다. 예를 들어 서울 관악구는 서울도시가스가, 인천 부평구는 인천도시가스가 맡는 식이다. 도시가스업은 배관 설치 등 지속적인 설비 투자가 필요하고, 국민 생활에 필수적인 연료를 공급한다. 경쟁을 도입했을 때 발생할 수 있는 공급 설비의 불필요한 중복 투자나 공급 불안정을 방지하기 위해 정부 차원에서 산업 초기부터 독점으로 운용하고 있다.

도시가스업의 비즈니스 모델은 아주 단순하다. 한국가스공사는 해외에서 들여온 원료를 기화해 지역별 업체에 판매하고, 지역별업체들은 이를 소비자에게 되판다. 즉 가스를 운반해주는 대가로 돈을 번다. 이렇게 단순한 비즈니스 모델과 독점체제 아래에 운영되는 도시가스업은 높은 안정성과 비교적 낮은 수익성이 특징이다.

도시가스업체들이 많은 돈을 벌려면 가스요금을 올리고 비용을 줄여야 한다. 비용의 경우 이미 워낙 많은 제반 시설을 갖추었기 때문에 관련 비용이 급격하게 늘거나 주는 일이 드물다. 그러나 천연가스는 가격 변동성이 심하다. 해마다 20% 이상 오르고 떨어지는 게 예사다. 실제로 코로나19 이후 수요의 급격한 회복과 가속화되는 친환경 트렌드에 힘입어 천연가스가격은 매우 가파르게 상승했다. 따라서 안정성이 높다는 것은 천연가스가격이 등락하는 폭만큼 요금이 변한다는 걸 전제한다. 그렇다면 도시가스 요금은 어떻게 책정되는 것일까?

🧭 도시가스요금은 어떻게 정해질까?

도시가스요금은 원료비, 도매 공급비용, 소매 공급비용의 합으로 정해진다. 이 중 원료비와 도매 공급비용은 한국가스공사가, 소매 공급비용은 지역별 도시가스업체가 부담한다.

한국가스공사가 지역별 도시가스업체에 가스를 판매할 때는 원료비, 수입 비용, 기

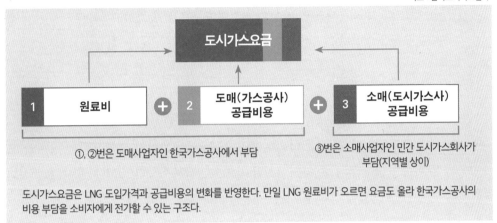

📍 도시가스요금 구성

*자료 : 한국도시가스협회

도시가스요금

1 원료비 **+** **2** 도매(가스공사) 공급비용 **+** **3** 소매(도시가스사) 공급비용

①,②번은 도매사업자인 한국가스공사에서 부담

③번은 소매사업자인 민간 도시가스회사가 부담(지역별 상이)

도시가스요금은 LNG 도입가격과 공급비용의 변화를 반영한다. 만일 LNG 원료비가 오르면 요금도 올라 한국가스공사의 비용 부담을 소비자에게 전가할 수 있는 구조다.

타 제반 비용에 마진을 더해 가격을 책정한다. 지역별 도시가스업체는 이 비용에 수요처까지 가스를 운반하는 데 드는 비용과 마진을 더해 공급가를 산출한다. 결국 소비자가 내는 도시가스 요금은 원료비와 도매 공급비용, 소매 공급비용의 합에 해당한다.

앞서 비용이 변하는 만큼 요금도 변한다고 했는데 현재 도시가스요금은 「도시가스사업법」에 근거해 LNG 도입가격과 공급비용의 변화를 반영한다. 만일 LNG 원료비가 오르면 요금도 올라 한국가스공사의 비용 부담을 소비자에게 전가할 수 있는 구조다. 앞서 전력업에서도 설명한 원료비 연동제가 도시가스업에도 적용된다.

전력업과 마찬가지로 도시가스업은 가격결정권이 회사에 있지 않다. 도매요금은 중앙정부에, 소매요금은 지방자치단체에 승인권이 있다. 그러나 원료비나 공급비용에 변화 요인이 발생하면 한국가스공사가 산업통상자원부와 협의해 이를 조정할 수 있고, 지역별 업체들도 지방자치단체장과 협의할 수 있다. 비용 산정은 꽤 자주 시행된다. 산업통상자원부에서는 도시가스 원료비를 2개월마다 산정하는데, 만일 직전 2개월에 비해 원료비에 3% 이상 변동이 생길 시 가스요금을 조정한다.

도시가스요금은 원칙상 원료비 연동제로 운영되어야 하나 공공요금 안정화를 위해 이제껏 정부에서 요금 인상을 억제한 경우가 많았다. 원료비 연동제가 제대로 이루어지지 않을 경우 도시가스업체의 판매가격은 일정한 상태에서 원료 매입가만 오르는 셈이라 영업이익이 축소된다. 원가보다 더 낮게 요금이 책정되면서 발생하는 적자분은 '도매요금 미수금'으로 잡힌다. 한국가스공사는 2021년 한 해 동안 무려

7000억 여 원의 미수금이 쌓인 것으로 추정된다. 일부 미수금은 시차를 두고 도매요금에 반영되어 회수되고 있지만, 여전히 미수금이 많이 쌓여있어 추후 소비자가 과중한 부담을 떠안게 될 것이라는 우려가 크다.

🧭 같은 비즈니스 모델, 그러나 영업이익은 제각각

독점이라는 안정적인 체계 아래에 동일한 비즈니스 모델을 갖춘 도시가스업체들 모두 비슷한 수준의 영업이익을 유지할 것으로 생각하기 쉽다. 그러나 재무제표를 보면 업체별로 이익률이 상이하다.

도매요금의 경우 전국의 모든 도시가스사에 동일한 요금이 적용되지만, 소매요금은 지역 특성과 기타 제반시설 등을 고려하여 금액이 차등적으로 책정된다. 도시가스업은 막대한 인프라를 투자해야 하는 사업으로, 통상 수익을 통해 투하자본을 회수하기까지 10년 이상이 소요된다. 따라서 투자회수 기간에 접어들기 전까지는 정부에서 요금에 차등을 두는 배려를 한다. 그래서 현재 수도권 업체보다 뒤늦게 진입한 지방 소재 도시가스 업체들의 마진이 우수한 양상이 나타난다.

마진 차이가 발생하는 또 다른 이유는 용도별 도시가스요금이 다르기 때문이다.

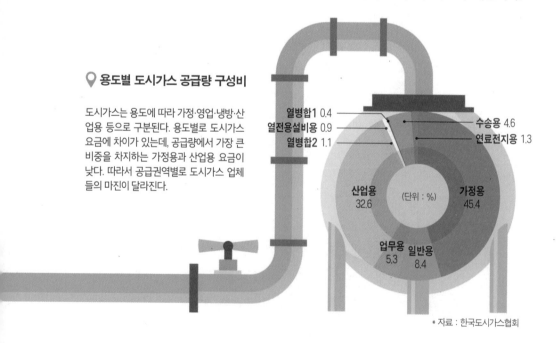

📍 용도별 도시가스 공급량 구성비

도시가스는 용도에 따라 가정·영업·냉방·산업용 등으로 구분된다. 용도별로 도시가스 요금에 차이가 있는데, 공급량에서 가장 큰 비중을 차지하는 가정용과 산업용 요금이 낮다. 따라서 공급권역별로 도시가스 업체들의 마진이 달라진다.

열병합1 0.4
열전용설비용 0.9
열병합2 1.1
수송용 4.6
연료전지용 1.3
산업용 32.6
(단위 : %)
가정용 45.4
업무용 5.3
일반용 8.4

* 자료 : 한국도시가스협회

도시가스는 용도에 따라 가정·영업·냉방·산업용 등으로 구분된다. 대개 산업 활성화 차원에서 산업용 가스요금이, 민생 차원에서 주택난방용 가스요금이 낮게 부과된다. 따라서 주거지역과 공장지대 등 공급권역별로 마진이 달라진다. 더불어 지역별 지형 또한 영업이익을 상이하게 하는 요인으로 작용한다.

연도별 이익은 크게 변하지 않지만, 계절성으로 인해 분기별 이익의 변동 폭이 크다. 가정용 난방 수요가 몰리는 1분기와 4분기 겨울철에 연 매출의 70%가 발생한다. 그동안은 동절기와 하절기 수요 격차로 인해 가스 저장 설비 확충에 큰 비용이 들었지만, 최근에는 계절별 매출 불균형을 해소하기 위해 냉방용 가스 수요 개발에 힘을 쓰고 있다. 연중 균일한 수요를 위해 가스냉방기를 설치하는 등 다양한 차원의 노력을 기울이고 있다.

도시가스업계 자체는 독점체제지만 산업용 도시가스의 경우 경쟁 연료가 존재한다. 바로 중유의 한 종류인 벙커C유다. 따라서 유가 변동에 따라 산업용 도시가스의 공급량이 변한다. 유가가 올라가면 벙커C유의 가격경쟁력이 하락하기 때문에 상대적으로 저렴한 산업용 도시가스 수요가 증가한다. 반대로 저유가 시대에는 산업용 도시가스를 찾는 이들이 줄어든다.

지금까지 살펴보았듯이 도시가스업은 수익성이 낮고 안정성은 높다. 가격결정권은 없으나 비용에 발맞추어 요금이 변하고 정부에서 독점체제를 보장해준다. 더불어 초기 인프라 투자에 막대한 자금이 들어 진입장벽이 높다. 일상생활 속 필수재이기 때문에 대체로 가격과 경기에 둔감한 편이지만, 산업용 가스 수요는 경기 동향에 비례한다. 업력이 오래됐지만 아직 성장 여력이 남아 있다고 보는 시각도 있다. 2020년 기준 도시가스의 수도권 보급률은 93%지만, 지방 보급률은 75%에 그친다.

🧭 독점체제를 무너트리는 LNG 직매입

정부의 에너지 정책으로 기존 연료보다 친환경적인 LNG 수요가 늘어나면서 SK, 포스코 등의 민간기업에서 LNG를 직매입하기 시작했다. 이에 그동안 LNG를 독점 공급해왔던 한국가스공사가 반발했다. 민간기업에서 연료비를 낮출 목적으로 LNG를 직매입하면 한국가스공사의 주수요처가 떨어져 나가기 때문이다.

실제로 다수 기업은 LNG 직매입으로 발 빠르게 전환하고 있다. 정유사인 에쓰오일은 울산 공장 가동에 필요한 산업용 LNG를 한국가스공사를 거치지 않고 직매입하기 위해 말레이시아의 석유기업 페트로나스와 15년의 장기계약을 맺었다. 참고로 한국가스공사는 도매가격을 안정화하기 위해 2021년 카타르 석유공사와 2025년부터 적용되는 연간 200만 톤 규모의 20년 LNG 장기도입계약을 체결했다. SK가스도 LNG 터미널 사업에 뛰어들었으며 기타 발전 공기업들도 LNG 직매입을 검토하고 있다.

이러한 공기업과 민간기업의 경쟁은 국가적 차원에서 가스 수급의 불안정성, 중복 투자의 비효율성을 초래할 수 있다는 의견도 있다. 한국가스공사의 LNG 물량 감소와 코로나19 이후의 산업 체질 변화가 도시가스업계에 어떤 영향을 줄지 지켜볼 필요가 있다.

◎ 기업 실적까지 바꾸는 탄소배출권 거래, 가스업체는 어떨까?

미국 전기차 업체 테슬라가 2020년 사상 첫 흑자를 냈다. 테슬라는 7억 2100만 달러(약 8030억 원)의 연간 순이익을 기록했다. 테슬라 흑자는 전기차 판매를 시작한 2006년 이후 처음이다. 테슬라 경영 실적 개선에 가장 크게 기여한 것은 탄소배출권 거래 수익이다. 테슬라는 2020년 탄소배출권을 다른 완성차 업체에 팔아 연간 15억 8000만 달러(약 1조 7400억 원)의 수익을 올렸다. 탄소배출권 거래 수익을 제외하면 테슬라는 여전히 적자다.

탄소 중립을 약속한 국가들은 탄소 배출량의 상당 부분을 차지하는 기업 규제에 대해 다양한 안을 내놓았다. 간접적인 규제로 차량 규제가 있다. 특정 연도부터 내연차 통행을 금지하는 각 국가 정책은 완성차 업체의 전사적인 방향을 바꾸었다. 직접적인 규제로 탄소세(Carbon Taxes), 탄소배출

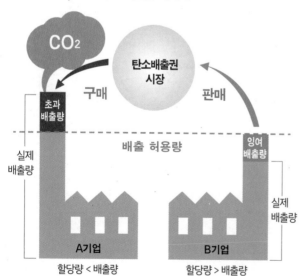

♀ **온실가스 배출권 거래제도**

1051천 tCo₂

2018년

935천 tCo₂

2019년

856천 tCo₂

2020년

권 가격제 등이 있고, 이 중 탄소배출권 거래제가 대표적이다.

탄소배출권거래제(EST; Emission-Trading System)는 기업이 배출할 수 있는 탄소량에 상한을 두고 상한선을 넘은 기업은 추가 비용을 지불하고, 배출량이 할당량을 하회하는 기업은 배출 권리를 판매하여 추가 수익을 올릴 수 있게 하는 제도다. 탄소 배출을 적게 하는 기업에게 쏠쏠한 영업외수익을 안겨주는 구조로, 기업들이 탄소 중립에 앞장서도록 하는 인센티브 제도라고 이해할 수 있다.

탄소배출권의 가격도 결국 수급에 의해 결정된다. 가령 화석연료가격이 하락하면 화석연료를 이용한 발전이 증가해 배출권 수요와 가격 상승으로 이어진다. 그리고 공급 측면에서 전체 배출 할당량이 하락하면 배출권가격은 상승하게 되는 식이다. 2021년 제품 생산과 운송량 회복세에 힘입어 탄소배출권가격은 무척 가파르게 상승했다. 탄소배출권 선물가격과 연동된 ETF인 KRBN(KraneShares Global Carbon Strategy ETF) 가격이 2020년 8월 20달러 수준에서 2022년 2월까지 150% 상승해 50달러를 상회했을 정도다.

한국은 중간재를 수출하는 국가인 데다 산업 활동도 활발하기 때문에 2021년 기준 세계 3위의 ETS 시장 규모를 가지고 있다. 참고로 가장 큰 시장은 유럽으로 320조 원에 달하는 탄소배출권 시장의 80% 이상을 담당하고 있다.

강화되는 환경 규제 속 한국가스공사를 위시한 가스 생산자들의 ESG 성적표는 우수한 편이다. 한국가스공사의 온실가스 배출량은 지속적으로 감소하고 있고 일찍이 계획한 설비 고도화, 수소에너지 사업을 통해 앞으로의 친환경 지표는 더욱 개선될 것으로 보인다.

AROUND
INDUSTRIES
IN
40
DAYS

Chapter 6

유통·소매(생활) 산업

DAY 29 코로나가 바꾼 대한민국 유통지도

◎ 다양한 유통 채널 활성화로 오프라인 유통업은 위기

1980년대 이전에 주위에서 가장 흔했던 유통점은 재래시장과 동네 슈퍼마켓이었다. 전반적인 소득 수준이 높아지며 백화점이 꾸준히 증가했고, 같은 기간 인바운드(외국인의 국내 여행)와 아웃바운드(내국인의 외국 여행) 여행 수요가 늘어나며 면세점 사업도 성장했다. 1990년대에 접어들어서는 대형마트가 등장했고, 2000년대 이후에는 편의점 점포 수가 급격히 늘어나 이제는 100m마다 편의점을 볼 수 있을 정도다. 유통점이 포화 상태에 접어들면서 전통적인 유통점 성장률은 현재 둔화 추세에 있다.

더불어 코로나19로 온라인 시장이 오프라인 유통의 많은 부분을 대체함에 따라 오프라인 유통업은 위기론이 일기도 한다. 2020년에는 전반적인 오프라인 유통업이 역성장하거나 성장이 정체되었지만, 온라인 시장은 161조 원 규모로 성장했다. 이에 발맞추어 기존 유통업체들은 온라인과 오프라인 매장 모두를 운영하는 옴니채널 전략을 통해 위기를 헤쳐나가는 움직임을 보이고 있다. 특히 이마트는 3.4조 원에 이베이코리아를 인수하면서 이커머스 2위 주자로 올라섰다.

유통은 다양한 개념을 포함한다. 유통은 생산지에서 수요처로 재화나 서비스를 이동시키는 활동이다. 이 정의를 따르면 각종 운송업도 유통업의 범주에 속한다. 유통은 창고업·운송업 등의 물적 유통과 도매업·소매업 등의 상적 유통으로 구분된다. 유통업이라 하면 통상적으로 소매유통업을 가리킨다. 여기에서는 백화점, 면세점, 대형마트, SSM, 편의점에 대해 살펴보려 한다. 온라인은 오프라인 시장과 비즈니스 모델이 상이하고 규모와 성장성에도 큰 차이가 있어 따로 살펴볼 것이다.

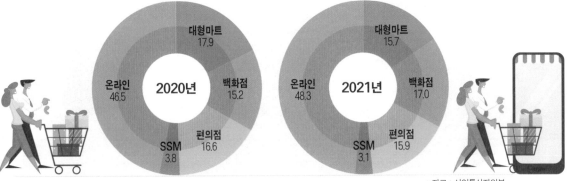

유통업 업태별 매출 구성비 (단위 : %)

2020년
대형마트 17.9
백화점 15.2
편의점 16.6
SSM 3.8
온라인 46.5

2021년
대형마트 15.7
백화점 17.0
편의점 15.9
SSM 3.1
온라인 48.3

* 자료 : 산업통상자원부

코로나19로 비대면 소비문화가 확산하면서 대형마트, 백화점 등 오프라인 유통업의 성장이 정체되었다. 하지만 오프라인 유통업 안에서도 희비가 엇갈렸다. 근거리·소량구매 선호와 코로나19로 인한 다중이용시설 기피 현상 등의 영향으로 2021년 매출에서 편의점 3사가 대형마트 3사를 처음으로 앞질렀다.

오프라인 유통사들의 수익 구조는 매우 단순하다. 상품을 들여와 이를 고객이 볼 수 있는 곳에 진열해 판매하고, 그 과정에서 발생하는 비용을 최소화하여 이익을 창출한다. 말 그대로 고객과 제조사를 이어주는 가교 역할을 하는 것이다. 상품 매입, 진열, 판매로 이어지는 구조는 모든 유통사가 동일하지만, 취급하는 제품이나 규모·세부적인 수익 창출 전략은 서로 다르다.

⊚ 계약 형태에 따라 달라지는 백화점의 이익

법이 규정하는 백화점은 매장 면적 3000m² 이상의 종합물품 판매점이다. 2021년 기준 롯데백화점이 35%, 현대백화점이 25%, 신세계백화점이 28%, 3사 합계 88%를 차지하는 과점 구조다. 백화점은 패션 잡화 등 고가품 위주의 고마진 상품 판매에 주력한다. 대형 3사가 지방 백화점을 대상으로 지속적인 인수합병을 하며 과점 형태가 더욱 굳어지고 있다.

우선 유통사는 백화점을 출점하기 위해 임차와 매입을 두고 고민한다. 면세점은 원칙적으로 출국 시에만 구매가 이루어지므로 판매 장소가 공항, 주요 호텔 인근 정도로 제한되어 있다. 그러나 백화점은 선택지가 다양하다. 백화점은 한번 출점하면

📍 **백화점 입점 계약 방식에 따른 수익**

구분	재고 부담	순매출액	총매출액
직매입	백화점	판매가	
특약매입	납품사	판매 수수료(판매가의 30%)	판매가
임대갑	임차사	정액임대료	
임대을	납품사	정액임대료·판매 수수료(판매가의 50~20%)	

대개 해당 입지에서 오랫동안 영업을 하므로 부동산 구매에 나설 법도 하다. 하지만 유통사가 들어선다는 것은 입지가 좋다는 뜻이고, 당연히 그만큼 부동산가격도 높다. 그래서 백화점을 운영하는 회사는 대부분 소유와 임차 비중을 절반씩 가져간다.

부동산을 확보한 다음 유통사는 상품 매입 및 판매 단계에 돌입한다. 상품 공급자와 맺는 계약에 따라 직매입, 특약매입, 임대갑, 임대을 4가지로 분류할 수 있다. 계약 방식에 따라 비즈니스 모델에 큰 차이가 생긴다.

직매입은 백화점에서 직접 상품을 구매해 판매하고 남은 재고도 책임지는 것이다. 매출액에 판매가가 그대로 반영되며, 주로 식품 업체나 수입 브랜드 편집샵과 계약할 때 적용된다.

특약매입은 백화점이 납품업자의 상품을 우선적으로 매입해 판매한 뒤 팔리지 않은 상품은 반품하는 형태다. 따라서 재고에 대한 책임이 백화점이 아닌 공급자에 있다. 백화점 입장에서는 상품을 외상으로 사오는 셈이다. 특약매입 계약상 백화점은 판매된 상품단가의 30%를 수수료로 가져가는데, 의류·가전·잡화 등 대부분 품목이 특약매입 계약 대상이다. 즉 백화점에서는 공간을 빌려주는 대가로 임대료 명목의 수수료를 가져간다. 이때 해당 매장의 판매는 백화점 직원이 아닌 납품업체가 고용한 직원이 맡는다.

임대갑은 판매금액과는 관계없이 임대료만 수취하는 방식이다. 서점이나 영화관·미용실·음식점이 주로 임대갑 계약을 체결한다. 이는 일반적인 부동산 사업 구조로 인테리어 비용과 판매사원 관리 모두 입점 업체 측이 담당한다.

임대을은 임대료와 함께 판매금액에 따라 15~20%의 수수료를 받는 방식이다. 특약매입과 임대갑의 중간 성격을 띠는 방식으로 주로 명품 매장과 계약할 때 사용된다. 참고로 입점시키기 어려운 명품 브랜드의 경우 백화점의 교섭력이 약하기 때문에 수수료가 10% 이하 수준에서 책정되기도 한다. 그래서 정액임대료를 받는 임대갑과 임대을 계약은 직매입과 특약매입보다 입점 업체의 매출과 백화점 매출 간 상관관계가 적다. 입대을은 임대갑과 마찬가지로 인테리어 비용과 판매사원 관리 모두 입점 업체가 담당하지만, 백화점에서 매장 관리를 위한 계산원을 지원한다는 차이가 있다.

이외에도 백화점은 문화센터 운영 수익, 주차장 요금 등 부가수입을 통해 수익을 올린다. 위 4가지 방식을 통해 매출이 발생하면 여기에 각종 운영비, 인건비, 관리비 등의 비용을 제해 영업이익을 산출한다.

◎ 대기업 위주로 굴러갈 수밖에 없는 면세점 사업

면세점 사업은 국가로부터 관련 사업권을 취득해 외국인 방문객 및 내국인 해외 출국자를 대상으로 외국이나 국내 유명 브랜드 상품을 면세로 판매하는 것이다. 면세 종류에는 'Tax Free'와 'Duty Free'가 있다. 이 가운데 면세점은 Duty Free에 해당한다. Tax Free는 부가가치세만 면제된 것이고, Duty Free는 부가가치세에 더해 주세·교육세 등 모든 세금이 면제된 것이다. 우리나라 면세점의 최대 고객은 중국인 관광객이며 이들을 공략하기 위한 다양한 마케팅이 실시된다.

참고로 국내 주요 호텔 사업자는 면세점 사업을 주력으로 한다(188쪽). 면세점 사업은 호텔 사업자 수익의 무려 90%를 차지한다. 주객이 전도된 것 아닌가 싶을 정도로 면세점 사업이 호텔 사업자 매출의 대부분을 차지하게 된 배경에는 호텔의 공급 과잉이 있다. 2010년대 초반부터 중국인 관광객이 급증하여 호텔은 객실 부족 상태에 놓였다. 그러자 정부에서는 호텔 건축 용적률* 규제를 완화해 주었고, 호텔 수가 크게 늘었다. 2012년 680개였던 국내 호텔 수는 2019년 1050개에 달할 정도로 증가했다. 공급 과잉이 일어나자 호텔 롯데와 호텔신라는 중국인 관광객의 구매력이 높다는 점과 같은 계

> **용적률**
> 건물 면적을 땅의 넓이로 나눈 비율이다. 용적률이 높을수록 같은 면적 대비 더 높은 건물을 지을 수 있다.

열사 내 유통업체가 있다는 점을 근거로 면세점 사업에 힘을 싣기 시작했다.

면세점은 취급 물품이 백화점과 비슷하지만, 물건에 세금이 전혀 붙지 않아 그만

큰 가격이 저렴하다. 또한 원칙적으로 출국 예정자만 구매할 수 있고 구매 한도가 있다는 점에서 백화점과 다르다. 면세점은 상품을 대부분 직매입하기 때문에 특약매입 비중이 높은 백화점의 비즈니스 모델과 큰 차이를 보인다.

백화점은 재고 부담이 없는 반면 면세점은 재고자산 비중이 높다. 또한 상품을 직접 매입해야 하다 보니 샤넬 등의 명품 브랜드 상품을 유치하는 역량과 더 싼 가격에 매입할 수 있는 능력이 중시된다. 따라서 면세점 사업은 규모의 경제가 중요하다. 구매 규모가 클수록 구매 교섭력이 강화되어 매입단가가 낮아지는 동시에, 재고를 보다 효율적으로 관리할 수 있게 되어 매출원가율이 개선되는 효과가 있기 때문이다. 또한 시내 면세점은 구매 고객이 그 자리에서 물건을 받는 게 아니라 출국 전 공항 내 지정된 인도장에서 받는 구조이기 때문에 판매 상품을 공항까지 신속하게 배송할 수 있는 물류 체계도 필수다. 이런 이유 때문에 면세점 사업은 대기업 위주의 과점 체제다.

면세점은 공항 터미널이나 호텔 인근 시내에 위치한다. 공항면세점의 경우 임대료 부담이 만만치 않다. 가령 인천공항에 위치한 면세점은 운영사에서 5년 간 1조 원의 임대료를 인천공항공사에 매월 나누어 지급하는 식의 고정임대료 지급 계약을 맺는다. 코로나19 초기에는 정부와 인천공항공사 측에서 관광 수요가 어느 정도 회복될 때까지 매출에 비례해 임대료를 받는 품목별영업요율로 전환해주기도 했다. 참고로 코로나19 이후 인천공항의 임차인 사업권 공개입찰에서 잇따른 유찰이 발생하자 2022년 들어서는 임대료 징수 방식을 고정임대료에서 여객수 연동으로 변경하는 안도 제기되었다.

대표적인 시내 면세점으로는 신라호텔 안에 위치한 신라면세점이 있다. 시내 면세점은 여권을 통해 가까운 시일 내 출국이 예정된 고객임을 확인하고 물건을 판매한다. 면세점이 다른 유통 채널과 가장 크게 구별되는 지점은 바로 타깃 고객이다. 백화점이나 대형마트는 유동 인구 혹은 거주 인구가 밀집한 지역에 출점해 인근 수요를 흡수하는 전략을 취한다. 반면 면세점은 공항이나 시내에 위치해 가까운 시일 내 출국 예정인 내국인과 외국인을 주요 고객으로 삼는다. 만일 여행사에서 관광객을 데려와 매출이 발생했다면 여행사에 10%의 인센티브를 지급한다. 보통 상품 원가율이 70% 정도이니 기타 비용을 고려하지 않는다면 면세점은 20%의 이익률을 기록한다. 참고로 10%에 해당하는 인센티브는 '송객 수수료'라는 이름으로 여행사 매출로 인식된다.

몸집 줄이기에 나선 대형마트

대형마트는 상대적으로 저렴한 물건을 취급하는 곳으로 '할인점'이라고도 부른다. 2021년 업체별 점포 수는 이마트가 139개, 홈플러스가 135개, 롯데마트가 112개로 3사 과점 시장이다. 영업면적 9900m² 기준 출점비용이 500~700억 원으로, 출점비용만 3000억 원에 육박하는 백화점에 비해 투자비용이 저렴하다. 백화점이 고가상품을 통해 고마진 전략을 취한다면 대형마트는 값싼 가격을 앞세워 박리다매를 추구한다. 식품류와 같은 생필품에 주력하기 때문에 주로 사치품을 취급하는 백화점에 비해 경기민감도가 낮다.

대형마트는 빠르게 몸집을 줄이는 추세다. 온라인 시장이 성장하고 있던 와중에 코로나19로 비대면 소비문화 확산이 가속화되었기 때문이다. 백화점은 고가품 위주의 상품을 다뤄 아직은 온라인 시장에 의한 잠식 정도가 크지 않지만, 생필품 위주로 구성된 대형마트는 온라인에 점유율을 빼앗기고 있다. 이에 3사 모두 점진적으로 점포 수를 줄이며 온라인 시장을 타깃하는 전략을 병행한다. 가령 롯데마트와 이마트는 온라인 홈페이지를 통해 주문받은 제품을 해당 지점에서 배송하는 식으로 전

📍 대형마트 점포 수 추이

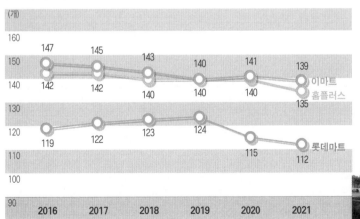

소비 패러다임이 온라인 중심의 언택트 쇼핑으로 급변하면서 대형마트는 점포 수를 줄이고 업무 자동화로 인력을 줄이는 등 구조 조정에 돌입했다.

국 매장을 온라인 쇼핑의 거점으로 삼고 있다.

SSM(Super Supermarket)은 기업형 슈퍼마켓이라 부른다. 대형마트보다 작고 동네 슈퍼마켓보다는 큰 매장이다. 대형마트의 성장률이 둔화되자 틈새시장을 공략하기 위해 출범한 새로운 형태의 유통 매장이다.

판매상품은 직영, 위탁, PB 상품 3가지로 분류된다. 먼저 직영상품은 상품을 직접 구매해 재고 관리부터 상품 판매까지 유통사가 전 과정을 모두 관리하는 상품이다. 백화점에서 살펴본 직매입에 해당한다. 위탁상품은 마트에서 일정한 판매 공간을 내주고 판매 수량에 따라 정률적으로 판매금액을 지급하는 방식이다. 특히 화이트데이나 어린이날 등 특수한 이벤트를 위해 잠시 업체가 입점하는 경우 사용된다. 백화점의 특약매입과 유사한 구조이며, 대형마트 입점 수수료는 20% 수준으로 30%의 백화점 수수료보다 저렴하다. PB(Private Brand)상품은 유통업체의 이름을 따 저렴하게 판매하는 상품을 말한다. 보통 외주생산을 맡겨 외주업체에 제조비용만 지급하고 나머지 판매액은 유통사에 귀속된다.

코스트코는 대형마트 시장에 새로운 수익 구조를 들고 나와 전통 유통업체와 경쟁하고 있다. 일반적으로 유통업체는 납품가, 각종 비용, 상품마진을 더해 판매가를 책정한다. 즉 주요 매출이 상품마진으로부터 나오는 구조다. 그러나 코스트코는 상품마진을 줄여 가격경쟁력을 확보하는 한편, 연회비를 통해 부족한 마진을 챙기고 있다. 판매가를 책정할 때 납품가·임대료·인건비 등 기본 비용만 반영해 가격을 낮추고, 값싼 상품을 구매하기 위해 몰려든 고객들이 선제적으로 지불하는 연회비로 매출을 올린다.

🏦 대형마트에 현금을 충전해주는 세일 앤 리스백

SSM은 규모가 비교적 작아 부동산을 직접 매입하는 경우가 많다. 대형마트는 백화점과 마찬가지로 기업의 재무 구조를 고려해 매입과 임차 중 적합한 방식을 선정한다. 현금을 확보하기 위해 기존에 소유하던 매장을 판매하고 장기임차를 하는 세일 앤 리스백(sale & lease-back) 형태도 자주 사용한다. '매각 후 재임차'로 번역되는 세일 앤 리스백은 회사에서 소유한 자산을 매각한 후 매입자에게 해당 자산을 다시 빌

2021년 이마트는 미래 먹거리에 필요한 투자금을 마련하고자 성수동 본사의 토지와 건물을 게임업체 크래프톤에 매각했다. 이마트 성수동 본사는 연 면적 9만 9000㎡ 규모로 본사와 성수점이 자리 잡고 있다. 매각 후 본사는 시청 인근으로 옮기고, 성수점 매장은 세일 앤 리스백 방식으로 계속 운영한다.

려 쓰는 것이다. 매각자 입장에서는 기존 사업 구조는 동일하게 유지하면서 당장 거액의 현금을 확보해 재무구조 개선이나 신규 투자에 나설 수 있다는 장점이 있다. 하지만 소유가 이전되는 것이기 때문에 시세차익을 올릴 기회가 사라지며, 임차가 장기화될 경우 임차료 부담이 가중된다. 한편 세일 앤 리스백 계약에서는 자산 매각가격에 따라 리스료가 결정된다. 따라서 매각가격이 높을수록 리스료(임차료)가 비싸지는 경향이 있다.

2021년 10월 이마트는 성수동 본사 사옥을 약 1조 원에 게임 '배틀그라운드' 운영사인 크래프톤과 미래에셋 컨소시엄에 매각했다. 세일 앤 리스백은 향후 임대료를 지급해야 하지만, 거액의 현금을 확보함으로써 유동성을 개선하는 한편 미래 성장에 힘을 싣는 좋은 방안이 될 수 있다. 실제로 2021년 한 해 동안 이마트는 프로야구단 SK와이번스와 이베이코리아를 인수했으며, 스타벅스 코리아 지분까지 확대해 '현금 충전'이 필요한 상황이었다.

부동산 소유자와 운영자의 분리는 세계적인 트렌드다. 리츠업(112쪽)에서 언급했듯이 부동산의 실질적인 소유 주체와 운영 주체가 별개로 존재하는 것이 일반적이다. 소유자 입장에서는 직접 운영하는 것보다 부동산 특성에 알맞은 운영사를 적재적소에 배치하는 것이 사업 위험을 줄이는 방안이기 때문이다. 이런 상황에서 이마트와 같이 소유자가 직접 운영까지 하던 부동산이 새 주인을 맞이할 경우 '새로운 건물주'는 임차인을 구하는 데 큰 비용을 써야 한다. 기존 소유자가 '짐 빼는 시간', 임차인을 유치하는 시간, 새 임차인의 지급능력 등 신경 써야 할 것이 한두 개가 아니다. 이러한 경우 세일 앤 리스백 방식이 인기를 끈다. 위 사례에서도 이마트는 부동산을 게임회사에 매각했지만, 한동안 기존 부동산에서 지속해서 영업하는 조건으로 계약을 맺었다.

🧭 갈 길 먼 롯데의 발목을 잡은 손상차손 회계

중국의 사드 보복과 내수 침체로 2017년부터 롯데쇼핑 매출이 정체하거나 역성장하는 경우가 잦았다. 2017년 206억 원의 당기순손실을 기록한 롯데쇼핑의 손실은 2018년 4650억 원으로 1년 만에 눈덩이처럼 불어났다. 엎친 데 덮친 격으로 팬데믹 이후 상황이 점차 악화해 2020년 무려 6709억 원의 당기순손실이 발생했다. 한 가지 흥미로운 사실은 6709억 원의 손실 중 5502억 원은 롯데쇼핑의 보유 자산에 대한 '손상차손'이라는 점이다.

손상차손은 유형자산이나 무형자산이 진부화(자산의 가치가 떨어지는 것)되거나 해당 자산으로부터 발생할 것으로 예상한 현금 흐름이 악화한 경우 자산의 가치 하락분을 손실로 처리하는 회계다. 매년 말 회사마다 내부에서 정한 가정을 대입해 해당 자산을 통한 미래 회수가능액을 측정한다. 예상 현금 흐름이 장부가보다 적을 경우 그 차액을 비용으로 처리하는 것이 원칙이다.

대표적인 손상차손 항목으로 영업권을 꼽을 수 있다. 롯데쇼핑이 2020년 기록한 5502억 원의 손상차손 중 영업권에 대한 손상차손이 절반 수준이었다. 기업 인수 시 기업 순자산(자산에서 부채를 뺀 값)의 공정가치 이상으로 지불한 금액(웃돈)을 '영업권'이라는 무형자산 항목으로 계상한다. 하지만 M&A를 거치지 않은 기업이 임의로 자신의 브랜드가치 등을 무형자산으로 책정하는 것은 보수주의 회계원칙상 허용하지 않고 있다. 롯데그룹이 영업권을 무형자산으로 기록해둘 수 있었던 이유도 유진기업으로부터 하이마트를 인수하면서 공정가치 이상의 매입대금을 지불하는 등 과거 M&A를 체결했기 때문이다.

🧭 편의점 점포 수가 곧 매출

편의점은 유통점 중 지점 수가 가장 많으며 24시간 연중무휴라는 특수성을 가지는 동시에, 소비자의 최근접 거리에 위치한다. 2020년 매출액 기준 GS25가 37% CU 24%, 세븐일레븐이 21%의 점유율을 확보하고 있다. 유통 대기업 신세계도 이마트 24라는 브랜드를 통해 10% 안팎의 시장점유율을 확보하고 있다.

편의점의 유통 구조를 설명하기 위해 편의점을 창업하고자 하는 동준 씨를 예로 들겠다. 동준 씨는 집 주변 건물 1층에 편의점을 차리려고 한다. 권리금 6000만 원, 보증금 6000만 원, 월세 200만 원에 부동산 계약을 한 후 가맹계약 및 상품 준비에 2000만 원, 총 1.4억 원이 들었다. 그 후 영업을 시작하여 첫 달 6000만 원의 매출을 기록했다. 상품을 4500만 원에 매입했기 때문에 정산금은 1500만 원, 마진율은 25% 로 나타난다. 이후 본사에서 30%를 가맹 수수료로 가져가 동준 씨에게는 1050만 원 이 남는다. 편의점 회사들은 점포에 본사지원금을 제공하는데, 이 사례에서는 본사 지원금이 월 200만 원이라 하겠다. 이후 월세 200만 원, 인건비 450만 원, 전기세 및 수도세 등 세금 250만 원을 지불하면 순수입이 350만 원이다.

가맹 수수료에는 두 가지 유형이 있다. 먼저 편의점 본사가 점포 임차 비용과 기 타 장비비를 모두 부담하는 방식을 위탁가맹형이라 한다. 이 경우 40% 이상의 수수 료가 책정된다. 반면 위 경우처럼 점주가 점포를 빌리는 점주임차형은 약 30%의 수 수료를 지불한다. 점주가 비용을 많이 투자할수록 수수료율이 낮아진다. 다만 이마 트24는 독특하게 수수료 대신 월회비를 받는다. 예를 들어 본사가 점포를 빌릴 경우 150만 원, 점주가 직접 임차할 경우 60만 원을 월회비로 낸다.

위 사례에서 알 수 있듯이 편의점은 대부분 업주가 창업하는 형태이기 때문에 다 른 유통 업종보다 기업의 위험 부담이 덜하다. 기업 입장에서는 더 많은 편의점을 출 점하는 게 대부분 이득이다. 그래서 편의점 사업자는 창업자에게 일반 프랜차이즈보 다 좋은 여건을 보장하고 다양한 지원 정책을 병행한다. 일반 프랜차이즈는 시설 인 테리어와 모든 점포 개설 비용을 가맹점주가 부담하지만, 편의점 프랜차이즈는 점포 당 약 5000만 원의 초기 지원금을 제공한다. 또 매출과 관계없이 초기 고정적인 지 출을 수반하는 일반 프랜차이즈와 달리 대다수 편의점 프랜차이즈는 매출에 비례해 수수료를 받는다. 또한 기타 장려금이나 상품 폐기지원금 등은 편의점 프랜차이즈만 이 제공하는 요소다.

DAY
30

쿠팡이 출범 10년 만에
뉴욕증시에 상장할 수 있었던 비결

🕰 2010년대 유통업의 화두 '탈(脫) 오프라인'

최근 몇 년간 세계 유통 트렌드는 급변했고, 한국은 그 중심에 있었다. 사람들은 장을 보기 위해 유통점을 방문했고, 장 보는 날이 아니더라도 수시로 외출을 겸해 집 밖에서 소비생활을 했다. 그런데 21세기에 접어들어 온라인 시장이 등장하더니 2010년대에 진입하면서 판매자들은 너나 할 것 없이 온라인으로 유통 판로를 확대했다. 특히 코로나19를 계기로 온라인 시장이 오프라인 시장의 역할을 상당 부분 대체했다.

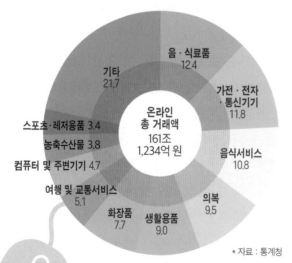

📍 **상품군별 온라인 쇼핑 거래액 구성비** (단위 : %)

* 자료 : 통계청

2020년 온라인 쇼핑 거래액은 161조 1234억 원으로 전년 대비 19.1% 증가했다. 온라인 쇼핑 거래액 중 모바일 쇼핑 거래액은 108조 6883억 원으로 24.5% 증가했다.

2030년 즈음에는 온라인 시장이 오프라인 시장의 규모를 역전할 것으로 예상된다.

2000년 이베이코리아와 G마켓이 출범한 이후 2010년 쿠팡과 티몬이 뒤따라 사업을 개시하면서 대중화된 유통 플랫폼 시대가 열렸다. 이전까지 온라인으로 주문을 받으려면 보통 제조사에서 따로 홈페이지를 만든 후 택배사와 별도의 계약을 체결해야 했다. 그런데 새롭게 등장한 유통 플랫폼에서 택배 지원·온라인 판촉서비스를 내세우며 많은 판매사를 끌어모았고, 이 과정에서 인터넷쇼핑은 매우 큰 시장으로 성장했다. 백화점과 대형마트 등 전통적인 오프라인 업체도 직접 자사 온라인몰을 개설해 온라인 시장에 진출하면서 인터넷 쇼핑몰은 2010년대를 장식한 트렌드가 되었다.

🧭 전통 유통사의 옴니채널, 종합쇼핑몰
빠르게 자취를 감춘 소셜커머스

온라인 유통업은 '생산–소싱–판매–배송'의 4단계를 거친다. 제조업체가 제품을 생산하면 온라인 유통사는 해당 제품을 직접 매입하거나 중개 계약을 체결하는 소싱 단계를 거친다. 이후 홈페이지를 통해 판매가 이루어지면 해당 상품을 배송해 최종적으로 소비자에게 인도한다. 큰 틀에서 대부분의 온라인 유통사가 동일한 구조를 공유하지만 세부적인 특징에 따라 종합쇼핑몰, 소셜커머스, 이커머스로 구분할 수 있다.

종합쇼핑몰은 백화점과 홈쇼핑 회사의 이름을 걸고 운영하는 온라인 쇼핑몰이다. 롯데닷컴, SSG닷컴, 현대몰이 대표적이다. 백화점에는 여러 브랜드가 입점해 있는데, 이들은 백화점 MD에 의해 납품이 결정된 브랜드다. 종합쇼핑몰도 오프라인 쇼핑몰과 마찬가지로 전문 MD들이 상품을 선정해 직접 매입하는 방식으로 운영된다. 즉 자사 백화점에서 판매하는 제품과 소싱한 상품 모두를 판매한다.

이런 직매입 방식은 판매 책임을 제조사에서 유통사로 이전시킨다. 더구나 상품에 하자가 있을 때 유통사의 본사 브랜드 이미지가 훼손될 위험이 있다. 그래서 종합쇼핑몰은 다른 온라인 유통사보다 입점 절차가 까다롭고, 입점 허가 이후 판매 개시까지 시간도 오래 걸리는 편이다. 납품업체 입장에서는 종합쇼핑몰의 우수한 브랜드 이미지에 편승할 수 있기 때문에 다른 유통사에 비해 더 높은 수수료를 부담해야 한다.

소셜커머스(Social Commerce)는 소셜네트워크서비스(Social Network Service)와 상거래(Commerce)가 합쳐진 표현이다. 특정 상품에 대한 판매 정보를 SNS에 공유한 후 일정 수 이상의 구매자가 모일 경우 공동구매 할인가로 상품을 판매하는 방식이다. 즉 이 경우에도 직매입이 활용된다. 2010년 스마트폰 유행에 편승해 빠르게 확산된 소셜커머스를 두고 사람들은 '반값 쿠폰'이라 불렀다. 구매하겠다는 사람이 일정 규모

이상 모이면 파격적인 할인가에 제품을 구매할 수 있었기 때문이다.

그러나 소셜커머스는 얼마 가지 않아 이커머스로 대체되었다. 이는 소셜커머스의 수익 구조상 자연스러운 수순이었다. 소셜커머스 업체들은 매입한 제품 및 서비스를 팔아 마진을 남기는데, 높은 마진을 위해서는 그만큼 상품의 가치가 높아야 할 것이다. 그러나 높은 가치를 지닌 가전이나 의류는 공동구매라는 시스템을 거칠 경우 브랜드 이미지가 손상될 것을 우려해 제조업체 측이 소싱을 거부하는 경우가 많았다. 이 경우 비교적 부가가치가 낮은 상품의 판매량을 늘리는 박리다매식 전략이 차선책이 될 수 있다. 그러나 일정 트래픽이 모인 이후에야 계약이 체결되는 비즈니스 구조상 이마저도 쉽지 않았다. 그러다 보니 자연스럽게 수익성이 떨어졌다.

실제로 온라인 유통사들은 점차 소셜커머스에서 탈피하고 있는 모습이다. 쿠팡은 2010년 출범 당시 소셜커머스를 표방했지만, 2017년 이커머스로의 전면 전환을 발표했다. 티몬과 위메프 정도가 소셜커머스의 명맥을 이어나가고 있지만, 두 회사의 수입도 대부분 이커머스 사업에서 발생하고 있다.

◎ 이커머스사의 진짜 고객은 소비자가 아니라 공급자

이커머스는 네이버쇼핑, 쿠팡 등이 대표적이며, 이커머스를 '전자상거래'라고 부르기도 한다. 이커머스는 계약 방식에 따라 크게 직매입과 오픈마켓 방식 두 가지로 구분된다. 두 가지 계약 방식에는 판매 책임, 매출 인식 방법, 수익성 등 다양한 지점에서 차이가 발생한다. 우선 직매입 방식에 대해 알아보자.

직매입은 유통사에서 직접 구매한 상품을 소비자에게 재판매하는 방식으로, 이커머스사가 판매자 역할을 한다. 직매입의 경우 유통사 측에서 일괄적인 물류 처리가 가능하므로, 주문 발생 시 더 빠른 배송이 가능하다. 쿠팡은 직매입 방식을 도입한 이후 고객의 주문을 당일이나 다음 날 배송해주는 '로켓배송'을 통해 빠르게 성장했다.

직매입은 상품 제조사 입장에서도 곧바로 B2B로 대량판매하는 셈이라 고객에게 직접 판매하는 수고로움을 덜 수 있다. 그러나 대부분의 경우 유통사의 교섭력이 우위에 있기 때문에 납품액에 대한 가격의 하방 압력이 존재한다. 이커머스사 입장에서는 매입한 상품이 전량 판매되지 않을 경우 재고를 떠안아야 하고 원가 부담이 상

📍 **쿠팡의 서비스 구분**

구분	로켓배송	로켓제휴	오픈마켓(마켓플레이스)
배송 서비스	익일배송 보장 (신선식품을 판매하는 로켓프레시는 익일 새벽배송)	익일배송 보장	일반 택배사 배송
운영 방식	직매입 상품 직접 배송	특약매입(일정 기간) 방식으로 제품 구입 후 배송, CS를 쿠팡이 맡는 방식	입점 사업자가 제품 판매, 배송(택배사 위탁), CS까지 모두 하는 방식
품목	500만 개	의류, 가전 품목 일부	3~4억 개

당하다. 쿠팡과 티몬 등 다양한 이커머스사들은 이전부터 직매입 중심의 비즈니스 모델을 구축했지만, 다양한 이유로 오픈마켓의 비중을 늘리는 추세다.

오픈마켓은 여러 판매자가 모여 상품을 판매하는 온라인 장터다. 직매입 방식에서 이커머스사가 물건을 매입한 이후 직접 소비자에게 되팔아 마진을 얻는 것과 달리 오픈마켓에서는 입점업체로부터 수수료와 광고비를 받는다. 오프라인 유통업의 '임대을'(292쪽) 계약 방식과 유사하다. 쉽게 말해 가상의 부동산 임대업으로, 다수의 판매자와 소비자가 온라인에서 거래할 수 있는 장을 제공하는 것이다. 전문용어로 중개 계약이라 하며 판매 책임이 공급자에 있다.

이커머스사에 주문이 들어오면 주문 내역을 전달받은 제조사가 소비자에게 배송하는 방식이다. 이 과정에서 이커머스사는 10~20%의 중개 수수료를 받는다. 또한 홈페이지 내 상위 검색어 노출이나 배너 광고 등의 부가서비스를 통해 광고료를 받는다. 입점 절차도 매우 간단해서 상품 유입이 활발한 편이다.

오프라인을 기반으로 한 전통적인 유통업은 구매 니즈가 불확실한 고객을 유입해 적자 상품과 수익성 높은 상품을 묶어 판매(번들링)하는 방식으로 수익을 창출했다. 그러나 이커머스의 발달로 이제는 고객들이 정말 필요할 때 특정 물품만 구매하면서 가격경쟁이 불가피해졌다. 이 과정에서 유통사의 '캐시카우'는 소비자에서 공급자로 바뀌었다. 일부러 적자를 내면서까지 싼 상품을 제공해 소비자를 일단 많이 끌어모은 뒤, 적자분 이상의 수익을 공급자로부터 창출하는 전략이다. 소비자 대상으로 적자를 내는 아마존은 "아마존 소비자를 만나고 싶으면 돈을 내고 우리 서비스를 사용하라"는 식으로 풀필먼트서비스와 AWS(아마존웹서비스)를 판매자에게 판매한다.

* 자료 : 메리츠증권

거래액을 기준으로 추산한 이커머스 시장 업체별 점유율을 보면 어느 업체도 20%를 넘는 곳이 없다. 이커머스 시장의 몸집은 커지고 있으나 누구도 지배적 사업자에 이르지는 못했다.

경쟁은 가격에서만 이루어지는 게 아니다. 새벽배송, 당일배송 전쟁 또한 같은 맥락에서 이해할 수 있다. 쿠팡이 '당장 내일 필요한 상품'과 그렇지 않은 상품 모두에 대해 로켓배송서비스를 제공함으로써 배송서비스에 대한 국내 이커머스 고객들의 기준이 변했다. 이에 대응하고자 다른 이커머스 업체들도 속속 배송 전쟁에 뛰어들었다. 이마트의 이베이코리아 인수 또한 상품·서비스 전쟁에 뒤처지지 않기 위한 결정으로 보인다. 대규모 판매자를 일시에 확보해 경쟁력 구축 시간을 단축한 것이다.

⊚ 매출액은 직매입, 비용 관리와 확장성은 오픈마켓이 우위

직매입과 오픈마켓은 매출 인식 방식과 비용 관리, 확장성 측면에서 큰 차이를 보인다. 매출 인식 측면에선 직매입이, 비용 관리와 확장성 측면에선 오픈마켓이 우위다.

직매입은 물건을 직접 구매하는 방식이기 때문에 판매액 전액이 매출로 잡혀 매출의 외형 확장에 도움을 준다. 쿠팡이 새우깡을 판매한다고 해보자. 만일 쿠팡이 새우깡을 900원에 매입해 1000원에 판매했다면 매출로 1000원이 기록된다. 반면 수수료 10%를 부과하는 오픈마켓 방식일 경우 수중에 들어오는 돈은 같지만, 매출은 100원으로 집계된다. 실제로 2014~2015년으로 넘어가는 해에 쿠팡의 매출이 225%나 증가했다. 이는 소셜커머스에서 직매입으로 거래 방식을 전환하면서 쿠팡의 매출 착시 전략이 작용한 결과였다.

반면 비용 관리는 오픈마켓이 유리하다. 직매입은 물류 창고, 배송 차량, CS 인력 등 각종 인프라에 대한 투자가 선행되어야 한다. 또한 판매자를 선정하고 마케팅 하는 전 과정을 담당하는 MD와 마케터에 대한 인건비가 소요된다. 더불어 아무리 빅데이터로 상품 수요를 예측한다고 해도 미판매분이 존재하기 마련이기에 재고 관리 비용도 큰 부담이다. 제조사 입장에서는 이커머스사에게 판매 대금을 지급받은 후부터 상품을 판매하기 위한 노력을 들일 유인이 사라진다. 판매 책임이 온전히 이커머스사로 전가되기 때문이다.

반면 오픈마켓은 온라인 플랫폼 관리 외에 별다른 비용이 발생하지 않으며 판매자에게 중개 수수료와 광고비를 받을 수 있다. 만약 상품에 하자가 발견될 경우 이에 대한 보상 책임도 제조사에 있다. 덕분에 실제로 인식되는 매출액은 더 적을지라도 상품매입액부터 각종 인건비까지 상당한 비용을 지출하는 직매입에 비해 이익률이 높다. 실제로 이커머스에서 16년 연속 흑자를 기록하고 있는 이베이코리아는 오픈마켓을 주요 사업 모델로 삼는 기업이다.

오픈마켓은 확장성 측면에서도 이점을 가진다. 직매입은 일일이 좋은 상품을 선별하고 매입하는 일련의 과정을 거쳐야 하지만, 오픈마켓하에서는 판매자들이 자발적으로 입점 절차를 밟는다. 이 경우 이커머스사가 취급하는 제품 종류가 광범위하게 늘어나기 때문에 빠르게 변하는 소비자 수요에 대응하기 쉽다.

2020년 전후로 쿠팡은 비용 관리에 강점이 있는 오픈마켓 사업을 강화하기 시작했다. 쿠팡의 경우 국내 이커머스 시장 태동기 때 직매입을 활용한 '로켓배송'을 통해 시장에서 입지를 다졌지만, 지속적인 적자에 시달렸다. 업계에서는 쿠팡의 오픈마켓 강화 움직임을 수익성 제고와 외연 확장을 위한 전략으로 보고 있다. 롯데쇼핑과 SSG닷컴 등의 종합쇼핑몰도 오픈마켓에 진출하는 등 유통업계는 오픈마켓 구조에 힘을 싣는 추세다.

그렇다고 해서 오픈마켓 방식이 직매입보다 무조건 우수하다는 것은 아니다. 확장성이 높은 만큼 부적절한 상품 판매가 이루어질 가능성이 높기 때문이다. 쿠팡도 오픈마켓에 진출하면서 철저한 모니터링을 통해 위조상품 판매 방지에 힘을 썼으나 '짝퉁 시계' 사건이 터지며 비판을 받은 바 있다. 한편 직매입 방식을 채택할 경우 자체적인 배송 인력을 고용해 배송 품질을 높이고 이를 통해 충성고객을 확보할 수 있다는 장점이 있다. 기업들의 수익성은 단순히 특정 비즈니스 모델에 의해 결정되는 것이 아니라, 플랫폼 운영 노하우·상품 관리 기술·고객 맞춤형 서비스 등 기업 고유의 역량이 뒷받침되어야 한다는 점을 잊지 말아야 한다.

⊚ "쿠팡은 커머스로 트래픽을 모으는 물류회사"

이커머스사의 이익은 다음과 같은 식으로 나타낼 수 있다. 오픈마켓을 주요 사업으로 하는 이커머스사를 가정했다.

이커머스사 이익방정식

방문자 수 × 구매전환율 × 객단가 × 수수료율 + 광고 수입 − 서비스비용 − 제휴비용

방문자 수는 온라인 트래픽을 말한다. 대표적인 측정 단위로 MAU(Monthly Active User)가 사용되며 이는 한 달간 플랫폼에 방문한 사용자 수를 의미한다. 이커머스사는 포털사이트에 배너 광고나 일반 광고를 게재해 소비자들을 끌어모으기 위해 노력한다.

구매전환율은 유입된 방문자가 결제하는 비율을 의미한다. 편리한 UI(User Interface)나 UX(User Experience)가 중요하게 작용한다. 더불어 다양한 상품, 간편한 결제 수단이 높은 전환율에 기여한다.

객단가는 구매자 1명의 평균 결제 금액을 말한다. 해당 플랫폼에서 어떤 가격대의 상품을 판매하는지에 따라 달라진다. 생필품이 주요 상품 목록인 이커머스 특성상 오프라인보다 객단가가 낮다.

수수료율은 이커머스사마다 다르게 책정하는데 통상 10~20% 사이다. 수수료율은 제조사를 끌어들일 수 있는 경쟁 요소이다. 동시에 수수료에 따라 영세업자들의 수익성이 변동하기 때문에 수수료율은 정부의 규제가 상당하다.

광고 수입은 중개 수수료만큼 수익성이 높다. 매출 상승을 원하는 입점업체가 이커머스사에 광고료를 지급하면 상품 검색 결과 페이지에 상품을 단독 노출해주거나 메인 화면에 상품의 정보를 담은 지면을 띄워주는 식이다.

서비스비용은 이커머스가 사업 영역을 넓히기 위해 배송과 고객지원 서비스에 지출하는 비용이다. 고객 유치를 위한 OTT 시장, 음식배달 시장에 진출하면서 발생하는 비용도 포함된다. 최근에는 이커머스사가 택배사업자 등록을 통해 택배 시장에 진출하는 경우가 많다. 육운업의 4자물류*로의 전환은 바로 이커머스 업체들이 주도하는 패러다임이다. 쿠팡은 이커머스의 선두주자 아마존의 물류시스템을 벤치마킹했다. 물류센터와

> **4자물류(4PL: Fourth Party Logistics)**
> 4자물류는 IT, 컨설팅 등 물류 흐름 전반에 대한 통합 솔루션을 제공하는 것이다. 언제 어디에 보관하는 것이 효율적이고, 재고 관리는 어떻게 해야 하는지 등에 대한 정보를 데이터화하여 고객사의 의사결정을 돕는다.

고객센터를 고도화하여 오픈마켓을 통해 판매되는 상품에 대해서도 자체 배송을 시작했다. 구체적으로 아마존에서 최초 도입한 랜덤스토우(random stow) 방식을 사용한다. 랜덤스토우 방식은 상품의 입출고 시점, 주문 빈도, 물품 특성 등을 인공지능이 종합적으로 판단해 상품을 보관할 위치를 알려준다. 덕분에 상품 출고 시 동선을 줄여 더 빠른 배송이 가능하다.

한편 쿠팡은 자회사 쿠팡로지스틱스를 통해 택배 사업에도 박차를 가하고 있다. 2018년 쿠팡은 화물차 운송사업자 자격을 얻었다. 하지만 로켓배송 물량이 워낙 늘어난 탓에 외부 물량을 처리할 여력이 없어져 자격을 자진 반납했다. 그러다 2021년 재차 택배 사업에 진출하면서 쿠팡의 영향력이 강화될 것으로 예상된다. 기존 쿠팡로지스틱스는 주로 모회사 쿠팡의 직매입 물량을 담당했지만, 이제는 자사 오픈마켓에 입점해 있는 상품과 다른 쇼핑몰 물량까지 배송할 수 있게 되었다. 3자물류(택배 업무를 물류전문기업에 외주를 맡기는 것) 사업을 본격화한 것이다. 이에 따라 택배 시장 구조에 어떤 변화가 나타날지 이목이 집중되고 있다.

참고로 우리나라 이커머스를 이끄는 쿠팡이 아마존을 그대로 벤치마킹하는 등 국내 유통시장이 해외 시장 동향을 따라가는 경향을 보인다. 최근 아마존은 카테고리

별로 가장 잘 팔리는 상품과 유사한 자체 제작 상품을 생산해 판매하기 시작했다. 이 경우 일종의 일관 공정 체제를 형성해 기존 제조사보다 더 낮은 가격에 상품을 내놓을 수 있다. 참고로 아마존은 PB상품 출시 이후 「독점금지법」과 관련해 금융당국의 수사를 받게 되었다. 쿠팡의 경우 2017년을 기점으로 PB상품을 생산하기 시작했지만, 아마존에 비해서는 그 비율이 아직은 낮은 수준이다.

소비자가 특정 이커머스 플랫폼에 직접 접속하는 경우도 있지만, 가격비교 사이트의 링크를 타고 넘어오는 경우도 있다. 이때 발생하는 비용이 바로 제휴비용이다. 만일 네이버쇼핑에서 농구공을 검색했는데 쿠팡, 11번가, SSG닷컴 등 다양한 선택지 중 소비자가 11번가의 링크를 클릭해 결제를 진행했다면 11번가에서 네이버쇼핑에 2% 수수료를 지급한다. 네이버 입장에서는 플랫폼의 플랫폼 역할을 하며 검색광고 제휴가 되어있는 업체들로부터 수수료를 받는 알짜배기 비즈니스다. 과거 쿠팡은 제휴비용을 줄이기 위해 검색 제휴를 중단한 이후 거래액이 줄자 재차 제휴를 맺은 전례가 있다. 대중 플랫폼을 보유하는 것이 얼마나 강력한 경쟁력인지 보여주는 사례다.

◎ 쿠팡은 왜 우리나라를 두고 미국에 상장했을까?

2021년 3월 쿠팡이 뉴욕증권거래소에 성공적으로 상장했다. 나스닥보다 상장 요건이 까다롭고 상장폐지 권한까지 있는 뉴욕증권거래소에 발을 디딘 것은 그만큼 쿠팡이 사업 구조에 자신감을 내비친 것으로 해석된다. 쿠팡이 우리나라 대신 미국 증시 상장을 선택한 이유에 대해 많은 의견이 있다. 본래 쿠팡의 모회사는 미국에 있으며 쿠팡 창업주 김범석 의장도 중학교 때 미국에 이민 간 한국계 미국인이다. 이를 종합해 볼 때 쿠팡은 한국을 주 무대로 하는 미국 기업으로 보는 것이 적합하다.

유사기업 마켓컬리는 미국 증시 상장 대신 국내 상장을 선택했다. 컬리와 같이 태생이 한국 기업인 경우 미국 상장 시 별도의 양도세가 부과된다. 더불어 미국 투자은행의 수수료는 국내의 2~3배 수준이다. 공모자금이 쿠팡보다 소규모인 마켓컬리는 높은 수수료율을 고스란히 떠안아야 한다는 부담이 있다.

한편 미국은 우리나라와 다르게 차등의결권을 인정한다. 차등의결권은 같은 주식 1주에 대해 더 많은 의결권을 부여하는 것이다. 가령 전체 주식의 5%만 들고 있어도 50%의 의결권을 행사하는 게 가능하다. 차등의결권은 추후 김범석 의장이 경영권을 안정적으로 방어하기 위한 발판이 될 수 있다. 더불어 우리나라의 상장 절차상 쿠팡처럼 지속적인 적자를 내온 기업이 상장하는 것은 까다롭다. 전 세계 투자금의 절반이 모이는 미국 증시에 상장할 경우 더 높은 밸류에이션을 인정받을 수 있는 이점도 있다.

쿠팡 상장 이후 국내 이커머스사의 가치 평가에도 큰 변화가 생겼다. 물론 지금은 시장의 조정을 강하게 받았지만, 쿠팡은 상장 당시 기업가치가 50조 원 이상으로 평가받았다. 이 영향으로 유일하게 쿠팡보다 국내 이커머스 점유율이 높은 네이버의 쇼핑 사업 밸류에이션이 상승한 바 있다. 또한 처음 이베이코리아가 시장에 매물로 나왔을 때는 별다른 관심을 받지 못했으나, 쿠팡이 상장한 이후 많은 인수 의향자가 입찰에 뛰어들었다. 2021년 6월 이마트는 3.4조 원에 이베이코리아 지분 80%를 인수했다.

이커머스가 낳은 기업 콜렉터

1999년 3%에 그쳤던 아마존의 오픈마켓(Third-party sellers) 매출 비중은 현재 60% 수준으로 올라섰다. 아마존의 오픈마켓 연간 거래액은 360조 원에 달한다. 이에 수많은 창업가는 자체 브랜드를 들고 아마존에 입점해왔다. 그러나 막상 장사가 잘되어 규모가 커지자 제조, 물류, 판매, CS 등 각종 밸류체인 단계에서 발생하는 수많은 문제를 감당하지 못하는 경우가 많아졌다. 이에 자체 브랜드 파워가 있는 중소 업체를 사들이는 '아마존 셀러 롤업(roll-up)' 회사가 등장했다. 단순히 물건을 중개하기만 하는 유통업자는 이들의 관심을 끌지 못한다. 롤업 회사는 브랜드 파워를 가진 여러 회사를 사들여 규모의 경제를 구축해 비용을 줄이고 효율성을 높여 기업가치를 제고하는 전략을 펼친다. 펩시가 각종 음료와 스낵 회사를 사들이는 것처럼 회사를 다량 인수해 덩치를 키우겠다는 심산이다.

Thrasio가 롤업 기업의 대표주자다. 2021년 이미 100개 이상의 아마존 셀러를 인수해 각종 기관의 투자를 받고 있다. 이들이 인수한 회사가 시너지를 낼 수 있는 이유는 기존 물류망이 아마존 풀필먼트서비스로 통합되어 있기 때문이다. 각자 자체 물류망을 가동하는 기업을 인수할 경우 물류 시너지를 기대하기 어렵다. 더불어 기존에는 개별 회사의 규모가 작아 공급이 수요를 따라가지 못하는 경우가 많았는데, 롤업 기업은 자금이 풍부한 만큼 초과 수요에 대응하기 쉽다. 한국에서도 쿠팡과 네이버쇼핑 셀러를 통합하는 유사 회사들이 있다. 롤업산업이 얼마나 성장할지 지켜볼 필요가 있다.

DAY 31 에너지 전쟁보다 더 심각한 식량 전쟁

🧭 GDP에 따라 달라지는 식음료 패러다임

경제적으로 풍족해지기 훨씬 이전에는 값싸고 양 많은 음식이 최고였다. 시간이 흘러 경제 수준과 함께 국민 눈도 높아졌고 소비자들은 이제 단순히 끼니를 때우기보다 음식의 맛과 영양을 따지기 시작했다. 우리나라 식품산업도 처음에는 기본적인 식료품을 중심으로 성장했지만, 경제가 발전하면서 제과제빵과 웰빙푸드 시장이 커졌다. 1960년대 처음으로 밀가루, 설탕 등을 생산하고 기본적인 농수산물을 가공하는 기업이 출범했다. 현재 우리나라 식품산업의 선두주자인 CJ제일제당이 이때 설립되었다. 1970년대에 농심, 오뚜기 등의 기업들이 본격적으로 제품을 출시하면서 '기호로서의 식품' 소비문화가 자리 잡았다. 이후 2000년대부터 대형마트와 편의점 수가 가파르게 증가하면서 유가공, 육가공 식품이 발전했다. 최근에는 건강에 대한 관심으로 웰빙푸드에 대한 수요가 늘었다.

식음료산업은 농업, 축산업, 어업 등을 통해 만들어진 생산물을 가공하여 도매 및 소매 업체에 판매하거나 음료와 기타 가공식품을 생산하는 업종이다. 식음료업은 크게 식료품업과 음료업으로 나눌 수 있다. 이 중 식료품업은 다시 제분·제당·전분 등을 생산하는 식품소재업과 제과·냉동식품 등 최종 제품을 생산하는 식품가공업으로 나뉜다.

흥미로운 점은 국가의 경제 수준에 따라 해당 국가의 식품업체가 주력하는 사업이 달라진다는 점이다. 1인당 GDP가 3천 달러 이하일 때는 식품산업이 태동하는 시점으로 식품소재산업이 등장한다. 1인당 GDP가 1만 달러에 근접하면 가공식품이

식음료산업 밸류체인

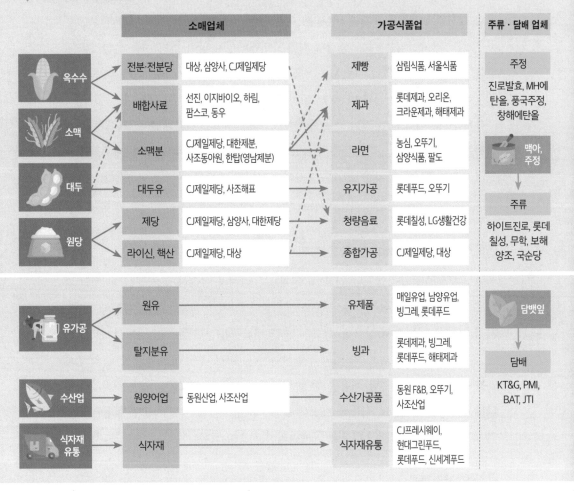

	소매업체		가공식품업		주류·담배 업체
옥수수	전분·전분당	대상, 삼양사, CJ제일제당	제빵	삼립식품, 서울식품	주정
	배합사료	선진, 이지바이오, 하림, 팜스코, 동우	제과	롯데제과, 오리온, 크라운제과, 해태제과	진로발효, MH에탄올, 풍국주정, 창해에탄올
소맥	소맥분	CJ제일제당, 대한제분, 사조동아원, 한탑(영남제분)	라면	농심, 오뚜기, 삼양식품, 팔도	맥아, 주정
대두	대두유	CJ제일제당, 사조해표	유지가공	롯데푸드, 오뚜기	
	제당	CJ제일제당, 삼양사, 대한제당	청량음료	롯데칠성, LG생활건강	주류
원당	라이신, 핵산	CJ제일제당, 대상	종합가공	CJ제일제당, 대상	하이트진로, 롯데칠성, 무학, 보해양조, 국순당
유가공	원유		유제품	매일유업, 남양유업, 빙그레, 롯데푸드	담뱃잎
	탈지분유		빙과	롯데제과, 빙그레, 롯데푸드, 해태제과	
수산업	원양어업	동원산업, 사조산업	수산가공품	동원 F&B, 오뚜기, 사조산업	담배
식자재 유통	식자재		식자재유통	CJ프레시웨이, 현대그린푸드, 롯데푸드, 신세계푸드	KT&G, PMI, BAT, JTI

등장하고 외식산업이 함께 성장한다. GDP가 3만 달러에 근접하면 시장이 성숙기에 진입하면서 냉동식품이 유행하고 건강식품에 대한 관심이 늘어난다. 그 이상의 소득 수준으로 접어들면 건강한 간편식, 고령층을 타깃으로 하는 상품이 등장한다. 우리나라의 경우 점차 건강식품과 간편식에 대한 수요가 증가하는 추세이지만, 다른 선진국에 비하면 아직 그 규모가 미미하다. 한편 가공식품 시장의 성장이 계속 정체되면서 식품가공업체의 해외 진출이 활발해졌다. 오리온은 파이와 스낵을 앞세워 중국과 베트남에 진출했고, CJ제일제당은 가공식품의 중간재료를 중국과 브라질에 수출하고 있다.

식음료산업은 상품에 대한 고객 충성도가 높은 편이다. 1886년에 탄생한 코카콜라와 1974년에 출시된 빙그레 바나나맛우유 모두 지금까지 소비자의 사랑을 받고 있다. 또한 식음료산업은 다른 산업에 비해 소비탄력성이 낮아 경기 변동에 타격을 덜받는다. 경기와 관계없이 사람들은 일정량의 음식을 섭취하기 때문이다. 다만 아직웰빙식품은 기타 사치재와 마찬가지로 비교적 높은 소비탄력성을 보인다.

음료업에는 탄산음료, 커피, 주스 등을 생산하는 일반 음료업과 소주, 맥주 등을 생산하는 주류업 등이 있다. 이 중 주류업은 관련 법률이나 제품의 성격, 세부적인 비즈니스 모델에서 기타 식음료업과 큰 차이를 보이기 때문에 따로 소개하겠다.

◎ 식품주에 투자하려면 국제 경제 흐름을 읽어야 한다

식품소재업, 식품가공업, 음료업 모두 원재료를 들여와 공장에서 가공한 뒤 기업 혹은 소비자에게 판매한다는 큰 흐름을 공유한다. 하지만 식품소재업은 그 중에서도 가장 기본이 되는 농축산물을 가공해 중간 생산물을 제조한다는 점에서 특징적이다. 즉 식품소재업은 식품가공업의 후방산업이다. 원당, 원맥, 대두, 옥수수 등의 원재료를 수입해 밀가루, 설탕, 식용유 등을 생산한다. 이들의 판매처는 일반 소비자가 아니라 대부분 2차적으로 식품을 가공해 최종 제품을 만드는 식품가공업체. B2B 사업이므로 식품가공업체와 다르게 판매관리비 지출이 적다.

♀ 식품소재업 분류

구분	제품	기업	특징
제분	밀가루	CJ제일제당, 대한제분	국제 소맥가격에 영향을 받으며 가격 전가 가능
제당	설탕	CJ제일제당, 삼양사, 대한제분	국제 원당가격에 영향을 받음
전분·전분당	전분·전분당	CJ제일제당, 대상, 삼양사	옥수수가격에 영향을 받음
대두가공	식용유, 사료박	CJ제일제당, 오뚜기, 샘표식품	옥수수가격에 영향을 받음
조미료	조미료	CJ제일제당	CJ제일제당의 시장점유율 80% 이상
사료	배합사료	선진, 이지바이오, 대한제당	옥수수가격, 대두박가격에 영향을 받음
비료	-	남해화학, 카프로	원재료인 암모니아가격에 영향을 받음

식품소재업은 곡물을 원재료로 해서 국제 곡물가격에 큰 영향을 받는다. 곡물 시장은 2020년 기준으로 글로벌 4대 곡물기업(카길, ADM, 루이드레퓌스, 번지)이 전 세계 곡물 교역에서 차지하는 비중이 80%에 달한다. 그래서 식품소재기업들은 주어진 가격을 그대로 받아들일 수밖에 없는 위치다.

국제 곡물가격에 영향을 주는 요소로 유가 등의 거시변수와 공급량 변화를 지목할 수 있다. 에너지는 농업 생산 및 유통 과정에 필수적인 투입재로, 에너지 비용은 주요 곡물 생산비의 절반을 차지한다. 또한 유가가 상승하면 이를 대체할 바이오 계열 에너지에 대한 수요가 늘어난다. 바이오 계열 에너지 연료로 옥수수가 사용된다. 결과적으로 유가가 상승하면 옥수수에 대한 수요가 늘어나 가격이 상승한다. 이에 따라 옥수수를 식용으로 수입하는 업체들이 높아진 가격 부담을 짊어지게 되는 흥미로운 상황이 연출된다.

인플레이션과 이자율 등의 거시변수 또한 국제 곡물가격에 영향을 준다. 곡물은 그 특성상 특정 시점에 1년 치 물량이 생산되는 반면, 소비량은 연중 일정한 경향을 보이기 때문에 필연적으로 재고가 쌓인다. 따라서 물가나 이자율이 큰 폭으로 변하면 재고로 쌓인 곡물가격과 최초 판매가 차이가 마진의 변동성을 높인다.

한편 원재료를 수입하는 업체들이 모두 그렇듯 식품소재기업은 환율에 큰 영향을 받는다. 환율이 상승할 경우 이론적으로 수출 물량 상승을 통해 원재료 매입가 인상분을 보전할 수 있다. 하지만 아직 국내 식품소재업은 내수 시장에 집중해 있는 만큼 원화 약세에 따른 원재료 매입가 상승의 영향이 더 크게 작용한다. 이에 따라 식품소재업체들은 변동성을 줄이기 위한 적극적인 헤지 전략을 사용한다.

사실 곡물가격에 가장 큰 영향을 주는 요인은 공급량이다. 전쟁, 재해, 질병 등의 이슈는 공급량에 영향을 주는 대표적인 예다. 옥수수를 예로 들어보자. 옥수수는 다양한 분야에 활용되기 때문에 옥수수가격은 식료품업에서 특히 중요한 지표다. 시장이 큰 미국인의 식생활과 밀접하고, 동물 사료로도 사용되기 때문에 육류가격과도 연동된다. 미국은 세계 최대 옥수수 생산국이자 수출국이다. 만일 미국에 국가 재난이 닥쳐 옥수수 생산에 차질이 생긴다면 전체 공급량이 줄어 가격이 상승할 것이다.

지금껏 러시아와 우크라이나가 위치한 흑해 지역은 세계 소맥(밀) 생산량의 25%를 담당했다. 2022년 2월 발발한 전쟁으로 밀 생산과 수출에 차질이 생기며 그렇지 않

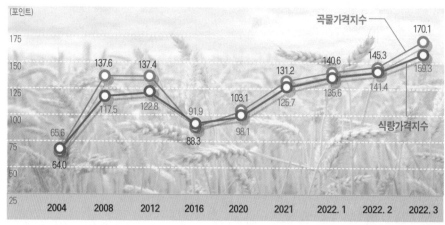

세계 식량가격지수 추이

(포인트)

곡물가격지수 — 170.1

식량가격지수

연도	곡물가격지수	식량가격지수
2004	65.6	64.0
2008	137.6	117.5
2012	137.4	122.8
2016	91.9	88.3
2020	103.1	98.1
2021	131.2	125.7
2022. 1	140.6	135.6
2022. 2	145.3	141.4
2022. 3	170.1	159.3

* 자료 : 유엔식량농업기구

러시아가 2022년 2월 24일 우크라이나를 침공했다. 우크라이나는 '유럽의 빵공장'이라고 불리는 곡창지대이다. 러시아 역시 세계 최대 밀 수출국이다. 두 나라가 전 세계 밀 공급량의 30%, 옥수수의 20%, 해바라기씨유의 80%를 담당한다. 전쟁의 여파로 세계 식량가격지수(유엔식량농업기구가 곡물, 유지류, 육류, 낙농품, 설탕 등 55개 주요 농산물의 국제 가격을 모니터링하여 만든 지수)가 사상 최고치를 기록했다.

아도 상승세였던 밀 선물가격이 재차 오름세로 전환했다. 더 큰 문제는 이 지역이 세계 암모니아 생산량의 20%를 차지한다는 것이다. 천연가스에서 추출하는 원재료인 암모니아가격 상승은 비료가격 상승으로 이어져 전반적인 물가에 타격을 입히기 마련이다. 또한 추후 더 높은 가격에 판매하려는 투기 심리가 작용하면 의도적인 생산량 감축으로 연쇄적인 공급 부족 현상이 발생하기도 한다.

식료품업체가 원가 상승에도 웃을 수 있는 이유

대개 원가 상승은 기업에 악재로 작용한다. 그러나 식료품업체들의 경우 오히려 곡물가격 상승이 이익 상승의 발판이 될 수 있다. 곡물가격 상승 시 식품소재기업들은 석유화학산업과 마찬가지로 전방에 위치한 식품가공기업들에 비용 인상분을 전가한다. 그렇다면 식품가공업체는 수익성을 확보하기 위해 비용 인상분을 소비자가격에 반영해야 한다. 즉 국제 곡물가격이 오를 경우 식품의 도매와 소매 가격이 인상되는 것이다. 식료품은 그 특성상 한번 가격이 오르면 다시 내려가지 않기 때문에 추후 국제 곡물가격이 내릴 경우 이익이 커진다. 더불어 어느 정도 필수재 성격을 가지고 있어 가격 인상에 따른 판매량 감소 폭이 크지 않다.

물론 국민 소비재인 만큼 가격 인상 시 물가안정정책을 내세운 정부의 제재가 잦다. 때에 따라 곡물가격 상승이 고스란히 식품가공업체의 수익성 하락으로 이어질 수도 있다. 그렇지만 장기적으로는 이익 및 주가 상승으로 귀결된다는 실증 분석이 많다. 실제로 2021년 식료품업계는 일제히 가격 인상을 단행했고, 이는 시장이 바라보는 식료품업체의 펀더멘탈을 개선했다.

참고로 수직계열화를 이룩한 업체들은 곡물가격 인상 시 경쟁사보다 더 유리한 고지에 서게 된다. 가령 CJ제일제당은 설탕과 밀가루를 생산하면서 즉석밥 등의 가공식품까지 생산하는 기업이다. 즉 캐시플로우가 여러 군데로 나누어져 있는 만큼 경쟁사보다 가격을 천천히 인상해 점유율을 가져오는 전략을 쓸 수 있다.

◎ 식품가공업의 새로운 트렌드 HMR

식품가공업은 대형마트, SSM, 편의점에서 볼 수 있는 거의 모든 제품을 생산한다. 식품소재업체에 의해 1차 가공된 식품을 재차 가공한다. 일상생활에서 소비되는 과자, 아이스크림, 라면, 기타 육가공식품 등 대중적인 제품을 생산한다. 대표 기업으로는 롯데제과와 오리온 등이 있다. 우리나라 식품가공업은 역사가 50년에 달한다. 원재료 매입, 가공, 소비자 판매로 이어지는 수익 구조가 안정적이다. 또한 생활 트렌드 변화나 소비자 취향을 반영한 수익성 높은 제품을 개발하기 위해 대규모 투자를 집행한다.

최근 몇 년 동안 '허니버터칩'처럼 회사에서 다루던 기존 제품군 안에서 유행한 신제품은 종종 있었지만, 완전히 새로운 제품군이 트렌드로 자리 잡은 경우는 없었다. 이제껏 식품가공업에서의 신사업은 전통적인 제품군(과자) 안에서 새로운 상품(허니버터칩)을 개발하거나 해외로 진출하는 것에 그쳤다. 그러나 2010년대 HMR(Home Meal Replacement) 시장이 가파르게 성장하면서 식품가공업체들은 새 국면을 맞이하고 있다.

HMR은 '간편가정식'이라 불린다. 미리 식자재를 가공해 간단한 조리만 거치면 먹

을 수 있는 제품을 말한다. 어느 정도 조리가 된 상태에서 포장되기 때문에 소비자
는 간단하게 이를 데우거나 끓이기만 하면 된다. 시장 현황도 HMR에 우호적이다.
1인 가구 증가와 편의점 시장의 발전, 이커머스 확대 등으로 2030년에는 10조 원 이
상의 시장을 형성할 것으로 예측된다. 이미 2016년 2조 원 규모에서 2021년 4조 원
규모로 급격한 성장률을 보여주었다. 과자 시장이 3조 원, 아이스크림 시장이 1.5조
원, 라면 시장이 2조 원이라는 점을 고려할 때, 향후 식품가공업체의 수익성이 HMR
시장에서 갈릴 것으로 보인다.

　HMR의 종류에는 즉석섭취식품, 즉석조리식품, 신선편의식품, 사전준비식품이 있
다. 즉석섭취식품(Ready-to-Eat)은 추가 조리 과정 없이 섭취할 수 있는 식품으로 삼
각김밥, 샌드위치, 도시락이 대표적인 상품이다. 전체 HMR 시장 중 즉석섭취식품 비
중이 50%다. 즉석조리식품(Ready-to-Heat)은 가열 등 단순 조리과정을 거쳐 섭취할
수 있는 식품으로 국, 탕, 찌개, 냉동식품 등이 있다. HMR 시장의 43%를 차지하고,
그 안에서 즉석밥이 50%를 차지한다. 신선편의식품(Ready-to-Cook)은 유통기한이 짧
고 단순조리를 거쳐 섭취할 수 있는 제품이다. 샐러드, 소스, 과일이 대표적이며 전
체 HMR 시장의 6%가량이다. 나머지 1%는 태동기에 위치한 사전준비식품(Ready-to-
Prepared)이 차지하고 있다. 집에서 간편하게 요리할 수 있도록 손질된 식재료로 밀
키트(Meal-Kit)가 주요 상품이다.

◎ 성숙기에 접어든 음료업

음료업은 당, 농축액 등을 원재료로 해 음료를 제조하는 산업이다. 약 8조 원 규모의
시장을 형성하고 있다. 탄산음료가 2조 원, 커피음료가 2.5조 원, 생수가 1조 원, 과채
음료가 6000억 원 규모다. 커피 시장은 스타벅스, 이디야 등의 커피전문점까지 고려
했을 때 8조 원으로 가장 큰 규모를 자랑한다.

　국내 음료산업은 성숙기에 접어들어 낮은 성장률을 보이고 있다. 탄산수, 커피음
료, 생수 수요가 늘어나고 주스의 인기가 떨어지면서 시장이 재편되고 있다. 건강을
중시하는 트렌드가 자리 잡으면서 단맛이 강한 과채음료에 대한 수요가 다른 제품
군으로 옮겨가고 있다. 식음료 선도회사 코카콜라나 펩시가 건강음료 등 다양한 성

격의 음료회사를 다량 인수하고 콜라 판매 비중을 줄이는 이유이기도 하다.

음료업도 식품업과 마찬가지로 원자재 수입 의존도가 높아서 국제 원자재가격과 환율에 민감하게 반응한다. 대표적인 원재료로 당, 첨가물, 농축액 등이 있다. 국제 곡물가격이 상승하면 당과 첨가물의 가격이 오르고, 국제 농산물가격이 오르면 농축액가격이 높아진다.

◎ 유통업체 성장세에 식음료업체가 불안에 떠는 이유

유통업체 성장은 식음료업체에 불리하게 작용한다. 식음료업체들은 주로 할인점, 편의점에 상품을 납품한다. 그런데 유통업계가 소수 과점 체제로 굳어지면서 식음료업체의 교섭력이 지속해서 낮아졌다. 식음료업체는 이마트, 롯데마트, 홈플러스 중 어느 한 곳이라도 납품하지 못하면 수익에 직접적인 타격을 받기 때문이다. 특히 즉석조리 식품의 경우 대형할인점이 전체 유통채널의 35%를 차지한다. 이에 따라 식음료업체들은 유통업체들이 제시하는 낮은 납품가에 응할 수밖에 없다. 최근 들어 유통업체들이 PB제품을 활발하게 출시하면서 기존 식음료업체의 고민은 더욱 깊어지고 있다.

한편 경제 성장에 따라 변화하는 식품 트렌드와 코로나 19로 인한 라이프 스타일 변화는 식품업계에 큰 영향을 준다. 대표적인 예로 웰빙문화가 확산함에 따라 보충제와 식료품 사이의 경계가 모호해졌다. 식품업체들은 비타민 C를 첨가한 제품을 출시하는 등 웰빙 트렌드에 주목하고 있다. 또한 재택근무가 늘면서 아침을 챙겨 먹는 고객이 증가하고 외식보단 집에서 직접 요리를 하는 고객 비율이 높아졌다. 신규 수요에 발맞추어 식품업체들은 밀키트 등의 사전조리제품 개발에 더 많은 자금을 투입하고 있다. 더불어 전자상거래가 주요 유통 채널로 부상하며 이제는 신선식품 영역에서도 배송에 유리한 포장 방식이 요구된다.

거품을 걷어내고 든든한 한끼만 담은
'민생라면'출시!

EVENT

NH농협카드 50% + kt 멤버십 10%

최근 유통업체들이 PB제품군을 확대하면서, 식음료업체의 고민이 깊어졌다. 사진은 이마트 PB 라면.

DAY 32

죄악주,
그러나 국가의 든든한 조세원

🧭 식음료산업의 8%, 음료산업의 50%를 차지하는 주류

술과 담배는 대표적인 성인 기호 식품이다. 술과 담배가 건강에 해롭다는 사실은 개인과 국가 모두 안다. ESG 경영이 중시되는 현재 술·담배·도박·무기로 돈을 버는 기업의 주식을 '죄악주(Sin Stock)'로 분류해, 이들 기업에 대해 일절 자금을 대지 않는 기관도 있다. 그러나 적어도 소비자에게는 여가, 스트레스 해소 기능을 인정받아 오랫동안 큰 산업을 형성하고 있다.

술과 담배는 두 가지 특징을 공유한다. 하나는 소비자군이 성인으로 한정되어 있다는 점, 다른 하나는 국가 세금의 주요 수입원으로 활용된다는 점이다. 근대화 이후 주류와 담배 산업은 줄곧 국가의 주요 조세수입원 역할을 했다. 주류세의 경우 1960년대 전체 세금의 10% 이상을 차지했을 정도다. 현재도 담배와 주류 산업이 각각 12조 원, 3.5조 원의 세금을 책임지면서 280조 원가량 되는 전체 조세의 상당 부분을 책임진다.

주류산업은 국가의 물가정책, 양곡정책, 국민보건 등의 공익 이슈와 밀접하다. 농가 소득 보장을 위한 주정용 쌀보리 계약 재배, 국가 차원에서의 주류가격 관리가 대표적인 예다. 이런 제도적 통제하에 주류산업은 규제와 보호를 동시에 받아왔다. 덕분에 주류업체들은 그동안 안정적인 과점 구조를 영위할 수 있었다. 대표적인 것이 주류면허제도다. 주류의 운반과 판매는 정부의 허가가 필요해 진입장벽이 높다. 주종별로 각각 면허를 취득해야 생산 가능한 주류제조면허제도, 주류의 운반과 판매를 위한 주류유통면허제도가 분리되어 있다. 더불어 유통망을 확보하고 브랜드 인지도를 쌓기 위해서는 큰 비용을 투자해야 하므로 후발주자의 진입이 어렵다.

술은 알코올이 1% 이상 함유된 음료를 가리킨다. 제조 공정이 유사하다는 점에서 주류업을 음료업의 일종으로 보는 경우도 있다. 하지만 완전히 별개의 산업이라 할 정도로 구매 주체와 시점, 정부 규제, 가격 책정 과정 등 다방면에서 차이가 있다.

국내 주류업이 전체 제조업에서 차지하는 비중은 0.5%에 불과하다. 하지만 전체 식음료산업에서는 8%, 음료산업에서는 시장의 절반을 차지하고 있다. 「주세법」상 술은 주종 별로 소주, 맥주, 위스키, 청주 등으로 나뉜다. 2020년 기준 전체 주류 시장 점유율은 맥주가 43%, 소주가 33%로 두 주종을 중심으로 주류 시장이 형성되어 있다. 맥주는 오비맥주(50%)와 하이트진로(42%)가 90% 이상을 차지하는 과점 시장이다. 소주 시장은 '참이슬'을 앞세운 하이트진로가 65.1%, '처음처럼'의 롯데칠성음료가 13.5%, 기타 지역 소주 업체들이 나머지를 차지하고 있다.

주류 시장은 주종별로 경기 민감도가 상이하다는 특징이 있다. 불황기에는 가격이 저렴한 소주나 막걸리가, 호황기에는 위스키 판매율이 증가하는 경향이 있다. 코로나 19 이후 시장에 유동성이 엄청나게 풀리면서 위스키가격지수는 2021년 한 해 무려 30% 증가하기도 했다. 최근 주류산업은 수입관세 인하, 저도주 선호 경향 확대 등으로 경쟁이 치열해지는 양상을 띠고 있다.

🧭 배당금으로 '생산량 쿼터'를 받는 주정업체

주류업체는 곡물, 과일 등의 원료를 통해 증류주, 양조주 등을 제조하여 소비자에게 유통한다. 제조 공정은 일반 음료업의 프로세스와 비슷하지만, 원재료 수급과 판매 과정에서 큰 차이를 보인다. 맥주는 맥아와 홉, 보리 등을 주원료로 한다. 맥주에 사용되는 원료곡은 우리나라 자체 수급이 원활하지 않아 해외 수입 비중이 95%에 달한다. 따라서 맥주 시장의 매출원가는 국제 곡물가격에 민감하게 반응하고, 환율에 따라 재무제표상에 나타나는 외화환산손익이 크게 변동한다.

소주의 원재료는 주정이다. 주정은 증류를 통해 얻은 순도 95%의 에탄올이다. 소주의 평균 도수가 17도라는 점에 비추어볼 때 주정이 상당히 초기 단계 원재료임을 예상해볼 수 있다. 주정은 쌀, 보리를 발효시킨 후 불순물을 제거해 만들어진다. 우리가

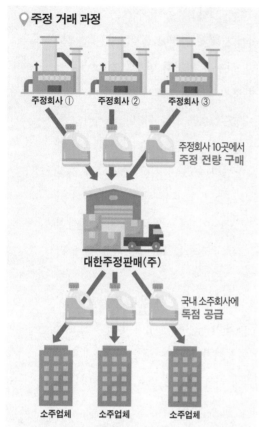

주정 거래 과정

주정회사 ①　주정회사 ②　주정회사 ③

주정회사 10곳에서
주정 전량 구매

대한주정판매(주)

국내 소주회사에
독점 공급

소주업체　소주업체　소주업체

전국에 10개의 주정업체가 있지만 이들이 만든 주정은 대한주정판매회사라는 주정 총판을 통해서만 소주업체로 공급된다.

잘 알고 있는 하이트진로나 롯데칠성음료 같은 주류업체들은 주정을 직접 만들지 않는다. 대신 주정을 만드는 전문업체에서 납품을 받는다. 주류업체는 이들이 제조한 주정을 물과 일정 비율로 섞어 도수를 낮추고, 부가 과정을 거쳐 참이슬 같은 희석식 소주(주정에 물과 감미료 등을 넣어서 묽게 희석한 술)를 제조한다. 회사마다 사용하는 첨가물이 다르지만 소주 맛에 큰 차이가 없는 이유는 주정의 도수가 워낙 강하기 때문이다.

국내에는 10개의 주정업체가 있는데, 이들은 주류회사와 직접 거래하지 않는다. 대신 일종의 총판 역할을 하는 대한주정판매회사에 일괄 납품한다. 주정회사들은 대한주정판매회사의 일정 지분을 나누어 가지는 주주다. 매년 초 대한주정판매회사에서는 그해 필요한 주정 공급량을 예측해 지분율대로 생산량을 할당한다. 따라서 가지고 있는 주식 수에 비례해 시장점유율이 결정되는 독특한 구조다. 주정업체가 할당량만큼 주정을 대한주정판매회사에 납품하면, 대한주정판매회사는 주정을 생산회사에 전달한다. 모든 것이 사전 합의에 따라 결정되기 때문에 주정 제조산업은 매우 안정적인 체계를 갖추고 있다. 참고로 주정값은 소주가격에 가장 큰 영향을 미치는 요소다.

⌖ '만 원에 4캔' 마케팅이 가능했던 이유

원재료를 들여와 주류를 제조한 다음에는 도소매업체에 대한 제품 판매가를 결정한다. 술에 가격을 매기는 방식은 2020년을 기점으로 큰 변화를 맞이했다. 이전에는 모든 주류가격이 종가세 방식을 따랐지만, 2020년부터 맥주가격은 종량세 방식으로 바뀌었다.

일반 공산품은 원가와 유통 구조, 마진에 의해 제품가격이 결정된다. 그러나 종가세 제도하에 주류가격은 각종 세금이 더해진다. 원래대로라면 제조원가와 판매관리비, 이윤을 합한 가격이 출고가가 되어야 한다. 하지만 줄고가에 주세, 교육세, 부기세가 차례로 더해진다. 맥주·소주·위스키의 주세율은 출고가액의 72%, 청주·약주의 경우 30%로 주종별 격차가 심하다. 교육세율은 각각 주세액의 30%, 10%가 부과된다. 이를 모두 더한 값에 부가세가 부과되어 최종 출고가가 형성된다.

이런 일련의 세금 부과를 다 합치면 기존에 매출로 책정하려 했던 가격의 2.13배 수준에서 출고가가 형성된다. 주류 시장이 맥주와 소주 중심이라는 점을 고려할 때 주세에 의해 주류의 전반적인 시장가격이 크게 상승함을 알 수 있다. 이처럼 종가세 제도하에서는 주류의 종류와 무관하게 제품가격이 주세에 비례한다.

한 가지 흥미로운 사실은 그동안 수입 주류에 대해서는 좀 더 관대한 기준이 적용되었다는 것이다. 국내 주류는 제조원가와 판관비, 마진의 합이 과세표준이었지만, 수입 주류의 경우 수입신고가와 관세의 합을 과세표준으로 삼았다. 국내와 수입 주류 모두 주세율, 교육세율, 부가세율은 동일했다. 그러나 수입 주류의 경우 판관비와 이윤에는 세율이 적용되지 않았다. 소주의 경우 국내 제품끼리 경쟁하는 시장이지만, 맥주 시장은 해외 업체들과 함께 경쟁하는 관계로 국내 업체들이 가격경쟁력 측면에서 불리할 수밖에 없었다. 편의점에서 수입 맥주가 '만 원에 4캔' 마케팅을 할 수 있었던 것도 이런 제도적 이점이 뒷받침되었기 때문이다.

국내 맥주업체들은 종가세의 공정성에 대해 수년간 항의했고, 결국 2020년부터 맥주의 가격 책정 방식이 종량세로 변경됐다. 종량세는 주류의 양에 주종별 세율을 곱해 주류가격을 산출한다. 주류가격이 다르더라도 동일한 주종이 같은 양만큼 출고됐다면 동일한 주세가 부과된다. 즉 기존에는 출고원가에 비례해 주세가 증가

1. 과세표준
출고가(A)

2. 주세(B)
A×72%

3. 교육세(C)
B×30%

세금 총액
A의 113%

4. 부가세(D)
(A+B+C)×10%

📍 종가세에 의한 주류가격 결정 과정
종가세 제도하에서는 주류의 종류와 무관하게 주세가 제품가격에 비례한다.

했지만, 이제는 출고원가가 높아져도 동일한 양에 대해 동일한 주세가 적용되는 것이다. 종량세 제도 도입 이후 캔맥주의 주세가 내려가고 병·페트·생맥주의 주세가 올랐다. 더불어 소규모 제조방식을 고수해 원가 수준이 높은 수제맥주 업체들은 이전보다 30% 가까이 낮은 가격에 맥주를 출고하며 점유율을 끌어올릴 수 있었다.

출고가가 결정된 다음 본격적인 유통이 이루어진다. 술은 제조되는 순간부터 소비자에게 판매되기까지 3단계의 유통 과정을 거쳐야 한다. 우선 주류기업이 종합주류도매면허를 보유한 도매상에게 술을 판매한다. 도매상은 마진을 붙여 편의점, 술집 등 소매상에게 판매한다. 이들은 재차 마진을 붙여 최종 소비자에게 판매한다. 주류 생산업체가 소비자에게 직접 유통하면 더 높은 수익을 올리겠지만, 이들은 주류제조면허만 보유하고 있어 주류를 유통할 수 없다. 주류 유통은 주류유통면허를 가진 도소매상만 할 수 있다.

🧭 당신이 태우는 담배의 74%가 세금

대한민국 「담배사업법」에서 담배는 '연초의 잎을 원료의 전부 또는 일부로 하여 피우거나, 빨거나, 증기로 흡입하거나, 씹거나, 냄새 맡기에 적합한 상태로 제조한 것'으로 규정된다. 공기업이었다가 민영화된 KT&G는 꾸준히 내수 시장의 50% 이상을 차지하고 있다(나머지는 필립모리스 등의 해외 업체). 참고로 KT&G는 전 세계에서 자국 시장의 50% 이상을 점유하는 거의 유일한 담배회사다. 2020년 기준 전 세계 담배회사 중 7위에 해당하는 규모를 자랑한다.

담배는 최종품으로 가공되기 이전에 식물의 형태다. 담배업체에서는 이 식물을 가공해 가판대에 진열될 수 있는 형태의 담배로 만든다. 우리나라는 국산 잎담배와 수입 잎담배를 각각 20%, 80%의 비율로 들여온다. 먼저 국산 잎담배는 KT&G가 담배생산협동조합과 등급별 구매가격을 협의한 후 개별 농가와 계약을 체결해 구매한다. 수입 잎담배는 원료곡물과 마찬가지로 국제 가격을 수용해야 하며 해외 수급 상황과 환율에 큰 영향을 받는다.

담배가격은 정부가 결정한다. 특정 가격 이하로 판매하지 못하게 하는 가격 하한제를 실시하고 있다. 1989년 800원을 시작으로 2015년 4500원, 최근에는 8000원까지 점진적으로 인상하는 안이 발표되기도 했다.

2021년 기준 담배의 하한가는 4500원으로 책정되어 있다. 이 가격이 어떻게 책정된 것인지 알아보자. 소비자가격의 구성 요소를 살펴봄으로써 담배 한 갑이 판매될때 정부가 걷는 세금, 담배회사의 마진, 유통업체의 마진을 알 수 있다.

4500원의 담배 한 갑이 팔릴 때 담배소비세 1007원, 지방교육세 443원, 개별소비세 594원, 국민건강증진기금 841원, 엽연초부담금과 폐기물부담금 24원, 부가가치세 409원 도합 3318원의 세금이 부과된다. 무려 판매가의 74%에 달한다. 즉 4500원짜리 담배 한 갑은 출고가와 유통마진이 1182원, 세금이 3318원이다.

편의점은 최종적으로 300원 정도의 마진을 남긴다. 담배회사는 한 갑당 대략 800~900원의 마진을 얻는다. 한가지 특기할 만한 점은 담배회사의 이익률은 30% 이상으로, 모든 산업을 통틀어 최선두다. 보통 이 정도의 이익률을 기록하는 산업은 제약, 반도체 산업 등 첨단산업 정도에 불과하다. KT&G는 매출 대비 당기순이익 비율이 30%에 달하고 부채 비율은 25%가 채 되지 않는다.

이런 탄탄한 재무 구조가 가능한 이유는 담배 자체의 제조원가가 매우 낮기 때문이다. 실제로 2016년 뜻하지 않은 일로 매우 낮은 수준의 담배원가가 공개된 바 있다. 경찰이 KT&G 담배를 밀수하려 한 일당을 조사하는 과정에서 최초에 담배를 한 갑당 391원에 수출한 계약서가 확인된 것이다.

이렇게 낮은 원가 수준을 유지할 수 있는 비결은 역설적으로 담배산업이 규제산업이라는 데 있다. 최초 설비 투자 이후 원재료 이외에 별다른 비용이 발생하지 않는다는 점도 있겠지만, 「담배사업법」과 「국민건강증진법」에 따라 담배에 대한 광고가 원칙적으로 금지되어 있어 판촉비가 들어가지 않는다는 점도 높은 이익률의 요인 중 하나다. 「단통법(이동통신단말장치 유통구조 개선에 관한 법률)」 도입으로 그동안 고객에게 지급했던 높은 보조금에 상한이 생긴 통신사들의 영업이익이 개선된 것과 비슷한 맥락이다(18쪽).

🌀 전자담배 시장을 잡아라!

궐련형 전자담배 시장의 성장세가 무섭다. 전자담배는 크게 액상형과 궐련형으로 나뉜다. 액상형은 니코틴이 들어있는 액상을 끓여 수증기를 마시는 방식이고, 궐련형은

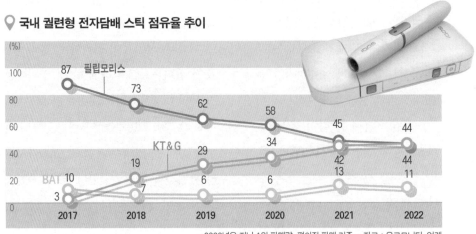

국내 궐련형 전자담배 스틱 점유율 추이

(%)

	2017	2018	2019	2020	2021	2022
필립모리스	87	73	62	58	45	44
KT&G	3	19	29	34	42	44
BAT	10	7	6	6	13	11

* 2022년은 지난 1월 판매량, 편의점 판매 기준, * 자료 : 유로모니터, 업계

2022년 KT&G가 궐련형 전자담배 스틱 시장점유율(편의점 판매량 기준)에서 필립모리스와 공동 1위가 되었다. 필립모리스는 2017년 궐련형 전자담배 기기 '아이코스3'을 국내에 처음 선보이며 시장을 주도했으나, 신제품 출시 지연 등으로 KT&G에 추격의 빌미를 제공했다.

일반 담배를 열로 쪄서 피우는 방식이다. 국내에서는 궐련형이 더 큰 인기를 끌고 있다. 흔히 연초라고 말하는 궐련에 비해 연기와 냄새가 덜 나는 궐련형 전자담배는 판매액 기준 2021년 전체 담배 시장의 12%를 차지했다.

궐련형 전자담배 비즈니스는 전형적인 '면도기-면도날' 모델이다. 기기를 사서 궐련형 전자담배용으로 출시된 궐련인 '스틱'을 교체하며 피우는 방식이다. KT&G는 기존 필립모리스가 장악하고 있던 전자담배 스틱 시장의 점유율을 빠르게 뺏어 2022년 점유율을 따라잡았다. 앞서 설명했듯이 법률상 담배에 대한 판촉 행위는 금지되어 있다. 하지만 기기는 담배로 분류되지 않아 KT&G가 각종 할인 혜택을 제공한 데 힘입어 점유율을 빠르게 끌어올릴 수 있었다.

궐련형 전자담배는 향후 수익성을 위해 꼭 선점해야 할 시장이다. 4500원 기준 스틱의 세금은 2980원으로, 세금이 3300원 이상인 일반 궐련보다 이익률이 높다. 더불어 아직 전자담배 시장이 초기인 점을 고려하면 시장 파이는 더욱 커질 것으로 예상한다.

담뱃값이 오르면 KT&G 주가는 어떻게 될까?

2021년 보건복지부에서는 2030년까지 담배가격을 점차 올리는 방안을 검토 중이라 발표했다. 구체적인 가격 수준은 밝히지 않았지만 OECD 평균 담뱃값을 참고한다고 밝혀, 8000원 수준이 예상되고 있다. 현재 판매가 4500원에서 약 80%의 인상 폭이 적용되는 것이다. 담배가격 인상은 한 정부당 한 번꼴로 있는 행사로 담배산업의 정기적 특성이라고도 할 수 있다.

결과적으로 담뱃값 인상은 KT&G의 수익성 향상으로 이어질 예정이다. 2015년에 담배가격이 4500원으로 인상될 때 세금 비중은 직전 대비 114% 증가했고, 제조사와 유통사 마진은 24% 증가했다. 만일 이번 가격 인상에서도 분배 비율이 이전 인상 때와 동일하게 유지된다면 20%대의 이익 증가를 예상해볼 수 있다. 제조원가가 동일하다는 점을 생각해보면 세금을 제한 가격 인상분은 고스란히 순이익으로 반영될 것이다. 지금까지 담뱃값이 인상된 선례를 보면 가격 인상 직후에는 판매량이 급감했다가 이듬해부터 수요가 점차 회복하는 추이를 보여주었다.

그러나 이번 인상안의 경우 절대적인 금액 차이가 상당히 크기 때문에 이전과 다르게 KT&G의 수익성이 훼손될 것이라는 의견도 있다. 2000원 하던 물건가격이 5000원으로 오르는 것과 5000원에서 8000원으로 오르는 것은 엄연히 다르다. 가격에 대한 수요 탄력성은 본래 어느 지점을 준거하는지에 따라 다르게 나타나기 마련이다. 더불어 흡연율이 줄어드는 추세도 고려해야 한다. 금연문화가 확대되고 흡연에 대한 사회적 규제가 높아지고 있어 가격 인상분보다 실수요자 하락 폭이 더 클 수도 있다. 또한 '죄악주'로 분류되는 기업에 대한 투자도 점차 줄어들 수 있음을 인지해야 한다.

📍 **흡연율* 추이**

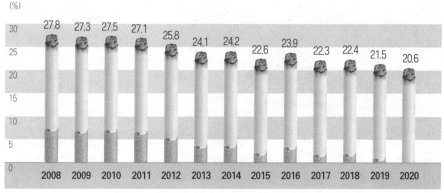

(%)

	2008	2009	2010	2011	2012	2013	2014	2015	2016	2017	2018	2019	2020
	27.8	27.3	27.5	27.1	25.8	24.1	24.2	22.6	23.9	22.3	22.4	21.5	20.6

* 흡연율 : 19세 이상 중 평생 담배 5갑(100개비) 이상 피웠고 현재 담배를 피우는 분율, 자료 : KOSIS

DAY 33
스타벅스 VS 이디야, 수익성이 더 높은 곳은 어디일까?

◎ 장사를 알려주는 장사

길을 걷다 보면 다양한 브랜드의 음식점과 카페 등을 볼 수 있다. 동일한 브랜드를 강남·신촌·제주도에서도 볼 수 있고, 심지어 해외에서 보는 경우도 있다. 같은 브랜드를 내건 매장은 정해진 기준에 따라 동일한 가격과 서비스를 제공하기 때문에 소비자에게 '성공률' 높은 소비를 보장한다. 우리는 이런 브랜드를 가리켜 '프랜차이즈'라 부른다.

프랜차이즈(franchise)는 독자적인 상품과 서비스를 개발한 영업 본부가 스스로 정한 매장 운영 방법에 맞추어 가맹점을 두는 형태의 체인 사업을 뜻한다. 「가맹 사업 진흥에 관한 법률」은 가맹 사업을 '가맹본부가 가맹점 사업자로 하여금 자기의 상표, 서비스표, 상호 등을 사용하여 일정한 품질기준이나 영업방식에 따라 상품을 판매하도록 하면서 이에 따른 경영 및 영업활동 등에 대한 지원·교육과 통제를 하고, 가맹점 사업자는 이에 대한 대가로 가맹본부에 금전을 지급하는 계속적인 거래관계'로 규정한다. 즉 프랜차이즈 가맹업의 본질은 '장사를 알려주는 장사'다.

프랜차이즈 가맹업의 본질은 '장사를 알려주는 장사'다. 2019년 프랜차이즈 시장 규모는 120조 원으로 대한민국 GDP의 7% 수준이다.

가령 음식점을 창업하려면 입지 선정, 조리법 연구, 홍보 등 수많은 사항을 처음부터 끝까지 개인이 처리해야 한다. 하지만 프랜차이즈업체를 통하면 일정 금액을 지불하는 대신 출점 가이드라인을 제공받고 운영에 필요한 재료들을 안정적으로 공급받을 수 있다. 업주 입장에서는 별도의 광고 비용을 들이지 않고 프랜차이즈 본사의 브랜드 파워에 힘입어 높은 인지도를 누릴 수 있는 데다 기타 제반 사항에 대한 고민을 덜 수 있다.

　프랜차이즈산업은 미국 기업 GM이 1898년 자동차를 판매하는 독립된 지점을 만들면서 시작됐다. 국내에서는 1979년 햄버거 프랜차이즈인 롯데리아가 그 시작을 알렸다. 외식업이 프랜차이즈산업의 큰 비중을 차지하지만, 다이소로 대표되는 도소매업과 편의점업도 프랜차이즈산업의 굵직한 부문을 담당하고 있다. 팬데믹 이전인 2019년 프랜차이즈 시장 규모는 120조 원으로 대한민국 GDP의 7% 수준이다.

ⓢ 무형자산이 만드는 고정매출

프랜차이즈업은 외식업, 도소매업, 편의점업 등으로 구성되어 있다. 업종마다 세부적인 내용이 조금씩 다를 뿐 큰 틀에서는 수익 구조가 유사하다. 일관된 설명과 원활한 이해를 위해 외식업에 초점을 맞추어 살펴보자.

　건물을 사용할 목적으로 임대인과 계약을 맺을 때 권리금과 월세를 지불한다. 권리금은 해당 공간을 사용할 수 있는 영업권을 획득하는 비용이고, 월세는 다달이 나가는 공간 사용료다. 프랜차이즈 점포를 창업할 때도 프랜차이즈 본사에 일종의 권리금과 월세를 지급해야 한다. 업주는 점포를 처음 출점할 때 본사에 일정 금액을 지급하고 영업 개시 후에는 매출의 일정 비율을 본사에 납입한다. 본사 입장에서 전자는 고정매출, 후자는 변동매출에 해당한다. 이것이 프랜차이즈 본사가 돈을 버는 큰 틀이다.

　고정매출은 '점포개발수익'이라고도 부른다. 가맹점을 오픈할 때 필요한 제반들을 업주에게 지원하는 대가로 받는 수익이다. 세부적으로는 가맹점 가입비·가맹 마케팅비, 입지 선정 보조비·세일즈 커미션·가맹점주 교육비·오픈 보조비 등이 있는데, 크게 가맹비와 시설비로 묶을 수 있다.

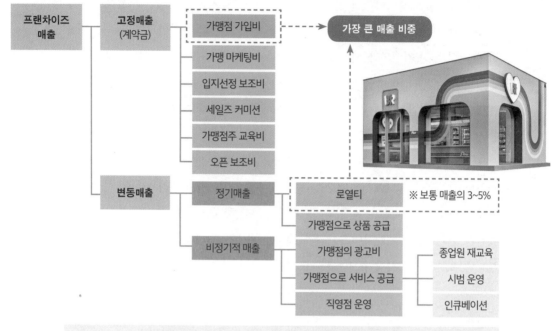

프랜차이즈 매출 구조

프랜차이즈 매출	고정매출 (계약금)	가맹점 가입비	→ 가장 큰 매출 비중
		가맹 마케팅비	
		입지선정 보조비	
		세일즈 커미션	
		가맹점주 교육비	
		오픈 보조비	
	변동매출	정기매출	로열티 ※ 보통 매출의 3~5%
			가맹점으로 상품 공급
		비정기적 매출	가맹점의 광고비 — 종업원 재교육
			가맹점으로 서비스 공급 — 시범 운영
			직영점 운영 — 인큐베이션

* 출처 : 한국프랜차이즈 협회, 한화투자증권 리서치센터

프랜차이즈 본사 입장에서 업주가 점포를 처음 출점할 때 본사에 지급하는 일정 금액을 '고정매출', 영업 개시 후 매출의 일정 비율만큼 본사에 납입하는 것을 '변동매출'이라고 한다. 고정매출 가운데 가맹점비는 거의 비용을 들이지 않고 회사의 무형자산을 활용해 얻은 수익이라는 점에서 이익률이 대단히 높다.

가맹비는 본사의 상호와 브랜드·영업을 위한 교육·상권 분석 서비스·기타 운영 노하우를 제공해주는 대가로 받는 금액이다. 쉽게 말해 프랜차이즈 브랜드 사용 권리와 (외식업체라면) 요리법을 제공하는 대가로 받는 수익이다. 업주 입장에서는 일종의 회원가입비를 지불하는 것이다. 가맹비는 적게는 수백만 원에서 많게는 수천만 원에 이르러 본사는 가맹점 개시 이전에 큰 금액을 챙길 수 있다. 단순계산으로 가맹비가 5천만 원인 경우 지점 1000개 출점 시 500억 원의 수익을 얻는다. 이는 거의 비용을 들이지 않고 회사의 무형자산*을 활용해 얻은 수익이라는 점에서 이익률이 대단히 높다.

> **무형자산**
> 상호, 브랜드, 노하우 등 눈에 보이지 않지만 기업에 확실한 효익을 가져올 수 있는 자산을 무형자산이라고 한다.

시설비는 가맹점의 인테리어나 집기 설치를 도움으로써 얻는 수익이다. 인테리어비는 보통 '3.3m²당 n원' 식으로 책정된다. 집기 설치는 대량구매를 통해 매입가격을 낮춘 후 이를 가맹점에 재판매해 마진을 남기는 구조다. 만일 카페라고 하면 커피 기계, 전자레인지, 제빙기, 빙삭기 등이 판매 대상이다. 본사에서 시장가격이 1500만 원에 형성된 커피 기계를 대량으로 매입하는 조건으로 매입가를 1000만 원으로 낮췄다고 하자. 이후 가맹점에 시장가격으로 재판매 할 경우 대당 500만 원의 마진이 남는다. 이렇듯 본사 입장에서는 출점만 시키면 가맹비와 시설비를 통해 목돈을 챙길 수 있기 때문에 프랜차이즈끼리 경쟁적으로 가맹점을 모집하는 양상을 보인다.

◎ 매출의 일부는 프랜차이즈 본사 몫

다음으로 변동매출에 대해 알아보자. 변동매출은 정기적 매출과 비정기적 매출로 나뉘는데, 이중 정기적 매출이 변동매출의 대부분을 차지한다. 정기적 매출에는 로열티 수입과 물류 마진이라는 두 가지 축이 있다. 이들은 일종의 월세 성격을 띠는 매출이다.

로열티는 가맹점이 프랜차이즈의 영업권을 활용하는 대가로 본사에 정기적으로 지급하는 비용이다. 보통 월 매출의 3~5%에 해당한다. 프랜차이즈마다 가맹점주 모집 방식이 달라 어떤 프랜차이즈에서는 가맹비 무료를 앞세우는 경우가 많은데 이 경우 로열티가 10% 이상인 경우도 있다.

물류 마진은 본사가 정기적으로 가맹점에 물품을 공급하면서 얻는 수익이다. 프랜차이즈 특성상 대부분의 가맹점은 표준화된 상품 및 서비스를 유지한다. 본사에서는 상품 및 서비스 유지에 필요한 원자재 등을 가맹점에 공급해 물류 마진을 남긴다. 시설비 수익과 마찬가지로 대량구매를 통해 매입가를 낮춰 시장가격에 되판다. 가맹점 입장에서도 공급업체를 따로 찾는 비용이 줄어 본사가 이를 악용하지만 않는다면 상호에게 좋은 구조로 볼 수 있다.

프랜차이즈 가맹 구조는 브랜드별로 상이하다. 가장 대표적인 가맹 구조는 출점 시 가맹비를 받고 이후 물류 마진과 로열티를 통해 매출을 올리는 방식이다. 출점 시 보증금, 교육비 등 일체의 가맹비를 받지 않는 대신 물류 과정을 매우 체계적으로 구성해 이를 통한 마진만으로도 브랜드를 유지할 수 있도록 하는 경우도 있다.

가맹 사업자가 본사에 독립적이라는 것도 가맹 사업의 중요한 특징이다. 초기에 기본적인 가이드를 받지만 이후 직원 고용과 세부 인테리어 등은 가맹 사업자의 재량에 달려있다. 또 로열티 비율에 따라 본사의 관리 정도가 다르게 나타난다. 가맹비 및 시설비 비중이 크고 로열티 규모가 작은 경우 본사 입장에서 해당 가맹점에 각별한 관심을 쏟을 유인이 적다. 하지만 로열티 비중이 큰 경우 가맹점의 성과가 본사 매출에 크게 기여하므로 더 많은 지원을 하게 된다. 한편 프랜차이즈는 '자영업자 일자리 제공'이라는 중요한 역할을 하므로 업주와 본사 간 불공정 계약 여부에 대한 정부의 감독이 철저하게 이루어진다.

떡볶이 가게를 창업하는 민수 씨 예를 살펴보자. 민수 씨는 퇴직 후 떡볶이 가게를 차리려고 한다. 창업 경험이 없는 터라 '행복떡볶이'라는 프랜차이즈에 도움을 요청했다. 민수 씨는 가맹 계약을 맺은 후 다음에 제시된 초기 비용을 지불한다. 가맹비로 700만 원, 초기 교육비 명목으로 100만 원, 계약유지보증금 200만 원, 매장 천장부터 상하수도까지의 인테리어 비용으로 1120만 원(8평 × 3.3m² × 140만 원), 홍보물 제작에 500만 원, 주방집기 및 주방기기에 950만 원, 앞치마·유니폼 등 본사 물품 80만 원, 의자·탁자에 20만 원, 마지막으로 원활한 테이크아웃과 배달을 위한 자동포장기계에 200만 원을 지출했다. 민수 씨가 지불한 비용은 임대료를 제외하고 총 3870만 원이다. 가맹비에 1000만 원, 시설비에 2300만 원, 기타 광고비에 500만 원 정도를 지불했다.

한 달이 지나고 월 정산일이 도래했다. 민수 씨는 부푼 마음을 안고 이익을 계산해 본다. 우선 월 매출액은 1800만 원으로 계산됐다. 이 중 로열티 5%에 해당하는 90만 원과 원식자재비 680만 원을 제한다. 원식자재비는 월 매출액의 38% 정도로 이는 본사의 물류 마진에 해당한다. 이후 임대료 130만 원, 인건비 200만 원, 기타 판촉비 50만 원, 수도세 등 통합공과금 80만 원을 납부하면 대략 570만 원이 남는다.

🧭 스타벅스가 이디야보다 장사 수완이 16배나 뛰어나다?

직영점은 일반 프랜차이즈 가맹점과 다르게 직원 채용, 급여, 마케팅 등 영업 전반에 관한 모든 것을 본사에서 관리하는 형태다. 프랜차이즈업체에서 직영점과 가맹점을 모두 운영하는 경우도 있고, 스타벅스처럼 직영점만 운영하는 경우도 있다. 만일 백종원 씨가 CEO로 있는 더본코리아가 종각역 인근 새마을식당에 대해 명의를 가지고 해당 매장 운영을 직접 책임진다면 이는 직영점이다. 반면 기타 개인 사업자가 본사와 무관하게 지점을 운영한다면 가맹점에 해당한다. 본사에서 직영점을 운영하면 상품과 서비스의 시장성을 직접 검증할 수 있다는 장점이 있다. 가맹점을 운영하면 본사 리스크를 적게 가져가면서 매출을 올릴 수 있다는 장점이 있다.

가맹점과 직영점의 차이를 알아보기 위해 스타벅스코리아와 이디야를 비교해보자. 2020년 스타벅스코리아는 1조 9284억 원, 이디야는 2239억 원의 매출을 기록했다. 그런데 점포 수는 각각 약 1600개, 3000개로 이디야가 스타벅스코리아보다 2배가량 많다. 단순 계산으로는 스타벅스코리아의 판매 역량이 이디야보다 16배나 우수한 것으로 보인다.

여기서 가맹점과 직영점의 첫 번째 차이점인 매출 인식 방식이 드러난다. 스타벅스코리아는 전 지점이 직영점이기 때문에 매장에서 만들어 파는 커피류가 모두 본사의 제품 매출로 기록된다. 회사가 직접 만든 물품을 '제품', 외부에서 매입한 물품을 '상품'이라고 한다. 외부에서 사서 되파는 머그잔 등 기타 굿즈 판매액은 상품 매출로 인식한다.

반면 이디야는 가맹점 매장에서 제조한 커피는 본사 매출이 아닌 가맹점 매출로 잡는다. 이디야 본사에서 물품을 일괄구매한 뒤 가맹점에 공급한 물품만 본사 매출로 집계한다. 가맹점 매출 중 직접적으로 본사 매출로 이어지는 부문은 로열티 정도가 된다. 스타벅스코리아는 전 지점이 직영점이므로 커피 판매 매출이 본사의 제품 매출액으로 잡히지만 이디야는 커피 판매 매출이 가맹점의 매출로 잡는다. 이디야는 가맹점 위주이기 때문에 제품 매출액보다 가맹점에 물품을 공급하면서 얻은 상품 매출액 비중이 높다.

이는 앞서 '온라인 유통업'에서 설명한 쿠팡의 매출 착시 효과와 같은 맥락에서 이해할 수 있다(304쪽). 즉 실질적인 이익률은 비슷하거나 이디야가 더 높을 수도 있다. 실제로 2017년의 경우 이디야가 더 높은 영업이익률을 기록했다. 매출 대비 원가율은 스타벅스코리아가 더 낮지만 판매관리비 비중은 이디야가 훨씬 낮게 나타난다. 스타벅스코리아의 경우 매장에서 커피를 직접 만들어 원가가 적게 들지만 직원 인건비, 매장 임대료가 모두 본사 비용으로 청구되기 때문이다. 또 스타벅스코리아는 제품 매출액 비중이 70%인 데 반해 이디야는 상품 매출액이 70%를 차지한다. 이디야

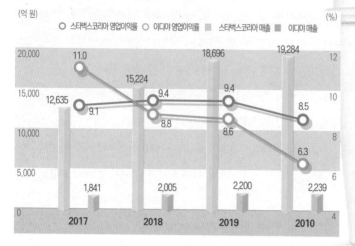

스타벅스코리아와 이디야 실적 추이

(억 원)

○ 스타벅스코리아 영업이익률　○ 이디야 영업이익률　■ 스타벅스코리아 매출　■ 이디야 매출

(%)

	2017	2018	2019	2010
스타벅스코리아 매출	12,635	15,224	18,696	19,284
이디야 매출	1,841	2,005	2,200	2,239
스타벅스코리아 영업이익률	11.0	9.4	9.4	8.5
이디야 영업이익률	9.1	8.8	8.6	6.3

스타벅스코리아와 이디야 매출을 단순 비교하면 스타벅스가 16배나 높다. 하지만 이러한 비교는 가맹점과 직영점의 매출 인식 차이를 살피지 못한 데서 발생한 착시다. 100% 직영점인 스타벅스는 커피 판매액이 본사 매출로 잡히지만, 가맹점 중심으로 운영하는 이디야는 커피 판매액이 가맹점 매출로 잡힌다.

는 프랜차이즈 구조하에 상품을 구매한 후 적절한 이윤을 붙여 가맹점에 판매하는 비즈니스 모델이기 때문이다.

법적 규제에 있어서도 가맹점과 직영점이 차이를 보인다. 가령 커피 가맹점은 점포 간 500m 이상 떨어져야 한다는 신규 출점 규제를 받는다. 그러나 직영점은 가맹점에 해당하지 않기 때문에 장사가 잘되는 지역에 집중적으로 매장을 오픈하는 전략을 취하곤 한다. 가령 스타벅스코리아는 2021년 3월 기준 구매력이 높은 강남구와 서초구에 각각 81개, 47개 총 128개의 매장을 출점해 매장 밀집도가 매우 높다.

⊚ 프랜차이즈를 노리는 문 앞의 야만인들

연기금, 헤지펀드, 사모펀드, 자산운용사는 금융시장의 큰 축을 담당하는 주요 바이사이드다. 이들이 바로 언론에 자주 등장하는 '기관 투자자'에 해당한다. 바이사이드는 주로 타인 자본을 활용해 투자하는데, 단순 지분 매입부터 채권 투자까지 다양한 전략을 사용한다. 이 중 사모펀드(PE; Private Equity)는 기업을 인수한 뒤 3~7년 사이에 기업가치를 빠르게 끌어올려 재매각하는 식의 투자를 즐겨 해 M&A 시장의 주연 자리를 꿰찰 때가 많다. 1976년 설립된 미국의 사모펀드 KKR이 1988년 'RJR나비스코'를 약 30조 원에 인수하며 사모펀드는 세간의 화재로 떠올랐다. 당시 인수합병의 과정을 그린 책 『Barbarians at the Gate(문 앞의 야만인들)』*는 사모펀드를 지칭하는 대명사가 되었다.

우리나라는 2005년 처음 사모펀드 제도가 도입되어 현재 MBK파트너스, 한앤컴퍼니, IMM PE 등 유수의 사모펀드들이 활동하고 있다. 여타 자산운용사처럼 단순 지분 투자에 그치는 경우도 있지만, 경영권까지 가져올 수 있는 유의미한 지분을 매입한 뒤 기업 체질을 개선해 재매각하는 것이 '전통적인' PE식 투자다. 이들의 인수 자금은 대부분 다른 기관 투자자에게 유치한 투자금과 인수를 위해 발행한 부채로 이루어져 있다. '리츠업'에서 재무레버리지 개념(118쪽)을 살펴보았듯이 투자에 실패할 경우 손실은 배로 불어난다. 사모펀드는 인수 이후 회사가 창출하는 현금으로 부채를 상환해야 해서 인수 후보의 현금 흐름을 예측할 수 있어야 한다. 실제로 사모펀드의 인수 사례를 보면 가스공사, 폐기물 회사와 같이 현금 흐름이 안정적인 기업을 선호하는 경향을 엿볼 수 있다. 단기간에 기업가치를 제고해야 하는 만큼 대규모 설비 투자가 요구되는 중공업이나 비교적 미래 현금 흐름이 불확실한 IT기업은 인기가 많지 않다.

2010년대는 유독 사모펀드의 프랜차이즈 인수가 잦은 시기였다. 외식 수요가 줄어 프랜차이즈 매출 감소가 장기화되었고, 이에 M&A 시장에 프랜차이즈 매물이 쏟아져 나왔기 때문이다. 2011년 '놀부'를 시작으로 10년간 무려 16곳의 프랜차이즈가 사모펀드 품에 안겼다. 사모펀드가 프랜차이즈 외식업체를 선호하는 이유는 명확하다. 사모펀드는 대기업과 달리 기업을 장기간 보유할 목적으로 인수하지 않는다. 따라서 단기간 운영해 기업가치를 끌어올리기 쉬운 구조여야 한다. 대부분 프랜차이즈는 전문 경영인이 없는 오너 체제이므로 체계적 시스템이 미비한 경우가 많아 비용 개편을 통한 효율화 여지가 높다. 실제로 KLN파트너스가 '맘스터치'를 인수한 직후 맘스터치의

『Barbarians at the Gate(문 앞의 야만인들)』
〈월스트리트저널〉의 두 기자가 세계적인 사모펀드 KKR이 1988년 성공한 당시 역대 최대 규모의 M&A를 다룬 책이다. RJR나비스코는 담배회사로 시작해 오레오 등 식품으로 영역을 넓힌 기업이다. KKR은 RJR나비스코를 당시에는 생소했던 차입매수(LBO; Leveraged Buy-Out) 방식으로 인수했다. 회사를 현금이 아닌 부채로 인수하고 강도 높은 구조 조정과 경영 성과를 통해 기업가치를 올려 다시 매각하는 방법이다.

사모펀드의 프랜차이즈 재매각 성공 사례

구분	운영사	경영 기간	가격(억 원)		차익(억 원)
			인수	매각	
투썸플레이스	앵커에쿼티파트너스	2018~2021년	약 4500	약 10000	5500
할리스커피	IMM프라이빗에쿼티	2013~2020년	약 450	약 1500	1050
아웃백스테이크하우스	스카이레이크	2016~2021년	562	약 2500	1940
공차	유니슨캐피탈	2014~2019년	약 560	약 3500	2940

※ 분할 지분 매입 금액을 합산한 추정치

2020년 매출은 전년 대비 소폭 줄었으나 영업이익과 순이익이 각각 39%, 87% 증가했다. 더불어 프랜차이즈는 '가맹점 확장'이라는 매출 확대 전략이 명료한 데다, 기술 진입장벽도 낮고 브랜드 관리·마케팅을 통한 기업 이미지 개선이 쉽다는 장점이 있다.

유니슨캐피탈의 '공차' 매각 스토리는 MBA 교재에 실릴 정도로 성공적인 사례다. 유니슨캐피탈은 단 5년의 운용으로 투자 원금 대비 6배가량의 수익을 냈다. 이외에도 '아웃백' M&A는 스카이레이크 PE에 엄청난 수익을 안겨주었다. 통상 사모펀드의 '엑시트(exit) 플랜'은 재매각을 통하는 것인데, 최근에는 직상장의 길도 열려 운신의 폭이 넓어졌다. 참고로 높은 지분율을 기반으로 한 배당금도 사모펀드 수익률(IRR; Internal Rate of Return)에 크게 기여한다.

코로나19 이후 M&A 시장에서 프랜차이즈업체의 밸류에이션이 낮아졌다. 많은 사람이 오프라인 매장을 찾는 대신 배달을 선택했고 정부의 프랜차이즈 규제 기조가 강화되고 있는 것이 원인으로 지적된다. 2019년 CJ푸드빌이 '투썸플레이스'를, 사

국내 사모펀드 유니슨캐피탈코리아는 프랜차이즈 밀크티 '공차'를 인수한 지 5년 만인 2019년 투자 원금 대비 6배의 수익을 거두고 매각에 성공했다. 유니슨캐피탈은 공차 M&A 준비 단계부터 국내 사업의 턴어라운드→일본 시장 진출→글로벌 본사 인수를 통한 해외 진출이라는 명확한 기업가치 제고 청사진을 그린 뒤 이를 하나씩 실행해나갔다.

모펀드 유니슨캐피탈이 '공차' 지분을 매각했을 당시에는 각각 13배, 10배의 멀티플(multiple)이 적용됐다.

기업가치(EV)를 책정하는 여러 가지 방법 중 상각전영업이익(EBITDA)에 일정 배수를 곱하는 방법이 있다. 투썸플레이스와 공차는 각각 멀티플이 13배, 10배가 곱해졌다는 얘기다. 멀티플은 EV/EBITDA를 말한다. 기업가치를 산정하는 여러 가지 방법 중 하나다. EBITDA는 영업이익(Operating Income)에 일회성 비용을 조정한 후 감가상각비를 더해 구해지며, 여기에 멀티플을 곱하면 EV를 구할 수 있다. 동종 기업들의 EV(기업의 시가총액 + 부채총액 − 현금성 자산)를 계산하고 이를 해당 기업의 EBITDA로 나눠 업계에 적합한 멀티플 수준을 구한 뒤, 이 멀티플을 EV를 구하고자 하는 기업의 EBITDA에 곱하는 방식이다.

EV(Enterprise Value) = 기업가치

EBITDA = 기업이 영업활동으로 벌어들인 현금창출 능력

Earnings Before Interest, Tax, Depreciation, and Amortization :
법인세·이자·감가상각비 차감 전 영업이익

보통 같은 업종에선 비슷한 수준의 멀티플이 적용된다. 그러나 코로나19 이후 진행된 할리스커피 매각에서는 절반에 해당하는 6배의 멀티플이 적용됐다. 더불어 CJ 푸드빌의 또 다른 프랜차이즈 '뚜레쥬르'도 매각을 추진했으나 입찰에 참여하기로 한 원매자들이 이탈하는 어려움을 겪었다.

일부 전문가들은 SNS의 발달, 식음료업의 평준화 등으로 기존 F&B 비즈니스 모델의 핵심이었던 브랜드 기반 모객 효과가 미미해져 팬데믹 이후에도 F&B 매물들의 저밸류에이션 기조가 이어질 것이라 지적한다. 하지만 최근 프랜차이즈 외식업체들의 실적이 개선되는 추세이고 아직 경영 개선을 통한 기업가치 제고 성공률이 높은 섹터인 만큼, 프랜차이즈를 두고 '저점매수'의 기회를 노리는 국내외 사모펀드들의 관심은 여전히 뜨겁다.

DAY 34

유행을 선도하는 디자인보다 더 중요한 재고 관리!

🧭 가파른 성장을 기대하기 힘든 산업

우리나라 경제가 어려웠을 때는 기능 좋고 값싼 옷을 가장 선호했다. 그러다 국민의 소비 수준이 높아지면서 패션은 단순히 옷을 입는 개념에서 벗어나 자기표현, 문화의 개념으로 발전했다. 의류업은 제조업 범주에 속하지만, 다른 제조업과는 달리 감각적인 소비자 욕구를 반영하는 이미지 산업의 색깔이 강하다.

우리나라 섬유산업은 1910년대 가내 수공업으로 시작해 1960년대 국가 주도의 경제개발을 거치며 빠른 성장을 이루었다. 섬유화학은 의류의 원재료다. 당시 전 세계적으로 섬유산업이 호황을 누려 우리나라의 섬유산업이 국가 경제에 기여하는 바가 컸다. 1970년대 이후에는 단순히 의류의 원재료를 가공하는 것을 넘어 패션 브랜드 업체가 생겨나기 시작했다. 이후 의류업은 꾸준히 성장해 현재 40조 원 이상의 시장을 형성하고 있다.

수십 년간 빠른 성장을 거듭해온 의류업은 이제는 성숙기에 진입했다. 2000년대에는 꾸준히 5% 이상의 성장률을 보여준 반면 2010년대에는 성장률이 3% 이하로 떨어졌다. 심지어 2017년부터는 역성장한 해가 더 많았다. 2021년 기준 의류 시장은 캐주얼복 39%, 스포츠웨어 15%, 남성정장 10%, 여성정장 6%, 내의 5%, 유아복 2%, 신발 15%, 가방 8%로 구성되어 있다. 2000년에는 캐주얼복 22%, 남성정장 26%로 지금과 다른 양상을 보였다. 이는 사회가 점점 고도화되면서 취미 생활을 즐기는 문화와 비격식화된 의생활 문화가 자리 잡은 결과다.

의류업은 경기에 민감한 산업으로 소득 수준에 비례하여 성장한다. 진입장벽이 낮

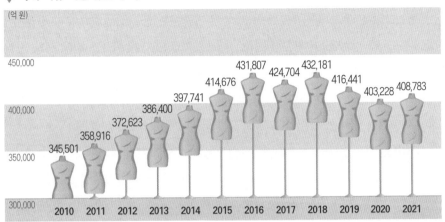

국내 의류 시장 규모 추이

(억 원)

연도	시장 규모
2010	345,501
2011	358,916
2012	372,623
2013	386,400
2014	397,741
2015	414,676
2016	431,807
2017	424,704
2018	432,181
2019	416,441
2020	403,228
2021	408,783

국내 의류업은 성숙기에 진입했다. 2000년대에는 꾸준히 5% 이상 성장했으나, 2010년대 중반 들어서는 성장률이 3% 이하로 떨어졌다.

아 경쟁이 매우 치열하게 일어나고 각 기업에서는 수출을 통해 안정적인 매출을 확보하려는 움직임을 보인다. 또한 일반적으로 여름 제품보다 겨울 제품의 단가가 높아서 4분기에 매출이 증가하는 계절성을 보인다. 비용 측면에서는 브랜드 이미지 홍보를 위한 광고비가 많이 드는 편이다.

남성복 vs 여성복, 유리한 생산 방식이 다르다?

의류가 소비자에게 판매되기까지 섬유 및 직물을 제조하는 1단계, 의류를 생산하는 2단계, 소비자에게 의류를 공급하는 3단계를 거쳐야 한다. 1단계는 섬유 및 직물 산업, 2단계는 OEM산업, 3단계는 브랜드 및 유통 산업이 담당한다. 의류산업은 의류 제품의 기획, 디자인, 생산, 마케팅, 판매 단계를 포괄하는 2단계와 3단계에 해당한다.

그런데 각 과정에서 요구되는 제반이나 인력이 달라 이 모든 과정을 한 회사가 맡기는 무리다. 그래서 의류회사는 제조 단계나 브랜드 및 유통 단계 중 하나의 사업 영역에 특화하거나, 두 사업 모두 영위하고자 하는 경우 각각의 사업부를 독립해 운영한다. 가령 아웃도어 의류회사인 영원무역은 아웃도어 및 스포츠 의류를 생산하는 제조 OEM 사업 부문과 아웃도어 브랜드 제품 도소매를 담당하는 브랜드 유통사업 부문으로 나누어져 있다.

의류제조업은 OEM 방식으로 의류 생산에 집중하는 산업을 말한다. 반도체업에서 OEM과 ODM 방식을 소개했는데(34쪽), 대부분의 제조업이 이러한 위탁 생산 방식을 차용하고 있다. 의류 제조회사는 수출영업부별로 의류브랜드사와 개별 상담을 해 주문을 받는다. 이후 해외현지법인 공장에서 OEM 방식으로 제품을 생산해 바이어에게 판매한다. 따라서 바이어로부터 수주하는 것이 의류제조업체의 최우선 과제라 할 수 있다.

의류제조업의 대표적인 후방산업은 섬유화학산업이다. 섬유화학업체들이 천연섬유 및 화학섬유 등의 원료를 생산하면 의류제조업체는 알맞은 원단을 구입한다. 이를 가공하여 실로 만드는 방적 공정, 실을 꼬아 직물을 만드는 직물 공정을 거쳐 완성된 직물을 염색 후 봉제해 최종 의류를 생산한다. 이렇게 주문 생산된 제품들은 각 바이어가 지정한 지역으로 출고되고, 이후 OEM업체는 바이어에게 판매 대금을 청구해 매출을 기록한다.

한 가지 주목할 만한 점은 제품별로 유리한 생산 방식이 다르다는 것이다. 남성복과 내의류는 다른 시장에 비해 유행 민감도가 낮다. 따라서 의류제조업체 입장에서는 규모의 경제를 활용해 대량생산하는 것이 경쟁력을 갖추는 좋은 방법이다. 이 경우 영원무역이나 한세실업과 같이 어느 정도 규모가 있는 기업이 상대적으로 유리한 고지에 서게 된다. 반면 여성복이나 유아복, 캐주얼복은 유행에 민감하게 반응해 다품종 소량 생산 방식이 적용된다. 선뜻 대량생산에 나섰다가 다음 해 소비자 기호가 바뀌어 재고가 쌓일 수 있기 때문이다. 규모의 경제가 적용되지 않다 보니 대기업과 중소기업 모두 동일 선상에서 경쟁하는 양상이 나타난다.

🧭 가만히 있어도 위험이 헤지된다?

통상 의류제조업은 제조원가 중 재료비 비중이 60%, 인건비가 20%를 차지한다. 이 중 원자재는 대부분 바이어가 지정한 것을 사용한다. 섬유산업 자체가 가격 차별화가 이루어지지 않다 보니 비용 절감이 가능한 부분은 인건비다. 인건비는 지역별 편차가 커 공장 소재지가 OEM업체 수익에 큰 영향을 준다. 이 때문에 의류업에서는 의류제조업과 의류브랜드판매업의 소재 지역이 판이한 현상이 나타난다. 제조업은 인건비가 저렴한 인도, 베트남 등의 개발도상국에 소재해 있는 경우가 많다. 반면 브랜드판매업은 주로 내수 규모가 큰 미국, 일본 등 선진국에 포진해 있다. 참고로 미국은 의류 부문 최대 수입국이다.

우리나라 의류제조업은 사업 구조상 원재료 매입, 공장 가동, 판매대금 회수 과정에서 생산국, 수출국, 우리나라 이렇게 최소 3개 이상의 국가를 거친다. 이에 따라 제조업체는 환율 변동에 취약한 환경에 놓인다. 그래서 의류제조업체들은 수출대금으로 받은 달러를 원자재 매입 시 이용하는 내추럴헤지(natural hedge)를 하고 있다. 물론 수출대금과 매입금액이 완전히 일치하지 않아 일정량의 외화에 대한 별도의 헤지가 필요하다.

대부분의 수출기업은 외환스와프, 선물환 등 파생상품을 이용해 환율 변동 위험을 헤지한다. 하지만 수입과 수출 모두 활발히 이루어지는 기업 중에는 벌어들인 외화로 수입대금을 결제하는 내추럴헤지를 이용하는 경우가 있다. 대표적으로 삼성전자는 외화자산과 외화부채를 일치시킴으로써 자체적인 헤지가 가능하다. 환율이 오르면 달러표시부채(예 외화차입금)가 증가하고, 동시에 달러표시자산(예 매출채권)도 증가해 외화환산손익이 상쇄된다. 삼성전자처럼 전 세계를 상대로 영업하는 기업의 경우 내추럴헤지를 통해 통화별 파생상품 계약을 일일이 맺는 수고를 덜 수 있어 특히 유용하다. 실제로 삼성전자의 사업보고서를 들여다보면 환차손 방지를 위한 파생상품 투자 내역이 따로 명시되어 있지 않다.

◎ 특명! 재고자산의 진부화를 막아라!

의류브랜드업은 제품 기획 및 디자인, 마케팅과 판매를 담당한다. OEM업체에 외주를 맡긴 후 상품을 매입해 소비자에게 최종적으로 판매하는 역할을 한다. 의류제조업체에 빠르고 정확한 생산이 중요하다면, 의류브랜드업체는 브랜드 창출 및 관리 능력이 핵심이다. 완성된 의류를 매입하고 이를 판매할 책임이 있는 주체이므로 재고자산 관리가 중요하다.

패션 트렌드는 해마다 변하기 때문에 의류업은 재고자산의 가치가 빠르게 감소하

📍 패션업체 재고자산회전율

회사명	2020년 6월 말 기준			2019년 6월 말 기준		
	재고자산 (백만 원)	매출액 (백만 원)	재고자산 회전율(회)	재고자산 (백만 원)	매출액 (백만 원)	재고자산 회전율(회)
까스텔바작	36,550	31,710	0.9	36,689	43,550	1.2
대현	85,588	120,782	1.3	85,142	143,783	1.6
신세계인터내셔날	227,270	554,843	2.4	231,207	601,650	2.8
신원	148,783	341,737	2.3	130,555	351,966	2.4
인디에프	56,882	75,454	1.4	51,671	98,700	1.7
지엔코	26,852	41,755	1.5	28,859	51,418	1.7
코웰패션	45,593	90,000	2.9	20,138	8,863	4.3
크리스에프앤씨	107,900	124,859	1.2	105,824	123,652	1.2
티비에이치글로벌	54,875	86,462	1.5	61,572	102,705	1.7
한섬	463,177	547,339	1.2	299,726	414,051	1.5
한세엠케이	60,373	83,609	1.4	68,225	113,634	1.6
형지아이앤씨	28,733	34,770	1.1	38,461	50,809	1.3
F&F	156,783	315,185	2	150,744	353,998	2.3
LF	268,619	541,961	1.9	298,860	711,400	2.1
LS네트웍스	94,884	90,398	0.9	95,321	122,821	1.3
SG세계물산	54,563	96,567	1.6	71,650	162,644	2.1

재고자산회전율 = 매출원가 / 평균재고자산

주요 16개 상장사의 2020년 상반기 재고자산(연결 제외)이 2019년 같은 시점에 비해 8% 늘어난 것으로 나타났다. 2020년 상반기 매출이 10.1% 감소하면서 그만큼 재고자산이 늘어났다. 재고자산이 현금으로 변환되는 속도를 나타내는 재고자산회전율은 2019년보다 0.4p 떨어진 1.6회전이다.

는 특징이 있다. 정유업이나 철강업의 재고자산은 일시적으로 가격이 내려갈 수는 있어도 진부화되지 않는다. 즉 재고자산이 시간이 지나면 언젠가 충분히 팔릴 수 있는 가치가 있다. 반면 의류업체의 재고자산은 진부화가 빠르게 발생한다. 따라서 수요 예측 능력과 상품을 적기에 팔 수 있는 마케팅 능력이 필수다. 그렇지 않으면 재고를 처리하기 위해 상품을 대폭 할인해 판매할 수밖에 없는 상황에 놓인다. 이런 이유로 의류업체의 수익성을 분석할 때는 정상판매율을 주의 깊게 살펴야 한다. 정상판매율은 상품 혹은 제품을 정상가격에 판매하는 비율로, 업체가 재고 처리를 위해 할인판매를 하면 낮아진다. 또한 의류브랜드업은 의류제조업과 다르게 대규모 자본이 필요 없고 인력과 제품 아이디어만 있으면 되기 때문에 진입장벽이 낮다.

패션산업 역사에서 사라진 기업은 수익성 하락보다 재고의 과잉 축적이 주요 문제였다. 재고 증가는 곧 보관비 등의 관리비용 증가로 이어지기 때문에 의류업은 적절한 수요 예측이 핵심 역량이다. 매출원가를 평균재고자산으로 나눈 값인 재고자산회전율(Inventory Turnover)은 기업이 얼마나 재고재산 관리에 유능한지 살펴볼 수 있는 지표다. 즉 1년 동안 재고자산을 몇 번 판매했는지 나타내는 수치로, 회전율이 높을수록 적은 재고자산으로 높은 매출을 달성했다는 의미가 된다. 회전율이 과도하게 낮을 경우 재고자산의 진부화를 의심해 볼 필요가 있다. 참고로 IT기업과 같은 서비스기업은 재고자산이 거의 없으므로 재고자산회전율 지표는 제조업체, 그 중에서도 의류업체처럼 시간에 따른 감가율이 높은 물품을 다루는 기업에 특히 유용한 지표이다.

🧭 유리한 유통채널, 백화점 vs 로드샵

브랜드업체가 제조업체에 외주생산을 맡긴 의류제품을 매입한 다음에는 이를 백화점, 로드샵, 할인점, 인터넷 쇼핑몰 등의 유통점으로 배송한다. 유통망별로 의류브랜드업체에 적용되는 장단점이 있어 특별히 선호되는 유통망이 있다기보다 브랜드 콘셉트에 알맞은 유통채널을 선택한다.

백화점의 경우 앞서 오프라인 유통업(292쪽)에서 설명했듯 직매입 혹은 특약매입의 구조로 이루어진다. 보통 특약매입 방식으로 계약을 맺기 때문에 의류브랜드업체는 백화점에 상품을 공급해 제품이 판매될 경우 입점 수수료를 제한 금액을 수익으로 기재한다. 최종적으로 의류브랜드업체는 디자인 및 마케팅 비용과 더불어 OEM업체에 제공한 의류 원가를 제한 금액을 이익으로 가져간다.

백화점 외 별도 건물에 있는 브랜드업체의 매장을 로드샵이라고 한다. 보통 대리점이라고 칭하는 경우가 많은데, 의류 대리점이 각 지역 도로변에 독립매장으로 운영되는 경우가 많아 통상 로드샵이라 표현한다. 대리점은 크게 위탁매장과 사업매장 두 형태로 구분된다. 위탁매장은 대리점 업주의 반품이 허용되기 때문에 팔리지 않은 재고는 업체가 부담하게 되어 있다. 위탁매장은 의류브랜드업체 본사에서 받은 상품을 소비자에게 판매하고 수수료를 받는다. 사업매장은 본사가 아닌 대리점이 재고를 부담하는 시스템이다. 계약이 본사에 유리한 만큼 대리점의 판매 수수료가 비교적 높게 설정된다. 현재는 유통망 중 위탁매장이 사업매장보다 압도적으로 많다. 위탁매장은 재고 리스크가 없어 본사에 예상 판매수량 이상을 요구한다. 그래서 본사의 재고 위험이 커지는 경우가 있다.

의류 브랜드업체 입장에서 백화점과 대리점은 각각 장단점이 있다. 수익 구조 차원에서는 대리점이 더 유리하다. 백화점 입점 시 공급업체는 특약매입 계약하에 판매사원 관리부터 공급업체가 책임져야 하며 판매 수수료 또한 30%로 상당히 높게 책정된다. 또한 백화점에서 당월 판매분에 대한 결제를 익월 말일에 해주기 때문에 대금 회수에 한 달 정도가 소요된다. 반면 대리점은 백화점보다 수수료율이 낮으며 판매관리비 부담이 적다. 판매 대금 회수도 10일 단위로 이루어져 유동성 확보에 유리하다. 또한 백화점의 경우 입점 후보지가 한정적인 데 반해 대리점을 통하면 적은 비용으로 단기간에 유통망을 넓힐 수 있다.

하지만 브랜드 관리 측면에서는 백화점이 우위에 있다. 백화점은 백화점 인력에 의해 치밀하게 관리되는 반면, 대리점은 상대적으로 경험이나 전문성이 부족한 인력이 판매를 담당하는 경우가 있기 때문이다.

2007년을 기점으로 SPA라는 이름을 내세워 생산과 판매를 아우르는 새로운 판매처가 등장했다. SPA는 전문점(Speciality retailer)과 자사상표(Privatelabel) 및 의류(Apparel)의 앞글자를 딴 합성어다. SPA의 대표격이 유니클로와 자라(ZARA)다. SPA는 제품 기획과 생산, 판매까지의 전 과정을 체계적으로 정비해 중간 유통비용을 절감하는 전략을 사용하며 주로 대형 로드샵을 통해 박리다매하는 방식을 택한다.

자라는 원재료 수급부터 최종 판매까지 모든 과정을 기업 내부에서 담당한다. 스페인과 포르투갈에 위치한 자사 공장에서 직물 가공 후 의류를 생산해 전 세계 매장에 완성품을 배송하는 구조다. 전 공정이 수직 통합된 덕분에 의류 디자인이 완성된 후 매장에 도착하는 데까지 필요한 시간은 2주를 넘지 않는다. 이러한 체계적인 구조는 빠르게 변하는 트렌드를 반영할 수 있는 비결이다.

◎ 점점 커지는 라이브커머스 시장

인터넷 쇼핑몰을 통한 판매는 실로 엄청난 성장률을 보여주고 있다. 실제로 표본 집계를 시작한 2001년 이후 온라인 쇼핑 시장은 단 한 번도 역성장을 한 적이 없다. 또한 2016년 이후에는 20%의 성장률을 기록했으며 코로나19를 기점으로 더 빠른 성장이 이루어질 예정이다. 이전에는 사람들이 옷을 구매하기 전에 직접 입어보는 단계를 필수로 여겼다. 그래서 옷은 신선식품과 함께 온라인의 침투가 가장 이루어지기 어려운 부문으로 예상됐다. 하지만 점차 온라인 쇼핑몰의 큐레이션이 구체화되고 검증된 소재의 제품들이 대거 등장하면서 사람들의 의류 수요가 오프라인에서 온라인으로 이동하기 시작했다. 상품끼리 비교가 쉬운 기존 장점에 더해 주문 이후 제

코로나19 팬데믹 이후 라이브커머스를 통한 판매가 인기를 끌고 있다. 시청자의 실구매율을 가리키는 구매전환율이 라이브커머스업계는 평균 5~8% 수준인데 반해, 무신사는 10% 이상의 높은 구매전환율을 기록하고 있다.

품 수령까지 걸리는 시간도 점차 짧아졌다.

대표적인 온라인 의류 플랫폼으로 무신사가 있다. 무신사는 직매입과 오픈마켓을 병행하는 이커머스로 백화점과 비슷한 30% 수준의 높은 수수료율을 제시하지만, 워낙 사용자 수가 많아 공급업체에 매력적인 유통망으로 자리하고 있다.

코로나19 이후 온라인 의류 시장은 더욱 가파르게 상승하고 있다. 그동안 온라인 의류업은 제품을 다양화하고 큐레이션을 구체적으로 제시하는 일에 초점을 맞췄다. 그러다 코로나19 팬데믹 이후 고객의 외출이 줄어들자 라이브커머스를 통한 판매가 인기를 끌었다. 라이브커머스는 라이브 방송으로 상품을 소개해 판매를 이끄는 새로운 쇼핑 문화다. 백화점 3사와 카카오, 네이버, 무신사 등이 라이브커머스를 선보이고 있다. 이 중 10% 이상의 구매전환율을 기록하는 무신사의 성적이 두드러진다. 시청자의 실구매율을 가리키는 구매전환율은 유독 라이브커머스에서 낮게 나타난다. 라이브커머스업계의 평균 구매전환율은 5~8% 수준이다. 무신사 이외 업체의 경우 스튜디오 방송을 진행하는 데 드는 비용 대비 효과가 낮다는 분석도 있다.

🎯 명품과 상극인 ESG 트렌드

왕실의 말안장을 만들던 에르메스, 여행용 가방을 판매하던 루이비통 모두 장인 사업으로 시작해 현재 패션계를 호령하는 명품 브랜드가 되었다. 코로나19 이후 넘쳐나는 유동성, 자산가격 상승에 힘입어 구매력이 높아진 소비자의 수요 폭증으로 명품 시장은 2021년 한 해 무려 23% 성장했다. 부동산가격이 천정부지로 치솟자 내 집 마련을 단념하고 현재에 소비를 집중하는 MZ세대 트렌드도 명품 시장이 가파르게 성장하는 데 한몫했다. 그러나 모든 명품산업이 엄청난 성장 폭을 보이는 것은 아니다. 구찌, 샤넬, 버버리처럼 확고한 브랜드를 기반으로 젊은 트렌드에 호응하는 브랜드는 꾸준히 성장했지만, 아르마니 같은 브랜드는 오히려 역성장했다.

명품 브랜드는 타 업종 대비 매출원가 비중이 매우 낮다. 통상 매출 대비 원가 비중이 30% 안팎이다. 그중에서도 고가제품의 원가율은 10% 이하인 경우도 있다. 그러나 그만큼 판매관리비가 높은 것이 특징이다. 브랜드 가치를 높이기 위해 광고선전비 지출이 많고, 고객에 대한 별도의 관리비용 비중이 크다.

명품 브랜드는 3년에 걸쳐 할인 판매한 뒤에도 남은 제품은 본사에서 모아 소각한다. 멀쩡한 제품을 소각하는 이유는 오래된 상품이 낮은 가격으로 판매되어 브랜드 가치를 떨어뜨리거나 훼손하는 것을 방지하기 위해서다. 프랑스에서만 매년 약 9000억 원의 제품이 소각된다. 환경을 생각하고 지속가능성을 중시하는 소비 트렌드가 대두되면서, 앞으로 명품 브랜드가 브랜드 가치를 어떻게 보호할 것인지 관심이 집중된다.

　과거에는 패션 시장이 '명품'과 '비명품'으로 나누어졌다면, 이제는 명품에도 '급'이 있는 시대가 됐다. 브랜드의 명품 이미지를 입히는 가장 간단한 방법은 희소성을 부여하는 것이다. 그래서 가격을 인상하고 공급을 억제하는 전략이 공식처럼 통용된다. 가령 샤넬은 2021년 잇따른 가격 인상을 단행했다. '하이엔드 명품'과 '일반 명품' 사이 모호한 포지션을 명확히 하기 위한 전략으로 읽힌다. 일반 소비재였다면 가격 인상이 곧바로 수요 감소로 이어지겠지만, 명품의 특성상 가격 인상은 소비자의 구매 욕구를 더욱 자극하는 요인이 된다.

　공급을 억제하는 방식은 최근 ESG의 역풍을 맞은 바 있다. 명품 브랜드가 재고에 대해 할인을 적용하거나 기부를 진행한다면 희소성이 떨어져 브랜드 가치가 훼손될 우려가 있다. 단기적인 매출은 상승하겠으나 장기적으로 미래 현금 흐름에 악영향을 줄 여지가 다분하다. 그래서 그동안 명품 브랜드는 팔리지 않은 제품을 소각하는 정책을 폈다. 즉 백화점이나 면세점에서 팔리지 않으면 아울렛으로, 아울렛에서도 팔리지 않으면 소각하는 유통 단계를 거쳤다. 하이엔드 명품의 경우 백화점·면세점 이후의 유통 단계까지 가지 않고 소각하는 경우가 부지기수였다. 그러나 이러한 정책이 환경오염의 원인이 된다는 소비자와 투자자의 의견이 강하게 제기되었다. 당장 프랑스는 2023년부터 의류·화장품에 대해 재고 폐기 금지법을 시행할 것을 발표했다.

DAY 35

오랜 중국 짝사랑을 끝내고
안팎으로 재정비할 기회

🧭 중국 이슈에 유독 민감한 화장품산업

화장품은 피부 건강이나 외모 관리를 목적으로 얼굴이나 머리카락 등 신체에 사용하는 용품이다. 다양한 제품이 하루에 수십 개씩 신규 출시되는데, 3000원짜리 스킨부터 수백만 원짜리 크림까지 가격도 천차만별이다. 많은 사람에게 화장은 외출 전 필수 루틴이다. 화장 문화는 워낙 오래전부터 이어져 온 터라 국내 시장은 포화 상태에 가까워지고 있지만, 여성의 사회 진출 확대와 남성화장품 수요에 힘입어 지속적인 성장을 하고 있다. 화장품이 점차 필수재로 인식되면서 경기 변동 영향도 줄어드는 추세다.

화장품산업은 성장 잠재력이 큰 고부가가치 산업으로 국내 화장품기업들은 내수 사업 역량을 바탕으로 글로벌 시장을 공략하고 있다. 화장품을 제조하고 이를 소비자에게 판매하는 비즈니스 모델은 매우 단순해 보이지만, 제품 이미지와 브랜드 가치가 매우 중요하고 섬세한 비즈니스 역량이 강조된다.

국내 화장품 브랜드 업체의 공시 자료를 보면 매출을 국내, 면세점, 수출 3가지로 분류하고 있다. 전체 매출은 우상향 곡선을 그리지만, 자세히 들여다보면 국내의 정체된 수요를 면세점, 수출 수요가 보완하는 형국이다.

화장품산업에서는 특히 중화권 시장이 압도적인 비중을 차지한다. 2020년 우리나라 화장품 수출 실적은 8조 원으로, 이 중 절반 이상이 중국향 매출이다. 2위는 홍콩으로 전체 화장품 수출액 중 10%를 차지한다. 이런 쏠림현상 때문에 화장품산업은 사드 이슈 때 매우 큰 타격을 입었다. 대중국 브랜드 인지도는 국내 화장품업체가 지

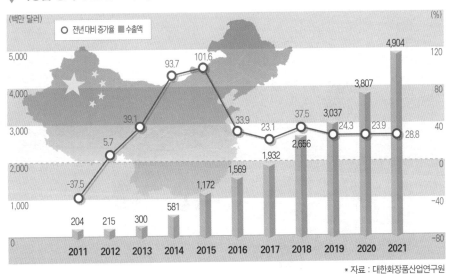

화장품 중국 수출 규모 추이

(백만 달러)

○ 전년대비 증가율 ■ 수출액

(%)

* 자료 : 대한화장품산업연구원

국내 화장품의 주요 수출국은 점유율 53.2%를 차지하고 있는 중국이며, 그 다음은 홍콩, 미국, 일본 순이다. 사드 이슈로 수출이 큰 타격을 입으며, 전체 화장품 수출액도 감소하는 추세다.

녀야 할 제1 역량이다.

글로벌 화장품 시장 규모는 약 500조 원을 형성하며 코로나19 이전 연평균 4%의 성장률을 유지했다. 우리나라의 화장품 시장 규모는 30조 원 안팎으로 세계 8위 수준이다. 대한화장품협회 자료를 보면 제품의 연구개발 단계부터 판매 단계까지 관련 종사자는 약 36만 명으로, 화장품업은 국내 고용 기여도가 매우 큰 산업이다. 또한 화장품산업은 전형적인 소비재산업이기 때문에 고객의 주목을 받기 위해서는 획기적인 제품 개발과 함께 강력한 마케팅을 해야 한다. 그래서인지 제조업 평균 판관비 비중이 12%인데 반해, 화장품산업의 판관비 비중은 40%에 달한다. 제품의 가치 증대를 위한 디자인, 포장, 광고 등에 큰 규모의 투자가 집행되기 때문이다.

🧭 대륙별로 갈리는 화장품 취향

2020년 글로벌 화장품 종류별 비중은 스킨케어류가 32%, 헤어류 18%, 색조화장품 17%, 향수 12%, 목욕용품이 9%로 나타난다. 스킨케어류는 클렌징·보습·선 케어 등

지역별 화장품 유형 점유율 (단위 : %)

유럽

14.2 25.9
16.7
9.2 16.1 17.9

아메리카

15.4 22.6
15.4
9.6 18.4 18.6

아시아

8.8
8.0 3.7
15.5 47.8
16.2

중동 · 아프리카

16.3 14.9
22.2 20.1
10.8 15.7

아시아 시장에서는 스킨케어류가 50% 가까운 점유율을 보이지만, 미국이나 유럽 등 서양 국가에서는 20% 안팎에 불과하다. 반대로 향수는 아시아에서 5% 이하의 비중을 보이지만 서양 국가에서는 10% 이상의 비중을 차지한다.

피부 건강을 담당하는 기초화장품이다. 색조화장품은 우리가 흔히 '화장'이라는 단어를 들었을 때 연상되는 제품으로 립스틱·아이섀도 등 미용을 위한 메이크업제품 등을 포함한다.

　한 가지 흥미로운 사실은 지역별로 각각의 화장품 종류가 시장에서 차지하는 비중이 다르다는 것이다. 미국의 경우 스킨케어류 25%, 헤어류 17%, 색조화장품 22%, 목욕용품 10%, 향수 11%로 나타난다. 중국은 스킨케어류 57%, 헤어류 13%, 색조화장품 13%, 목욕용품 6%, 향수는 5%가 채 되지 않는다. 우리나라도 스킨케어류 51%, 헤어류 10%, 색조화장품 20%, 목욕용품 3%로 중국과 비슷한 구성비를 보인다. 아시아 시장에서는 스킨케어류가 절반에 가까운 점유율을 차지하지만, 미국이나 유럽 등 서양 국가들에선 20% 안팎에 불과하다. 반대로 향수는 아시아에서 5% 이하의 비중을 보이지만 서양 국가에서는 10% 이상의 비중을 차지한다.

🧭 IMF로 시작된 화장품 외주 트렌드

화장품산업은 다른 제조업과 마찬가지로 연구개발, 원재료 조달, 제조, 판매의 단계로 구성되어 있다. 이전에는 하나의 화장품기업이 이 모든 과정을 담당했다. 개발에 착수할 제품을 결정한 다음 후방업체로부터 원재료를 들여와 생산한 완제품을 소비자에게 유통했다. 하지만 시간이 지나며 더 효율적인 방식을 찾은 결과 지금의 외주문화가 자리 잡았다. 화장품이 생산되기까지 거쳐야 하는 단계는 전과 동일하지만 각 단계를 수행하는 주체가 달라졌다. 크게 제조와 판매 단계를 나누어 화장품산업을 살펴보자.

제조 단계는 연구개발, 원재료 조달, 제조 공정으로 이루어진다. 우선 소비자 조사나 기존 제품에 대한 피드백을 종합해 출시할 제품 유형을 결정한다. 그 후 후방업체로부터 화장품 원료 및 용기 등을 공급받는다. 대표적인 화장품 원자재 업체로 콜마비앤에이치가 있다. 모든 재료가 준비되면 본격적인 생산에 돌입한다.

대부분의 제조업이 그렇듯 화장품산업에서도 OEM업체와 ODM업체에 외주를 맡기는 문화가 자리 잡고 있다. 특히 화장품 생산은 다품종 소량생산 방식으로 이루어져 아모레퍼시픽과 같은 대기업이라 할지라도 각기 다른 제품에 대해 개별적인 생산라인을 구축하는 데 무리가 있다. 하지만 외주생산을 전문으로 하는 OEM업체와 계약을 맺는다면 설비 투자비를 대폭 낮출 수 있다. 생산업체 입장에서도 대기업향 판매가 보장되어 불필요한 마케팅 지출이 없어지는 셈이니 OEM은 주문자와 생산자 모두에게 수지타산이 맞는 장사다. 이에 따라 화장품산업은 의류업처럼 기획, 생산, 마케팅 단계가 분리되어 있다. 제조를 전문으로 하는 OEM회사, 제조와 함께 상품개발까지 하는 ODM회사, 상품 기획과 마케팅을 전문으로 하는 브랜드 회사, 이 모든 과정을 전부 주관하는 회사 등 다양한 형태의 기업이 혼재해 있다.

화장품산업에서 OEM·ODM 업체가 성행하게 된 배경은 무엇일까? 예전에는 화장품기업들이 모든 제조 과정을 주관했지만, IMF 외환위기 이후 전통 화장품기업들이 구조 조정을 거치며 제조에 특화된 사업 부문이 떨어져 나갔다. 또한 2000년대부터 원브랜드샵 형태의 화장품 유통전문기업이 등장하면서 생산과 유통이 분리되기 시작했다. 원브랜드샵은 미샤, 이니스프리처럼 단일 브랜드 제품만 판매하는 매장을 말한다. 더불어 화장품 시장 규모가 커질수록 소비 트렌드의 변화도 가속화되어 이에 대처하기 위해 OEM, ODM 수요가 증가했다. 이 기간에 큰 성장을 이룬 대표적인 ODM업체로 코스피 상장기업인 코스맥스, 한국콜마가 있다.

🧭 화장품시장의 진입 문턱을 확 낮춘 OEM과 ODM

OEM업체는 고객과 상담 후 계약을 맺고 견본을 바탕으로 생산에 돌입한다. ODM에서는 견본 확정과 함께 제품 콘셉트와 판매 전략 수립을 담당한다. 중국은 미국과 화장품 시장 1, 2위를 다투는 국가로 매우 큰 내수 시장을 자랑한다. 우리나라의 화장품 시장은 아모레퍼시픽과 LG생활건강이 양분하고 있다. 현재 중국 화장품 시장은 로컬 업체들의 성장이 막 이루어지는 중이다. 이렇게 전방업체의 경쟁이 치열해질수록 ODM업체는 호황을 누린다.

화장품은 유행에 민감하기 때문에 제품의 수명이 짧아 신제품이 계속 출시된다. 대개 신제품 출시 기간이 6개월이고 매장 전제품이 1년에 한 번씩 리뉴얼 되기 때문에 ODM 수요가 많을 수밖에 없는 구조다. 유통채널도 H&B, 온라인몰, 멀티브랜드샵 등으로 다각화되면서 제품 판매 주기가 더욱 빨라지는 추세다. 중국 시장에서는 색조 화장품 시장 성장률이 두드러진다. 색조제품은 스킨케어류 대비 수명이 더 짧아 ODM업체의 추가 상승 여력이 있다. 보통 스킨케어류제품은 대기업이 자체생산 하지만 색조제품의 경우 글로벌 명품 화장품업체들조차 외주를 맡기는 경우가 많다.

OEM과 ODM이 활성화되면서 화장품업의 진입장벽은 매우 낮아졌다. 2010년까지만 해도 화장품산업은 돈, 아이디어, 네트워크 삼박자가 갖추어진 기업만이 진입할

📍 세계 주요 화장품기업 매출액 대비 R&D 투자 비중 (단위 : %)

기업명	국가명	2019년	2018년	2017년
LG생활건강	한국	2.90	2.90	2.90
아모레퍼시픽	한국	2.16	2.30	2.31
한국콜마	한국	7.21	6.23	4.80
코스맥스	한국	4.36	4.62	4.82
P&G	미국	2.75	2.85	2.88
ESTEE LAUDER	미국	1.36	1.32	1.55
SHISEIDO	일본	2.80	2.66	2.41
L'OREAL	프랑스	3.30	3.40	3.40
UNILEVER	영국·네덜란드	1.62	1.77	1.68

ODM 기업은 독자적인 기술과 생산 공정 구축 등이 기업의 수익성과 성장성에 직결되기 때문에 R&D 투자율이 높다(국내 기업 매출액 대비 R&D 투자 비중은 1~2%).

수 있는 시장이었다. 그러나 이제는 VC(벤처캐피털)의 자금과 OEM·ODM 업체의 기술을 빌리면 아이디어만으로 화장품 유통점에 새로운 브랜드를 출시할 수 있다. 인플루언서의 화장품 사업 비중이 유독 높아진 것은 그만큼 화장품 사업의 진입장벽이 낮기 때문이다. 실제로 2010년 600여 개였던 화장품 제조업체는 2020년 9000여개로 훌쩍 늘었다. 물론 이렇게 업체 수 자체는 매우 늘었지만, 2020년 기준 아모레퍼시픽과 LG생활건강이 국내 시장의 60% 이상을 점유하고 있는 과점 구조에는 변함이 없다.

🎯 원브랜드샵에서 멀티브랜드샵으로

OEM·ODM을 통해 화장품을 제조한 다음 이제 최종 판매 단계가 남았다. 전통채널, 면세점, 온라인 쇼핑몰 등 다양한 선택지가 있다. 전통채널은 백화점, 방문판매, 전문점, 할인점, 대리점을 가리킨다. 이 중 가장 대표적인 유통망은 로드샵이다. 2003년 원브랜드샵이 출점하면서 본격적인 화장품 로드샵 시대가 열렸다. 더페이스샵이 명동에 1호점을 낸 이후 1년 만에 매장 수 220개, 매출 1000억 원을 기록했다. 미샤, 토니모리 등의 간판도 거리 곳곳에 걸렸다. 2015년 기준 원브랜드샵 시장은 3조 2000억 원을 형성하면서 전체 화장품 시장의 27%를 차지했다.

그러다 올리브영을 주축으로 한 H&B(Health & Beauty) 스토어가 매섭게 성장하면서 원브랜드샵의 점유율이 감소하기 시작했다. 올리브영에 이어 롯데쇼핑의 롭스, GS리테일의 랄라블라가 등장하며 점차 로드샵의 무게는 H&B 쪽으로 기울었다. H&B의 가장 큰 특징은 다양한 브랜드가 진열되어 있으며 화장품 이외에 편의점 물품까지 취급한다는 것이다. 하나의 브랜드만 판매하는 원브랜드샵에 비해 소비자에게 많은 선택지를 제공한다는 장점이 있다. 이에 위기감을 느낀 원브랜드샵은 다른 제품 판매도 병행하는 멀티브랜드샵으로 진화했다. 아모레퍼시픽의 아리따움과 LG생활건강의 네이처컬렉션이 대표적이다.

국내 화장품 브랜드와 해외 브랜드는 제품 론칭과 유통 단계 모두 특징이 다르다. 우선 브랜드를 출시하는 데 있어 국내 대표 기업인 아모레퍼시픽은 '인큐베이팅(incubating)'이라 불리는 유기적 성장(organic growth)을 지향한다. 반면 해외 업체의 경우 주로 M&A를 통한 인오가닉 성장을 통해 소비자 트렌드에 발빠르게 대처하는 데 초점을 둔다. 참고로 국내 LG생활건강은 아모레퍼시픽과 다르게 M&A를 통해 몸집을 불린 케이스이다.

유통 단계의 경우 해외에서는 H&B가 의약품 중심으로 성장한 반면, 우리나라는 화장품 시장과 함께 성장했다는 차이가 있다. 한가지 주지할 만한 점은 원브랜드샵은 국내에만 존재하는 독특한 시스템이라는 점이다. 로레알 같은 글로벌 기업은 유통 채널을 직접 보유하지 않고 왓슨스, 세포라 등의 유통 전문점을 통해 도매 매출을 일으킨다. 반면 국내 업체들은 오프라인 매장을 직접 운영한다. 코로나19 이후 온라인화가 가속화될 때 국내 업체들이 해외 브랜드보다 큰 타격을 입었다.

면세점 매출의 상당 부분은 '따이공'의 지출에서 발생한다. 따이공은 한국과 중국을 오가면서 화장품 등의 고부가가치 상품을 구매해 중국에 되파는 상인을 지칭한다. 국내 면세점 매출의 70%가 화장품 매출인데, 그중 90% 이상이 따이공 등 중국인발 매출이다. 한때 관세청의 규제 대상이었지만 코로나19 이후 산업을 살리기 위한 목적으로 규제가 상당 부분 완화되었다. 화장품업체 입장에서도 따이공을 이용해 판매할 경우 별도의 물류비 없이 화장품을 수출하는 효과를 누릴 수 있다.

◎ 오프라인에서 온라인으로, 미용에서 안티에이징으로 변화하는 화장품산업

2020년 국내 온라인을 통한 화장품 소매판매액은 12조 원에 달했다. 외국 화장품 판매분도 포함한 수치로 코로나19 이전부터 매년 30%의 가파른 성장세를 보였다. 온라인 채널을 통한 인플루언서의 브랜드 출시와 SNS를 통한 광고가 확대되면서 화장품 또한 의류처럼 직접 체험해보고 산다는 틀에서 벗어나기 시작했다. 이에 따라 기업들은 재빠르게 온라인 중심으로 사업을 전환하고 있다.

LG생활건강의 경우 2018년부터 서서히 중국 현지 더페이스샵 매장 130여 개를 철수하는 동시에 온라인 시장에 초점을 맞추었다. 같은 기간 아모레퍼시픽은 이니스프리 매장을 600여 개로 늘리면서 오프라인 채널에 집중했다. 코로나19 이후 온라인 구매 수요가 급등하면서 2020년 4분기 LG생활건강 화장품사업부 매출은 1조

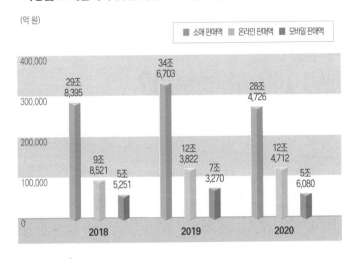

화장품 소매판매액 및 온라인 · 모바일 쇼핑 거래액

(억 원)

■ 소매 판매액　■ 온라인 판매액　■ 모바일 판매액

- 2018: 29조 8,395 / 9조 8,521 / 5조 5,251
- 2019: 34조 6,703 / 12조 3,822 / 7조 3,270
- 2020: 28조 4,726 / 12조 4,712 / 5조 6,080

400,000
300,000
200,000
100,000
0

* 자료 : 통계청,
연간 온라인쇼핑 동향

온라인 채널을 통한 인플루언서의 브랜드 출시와 SNS를 통한 광고가 확대되면서 화장품 또한 의류처럼 직접 체험해보고 산다는 틀에서 벗어나기 시작했다. 이에 따라 기업들은 재빠르게 온라인 중심으로 사업을 전환하고 있다.

3700억 원 안팎으로 매출 1조 1700억 원을 기록한 아모레퍼시픽을 넘어섰다. 이를 지켜본 아모레퍼시픽은 중국 이니스프리 지점 140곳을 폐점하는 등 이커머스 시장에 집중하는 것으로 전략을 수정했다. 현재 아모레퍼시픽의 경우 국내 매출 중 무려 40%가 온라인을 통한 매출로 추정된다.

화장품산업은 고령화에 따라 새 국면을 맞이할 것으로 기대된다. 2015년 40.9세였던 우리나라의 중위연령은 2025년 46.2세가 될 것이 예상된다. 전 세계적으로도 2015년 9억 명이던 60세 이상 인구가 2025년에는 14억 명으로 증가할 예정이다. 지금까지 화장품산업이 미용에 초점을 두었다면, 앞으로는 안티에이징 기능을 앞세운 화장품의 수요가 늘 것이다. 식품업에서의 수요가 맛에서 웰빙으로 이동한 것과 비슷한 맥락에서 이해할 수 있다. 인구 노령화에 따라 미용 목적의 화장품보다 기능성 화장품의 수요가 더 커질 것으로 예견되면서, 화장품기업들은 고연령 고객층을 위한 상품 개발에 신규 투자를 아끼지 않고 있다.

더마코스메틱은 화장품을 뜻하는 코스메틱에 피부 과학을 의미하는 더마톨로지가 더해진 합성어로 의약품적 성분과 기술을 접목한 화장품을 말한다. 국내 더마코스메틱 시장이 연평균 15% 이상 성장함에 따라, 제약업체들의 화장품 시장 진출이 잇따르고 있다(사진은 동국제약의 더마코스메틱 제품).

왜 신약 출시는
전부 해외 제약사 몫일까?

포스트 코로나 시대의 게임체인저

제약산업은 소득 증대, 고령화 등 다양한 요인에 힘입어 지속해서 성장하는 분야다. 2020년 기준 국내 의약품 시장은 21조 원 규모인데, 규모보다 놀라운 것은 연 6%에 달하는 꾸준한 성장세다. 제약산업의 가장 큰 특징은 수요 탄력성이 낮고 경기 변동에 의한 영향이 적다는 것이다. 의약품은 건강과 생명에 관한 재화이기 때문에 소비자는 효과만 보장된다면 비싼 약값을 지불하는 데 주저하지 않는다. 한편 우리나라 제약업은 생산량의 80%가 국내에서 판매되는 내수 중심 시장이다. 해외에서 수입되는 의약품이 국내 시장의 30%를 차지한다. 기본적으로 해외 일류 제약사의 경쟁력이 우리나라 제약사보다 뛰어난 까닭에 제약업은 수출보다 수입이 활발하다.

코로나19 이후 가장 크게 주목받은 산업은 단연 제약업이다. 백신 개발은 코로나19 발발 이후 전 세계인이 공통으로 집중한 이슈였다. 백신의 빠른 공급이 매우 절실했던 상황에서 글로벌 제약사는 부작용에 대한 면책을 요구했고 미국식품의약국(FDA)은 긴급사용승인(EUA)을 통해 백신 출시를 허가했다. 이 과정에서 국내 제약사도 백신 및 치료제 개발에 나서며 2020년은 제약사 주가가 역사상 가장 크게 오른 해가 되었다. 백신 및 치료제 출시가 본격화되면서 삼성바이오로직스 등의 의약품위탁생산(CMO) 업체들이 다수의 글로벌 제약사와 대형 계약을 체결하기도 했다. 또한 2020년 국내 제약기업의 라이선스 아웃(기술 수출) 시장은 10조 원을 돌파하면서 역대 최고치를 갱신했다. 백신을 통해 팬데믹 이전의 삶으로 돌아갈 수 있을지, 코로나19 이후 제약업의 펀더멘탈은 어떻게 변할지 관심이 쏠리고 있다.

국내 의약품 자급도

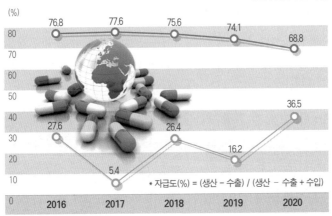

○ 완제의약품 ○ 원료의약품

연도	완제의약품	원료의약품
2016	76.8	27.6
2017	77.6	5.4
2018	75.6	26.4
2019	74.1	16.2
2020	68.8	36.5

* 자급도(%) = (생산 − 수출) / (생산 − 수출 + 수입)

* 자료 : 식품의약품안전처

우리나라 제약업은 생산량의 80%가 국내에서 판매되는 내수 중심 시장이다. 해외에서 수입되는 의약품이 국내 시장의 30%를 차지한다. 제약업은 수출보다 수입이 활발해 지속해서 무역적자가 발생하는 산업이다.

우선 의약품은 가공된 정도에 따라 완제의약품과 원료의약품으로 구분된다. 원료의약품(API: Active Pharmaceutical Ingredient)은 완제의약품의 원료로 사용되는 의약품이다. 사람에게 투여되기 바로 전 단계의 의약품으로 반제품의 성격을 띤다. 완제의약품은 소비자가 직접적으로 접할 수 있는 의약품으로 우리가 약국에서 구입할 수 있는 의약품에 해당한다. 한 번 생산할 때 대량으로 생산하는 것이 특징이며 판매 경로에 따라 다시 일반의약품과 전문의약품으로 구분된다.

일반의약품은 'OTC(Over the counter Drug)'라고도 부르는데, 약사나 소비자가 임의로 선택 가능한 품목을 말한다. 감기나 두통처럼 비교적 가벼운 질병일 경우 의사의 처방전 없이 약국에서 OTC를 수령할 수 있다. 2012년에는 법률 개정을 통해 편의점에서도 해열제 등의 상비의약품을 구입할 수 있게 됐다. 전문의약품은 'ETC(Ethical Drug)'라 부르며 의사의 처방전이 있어야 구입할 수 있는 약이다. 완제의약품 중 OTC는 20%, ETC는 80% 비중을 차지한다.

완제의약품 분류

구분	정의	판매 방법	비고
전문의약품 (ETC)	일반의약품이 아닌 의약품	의사의 처방에 따라 약사가 조제·판매	고혈압, 항암제 등 2만 1000개 품목
일반의약품 (OTC)	의사의 처방 없이 사용되더라도 안전·유효성을 기대할 수 있는 의약품	약국에서 판매	해열제, 파스 등 1만 7000개 품목

ⓢ '하이 리스크 하이 리턴'인 신약 개발

의약품을 가공 정도에 따라 분류할 수도 있지만, 보통 제약산업에서 시장을 분류할 때는 원료에 따른 분류를 사용한다. 원료에 따른 분류에 의하면 의약품은 화학합성의약품과 바이오의약품으로 나뉜다. 그리고 각각의 의약품은 다시 최초로 생산되었는지, 복제품인지에 따라 구분된다.

화학합성의약품은 화학합성반응을 통해 생산된 저분자량의 의약품이다. 과학적인 정의보다 그 특징에 주목할 필요가 있다. 화학합성의약품은 오래전부터 만들어진 전통적인 의약품으로 만들기 쉽고 저렴하다는 특성에 힘입어 전체 제약시장의 70%를 차지하고 있다. 화학합성의약품은 다시 오리지널과 제네릭 의약품으로 나뉜다.

오리지널(original)은 제일 먼저 개발된 화학합성의약품으로 해당 약을 최초로 개발한 제약사가 특허권을 가진다. 덕분에 높은 가격에 장기간 독점 판매권을 얻으며, 독점기간은 의약품 종류와 국가별로 상이하다. 제네릭(generic)은 오리지널의 특허가 만료되면 생산 가능한 의약품으로 오리지널제품과 효능이 거의 동일하다. 단순 복제품이기 때문에 큰 비용 없이 오리지널제품의 화학식만 알면 쉽게 생산할 수 있다. 특허 만료 이전에 제네릭 시장 선점을 목표로 제품을 먼저 출시할 수도 있는데, 이 경우 판매액의 일정 부분을 오리지널 제약사에 로열티로 지급해야 한다.

우리나라 제약사 중에서는 신약 개발 회사가 많지 않다. 대표적인 국내 제약사인 셀트리온만 해도 제네릭을 중심으로 성장한 기업이다. 그동안 제네릭이 오리지널에 비해 선호된 이유는 다음과 같다. 우선 제네릭은 개발 기간이 2년 안팎으로 짧은 편이지만 신약 개발에는 최소 10년 이상의 기간이 소요된다. 개발비용 또한 제네릭은 대략 3억 원, 신약은 1000억 원 이상으로 매우 큰 차이를 보인다. 더불어 의약품을 소비자에게 판매하기 위해서 반드시 거쳐야 하는 임상시험에 있어 신약에 적용되는

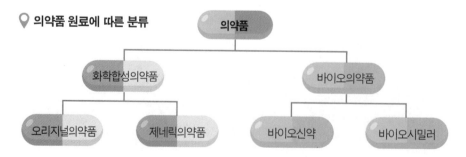

📍 **의약품 원료에 따른 분류**

기준이 훨씬 까다롭다. 성공 확률도 매우 낮다. 물론 신약 하나를 개발하면 제네릭보다 훨씬 큰 이익을 거둘 수 있지만 그만큼 리스크가 크기 때문에 비교적 규모가 작은 국내 제약사들은 제네릭 위주의 성장을 추구해왔다.

🧭 제네릭보다 바이오시밀러가 더 어렵다

바이오의약품은 사람이나 다른 생물의 단백질, 유전자, 세포 등을 원료로 유전자를 재조합하는 공정을 거친다. 화학합성의약품이 저분자량 의약품인 반면 바이오의약품은 고분자량의 의약품이다. 연골세포치료제와 항암세포치료제가 대표적이다. 생물에서 원료를 추출했기 때문에 화학합성의약품에 비해 독성이 낮다. 하지만 그만큼 제조비용이 많이 들고 기술 난이도가 높다. 글로벌 기준 시장점유율은 30%로 화학합성의약품에 비해 비중이 작다. 하지만 최근 생명과학 발달로 바이오의약품 시장이 급성장하고 있다. 당장 2012년만 해도 시장점유율이 20%에 불과했다. 현재 미국의 경우 바이오의약품 시장이 전체 의약품 시장의 60%라고 하니 머지않아 글로벌 시

바이오의약품의 글로벌 기준 시장점유율은 30%로 화학합성의약품에 비해 비중이 작다. 하지만 최근 생명과학 발달로 바이오의약품 시장이 급성장하고 있다. 2022년 현재 미국은 바이오의약품이 전체 의약품 시장의 60%를 차지하고 있다.

장에서도 화학합성의약품 시장을 추월할 것으로 예상된다. 바이오의약품 또한 최초 개발인지 복제품인지에 따라 바이오신약과 바이오시밀러로 나뉜다. 최근에는 '바이오베터'라는 새로운 종류가 등장하기도 했다.

바이오신약은 맨 처음 개발되는 제품으로 바이오의약품계의 오리지널에 해당한다. 바이오시밀러(biosimilar)는 바이오신약의 복제품으로 살아 있는 단백질 세포 등으로 제조한다. 제네릭과 마찬가지로 신약의 특허기간이 만료된 후에 제조된다. 바이오의약품은 염기서열이 같더라도 신약의 특성 분석이 어렵고 제조공정에 따라 단백질의 세부 구조가 변형될 수 있어 생산 조건이 까다롭다. 그래서인지 제네릭의 경우 임상시험이 생략되지만 바이오시밀러는 복제품임에도 불구하고 정식으로 임상시험을 거쳐야 한다. 바이오제네릭이 아닌 바이오시밀러로 불리는 이유도 바이오의약품을 100% 똑같이 복제하는 것이 매우 어렵기 때문이다. 이런 특성으로 바이오의약품은 제네릭보다 진입장벽이 높다.

바이오베터(biobetter)는 바이오신약을 개량한 의약품으로 신약의 약효, 투여 방법, 부작용을 개선한 의약품이다. 특허가 만료되면 경쟁 제품이 대거 출시되기 때문에 바이오신약을 개발한 제약사는 이에 대한 대비 차원에서 바이오베터를 개발하기도 한다.

💉 제약사 주가를 좌우하는 임상시험

제약사는 시중에 존재하거나 존재하지 않는 의약품을 허가받아 병원이나 약국에 판매한다. 전자는 제네릭·바이오시밀러, 후자는 오리지널·바이오신약에 해당한다. 제약사는 한 약품을 판매하기까지 상당히 복잡한 과정을 거쳐야 한다. 신약을 개발하는 제약사를 가정해 생산 과정을 살펴보자.

제약사는 ① 정보 탐색 및 원천 기술 연구, ② 개발 후보 물질 선정, ③ 전임상시험, ④ 임상시험 1~3상, ⑤ 신약 허가 및 시판 단계를 차례대로 밟는다. ①, ②는 쉽게 말해 여러 가지 신약을 구상한 후 그중 가장 우수한 아이디어를 선택하는 단계다. 그 이후 과정은 채택한 아이디어의 실현가능성을 검증하는 단계다. 약품 개발의 아이디어를 얻는 과정은 매우 다양하다. 가령 남성 성기능 보조제인 비아그라는 화이자의

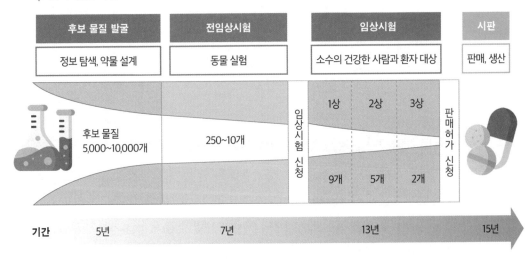

신약 생산 과정

후보 물질 발굴	전임상시험	임상시험	시판
정보 탐색, 약물 설계	동물 실험	소수의 건강한 사람과 환자 대상	판매, 생산

후보 물질
5,000~10,000개

250~10개

임상시험 신청

1상	2상	3상
9개	5개	2개

판매허가 신청

기간   5년   7년   13년   15년

신약 개발에는 최소 10년 이상의 기간이 소요되고, 개발비용은 1000억 원 이상 들어간다. 의약품을 소비자에게 판매하기 위해서 반드시 거쳐야 하는 임상시험에 있어 신약에 적용되는 기준이 훨씬 까다롭고 성공 확률도 매우 낮다.

과학자들이 혈압약의 부작용에 주목하면서 연구가 시작됐다. 약품 후보를 선정한 다음은 개발에 필요한 재료를 조달할 차례다. 이때 조달하는 것이 바로 원료의약품(API)인데, 우리나라 제약업은 API 수입의존도가 36.5%(2020년)로 상당히 높다.

그다음 진행되는 임상시험은 아이디어를 검증하는 가장 중요한 단계다. 법적으로 약품을 시판하기 위해서는 임상시험을 거치도록 규정되어 있다. 임상시험은 약효와 안전성을 검증하기 위해 실험 단계에서 사람에게 투약하는 절차다. 임상시험 단계에서 탈락하는 약이 워낙 많고 만일 신약 개발에 실패한다면 그동안 투자한 금액이 성과 없는 비용이 되기 때문에 제약업 밸류체인 중 핵심 단계로 꼽는다.

제약사는 가장 먼저 전임상시험(Pre-Clinical) 단계를 거친다. 신약 후보 물질을 동물에게 투여해 부작용이나 독성, 효과를 파악하는 과정이다. 그다음 1상 시험은 소수의 건강한 사람을 대상으로 안정성과 내약성을 확인하는 단계다. 내약성은 약을 복용했을 때 환자나 피임상자가 부작용을 견딜 수 있는 정도를 의미한다. 2상 시험에서는 100~200명의 환자를 대상으로 약물의 효과와 부작용을 평가한다. 1상 시험이 건강한 사람들을 대상으로 했다면, 2상 시험은 해당 병을 앓고 있는 환자를 대상으로 하여 약의 적정 복용량과 복용 횟수를 실험한다. 3상 시험에서는 수백 명에서 수천

명의 대규모 환자를 대상으로 장기간 복용 시 약효를 확인한다. 어느 정도 신약의 유효성이 검증된 이후 시행되는 만큼 3상 시험에서 큰 부작용이 발견되지 않는다면 정상적인 시판에 가까워진다. 이후 정부 기구의 판매 허가를 받아 본격적인 유통을 시작한다.

🌐 국내 제약사가 신약을 많이 개발하지만 출시는 드문 이유

신약 개발은 10년 이상이 소요되고 성공 확률도 극히 낮은 도전이다. 실제로 시판이 허용되는 온전한 신약은 만 개 이상의 후보 중 하나꼴이다. 더구나 그 비용도 만만치 않다. 원료를 처음 들여오는 것부터 연구비, 개발비 등 엄청난 자본이 투입된다. 공익을 위해서라면 제약사들이 R&D 투자를 늘려 신약을 개발하는 것이 긍정적이겠으나, 우리나라 제약사들은 글로벌 제약사에 비해 큰 비용을 감당할 규모가 되지 않아 제네릭에 집중하고 있다. 국내 제약시장은 제네릭이 99%, 오리지널은 1%에 불과하다. 그래서 신약을 개발하는 글로벌 제약사들보다 우리나라 제약사들의 영업이익률이 낮다.

신약가격을 제한하는 과도한 약가정책도 신약 출시를 포기하게 하는 요인으로 꼽힌다. 가령 2019년 3월 SK바이오팜은 수면장애 신약과 뇌전증 신약을 미국 FDA 승

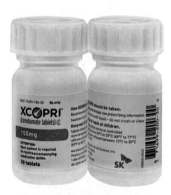

인을 얻어 미국 시장에서 처음 출시했다. 한국에서 보장받는 약가가 타 국가보다 현저히 낮아서 미국 시장을 노크한 것이라는 분석이 많았다. 실제로 국내 신약가격은 OECD 국가 평균가격의 42% 수준에 불과하다. 다행인 점은 코로나19 이후 바이오 신약 개발에 투자금이 몰리면서 신약 출시까지 염두에 두고 개발에 착수하는 국내 기업들이 늘어나고 있는 점이다.

SK바이오팜은 독자 개발한 뇌전증 신약 '세노바메이트(미국 제품명 엑스코프리)'를 미국과 유럽에서 모두 신약 허가를 받고 판매를 시작했다. 한국에서 보장받는 약가가 타 국가보다 현저히 낮아 미국 시장을 노크했다는 분석이 있었다.

제네릭에만 집중하는 기업은 복합적인 문제에 직면한다. 제약품의 차별성이 크지 않기 때문에 병원과 약국에 대한 제약사의 교섭력이 떨어진다. 이 때문에 매출 대비 매출채권 비중이 상당히 높게 나타난다. 매출채권은 판매했지만

아직 현금이 들어오지 않은 금액으로 외상 판매의 성격을 띤다. 국내 제약사가 수요자와 거래할 때 현금거래는 전체 판매의 20%에 불과하다. 나머지는 5~10개월 만기의 어음 결제다.

어음은 일정 시점에 일정 금액을 주기로 약속한 증서다. '받을어음'은 매출채권에 속한다. 매출 대비 매출채권 비중이 높다는 것은 응당 받아야 할 돈을 늦게 받는 경우가 많다는 뜻으로 기업의 현금 흐름에 부정적인 신호다. 만일 당장 현금이 필요하다면 어음을 은행에 팔 수도 있지만, 이 경우 할인된 금액을 받기 때문에 기업의 수익성이 악화하는 문제가 발생한다. 어음을 매입한 은행 입장에서는 매출채권 회수 책임을 지는 대가로 어음 매입가격보다 더 높은 금액을 회수하는 것이다. 단 계약에 따라 매출채권 회수 책임을 기업이 계속 지는 경우도 있다.

또한 제네릭 생산에 치중하는 국내 제약사들은 차별화되지 않은 제품의 매출을 늘리기 위해 영업사원을 통해 판촉을 벌인다. 외상 판매나 리베이트가 그 예다. 리베이트는 2010년 이후 법적으로 금지되었지만 간간히 뉴스를 통해 물밑에서 이루어지는 경우가 보도되곤 한다. 리베이트는 특정 제약회사의 약을 처방해주는 대가로 의사나 약국이 약값의 일정 퍼센트를 받는 관행이다. 좋게 표현하자면 판매 장려금의 일종이다. 우리나라의 제네릭은 오리지널 약 대비 50% 가격에 판매된다. 가격은 대개 제약사들이 정하는 것이 아니라 정부 주도의 약가관리제도에 따라 결정된다. 오리지널에 투입된 비용이 엄청나다는 것을 감안하면 오리지널 대비 50% 수준의 가격은 여전히 높은 수익을 보장한다. 제네릭은 투자 비용도 적으니 제네릭 제약사들 사이에서는 최대한 많은 제품을 판매하려는 경쟁이 벌어진다. 수익만 보장된다면 의사에게 리베이트를 제공할 이유가 다분한 환경이다.

🧭 기술 수출로 성장 활로를 모색하는 국내 제약사

근래 제약사들은 전통적인 비즈니스 모델에 변화를 꾀하고 있다. 이전에는 제약사들이 R&D, 임상시험, 생산, 마케팅 및 판매 등의 모든 과정을 책임졌다. 그런데 최근에는 프로세스별로 외주 업체와 계약을 하거나, 라이선스 아웃을 통해 수익을 올리는 등 큰 변화가 일어나고 있다. 먼저 라이선스 아웃에 대해 알아보자.

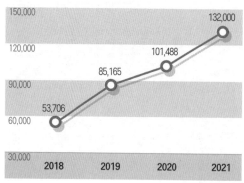

(억 원)

150,000

132,000

120,000

101,488

85,165

90,000

53,706

60,000

30,000

| 2018 | 2019 | 2020 | 2021 |

* 자료 : 한국제약바이오협회

2021년 국내 제약바이오기업의 기술 수출 규모가 약 13조 2000억 원으로 역대 최대 규모를 달성했다. 2021년 기술 수출 건수는 전년 대비 2배 이상 증가했다.

라이선스 아웃(license-out)은 기술을 파는 것이다. 반대로 라이선스 인(license-in)은 글로벌 제약사들의 기술을 사오는 것이다. 원래 국내 제약사들은 라이선스 인만을 해왔지만 기술 발달에 따라 한미약품 등의 제약사들이 신약 개발에 힘을 써왔다. 그 결과 몇 년 전부터 라이선스 아웃 계약을 통해 엄청난 이익을 내기 시작했다. 라이선스 아웃 계약 방식에는 크게 3가지가 있다. ① 후보 물질 단계에서 기술을 파는 순수 아웃라이선싱, ② 라이선싱 아웃 이후 라이선스 구매자와 공동 개발하는 공동 개발 방식, ③ 라이선스 구매자가 신약을 개발하는 단계별로 계약금을 받고 신약 개발에 성공하면 매출의 일정 부분을 로열티로 수취하는 마일스톤 방식이 있다.

제약사들이 신약 개발 과정 도중 라이선스 아웃을 택하는 이유는 다양하다. 국내 제약사가 성공 확률이 높아 보이는 신약 후보를 가지고 있다고 해도 3상 임상시험까지 거치기에는 천문학적인 비용이 부담되는 경우가 많다. 국내 제약바이오기업들은 글로벌 유통망이 없어서 최종 개발에 성공한다고 해도 수출이 쉽지 않다. 개발 기간도 대략 10년인데다 묶이는 자금도 상당하고 큰 비용을 부담할 역량이 부족하다. 하지만 라이선스 아웃을 활용한다면 수익을 조기 회수할 수 있고, 이를 기반으로 다른 신약에 투자할 수도 있다.

CRO, CMO가 이끄는 제약업의 밸류체인 분업화

제약사의 밸류체인이 분리되는 현상도 두드러진다. 우선 바이오제약사들이 효율적인 연구 개발을 위해 임상시험을 대행하는 CRO(Contract Research Organization)와의 제휴를 늘리고 있다. 신약 개발에 실패하더라도 CRO업체들은 의뢰를 받는 만큼 돈을 버

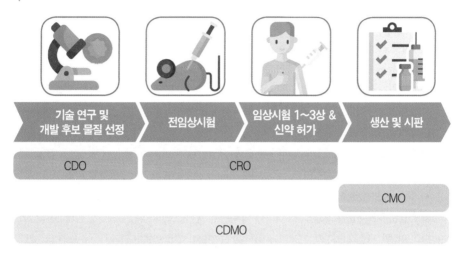

의약품 개발 단계 및 아웃소싱 업체

기술 연구 및 개발 후보 물질 선정 → 전임상시험 → 임상시험 1~3상 & 신약 허가 → 생산 및 시판

CDO

CRO

CMO

CDMO

는 구조다. 앞서 설명했듯이 신약 개발은 최소 10년 가량의 시간과 약 2조 원의 비용이 소요되는 엄청난 프로젝트이므로 밸류체인 전 단계를 하나의 제약사가 맡기 부담스러운 경우가 많다. 밸류체인 분업화는 리스크를 줄이기 위한 목적도 있지만, 속도전에 뒤지지 않기 위한 측면도 존재한다. 대개 신약을 개발하면 제네릭이 생산되기 전까지 20년의 독점 판매 기간을 보장받는다. 특허 출원 시점은 임상시험 돌입 이전이기 때문에 임상시험 과정이 길어질수록 독점 보장 기간이 줄어든다. 이에 환자를 모집하여 임상시험을 대행하고, 정부와 소통하는 역할까지 맡는 CRO업체가 각광을 받고 있다. CRO 중에서 시험을 대행하는 과정에서 쌓인 수많은 데이터를 발판 삼아 신약 개발 초기 제약사를 상대로 컨설팅을 해주는 업체도 있다.

또한 바이오의약품 위탁생산기업인 CMO(Contract Manufacturing Organization)에 대한 수요도 가파르게 상승하는 추세다. 우리가 익히 알고 있는 삼성바이오로직스는 바이오의약품 CMO 세계 1위 기업이다. 제약계의 OEM 역할인 셈이다. CMO는 다수 제약사로부터 생산 물량을 주문받아 규모의 경제를 실현해 수익성을 도모한다. 원가경쟁력과 설비경쟁력이 핵심인 사업으로 리베이트로 인한 비용 증가 우려도 없다. CMO기업 중에서 개발 단계까지 사업 영역을 확장하는 경우도 있는데, 이를 CDMO(Contract development and manufacturing organization, 수탁개발생산조직)라고 한다. 삼성바이오로직스는 2022년 들어 CDMO 사업에 박차를 가하고 있다.

제약바이오산업은 특유의 회계 원칙과 비즈니스 여건상 회계 논란이 자주 발생한다. 개발비의 자산 처리 문제, 넉넉하지 않은 현금 흐름, 내부 관계자와의 거래 등 다양한 측면에서 다른 산업보다 회계 처리가 복잡하다. 특히 바이오기업은 제품을 출시하기까지 오랜 기간 R&D 지출이 발생해 사업 초기에는 적자 상태인 경우가 많다. 그래서 상장 등 단기에 성과를 보여주어야 할 상황에서 분식회계의 유혹에 더 취약하다.

씨젠은 의료용품 및 기타 의약 관련 제품을 제조하는 회사다. 원재료를 조달해 제품을 만들고 이를 외부에 판매하는 전형적인 제조기업이다. 하지만 진단키트 등의 의료용품을 제조한다는 점에서 일반 제조기업보다 더 높은 기업가치를 인정받았다. 의료용품 중 환자의 혈액이나 소변 등 검체로 질병을 진단하는 체외진단기기 가운데 유전자 분석을 통해 질병의 원인을 감별하는 분자진단이 씨젠의 핵심 사업이다. 코로나19 이후 PCR 기술과 이를 이용한 진단키트 수요가 급증한 덕에 씨젠은 2020년 그 어떤 기업보다 매출 성장세가 컸다.

2021년 2월 증권선물위원회(이하 증선위)는 회계기준을 위반한 씨젠에 과징금 등의 징계를 부과했다. 매출 밀어내기, 개발비의 임의 자산화 등의 혐의를 지적했다. 증선위 결정으로 코로나19 이후 최대 수혜주로 군림하던 씨젠 주가에 제동이 걸렸다. 2011년부터 2019년 6월까지 8년 6개월간 이루어졌던 씨젠의 분식회계를 자세히 살펴봄으로써, 제약바이오기업을 분석할 때 꼭 필요한 회계 지식을 익혀보자.

◎ 대리점에 갑질로 매출을 밀어낸 의혹

증선위는 감리 지적 보고서를 통해 씨젠이 "국내외 대리점에 대하여 회사가 납품처, 품목, 수량 등을 지정하여 판매하도록 했다. 또 대리점의 미판매분에 대한 책임을 부담하는 등 제품이 최종 수요처에 판매된 경우에만 수익을 인식해야 함에도, 실제 주문량을 초과하는 과도한 물량의 제품을 대리점으로 임의반출하고 이를 전부 매출로 인식함으로써 매출액, 매출원가 및 관련 자산 등을 과대 또는 과소 계상"했다고 밝혔다. 씨젠은 속칭 매출 '밀어내기'를 자행한 것이다. 매출액을 과대 계상함으로써 매출원가가 과대 계상되고 재고자산은 자연스럽게 과소 계상되는 결과로 이어졌다.

수익 인식의 가장 기본적인 원칙은 가득기준과 실현기준이다. 두 기준 모두 수요자와의 계약이 선결 조건이다. 그런데 씨젠은 수요자가 없는 상태에서 대리점에 제품을 단순 납품한 뒤 이를 매출로 인식했다. 원칙대로라면 대리점을 통해 제품을 인도하거나 인도하겠다는 계약을 수요자와 맺은 후 현금이나 매출채권을 통해 이익이 실현되거나 실현 가능성이 있을 때 비로소 수익을 인식해야 했다. 하지만 씨젠은 대리점이 떠안을 의사가 없는 제품을 재고로 두게끔 했다는 의혹을 받았다. 만일 의혹이 사실이라면 씨젠은 신제품 출시 때 대리점이 주문한 물량보다 더 많은 양을 강매하고, 제품 수요 증가 시 물량 공급을 보장하면서 인기 제품과 함께 비인기 제품을 함께 판매하는 등 전형적인 제조업체의 밀어내기 방식을 사용한 것이다. 하지만 씨젠 측에서는 제품의 반품 및 교환 과정에서 문제가 있었다고 해명했다. 구체적으로는 2011년 대리점에서 반품 요구가 들어왔을 때 반품 이후 매출액을 축소하지 않았을 뿐이라고 주장했다. 2016년부터 과대 계상액이 점차 줄어든 것을 두고는 기존 제품인 씨플렉스를 개량된 새 제품 애니플렉스로 바꾸면서 발생할 수 있는 매출 증가를 제대로 인식하지 못한 것이라고 덧붙였다. 그러니까 회계 부정에 대해 의도적으로 수치를 조정하여 이를 감추려 한 것이 아니라는 주장이다.

밑 빠진 독에 물 붓기

다음 표는 씨젠의 매출액 과대 계상 연도별 현황을 나타낸다. 순효과는 씨젠이 2019년 3분기 공시에서 제출한 과대(과소) 계상 수치다. 하지만 매출 밀어내기는 기본적으로 매출을 당겨서 잡는 개념이므로 진정한 당기 과대 수치를 구하기 위해서는 몇 가지 조정을 거쳐야 한다. 매출 밀어내기의 가장 큰 취약점은 종국에는 매출을 미리 인식한 만큼 손실을 기록해야 한다는 것이다. 이는 건설사 회계와 매우 닮았다. 회계 부정을 목적으로 전체 공정의 원가를 낮게 잡을 경우 공정진행률이 높아져 전체 대금 중 더 많은 부분을 수익으로 인식해 이익으로 계상할 수 있다. 하지만 공정이 완료될 즈음 받는 대금과 투입되는 원가는 조정할 수 없으므로 미리 수익을 인식한 만큼 손실을 보게 된다.

씨젠의 경우에는 2013년에 더 판 것은 2014년에 덜 팔리고, 2014년에 더 판 것은 2015년에 덜 팔린 것으로 인식해야 한다. 가령 2014년 순효과가 53억 원이라는 것은 2014년에 밀어낸 매출이 75억 원임을 뜻한다. 2014년에 판매한 21억 원은 이미 2013년에 판 것으로 매출로 인식할 수 없기 때문이다. 75억 원을 밀어낸 결과 2015년에는 또다시 75억 원이 과소하게 잡힌다. 이처럼 한 번 매출을 밀어낼 경우 회사는 끝없이 같은 과정을 반복하게 된다.

씨젠의 매출액 과대 계상 연도별 현황 단위 : 천 원)

연도	2013년	2014년	2015년	2016년	2017년	2018년	2019년
순효과	2,111,200	5,349,575	7,790,530	−437,144	−2,065,945	−1,441,279	−13,328,139
전기효과	0	−2,111,200	−7,460,775	−15,251,305	−14,814,161	−12,748,216	−11,306,937
당기효과	2,111,200	7,460,775	15,251,305	14,814,161	12,748,216	11,306,937	−

그렇다면 투자자 입장에서 이러한 분식의 조짐을 아는 방법은 없을까? 명확하지는 않지만 분식을 의심할 만한 조짐을 한 가지 정도 확인할 수 있다. 본래 매출이 증가하면 영업이익이 증가하고, 영업이익이 증가하면 영업현금흐름도 비슷한 추세로 증가하는 것이 정상이다. 씨젠의 재무제표를 보면 매출액과 당기순이익은 매우 일정한 흐름을 보여주지만 영업활동현금흐름은 이와 무관하게 들쑥날쑥하다. 물론 이는 사후적인 분석일 뿐, 씨젠의 분식회계를 모른 상태에서 이 지표를 보고 분식 여부를 판단하기는 매우 어렵다.

씨젠과 같은 제조업체의 경우 매출이 증가하는 시기에 재고자산 또한 증가한다면 가공 매출을 기록한 것으로 의심할 수 있다. 실제로 페이퍼컴퍼니를 이용해 허위계약서를 작성한 많은 회사의 재무제표가 이렇다. 하지만 씨젠의 경우 재고자산이 매출과 반비례하게 움직였으므로 쉽사리 분식을 의심하기 어려웠을 것이다.

◎ 제약주에서 빠지지 않는 개발비 자산화 이슈

두 번째 이슈는 개발비 과대 계상이다. 증선위는 씨젠이 "자산 인식 요건(기술적 실현가능성)을 충족하지 못한 진단시약 등 연구개발 관련 지출금액을 개발비로 계상"한 것을 지적했다. 즉 본래 경상연구개발비로 처리해야 할 금액을 2011년부터 2017년까지 7년 동안 무형의 이연자산인 개발비로 계상한 것이다. 해당 기간 씨젠은 총 772억 원의 비용을 인식해야 했지만 이를 무형자산으로 인식함으로써 실적을 부풀렸다.

개발비는 명목상 비용이지만 연구개발 지출 중 자산으로 잡히는 금액이다. 보통 연구개발비용 중 '연구활동'에 대한 비용은 당기비용으로, '개발활동'에 대한 비용은 개발비(자산)로 처리한다. 개발비는 일정한 기간에 걸쳐 비용으로 처리된다. 즉 당기에 자산으로 처리함으로써 비용 인식 시점을 늦추는(이연하는) 효과가 있다. 우리나라 제약사는 해외 제약사에 비해 전체 자산 중 개발비가 차지하는 비중이 높다는 지적을 종종 받는다. 우리나라 제약사의 개발비는 자산 대비 약 20%로, 1% 안팎인 해외 제약사에 비해 높은 수준이다. 이는 우리나라 제약사의 신약 개발비 자산화 시점이 임상 3상 돌입 시점인 반면 해외 제약사는 3상 통과 시점이기 때문이다. 해외 제약사가 회계 처리를 좀 더 보수적으로 하는 것이다.

개발비를 자산으로 처리하려면 국제회계기준상 총 6가지 인식 요건을 충족해야 한다. 개발비를 인식하기 위해서는 기술적 실현 가능성, 상업화 의도, 상업화 능력, 미래 경제적 효익 창출방법, 재정적 자원 입수 가능성, 원가 측정의 신뢰성이 있

📍 **개발비 인식 요건 및 주요 점검 사항**

주요 점검 사항	인식 요건(문단 57)
자산화 시점의 적정성	• 기술적 실현 가능성
상업화 가능성	• 상업화 의도 • 상업화 능력 • 미래 경제적 효익 창출 방법 • 재정적 자원 입수 가능성
개발비 구성의 적정성	• 원가 측정의 신뢰성

어야 한다. 회계는 기본적으로 보수주의를 표방하기 때문에 정말 중요한 자산이 아니라면 비용으로 처리하는 것이 옳다. 금융위원회도 "회사가 연구개발을 위해 지출한 금액은 〈기업회계기준서〉 제1038호 문단 57의 요건을 모두 제시할 수 있는 경우에만 자산화가 가능"하다고 규정하고 있다.

씨젠은 6가지 인식 요건 중 '기술적 실현 가능성'을 인정받지 못해 감리 지적을 받았다. 인식 요건의 표현을 들여다보면 자의적으로 해석할 여지가 다분하다는 것을 알 수 있다. 실제로 많은 바이오기업이 이를 악용해 개발비를 임의 계상하는 관행이 오랫동안 계속되었다. 이에 금융위원회와 금융감독원은 2018년 9월 '제약바이오기업 연구개발비 회계 처리 감독지침'을 발표했다. 2018년 4월에는 제약바이오기업의 개발비 자산화 현황에 대해 테마 감리에 착수했다. 당시 씨젠을 비롯해 20곳 이상의 기업이 감리 대상에 포함되었으며, 씨젠의 회계 부정 역시 이 과정에서 증선위가 발견한 것이다.

🔘 의약품별로 회계 처리 기준이 다르다!

이에 따르면 금융당국은 씨젠이 생산하는 진단시약의 개발비 인식 시점을 신약이나 제네릭 등과 비교할 때 가장 보수적으로 잡았다. 신약은 임상 3상 개시 승인, 바이오시밀러는 임상 1상 개시 승인, 제네릭은 생동성시험 계획 승인, 진단시약은 제품 검증 등으로 각각의 바이오 제품군들을 개발 과정에서 무형자산으로 인식할 수 있는 시점을 명확하게 설정했다. 제네릭의 경우 기존에 출시된 신약의 화학식만 알면 쉽게 복제할 수 있다. 바이오시밀러는 복제 난이도가 비교적 높지만, 참고할 수 있는 객관적인 분자식이 존재한다. 신약의 경우 참조 사항이 없으므로 임상 3상 개시 시점을 자산화 시점으로 본다.

연구개발비는 기업이 성장을 위해 지출해야 할 필수적인 비용이다. 연구개발에 투자하지 않는 기업에 미래 성장동력이 있을 리 만무하다. 회사 입장에서는 연구개발비용이 미래에 현금을 창출할 수 있다고 믿는 것이 당연하다. 하지만 기업 외부에 있는 투자자나 채권자들을 위해서는 명확한 구분이 필요하다.

재무제표를 이용하는 입장에서도 개발비는 보수적으로 접근하는 편이 좋다. 주식투자를 위해 재무제표를 분석할 때 개발비는 제외하고 각종 재무비율을 산출하는 것도 의미 있는 작업이다. 실제로 재무제표 감사가 아니라 M&A를 위한 기업실사(DD) 시 개발비는 없는 것으로 보는 경우도 종종 있다. 매수자 측에서 개발비를 자산으로 인정하지 않겠다는 이야기다. 따라서 재무제표에 개발비가 계상되어 있다면 재무제표 주석을 확인하여 회사가 무엇을 개발하고 있는지 살펴본 후 그 기술로 현금을 창출할 수 있을지 판단하는 과정이 필요하다.

📍 **약품 유형별 연구개발비의 자산화가 가능한 단계**

유형	자산화 가능 단계
신약	임상 3상 개시 승인
바이오시밀러	임상 1상 개시 승인
제네릭	생동성시험 계획 승인
진단시약	제품 검증

AROUND
INDUSTRIES
IN
40
DAYS

Chapter 7

운송산업

DAY 37
회계기준 변경이
항공사 주가에 미치는 영향

◎ 대한항공이 코로나19라는 악재에도 불구하고 흑자를 기록한 까닭

항공업은 여객운송과 화물운송 부문으로 나뉜다. 항공우주·항공기 정비·기내식 판매 사업도 있지만, 여객운송과 화물운송이 핵심 사업이다. 2021년 8월 기준 대한항공은 135대의 여객기와 23대의 화물기를 보유하고 있다. 우리나라 항공사의 화물운송 비중은 외국항공사에 비해 매우 높다. 항공기를 통한 화물운송은 대개 부가가치가 높은 상품을 취급한다. 우리나라는 IT제품의 주요 생산지라는 특성상 항공기를 이용해 고부가가치 IT제품을 다량 수출한다.

여객운송은 여행, 출장 등을 목적으로 하는 사람을 운송하는 사업이다. 여객 수요는 소득 수준, 경기와 연동되며 상당히 탄력적이다. 비즈니스 출장 인원, 유학생 등의 수요 이외에 레저 수요가 크기 때문에 사치재 성격이 강하다. 또한 국가 간 외교 관계, 질병, 테러 등 예상하기 어려운 이슈에 큰 영향을 받는다.

항공사별 여객운송 사업의 수익 비중은 소재 국가에 따라 다르다. 우리나라는 국토가 좁아 대체 운송수단이 많다. 국내 항공사의 경쟁사에는 외항사뿐만 아니라 자동차, 기차, 버스도 포함될 수 있다. 따라서 국토 면적이 넓은 미국 등의 국가에 비해 국내선 비중이 낮다.

그에 반해 화물운송은 필요한 재화를 적재적소에 이동시키는 사업으로 여객운송보다 경기 변동에 덜 민감하다. 화물운송은 반도체, 전자제품, 시계 등 운임 부담력이 높은 고부가가치 제품을 취급한다. 항공기 화물운송은 전 세계 물동량의 0.3%에 불과하지만, 화물 가액으로는 30% 이상을 차지한다. 항공기 화물운송은 선박을 통

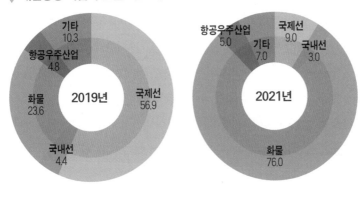

대한항공 사업 부문별 매출 비중 변화 (단위 : %)

2019년
기타 10.3
항공우주산업 4.8
화물 23.6
국내선 4.4
국제선 56.9

2021년
항공우주산업 5.0
기타 7.0
국제선 9.0
국내선 3.0
화물 76.0

코로나19로 여객 수요가 급감한 상황에서도 대한항공은 화물운송 매출이 늘면서 2020년 2분기부터 꾸준히 영업이익 흑자를 기록했다.

한 운송보다 포장비나 관리비가 적게 들 뿐만 아니라 안전성과 신속성이 우수하다. 여객운송보다 매출 등락폭이 적은 편이기 때문에 불황 때 실적을 뒷받침해주는 역할을 한다. 코로나19 이후 여행 수요가 급감했지만, 공급 대란에 화물운송 수요는 증가하면서 여객운송과 화물운송 사업의 희비가 엇갈린 바 있다.

실제로 코로나19로 여객 수요가 급감하자 대한항공은 여객기를 개조해서 화물기로 운영했다. 대한항공은 여객 매출이 전년 대비 74% 감소했지만, 화물 매출이 66% 늘면서 다른 항공사들이 적자를 기록할 때(2021년 3분기 기준) 2020년 2분기부터 꾸준히 영업이익 흑자를 기록했다. 화물 수요가 증가함에 따라 항공 화물운임도 빠르게 상승한 덕분이다. 2018년 11월 5.69달러였던 홍콩-북미 노선 항공 화물운임은 2021년 6월 8.46달러까지 상승했다.

화물운송은 여객운송에 비해 수요 탄력성이 낮고 비즈니스 모델이 좀 더 단순하다. 하지만 항공기를 임차하는 방식이나 항공기 운영에 따르는 비용 구조는 여객운송과 유사하다. 따라서 이하에서는 여객운송업에 초점을 두고 항공산업에 대해 설명하겠다.

항공사는 어떻게 돈을 벌까?

항공사는 고객들이 원하는 서비스를 파악하는 것이 최우선이다. 수요를 반영해 기존 취항지를 조정하거나 새로운 취항지를 발굴한다. 이 과정에서 운수권 확보를 위한 비용이 발생한다. 운수권이란 정해진 횟수만큼 항공기를 운항할 수 있는 권리로, 외국

정부와 회담을 통해 확보한다. 운수권을 확보한 다음 항공사는 구체적인 항공기 스케줄, 자재 계획 등을 수립한다. 항공기 임차 과정에서 구매 및 리스 비용이 발생한다. 운송을 위한 모든 인프라가 갖추어진 다음에는 항공권을 판매할 차례다. 모든 항공권을 항공사가 직접 판매하는 것은 아니다. 일부 항공권 판매는 여행사 등의 플랫폼에 위탁하기 때문에 항공사는 이들에게 판매 수수료를 지급한다.

항공사의 주요 매출은 판매 단계에서 발생한다. 이후 운항 및 A/S 단계에서 발생하는 공항관리비·정비비·유류비·보상 비용 등을 제하면 항공사의 영업이익이 산출된다. 지금까지의 과정을 간단한 식으로 표현하면 다음과 같다.

항공사의 이익방정식

영업이익 = 항공편 수 × 평균 좌석 수 × 기체당 평균 좌석점유율 × 평균 판매단가
- 영업비용(유류비·리스비·공항 관련비·인건비 등)

항공편 수는 비행기를 얼마나 많이 띄우는지가 관건이다. 항공기 수와 항공기 당 평균 운항 횟수의 곱으로도 나타낼 수 있다. R&D 단계에서 고객 수요가 공급을 초

항공사 밸류체인

	R&D	계획 & 스케줄	마케팅 & 판매	운항	A/S
활동	• 신규 취항지 발굴 • 고객 서비스 개발	• 노선 계획 - 항공기 스케줄 • 운항 계획 - 승무원 스케줄 • 자재 계획	• 프로모션 & 광고 • 유통채널 판매 • 브랜딩 전략	• 정비 · 기내서비스 • 기내 청소 · 소독 • 주유 · 운항 통제 • 연결편서비스 · 수속 • 수하물 서비스	• 분실 · 지연 · 파손 대응 • 서비스 불만 개선
비용	인건비 및 기타비				
	• 운수권 확보 비용	• 항공기 구매 비용 • 항공기 리스 비용	• 광고비 • 판매 수수료 • 프로모션비	• 공항 관련비 • 기내 소모품비 • 감가상각비 • 정비비 • 유류비	• 보상 비용

과하는 것으로 계산된다면 항공사는 평균 운항 횟수에 큰 변동이 없다는 전제하에 항공기 수를 늘릴 것이다. 그러나 경기가 악화되어 고객 수요가 부진하면 항공기 수를 늘린 결정은 리스 비용과 관리비, 인건비 증가로 이어질 뿐이다. 따라서 항공사는 항공산업에 호황이 깃들 때 그것이 일시적 추세인지 항공업 펀더멘탈이 개선된 상황인지 신중히 구분해야 한다.

좌석 수는 보통 R&D 단계에서 결정된다. 같은 기종이라 할지라도 이코노미석 위주로 구성된 항공기가 일등석과 비즈니스석을 다수 보유한 항공기보다 훨씬 많은 인원을 수용한다. 하지만 이코노미석은 프리미엄석보다 객단가(항공권가격)가 낮아서 항공기 기종은 노선별 타깃 고객을 고려하여 결정한다.

좌석점유율은 경기 동향에 밀접하다. 항공편 수도 마찬가지지만 경기 침체 시 가장 먼저 영향을 받는 요소는 좌석점유율이다. 항공사는 손익분기점에 해당하는 좌석점유율 이상을 유치할 수 있다고 판단할 경우에만 항공편 수를 늘린다. 여행객들은 대체로 오래전부터 여행을 계획하기 때문에 예약부도율이 높다. 그래서 항공사는 좌석점유율을 일정 수준 이상으로 끌어올리기 위해 수용 가능 인원을 초과해 항공권을 발행한다. 좌석이 100석이라면 예약 고객을 120명 유치하고, 예약부도율이 30%일 경우 84명이 탑승하는 식이다. 만일 예약부도율이 15%로 나타나 2명의 예약자가 탑승하지 못하게 될 경우 해당 고객에게 상당한 보상을 해야 하므로 신중한 예측이 요구된다.

◎ 항공권 직접판매는 아직 블루오션

항공권가격은 노선·좌석 등급 등에 따라 결정되는 기본운임, 유가에 따라 결정되는 유류할증료, 국내 및 해외 공항 이용료 등이 합산되어 책정된다. 항공권가격은 변동 폭이 꽤 크기 때문에 매출에 상당한 영향을 준다. 실제로 국내 항공사 8곳은 2019년 사상 최대 여객 수를 기록했음에도 불구하고 과도한 가격 경쟁으로 모두 영업손실을 기록했다. 우리나라 대표 저비용항공사(LCC; Low Cost Carrier)인 제주항공은 2019년 설립 이래 최대 매출을 기록했지만 km당 운임은 1년 전보다 7.6% 떨어지며 348억 원의 적자를 본 전례가 있다.

한편 항공권은 구입처에 따라 가격이 천차만별이다. 이는 항공권의 복잡한 유통 구조 탓이다. 항공권 판매는 직접판매와 간접판매로 구분된다. 직접판매는 항공사가 공항지점, 인터넷 웹사이트 등에서 고객에게 직접 파는 방식이다. 간접판매는 여행사 등을 통한 위탁 판매 방식이다(183쪽). 여행사는 현지 숙박시설, 액티비티상품과 묶어 항공권을 비교적 낮은 가격에 공급한다. 2019년 국제선 기준으로 우리나라 항공사의 직접판매 비중은 20%, 간접판매는 80%에 달한다. 미국, 유럽 항공사의 직접판매 비율이 40%인 것에 비해 낮은 수치다. 간접판매는 항공사가 위탁업체에 판매 수수료를 지급해야 해서 직접판매보다 수익성이 낮다. 최근에는 개별 여행객이 증가하고 자유여행 트렌드가 확산되면서 국내 항공사들의 직접판매 비중이 높아지는 추세다.

🧭 유가 인상과 환율 변동에 대응하는 최적의 옵션 찾기

비용 부문을 살펴보자. 유류비는 전체 매출의 30%를 차지할 정도로 매출원가에서 차지하는 비중이 높다. 항공기별 연비 효율성이 다르며 보통 유류비는 수송 단위당 유가와 총운항 거리의 곱으로 계산된다. 항공권가격의 구성 항목인 유류할증료를 통해 원가의 일정 부분이 판매가에 반영되지만, 가격 인상분만큼 좌석점유율이 감소할 가능성이 높아진다.

따라서 항공사들은 각기 다른 방식으로 유류비 변동 위험을 헤지한다. 통상 항공사는 유류량의 30%를 헤지한다. 대표적인 방법이 콜옵션(call option)이다. 현재 주당 3000원인 주식이 있다고 하자. A는 6개월 뒤 이 주식이 주당 3300원 이상으로 오를 것이라 예상한다. 하지만 B는 3300원 이하를 예상한다. 이때 A는 B에게 300원을 지불하고 6개월 뒤 주식을 현재 가격인 3000원에 살 수 있는 계약(옵션)을 체결한다. A는 콜옵션 매수자, B는 매도자가 된다. 이 옵션은 A에게 절대적으로 유리한 계약이기 때문에 300원의 프리미엄(옵션의 가격)을 지불한 것이다.

반대로 특정 시점에 특정 가격으로 자산을 팔 수 있는 권리를 풋옵션(put option)이라 한다. 정유업에서 설명한 선물(257쪽)과 지금 설명하는 옵션의 가장 큰 차이는 옵션 매입자는 추후 옵션을 행사하지 않아도 되지만 선물 매입자는 계약 내용을 반드시 이행해야 한다는 점이다.

항공사에서 콜옵션을 매수하면 항공유가 사전 계약가보다 높은 가격에 거래될 경우 옵션을 행사해 지정된 가격에 항공유를 매입할 수 있다. 항공유가격이 하락하면 옵션을 행사하지 않고 해당 가격에 매입하면 그만이다. 이 경우 옵션 구매비는 손실이 되기 때문에, 유류량 전체가 아닌 30%만 헤지한다. 또 다른 방법으로 항공사들이 공동으로 항공유를 구매해 매입단가를 낮추는 항공유 공동구매가 있다.

환율 변동분은 영업외비용에 반영되며 항공사 당기순이익*에 영향을 준다. 항공업의 특성상 매출의 무려 40%가 외화 결제로 이루어진다. 단순 계산으로 원 달러 환율이 10% 내린다면 외화 결제 매출 또한 10% 감소하게 된다. 반대로 항공사에서 8천만 달러의 항공기를 구입할 때 환율이 1100원이라면 880억 원을 지불하면 된다. 하지만

> **당기순이익**
>
> 당기순이익은 일정 회계 기간 동안 발생한 기업의 전체 수익에서 비용을 차감한 금액이다. 매출액에서 매출원가를 빼면 매출총이익이 나오고, 여기서 판매비 및 관리비를 제하면 영업이익이 계산된다. 그다음 영업외수익을 더하고 영업외비용을 빼면 세전이익이 나온다. 마지막으로 세전이익에서 법인세비용을 빼면 당기순이익이 구해진다.

환율이 1200원으로 오르면 80억 원의 추가 지출이 발생한다. 외화 차입금의 경우에도 환율이 오르면 원화로 기재해둔 부채 규모가 증가한다. 따라서 항공사는 항공유 매입, 외화 매출, 외화 차입금 등 외화로 대금이 청구되거나 지급이 이루어지는 지점의 적재적소에 환율 헤지 전략을 사용한다.

회계기준 변경이 항공사에 불러온 나비효과

리스비는 항공사가 항공기를 빌리는 비용이다. 대형 항공기는 수천억 원을 호가하기 때문에 항공사는 항공기를 직접 구매하지 않고 리스 계약을 이용한다. 리스로 항공기를 도입하면 항공사가 임의로 항공기를 개조하기 어렵다. 또한 리스 이자율은 대개 회사채 금리보다 높은 게 특징이다. 그럼에도 불구하고 차입 후 구매보다 리스를 애용하는 것은 유동성을 확보하기 위해서다. 항공기 리스는 '항공기금융'이라는 말이 따로 있을 정도로 그 구조가 흥미롭다.

항공기 리스회사는 항공기 제조사와 구매계약을 맺은 후 자금을 조달하기 위해 특수목적회사(SPC: Special Purpose Company)를 설립한다. SPC는 특정 사업에 투자하기 위해 설립한 페이퍼컴퍼니다. SPC는 항공사와 리스 계약을 체결해 안정적인 수입

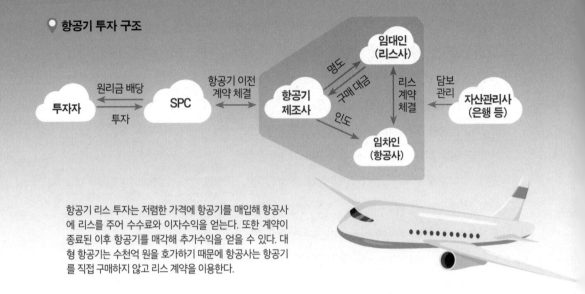

항공기 투자 구조

투자자 ← 원리금 배당 / 투자 → **SPC** ← 항공기 이전 계약 체결 → **항공기 제조사** — 명도 / 구매 대금 → **임대인 (리스사)** ← 리스 계약 체결 → **임차인 (항공사)** ← 담보 관리 — **자산관리사 (은행 등)**

항공기 제조사 — 인도 → 임차인 (항공사)

항공기 리스 투자는 저렴한 가격에 항공기를 매입해 항공사에 리스를 주어 수수료와 이자수익을 얻는다. 또한 계약이 종료된 이후 항공기를 매각해 추가수익을 얻을 수 있다. 대형 항공기는 수천억 원을 호가하기 때문에 항공사는 항공기를 직접 구매하지 않고 리스 계약을 이용한다.

을 약속받는다.

금융사로부터 투자를 받을 때 SPC는 비행기를 담보로 내놓는다. 즉 수익이 악화되어 항공사가 리스료를 체납하게 된다면 대주(금융사)가 항공기를 가압류할 수 있다. 우리에게 친숙한 주택담보대출과 유사한 구조로 이해하면 된다. 항공기 중고가격에 어느 정도 등락이 있어도 '항공기금융'이 부동산PF보다 리스크가 적으면서 수익성은 준수한 투자상품으로 평가받는 비결은 이렇게 비행기를 담보로 삼기 때문이다. SPC가 금융사의 투자금을 받으면 해당 금액으로 항공기를 구매하고, 제조사는 항공사에 항공기를 인도한다. 이후 항공사는 항공기 운용수익으로 리스회사에 리스료를 지급한다.

리스는 자산 소유 여부에 따라 금융리스와 운용리스로 나눌 수 있다. 금융리스는 리스 자산의 소유를 전제로 해 위험과 효익이 모두 리스 이용자에게 이전된다. 사실상 할부구매에 해당한다. 소유를 전제로 하지 않는 운용리스에 비해 더 큰 비용이 들기 때문에 통상 10년 이상의 장기계약으로 이루어진다.

운용리스는 단순 임차계약으로 위험과 효익이 이용자가 아니라 리스사 몫이다. 항공사 입장에서는 리스료를 지급하고 만기 때 항공기를 반환할 의무만 진다. 이런 특성으로 2018년까지만 해도 운용리스는 '부채'로 분류되는 금융리스와 달리 '비용'으로 인식되었다. 그러나 2019년 새 회계기준이 적용되며 운용리스 또한 부채로 분류되기 시작하면서 항공사들의 재무 구조가 악화되었다. 회계기준 변경으로 아시아나항공의 부채 비율은 2018년 4분기에서 2019년 1분기 사이에 무려 250%나 뛰었다.

기업의 실질적인 재무 구조가 변하지 않았더라도 회계기준 변경에 따른 부채 비율 증가는 다양한 측면에서 기업에 악영향을 미친다. 기업은 회사채 발행 시 신용평가사로부터 신용등급을 평가받는다. 이때 높은 부채 비율은 기업 재무건전성 하락 요인이다. 따라서 부채 비율 증가는 기업의 신용등급을 낮추고, 회사채 발행금리를 높이는 결과를 불러온다.

기업은 회사채 발행 시 금융기관을 원활히 모집하기 위해 몇 가지 조건을 달아 놓는다. 만일 부채 비율 등의 지표가 특정 비율 이상이 될 경우 대출자에 조기상환권을 부여하거나 금리를 높이는 식이다. 유동성이 좋지 못한 상황에서 대출자의 조기상환 요구나 차입금리 상승은 기업에 매우 큰 부담이 된다.

또한 단순 회계기준에 의한 변동일지라도 일반 투자자는 부채 비율처럼 직관적인 지표에 민감하게 반응하기 때문에 주가가 하락한다. 주가 하락은 추후 증자나 합병에도 부정적인 영향을 준다.

증자는 회계상 자본금을 늘리는 것이다. 증자는 유상증자와 무상증자로 구분되는데, 이 중 실질적 증자에 해당하는 유상증자는 회사에서 주식을 새로 발행하여 투자자를 모집하는 일이다. 유상증자를 시행하기 이전에 공모가를 책정하는 과정에서 최근 주가가 주요하게 반영되기 때문에 주가에 따라 기업이 조달하는 금액이 달라진다. A기업이 B기업을 합병할 때도 주가는 매우 중요하다. 피합병기업인 B기업의 주식 1주당 배정해야 하는 존속법인 A기업의 주식 수를 결정할 때도 양사의 최근 주가 정보를 기반으로 한다.

항공리스비 외에 항공사의 비용에는 공항이용비, 인건비, 정비비 등이 있다. 우리나라에서 출발해 뉴욕으로 향하는 노선의 경우 인천공항 이용료와 JFK공항 이용료를 지불해야 한다. 또한 항공업 종사자의 평균 임금은 다른 직종에 비해 높은 편이기 때문에 인건비에도 상당한 금액이 소요된다. 정비비는 지속적인 항공기 운용을 위한 필수 비용으로 정비 부품 조달비용 등을 포함한다.

◎ LCC의 반값 항공권이 가능한 비결

그동안 항공업은 대형항공사(FSC: Full Service Carrier) 위주로 구성되었다. 그러나 몇 년 전부터 저비용항공사(LCC: Low Cost Carrier)가 괄목할 만한 성장률을 보이고 있다. 코로나19 이전부터 국내선 시장점유율은 LCC에게 따라 잡히는 추세였고, 코로나19 이후 국내선 주도권은 완전히 LCC로 넘어갔다. LCC는 FSC에 비해 항공권가격이 매우 낮다는 점이 특징이다. LCC 항공권은 FSC 항공권의 반값 정도인데 영업이익률은 되려 FSC보다 높게 나타나는 해가 많다. LCC는 저비용을 통한 저가격을 앞세워 시장점유율을 점점 늘려가는 추세다.

우선 LCC는 항공기 기종을 줄이거나 단일화하는 전략을 사용한다. 새 항공기를 들여오면 해당 기종에 적합한 기장과 정비사를 새로 고용하고 교육해야 한다. 또 안전 관리 기준도 항공기마다 달라서 잠재적 비용도 상당하다. 이런 이유로 제주항공과 티웨이항공은 세부 기종까지 동일한 B737-800만 운영한다. 또한 LCC는 기내 서비스를 최소화함으로써 비용을 줄이다. 민간 항공기 규정상 좌석 50석 당 1명 이상의 승무원이 탑승해야 한다. FSC는 기내식 등의 서비스를 제공하기 위해 최소기준인원 이상의 승무원을 기용한다. 이 지점에서 LCC는 서비스를 최소화하여 승무원 인건비를 줄인다.

위에서 설명한 방법이 지출을 줄이는 전략이라면 수익을 늘리는 전략도 있다. 대표적인 전략이 수하물에 요금을 청구하는 것이다. FSC에서 기본으로 제공하는 서비스를 옵션으로 바꾸어 수익을 창출한다. 완성차업체로 치자면 차량값 자체는 매우 낮게 책

📍 **국적 항공사의 국내선 여객 점유율 비교** (단위 : %) * 자료 : 항공포털시스템

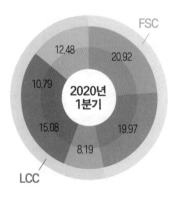

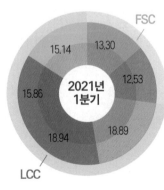

코로나19 이전부터 국내선 시장점유율은 대형항공사(FSC)가 저비용항공사(LCC)에게 따라 잡히는 추세였고, 코로나19 이후 국내선 주도권은 완전히 LCC로 넘어갔다.

정해 고객을 유인하고, 옵션을 세분화해 추가 매출을 올리는 것이다. 또한 예약을 수정하거나 취소할 때 예약자가 지불하는 위약금(취소 수수료)을 FSC보다 높게 책정한다. 이렇게 비용을 낮추고 부가 수입을 올리는 방식으로 LCC는 항공권을 저렴한 가격에 판매할 수 있다. LCC가 빠르게 성장하면서 FSC는 수익성 제고 압박을 받고 있다.

🧭 공룡 항공사가 탄생할까?

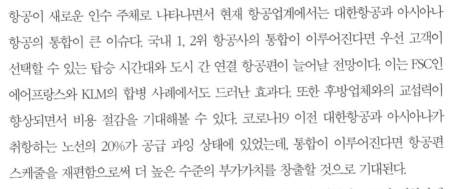

2019년 12월 HDC현대산업개발이 아시아나항공 인수를 추진했다. 하지만 다음 해 9월 인수가 무산되었다. 인수 무산 배경은 아시아나항공의 실적 악화였다. 이후 대한항공이 새로운 인수 주체로 나타나면서 현재 항공업계에서는 대한항공과 아시아나항공의 통합이 큰 이슈다. 국내 1, 2위 항공사의 통합이 이루어진다면 우선 고객이 선택할 수 있는 탑승 시간대와 도시 간 연결 항공편이 늘어날 전망이다. 이는 FSC인 에어프랑스와 KLM의 합병 사례에서도 드러난 효과다. 또한 후방업체와의 교섭력이 향상되면서 비용 절감을 기대해볼 수 있다. 코로나19 이전 대한항공과 아시아나가 취항하는 노선의 20%가 공급 과잉 상태에 있었는데, 통합이 이루어진다면 항공편 스케줄을 재편함으로써 더 높은 수준의 부가가치를 창출할 것으로 기대된다.

하지만 두 거대 항공사가 결합하면 규제 노선의 운수권 일부가 LCC와 외항사에 재분배되는 등 독점 노선에 대한 규제가 시작될 예정이다. 2022년 2월 공정위는 대한항공의 아시아나항공 인수를 조건부로 허용함을 발표했다. 공정위가 내건 조건은 경쟁 항공사가 존재하지 않는 노선에 대해 운임 인상이나 좌석 공급 축소를 금지하는 것과 함께 운수권 일부를 다른 항공사에 이전하는 조치를 골자로 하고 있다. 그래서 국내 FSC보다 LCC에 힘이 실리는 기조가 더욱 강해질 것이라는 시각도 존재한다. 특정 노선에 대해 운임 인상 제한, 서비스 품질 유지 등 공정위의 독점 규제 조건들이 까다로운 만큼 우수한 실적을 달성하기 위한 대한항공의 고민이 깊어질 것으로 보인다.

역대급 호황에도 해운사 주가가 지지부진한 까닭

DAY 38

🧭 전 세계 99%의 물자를 옮기는 물류의 주역

비행기는 사람들의 이동을 책임지고, 배는 전 세계 자원의 이동을 책임진다. 선박은 원유, 석탄 등 대량 화물을 운반하는 가장 효율적인 운송수단이다. 해운업은 선박을 이용해 원하는 시간에 정해진 장소로 화물을 운송하는 산업으로 전 세계를 무대로 한다. 또한 선박을 건조하는 조선업, 선박 구매에 자금을 지원하는 금융업, 무역과 기타 운송을 담당하는 상사업에서 육운업에 이르기까지 전후방 산업과 폭넓게 연결되어 있다. 수출입 물량 운송의 99%를 담당하며 원유, LNG, 철광석 등의 에너지 물자의 경우 100% 선박을 통해 운송되는 등 해운업은 국가 차원에서도 매우 중요한 업종이다.

해운업은 크게 여객업과 화물운송업으로 나눌 수 있다. 먼저 여객업은 정기여객선 사업과 유람선 사업으로 구성된다. 여객 수요가 저가항공으로 이탈하며 두 사업 모두 과거보다 많이 축소된 상태다. 화물운송업은 해운업 매출의 대부분을 차지한다. 언론에서 언급하는 해운업 경기 동향도 화물운송업의 경기를 가리키는 것이다.

화물운송업자가 돈을 버는 방식은 크게 두 가지다. 첫째로 화물을 운송해주는 대가로 받는 운임 수입, 둘째로 선박 매매로 얻는 시세차익이 있다. 배의 수명은 통상 25년 정도다. 조선사에게 배를 인도받은 해운사는 25년이 지나기 전에 선박을 매각해 수익을 올리기도 한다.

해운사는 수익 구조가 택시회사와 비슷하다. 택시회사도 차량을 빌리거나 구매한 후 이를 운영해 수익을 올리는 한편, 운영하던 택시를 중고차 시장에 팔 수도 있다.

중고선박은 업황에 따라 가격 등락 폭이 중고차보다 커 불황일 때 사서 호황일 때 파는 식의 투자가 빈번하게 이루어진다. 특히 팬데믹 직후처럼 물동량 수요가 넘쳐 날 때는 신규 선박보다 중고선가가 더 높을 때도 있다. 재정 건전성을 목적으로 선박을 매각하는 경우도 있다. 선박을 다른 해운사에 임대함으로써 정기적인 임대수익을 올릴 수도 있다. 단 선박 매매는 정기적인 수익은 아니다.

해운사의 주요 수익은 화물운송에서 발생한다. 화물운송 프로세스는 화주와의 해상운송 계약 체결, 출발 항구에서 이루어지는 운임 청구 및 선적, 양하항 도착, 대금 회수 순으로 구성된다. 선적은 물건을 선박에 싣는 것, 양하는 선박에서 물건을 내리는 것을 말한다. 선박은 크게 정기선과 부정기선으로 나눌 수 있는데 취급 화물, 선박의 종류, 운임 측정 방식 등에 차이가 있다.

🧭 각종 소비재를 나르는 정기선, 컨테이너선

정기선은 운항 계획에 따라 정해진 항로를 규칙적으로 운항하는 선박이다. 이를 위해서는 전용터미널 및 육상 부대설비를 확보해야 해서 막대한 자본을 투자해야 하며 고정비용이 발생한다.

대표적인 정기선으로 컨테이너선이 있다. 컨테이너선은 가전, 섬유, 타이어 등 컨테이너 화물을 선적하는 선박이다. 정기선 시장은 컨테이너선이 주로 운송하는 산업재 및 완제품 교역량에 큰 영향을 받는다. 선박 중 비싼 축에 속하며 인프라 구축에 대규모 자본이 필요해 진입장벽이 높다. 덕분에 안정적인 공급이 유지되어 운임 변동폭이 크지 않고 고부가가치의 물품을 취급해 운임 수준이 높다.

정기선의 운임은 '기본운임 + 할증료 + 추가운임 + 기타 운임'으로 계산할 수 있다. 각 운임 별로 다양한 세부 항목이 있는데 대표적인 몇 가지를 살펴보자.

기본운임은 운임 요율표에 명기된 품목별 운임이다. 운임 톤에 기본운임을 곱해서 산정한다. 화물 종류별로 각기 다른 운임이 적용되고 해당 화물 선적량에 비례해 요금이 결정된다. 보통 컨테이너 운임은 20피트 또는 40피트 단위로 책정된다. 이렇게 책정되는 기본운임은 전체 운임의 80% 이상을 차지한다. 은행의 대출금리 구성 요소인 기준금리, 가산금리, 우대금리 중 기준금리와 성격이 유사하다.

할증료는 체선할증료, 유류할증료, 통화할증료 등으로 구성된다. 화물의 운송을 부탁한 화주와 운송을 맡은 선주끼리 합의한 선박의 정박 시간을 'Laytime'이라고 한다. Laytime을 초과해서 항구 내 대기 시간이 발생할 경우 화주는 선주가 허용한 시간 이상으로 배를 사용하는 것이기 때문에 초과일수만큼의 보상금인 체선할증료를 지불한다. 유류할증료는 기본운임 설정 당시 미처 예상하지 못한 유가의 급등이 있으면 선주의 손해를 복구하기 위해 부과한다. 통화할증료는 화폐 가치 변화로 줄어든 실질 운임을 보전하는 항목이다.

추가운임의 구성 요소로는 양륙지 변경료, 초과 중량 비용 등이 있다. 양륙지 변경료는 화물에 문제가 있어 목적지를 변경할 경우 추가되는 운임이다. 한국에서 출발해 미국으로 화물을 운송하는 컨테이너선은 미국에서 한국으로 돌아올 때도 화물을 실어 나른다. 가는 길이나 돌아오는 길이나 기름을 쓰는 건 마찬가지기 때문에 선주는 돌아오는 길에도 화물을 운송하고자 한다. 홍대에서 부천으로 가는 손님을 태운 택시기사가 손님을 내려주자마자 신촌으로 가는 손님을 태우는 것과 같은 이치다. 선박이 양륙지를 변경하면 당초 계약했던 물량을 싣는 데 지연이 발생하므로 이에 대한 보상 개념의 변경료를 부과한다. 초과 중량 비용은 일반적인 컨테이너보다 무거운 화물을 싣는 경우 발생한다. 보통 한 컨테이너 당 화물 중량이 20톤 정도인데, 이보다 높은 중량의 화물을 실을 때 부과한다.

기타운임에는 체화료, 장비지체료 등이 있다. 체화료는 도착한 물건을 내리는 양화지에서 일정 기간 내 화물을 인수하지 않을 경우 수하인에게 부과하는 비용이다. 장비지체료 또한 비슷한 맥락에서 컨테이너 사용 기간이 무료 사용 기간을 초과할 경우 발생하는 운임이다.

🌐 원자재 운송을 책임지는 부정기선

부정기선은 화물 운송 수요에 따라 화주가 원하는 시기와 항로에 제공되는 선박이다. 정해진 지역을 반복 운항하는 컨테이너선과 달리 항로를 한정하지 않고 화주가 제시한 항로와 운임에 맞추어 화물을 운송한다. 부정기선이 주로 운송하는 자재는 원유, 석탄, 곡물 등 수급 변동폭이 산업재보다 큰 자원들이다. 대표적인 선박으로 벌크선, 탱커선, 가스선이 있다. 벌크선은 철광석·곡물·석탄 등, 탱커선은 액체 상태의 석유류 화물, 가스선은 LPG·LNG 등을 비포장 방식으로 운송하는 선박이다. 2019년 기준 전 세계 물동량 중 벌크선이 47%, 탱커선이 28%, 컨테이너선이 17%, 가스선이 4% 비중을 차지한다.

부정기선 운임은 해운 시황에 따라 변동이 크고 정기선보다 체계적이지 못한 탓에 선주와 화주 간에 흥정이 이루어진다. 기본적으로 정기선 운임표를 참고하지만 여러 변수에 따라 운임이 변동한다. 농수산 대국의 작황, 기상이변, 수입국의 전쟁 발발 등이 변수다. 부정기선은 그때그때 수요에 맞추어 선박을 공급하는 형태이므로 일회성 계약만 이루어질 것으로 생각하기 쉽다. 하지만 정기선과 부정기선의 차이는 계약 기간에 있는 것이 아니라 운임 협상의 유연성에 있다. 선박 운행 계약은 장기운송계약, SPOT계약(단기운송계약)으로 나눌 수 있다.

장기운송계약은 원료 및 제품을 장기적, 반복적으로 수송하기 위한 계약으로 'n년 간 m회', 'n년 간 m만 톤' 식으로 계약이 체결된다. 비교적 정기선 계약의 성격이 강하며 대체로 긴 계약 기간과 높은 재계약율로 안정적인 수입이 발생한다.

SPOT계약은 특정 구간을 운행하고, 일정량의 화물을 일시적으로 수송하며, 그 대가로 일정액의 운임을 수령하는 계약이다. 주로 5회 이하의 화물운송계약을 말한다. SPOT계약은 배를 단기간 운용하는 것이 특징이다. 정기선과 부정기선 모두 수급 변동에 유연하게 대처하기 위해 장기운송계약과 SPOT계약 비중을 알맞게 조정한다.

SPOT계약은 대부분 단기간으로, 길게는 25년까지 계약을 맺는 장기운송계약과

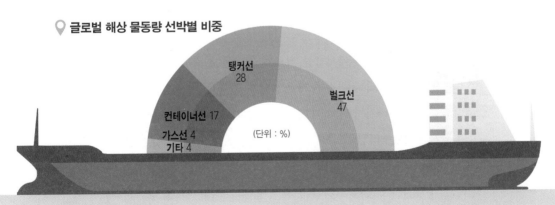

글로벌 해상 물동량 선박별 비중

탱커선
28

벌크선
47

컨테이너선 17

가스선 4
기타 4

(단위 : %)

2019년 기준 전 세계 물동량 중 벌크선이 47%, 탱커선이 28%, 컨테이너선이 17%, 가스선이 4% 비중을 차지했다. 대표적인 정기선인 컨테이너선은 가전, 섬유, 타이어 등의 화물을, 부정기선인 벌크선·탱커선·가스선은 원자재를 주로 운송한다.

차이가 있다. 장기운송계약이 안정성에 방점을 둔다면 SPOT계약은 수익성에 초점을 둔다. 2020년 말 해운업이 호황을 맞이하자 SPOT계약 운임은 수요에 비례해 꾸준히 증가했으나, 이전에 맺은 장기운송계약의 운임 변동 폭은 작았다. 이에 따라 SPOT계약 비중이 높은 해운사와 장기운송계약 비중이 높은 해운사의 주가 상승폭이 차등화 되기도 했다.

선박마다 다른 계약 레시피

각각의 선박이 주로 어떤 계약에 따라 운영되는지 알아보자. 벌크선은 철광석과 석탄 교역량에 의해 시황이 결정되며, 철강업체와 주로 장기운송계약을 체결한다. 광산은 한번 개발하면 수년에 걸친 채굴이 이루어지기 때문에 5~10년 장기간 계약을 맺고 화주가 벌크선을 전용선처럼 쓰는 경우가 많다. 다만 철강업체 외에는 점차 SPOT계약 비중이 늘어나는 추세이며, 이에 따라 운임 변동 폭이 높아질 것으로 예측된다. 참고로 벌크선은 다른 선박에 비해 건조가격이 낮아 경쟁자 진입에 따른 운임의 하방 압력이 존재한다.

유조선이라고도 불리는 탱커선은 세계 에너지 소비량에 수급이 좌우된다. 주로 정유사를 대상으로 장기운송계약을 맺어 안정적인 사업을 구가한다. 벌크선보다 높은 탱커선의 건조단가는 진입장벽을 형성해 해운사가 안정적인 운임을 유지하는 데 도움이 된다. LPG나 LNG 운송은 전문성을 요구하기 때문에 가스선 시장의 진입장벽 또한 높다. 가스선 계약도 SPOT계약보다는 장기운송계약 위주로 이루어져 수익성이 급변하는 일이 많지 않다.

컨테이너선의 경우 6개월에서 1년 정도의 계약이 전체 계약의 60%를 차지하고, 나머지는 SPOT계약이다. 전반적인 계약 기간이 짧아 해상 물동량이 증가할 때 해상 운임 상승분을 반영하기 쉽다. 컨테이너선 계약이 단기계약 위주이고 기타 부정기선 계약이 장기계약 위주라면, 오히려 정기선의 운임 변동이 더 큰 것 아닌가 하는 의문이 들 수 있다.

하지만 앞서 설명했듯이 정기선은 최초 운임을 정할 때 공시된 운임요율을 따르고 부정기선은 그때그때 수요와 당사자 간 협의에 따라 운임을 책정한다. 즉 운임 책정 방식과 체결 계약의 종류를 구분할 필요가 있다. 정기선 계약 시 운임요율은 해운동맹*이 결정한 운임을 따른다. 물동량이 증가해 해운동맹에서 운임요율을 올리면 추후 체결하는 계약에 대해서 더 높은 운임을 부과할 수 있게 된다. 이런 이유로 어느 한 시점에 체결

▶ **해운동맹**
특정 항로에 취항하는 선사들끼리 지나친 경쟁으로 인한 피해를 막고 해당 선사가 취항하지 못한 노선은 동맹 선사를 통해 노선과 선박을 공유할 수 있게 협정을 체결하는 일종의 국제적 카르텔이다. 세계 3대 해운동맹으로 2M(머스크·MSC), The Alliance(HMM 등), Ocean Alliance(Evergreen 등)가 있다.

되는 계약의 운임 스펙트럼은 정기선보다 부정기선이 넓고, 정기선과 부정기선 모두 SPOT계약 비중이 클수록 수요와 공급에 따라 바뀌는 운임 수준을 더 유연하게 반영할 수 있게 된다. 정기선이 일정 기간 노선이 정해져 있는 버스라면, 부정기선은 그때그때 목적지가 다른 택시로 이해할 수 있다.

◎ 선박금융을 이끄는 선박투자회사

다음으로 해운사가 부담하는 비용을 알아보자. 해운사의 비용은 크게 고정비와 변동비로 구분할 수 있다. 고정비는 선박 운항과 관계없이 선박을 유지하는 데 드는 비용이다. 선박금융비, 선원비, 보험료 등으로 구성된다. 변동비는 운항과 관련된 비용으로 연료비, 항비, 운하 통과료 등이 있다.

조선업을 소개할 때 쉬운 이해를 위해 선박금융을 선주와 조선사 간 이루어지는 1대1 계약으로 표현했는데, 실제로는 항공기금융과 마찬가지로 다양한 주체가 관여한다. 선박은 수천억 원을 호가하므로 해운사가 온전히 회사 자본으로 선박을 매입하기는 쉽지 않다. 따라서 해운사는 외부에서 자금을 조달한다.

먼저 해운사는 SPC를 설립한 후 금융사와 대출 계약을 맺고 현금을 확보한다. 일반금융과 다르게 선박과 선박의 미래 운영수익을 담보로 한다는 점에서 프로젝트 파이낸싱(PF)의 성격을 띤다. 선박금융에서 특기할 만한 점은 SPC가 자금을 조달하는 대상이 금융사에 국한되지 않는다는 것이다. 선박금융에서는 선박투자회사가 주요한 돈줄 역할을 한다. 선박투자회사는 회사형 펀드를 설립해 투자자를 모집하고 해운사 SPC에 선박 매입 대금을 대출해준다. 참고로 투자자의 환금성을 위해 법적으로 선박투자회사는 거래소 상장이 의무화되어 있다.

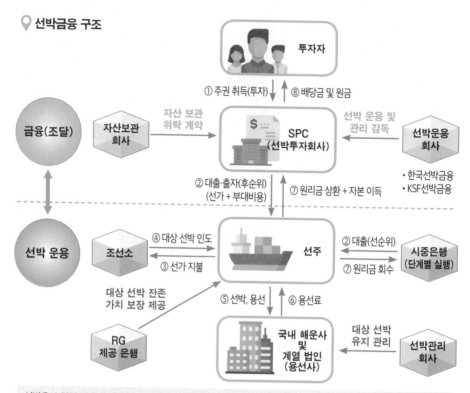

선박금융 구조

투자자

① 주권 취득(투자) / ⑧ 배당금 및 원금

금융(조달)

자산보관 회사 — 자산 보관 위탁 계약

SPC (선박투자회사) — 선박 운용 및 관리 감독 — **선박운용 회사**

- 한국선박금융
- KSF선박금융

② 대출·출자(후순위) (선가 + 부대비용) / ⑦ 원리금 상환 + 자본 이득

선박 운용

조선소 — ④ 대상 선박 인도 / ③ 선가 지불 — **선주** — ② 대출(선순위) / ⑦ 원리금 회수 — **시중은행 (단계별 실행)**

RG 제공 은행 — 대상 선박 잔존 가치 보장 제공

⑤ 선박, 용선 / ⑥ 용선료

국내 해운사 및 계열 법인 (용선사) — 대상 선박 유지 관리 — **선박관리 회사**

선박은 수천억 원을 호가하므로 해운사가 온전히 회사 자본으로 선박을 매입하기 쉽지 않다. 따라서 해운사는 외부에서 자금을 조달하는데, SPC를 설립한 후 금융사와 대출 계약을 맺고 현금을 확보한다. 해운사는 선박의 실소유주인 SPC에 용선료(선박에 대한 임차료)를 지급한다.

선박투자회사는 직접 조선사에 선박 건조를 의뢰하거나 선박을 매입해 선박임대 수익은 물론 매각차익까지 노리기도 한다. 이 경우 선박의 가격 변동 리스크를 헤지하기 위해 해운사 SPC가 상환하는 금액에 선박 가치 변동분을 반영하는 방식의 조건을 내건다.

금융사와 선박투자회사로부터 자금을 충당한 SPC는 조선사에 선가를 지불한다. 이때 스탠다드 방식, 헤비 테일, 톱 헤비 등의 대금 지급 방식(210쪽)이 결정된다. 조선사는 완성된 배를 인도해주고 해운사는 이 배를 운항해 수익을 올린다. 엄밀히 말해 해운사는 운영만 하고 선박 소유는 SPC에 맡긴 것이다. 직접적인 선박 소유에 따른 위험을 SPC에 전가했기 때문에 해운사는 선박의 실소유주인 SPC에 용선료(선박에 대한 임차료)를 지급한다. 그 후 SPC는 임대료를 바탕으로 대주들에 대출원금과 이자를 갚는 방식으로 선박금융이 이루어진다.

🧭 선박 발주에 신중해진 정기선 해운사들

해운업은 사이클이 중요한 업종이다. 해상운임이 오르면 해운사들은 선박을 많이 발주하고, 2년 후 배들이 진수된 이후에는 선복량 과잉으로 수익성이 떨어지게 된다. 1980년대부터 금융위기 이전까지만 해도 해운 수요는 매해 9%씩 성장하며 가파른 성장을 보였다. 덕분에 아무리 많은 선박을 주문하더라도 수년 안에 수요가 용적량을 따라잡을 수 있었다. 전 세계적인 고도 성장, 글로벌 아웃소싱 붐이 그 배경이었다.

그러나 2010년대부터 전 세계 해운 수요 증가율이 3% 수준으로 하락하며 수요가 과잉 용적량을 따라잡는 속도가 확연히 느려졌다. 그 결과 수십 년간의 공급 과잉에도 끄떡없던 대형 선사들이 2010년 줄도산을 했다.

이런 학습 효과로 2008년 금융위기 직후와 달리 현재 해운사들은 무작정 선박 발주량을 늘리기보다 시장 상황을 신중히 지켜보는 추세다. 선박의 수보다 운영상의 비효율을 해상운임 상승 요인으로 보고 있다. 특히 육상 공급망이 틀어진 여파로 해상운임이 상승했다고 보는 시각이 많다.

🧭 비용을 줄이기 위한 카르텔, 해운동맹

변동비 중 가장 큰 비중을 차지하는 비용은 연료비다. 해운업의 주요 원재료는 벙커C유로 주로 국내 정유사로부터 조달받는다. 연료비는 국제 유가에 따라 매일매일 변한다. 인천을 출항할 때 톤 당 30만 원이던 선박의 연료비가 홍콩에 도달한 시점에 40만 원으로 뛰는 경우도 있다. 선박은 하루에도 수십 톤의 연료를 사용하므로 연료비는 전체 비용 중 큰 비중을 차지한다. 연료비 중 일부는 화주가 부담하는 운임에 반영되지만, 연료비 상승분을 100% 전가하기는 어렵다. 따라서 유가 상승은 해운사의 비용 부담으로 이어진다.

해운업도 석유화학 등의 소재기업처럼 운임지수와 유가 간의 차이인 스프레드가 중요하다. 한편 해운사의 수입과 지출은 90%가 달러로 이루어져 환율에 따른 손익 변동이 크다. 해운사들은 환율과 유가 변동에 대응하기 위해 파생상품을 적극적으로 활용한다.

항비는 항구 입출항 시 발생하는 비용으로 입항료, 정박료 등이다. 운하 통과료는 수에즈 운하 등을 통과할 때 지불하는 비용을 말하며, 일반적으로 운임에 포함된다. 통행료는 선박의 길이와 화물 적재량, 승객 수에 따라 변한다. 적게는 백만 원 남짓에서 수억 원에 이른다. 2021년 3월에 컨테이너선 에버 기븐(Ever Given)이 수에즈 운하에 좌초되어 6일간 운하 통행이 마비되는 사건이 있었다. 이에 따라 수조 원 대의 피해액 소송이 일어났다.

비용을 줄이기 위해 해운사는 다양한 노력을 기울인다. 첫째로 보유 선박의 대형화 추진이다. 해운사는 연료비, 운항비, 인건비, 보험료, 수선유지비 등을 부담한다. 그런데 선박이 대형화될수록 단위당 총비용이 줄어드는 효과가 있다. 10000TEU*급 선박의 운송 단위당 연료비가 4000TEU급 선박보다 32% 낮다. 운송 단위당 운항비는 40%나 낮은 수준이다.

TEU
(Twenty Foot Equivalent Unit)
길이 20피트의 표준 컨테이너 1개를 TEU로 표기한다. TEU는 컨테이너선의 적재량을 표시하는 단위다.

두 번째 방법은 해운동맹을 맺는 것이다. 해운동맹은 해운사끼리 운임 및 영업 조건 등을 협의하는 일종의 카르텔이다. 예를 들어 A 해운사가 부산과 싱가포르를 잇는 항로를 가지고 있다고 하자. B 해운사가 같은 항로를 취할 경우 이 둘은 경쟁관계에 놓인다. 이때 해운사끼리 동일한 항로에서 동일한 운임을 적용하기로 약속을 맺는 것이다. 만일 과자나 아이스크림 같은 소비재산업에서 이런 협정이 일어난다면 담합행위에 대해 금융당국이 처벌하겠지만, 해운업에서는 공연히 인정되는 관행이다. 또 해운동맹의 공통 화주에게 운임상 혜택을 주어 다른 화주를 끌어들이는 전략을 사용하기도 한다. 그리고 갑자기 해운 수요가 증가할 경우 시장가격보다 저렴한 가격에 해운동맹들 끼리 서로 선박을 빌려주는 시스템도 갖추고 있다.

한진해운을 살려야 했을까?

코로나19 이후 세계 경제가 빠르게 회복하고 있다. 국내 수출기업 중에는 선박을 구하는 데 어려움을 겪고 있는 기업이 많다. 선박 공급이 수요를 따라가지 못할 뿐만 아니라 이 때문에 운임이 크게 올라 수출기업에 큰 부담으로 작용하고 있기 때문이다. 이런 상황이 닥치자 2017년 파산한 당시 국내 1위 해운사 한진해운이 재조명을 받기 시작했다. 기업회생절차 개시 6개월만에 파산한 한진해운이 총 145척의 선박으로 쌓은 노선 네트워크가 사라지면서 우리나라 컨테이너 선복량이 절반으로 줄었다.

당시는 해운업이 전반적인 침체기였던 탓에 한진해운 외에도 여러 해운사가 파산에 이르렀다. 보통 해운사가 청산할 경우 선박을 헐값에 넘기기라도 하는데, 당시는 워낙 시황이 좋지 않아 선박을 분해해 고철로 팔 정도였다. 선박의 특성상 건조까지 2년 이상이 걸리기 때문에 그때 급격히 줄어든 선박 공급이 지금의 수급 불일치로 이어진 것이다.

산업은행은 같은 위기를 마주한 현대상선(현 HMM)과 한진해운의 상반된 대응을 근거로 한진해운의 파산을 결정했다. 유동성 위기에 빠져 워크아웃이나 기업회생 절차에 접어든 기업은 채권단과 협의를 한다. 유동성 위기는 보통 채권단에게 빌린 돈을 기업이 제때 갚지 못하는 상황을 말한다. 이때 채권단은 기업이 바로 파산할 경우 원금과 이자 중 일부를 돌려받지 못할 수도 있기 때문에 일정 요구 사항을 제시하며 조건부로 채권 일부를 탕감해주거나 상환 만기를 늘려준다. 보통 오너의 사재 출연, 자산 매각과 더불어 새 인수자를 구할 것을 요구한다.

현대상선은 당시 현대그룹 소속이었다. 현대그룹은 현대증권을 매각하고 기타 자산을 처분해 1.2조 원을 마련하며 채권단에 회생 의지를 보였다. 반면 한진해운은 유동성이 낮은 자산만 매각 리스트에 올리거나, 채권단이 요구한 오너의 사재 출연을 거부하는 등 비교적 비협조적인 태도를 보였다.

이에 따라 산업은행은 출자전환을 통해 현대상선의 대주주가 되며 채권 문제를 해결해주었다. 출자전환은 기업이 채권단에게 원금과 이자를 갚지 못하게 된 상황에서 채권단이 보유한 채권을 해당 기업의 주식으로 전환하는 것을 말한다. 보통 기업이 유상증자하면 현금을 통해 주식을 취득한다. 그런데 채권 출자전환은 현금을 지급하는 대신 채권자가 보유한 채권을 그대로 주식으로 전환하는 것이다. 이를 통해 당시 현대상선은 부채가 줄고 자본이 늘어 재무건전성이 개선되었다. 최근 해운업이 사상 최대 호황을 맞이하면서 일각에서는 당시 산업은행이 금융 논리에만 입각해 해운업의 특성을 고려하지 못한 결정을 내렸다고 비판하기도 했다.

중개자이면서 생산자인
현대판 만물상

🧭 라면에서 미사일까지, 돈이 되는 것이라면 무엇이든 판다!

'라면에서 미사일까지.' 돈이 되는 것이라면 무엇이든 파는 상사회사를 나타내는 표현이다. 상사는 철강·화학제품·IT제품·자동차부품·가전제품 등 국가 간 거래가 이루어지는 제품이라면 가리지 않고 중개를 자처한다.

상사업은 1950년대 일본에서 처음 출현한 산업이다. 국내에서는 중화학산업 수출지원책의 일환으로 정부가 앞장서 70년대 상사업을 육성하기 시작했다. 삼성물산이 국내 1호 종합상사다. 무역회사가 하는 단순한 시장 중개는 조선시대 보부상들도 하던 일이지만, 현대의 종합상사는 지역과 업종에 제약을 두지 않는다. 이전에는 거래처가 중국이나 몇몇 서양 주요국에 그쳤지만, 이제 상사는 미얀마 등의 국가까지 진출해 돈이 될 만한 모든 것을 중개한다. 직장인의 많은 공감을 이끌어냈던 드라마 〈미생〉도 종합상사를 배경으로 한 작품이다.

또 상사는 무역을 넘어 자원 개발과 식량 생산까지 사업 영역을 확장해왔다. 철강과 화학 제품을 수출입할 뿐만 아니라 직접 석유를 시추하고 옥수수를 재배하기도 한다. 종합상사끼리 뭉쳐 정부의 지원을 받아 개발도상국 경제 특구 개발에 나서는 경우도 많다. 즉 상사는 중개자와 생산자의 역할 모두를 겸하는 진화된 형태의 만물상인 셈이다.

상사의 비즈니스 모델은 크게 두 가지로 구분된다. 상사업이 처음 출범할 때부터 본업으로 삼은 무역 중개 사업, 이후 수익성 제고를 위해 진출한 자원 개발 및 식량 생산 사업이 있다. 우선 종합상사의 본업인 무역 중개에 대해 살펴보자.

무역 중개자는 매입한 상품을 고객에게 되파는 과정에서 마진을 얻는다. 상품 매입 주체에 따라 판매 경로를 세 가지로 분류할 수 있다. 첫 번째는 수출이다. 해외 바이어가 종합상사 해외지사에 상품 구매를 요청하면 국내 상사는 국내 생산업체로부터 제품을 구매한 후 해외로 보낸다. 이후 상사는 바이어를 통해 판매대금을 수취한다. 둘째 수입의 경우 국내 수요처의 주문을 받은 후 현지 지사를 통해 상품을 구매하고 국내로 들여와 판매대금을 수취한다. 마지막으로 판매자와 구입자 모두 해외 국가인 경우다. 해외법인을 통해 바이어를 선정한 후 제3국의 공급업체를 선정해 구매와 판매대금 수취의 과정을 밟는다. 이 중 수출 부문의 매출 비중이 가장 크다.

⊚ 상사가 좋아하는 고객은 따로 있다

수출은 '시장 조사-아이템 선정-바이어 선정-계약서 작성-상품 구매-물류 세팅-채권 회수' 단계 순으로 진행된다. 바이어 측에서 먼저 상사에 특정 제품을 주문할 때도 있지만, 아래에서는 상사가 처음부터 아이템을 선정하는 경우를 가정했다.

시장 조사 및 아이템 선정 단계에서 상사는 모든 정보력을 동원한다. 사업 특성상 전 세계에 지사를 두고 있어 현지 정보기관과 협조해 시황에 대해 빠른 판단을 할 수 있다. 고객사와도 지속적인 거래를 맺고 있기 때문에 해당 고객사를 발판 삼아 새로운 아이템에 대한 정보를 구하고, 내부 논의를 통해 최종 중개 상품을 선정한다.

바이어 선정 및 계약서 작성은 종합상사 간 경쟁이 발생하는 지점이다. 건설업에서

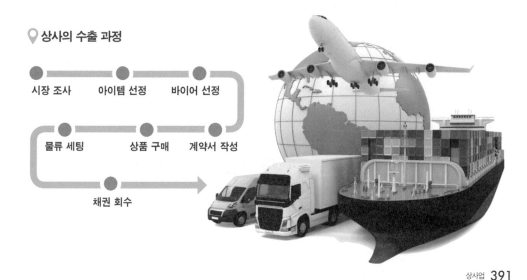

📍 **상사의 수출 과정**

시장 조사 → 아이템 선정 → 바이어 선정 → 계약서 작성 → 상품 구매 → 물류 세팅 → 채권 회수

시공사들이 경쟁 입찰을 벌이는 것처럼 종합상사도 바이어에 희망 수수료, 조달 가격, 제품 품질, 수입 혹은 수출에 대한 구체적인 계획을 담은 견적서를 제출한다. 이후 합의가 이루어지면 비밀유지계약서(NDA; Non-Disclosure Agreement), 발주서 등 다양한 서류를 작성한다.

상사 입장에서는 계약을 많이 따올수록 매출이 늘기 때문에 대부분의 바이어를 환영한다. 다만 상사가 특별히 선호하는 고객사 유형이 있다는 점이 흥미롭다. 고객사는 상장사부터 영세업체까지 규모가 천차만별이지만, 업종별로 크게 제조사와 유통사로 구분할 수 있다. 상사는 유통사보다 제조사를 선호한다.

제조사는 업황 등락과 관계없이 일정량 이상의 생산량을 유지해야 하는 경우가 많아 상사 입장에서 비교적 수요가 안정적이다. 반면 유통사는 해당 제품의 가치가 하락할 경우 계약을 파기하는 경우가 더러 있다. 제조사는 소수의 제품을 전문적으로 만드는 반면 유통사는 급변하는 수요에 맞추어 다양한 제품을 매입하기 때문이다. 이때 계약이 파기된 제품이 개인용 컴퓨터와 같이 주문생산 방식에 의해 만들어진 제품이라면 큰 문제가 된다. 주문생산으로 만들어진 제품은 다른 고객사에 판매하기 어렵기 때문이다.

상사가 다루는 제품은 반도체부터 섬유류까지 다양한데, 해당 상품의 시황에 따라 거래량이 좌우된다. 가령 최근 반도체는 스마트폰 탑재 메모리 고용량화와 5G 신규 수요에 힘입어 수요가 늘어나 무역 비중의 큰 부분을 차지했다. 반면 섬유류는 섬유 원료단가 하락과 해외 생산 확대로 수출 비중이 낮아졌다.

그 다음으로 상사는 고객사가 주문한 상품을 제조사를 통해 매입한다. 상사가 다루는 물품 중에는 철강·화학 제품 등 무거운 제품이 많아 주로 선박을 통해 운송한다. 고객사에 완전히 상품을 넘겨준 이후 대금을 회수한다. 구매금액과 판매금액의 차액에서 각종 비용을 제하면 상사의 영업이익이 산출된다.

참고로 무역 사업에 종사하는 상사는 비즈니스 특성상 환율에 큰 영향을 받는다. 원화 강세(환율 하락) 상황에서는 국내 상품의 가격경쟁력이 약화해 국내 종합상사의 경쟁력 또한 하락한다. 반면 원화 약세(환율 상승) 상황에서는 거래액이 증가해 국내 종합상사의 매출액 또한 증가할 수 있다.

⊚ '상사 무용론', 반은 맞고 반은 틀리다

대부분의 무역 계약은 국내회사와 해외회사가 직접 체결한다. 다른 산업에 비해 상사업이 일반인에게 친숙하지 않은 이유이기도 하다. 더불어 요즘은 국내 제조사들이 해외에 대리점을 두는 경우가 많다. 쉽게 생각해보았을 때 상사를 거래에 개입시키면 구매자는 중개 수수료를 지급해야 해서 더 높은 가격을 지불해야 한다. 따라서 제조사와 고객사가 직접 거래하지 않고 상사를 중개자로 세우는 것에 의문이 들 수 있다. 실제로 2000년대부터 줄곧 '상사 무용론'이 제기되어왔다. 그럼에도 불구하고 상사업이 현재까지 명맥을 유지할 수 있는 이유는 무엇일까? 이는 상사업이 제공하는 물류와 금융 기능이 중개 수수료 이상의 가치가 있다고 여겨지기 때문이다.

물류기능은 제조사에서 고객사로 제품을 운송하는 것이다. 운송이야 해운사에 외주를 맡기면 되지만, 서로 국적이 다른 회사 간 거래이다 보니 통관과 재고 관리 등의 과정이 여간 번거로운 일이 아니다. 하지만 상사를 활용하면 고객사와 제조사 모두 본연의 업무에만 집중할 수 있다. 상사 중에는 자체적인 물류회사를 가지고 있는 경우도 있고(예 LX인터내셔널-LX판토스), 물류 계열사가 없더라도 수십 년간 다져진 물류 네트워크로 비교적 낮은 원가에 물류기능을 제공할 수 있다.

금융기능은 고객사에 일종의 대출을 해주는 기능이다. 만일 고객사가 제조사와 직접 거래를 한다면 구매대금을 곧바로 지불해야 할 것이다. 그러나 최초 계약 시 상사에서 고객사를 대신해 제조사에 먼저 대금을 지급하기 때문에 고객사는 주문한 상품을 활용해 얻은 매출의 일부를 판매대금 상환에 사용할 수 있다. 이 경우 고객사는 현금 흐름이 개선되는 효과를 누린다. 즉 상사는 B2B* 거래를 중개함으로써 제조사의 회수 리스크를 헤지하고, 고객사에는 차입기능을 제공하는 것이다. 이는 카드사 등의 여신전문금융회사 기능과 상당히 유사하다. 종합상사는 다른 여신사처럼 은행 등의 금융기관에서 빌린 자금과 자기자본을 활용해 여신기능을 수행한다.

> **B2B(Business to Business)**
> 기업과 기업 간 거래를 B2B, 기업과 소비자 간 거래를 B2C(Business to Customer), 고객과 고객 간 거래를 C2C(Customer to Customer)라고 한다. 현대차에 부품을 납품하는 현대모비스는 B2B, 고객에게 직접 물건을 판매하는 편의점은 B2C, 개인 간 중고거래는 C2C에 해당한다.

특히 중소기업의 경우 거래 안정성을 담보 받을 수 있다는 장점이 있다. 중소기업은 대기업과 비교하면 네트워크, 물류 역량, 무역 인력 등이 부족해서 상사에 위탁하고자 하는 수요가 많다. 상사를 통하면 바이어가 대금 지급을 제대로 하지 않을 위험을 헤지할 수 있다.

🌀 주업무만 하다가는 쫄딱 굶는다

종합상사는 다른 산업과 비교해 매출액이 상당히 높은 편이지만, 영업이익률은 매우 낮은 편에 속한다. 2% 이하의 영업이익률을 기록하는 해가 수두룩하다. 포스코인터내셔널, LG상사(현 LX인터내셔널), SK네트웍스 등 국내 대표 종합상사 5곳의 2020년 매출액은 약 60조 원이었다. 그러나 영업이익은 8854억 원으로 도합 영업이익률은 1.5%가 채 되지 않았다.

앞서 건설사들이 경쟁 입찰 과정에서 입찰액을 과도하게 낮게 측정해 공사대금보다 시공비용이 더 높은 경우가 있다고 설명했다(202쪽). 종합상사도 마찬가지로 바이어와 협상 시 경쟁력을 높이기 위해 최대한 물품가격을 낮춰야 하는 구조다. 경쟁 입찰이라는 구조적 특성상 담합을 하지 않는 이상 높은 이익률을 달성하기 어렵다.

더구나 2010년대에 접어들어 전체 무역 중 종합상사가 차지하는 비중이 급격히 하락했다. 한때 50%에 달했던 상사의 무역점유율은 현재 5%에 그친다. 제조업체가 수

📍 주요 종합상사의 영업이익률 추이

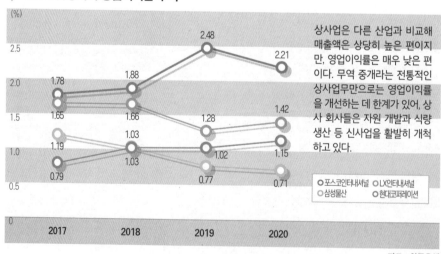

상사업은 다른 산업과 비교해 매출액은 상당히 높은 편이지만, 영업이익률은 매우 낮은 편이다. 무역 중개라는 전통적인 상사업무만으로는 영업이익률을 개선하는 데 한계가 있어, 상사 회사들은 자원 개발과 식량 생산 등 신사업을 활발히 개척하고 있다.

○포스코인터내셔널 ○LX인터내셔널
○삼성물산 ○현대코퍼레이션

자료 : 한국은행

394

익성 개선을 위해 독자적인 유통로를 만들고 세계 경제가 블록화[*]된 결과다. 이에 따라 상사는 일찍이 단순 무역 중개 업무에서 벗어나 기존 해외 네트워크를 활용해 신사업을 개척했다. 대표적인 사업이 자원 개발과 식량 생산이다.

🌀 보따리상 타이틀을 벗어 던진 글로벌 광부

자원 개발은 석탄, 금속, 석유 등을 대상으로 광산과 광구에 투자한 후 생산물을 판매하는 사업이다. 요즘 같은 시대에 1차 재화 생산에 투자하는 사업은 시대에 역행하는 일로 느껴질 수 있다. 하지만 기초 자원 무역은 종합상사의 본업으로, 중개자에서 생산자로 한발 더 나아간 것뿐이다. 자원 개발 사업은 조사, 탐사, 개발, 생산의 4단계로 구분할 수 있다.

조사 단계는 개발 전 어느 지역을 탐사할지 결정하는 사전 준비 단계다. 즉 프로젝트에 대한 타당성을 검토하는 단계다. 이후 탐사 단계에서는 지질조사 등을 통해 자원의 부존량을 예측하고 본격적인 탐사를 한다. 이 과정에서 탐사비용이 발생한다. 이 단계에서 광물 자원이 발견되지 않거나 충분한 수익성을 갖추지 못한 것으로 판단되어 사업이 중단되는 경우가 많다. 만일 수익성이 검증되어 개발 단계에 착수한다면 대규모 시설비를 투자하고 구매자 입찰을 통해 판매 계약을 체결한다. 그 후 실제로 자원을 생산하여 수익을 창출한다. 이때 계약에 따라 현지 국가에 로열티와 소득세 등을 납부한다.

자원 개발 사업은 수익성이 높다. 2020년 미얀마 가스전을 주축으로 한 포스코인터내셔널의 자원 개발 사업은 전체 매출의 3% 수준이었지만, 전체 영업이익의 64%

를 책임졌다. 그러나 자원 개발 사업은 수요가 불안정하다는 단점을 안고 있다. 세계 경기가 악화하면 가장 먼저 석유, 석탄과 같은 원자재 수요가 급감하기 때문이다. 그래서 최근 종합상사는 식량 생산 사업에도 뛰어들었다.

대표적으로 포스코인터내셔널은 가스전 사업에 이어 미얀마에 RPC(Rice Processing Complex) 사업을 실시했다. 또한 '세계 곡물 창고'라 불리는 우크라이나에서는 현지 곡물 조달 법인을 설립해 식량 사업을 본격화했다. 우크라이나 남부에는 연간 250만 톤의 곡물을 수출할 수 있는 해외 곡물 수출 터미널까지 준공했다.

최근 포스코인터내셔널은 미얀마 가스전에서 추가 매장량을 확인한 이후 LNG 사업 확대를 발표했다. LX인터내셔널도 중국의 플랜트 사업을 통해 에너지 사업 확대 계획을 밝혔다. 더불어 전기차 배터리의 핵심 소재인 니켈 채굴을 위한 광산 투자에 나서 자사 계열사인 LG에너지솔루션과의 시너지가 기대된다. SK네트웍스의 경우 상사 분야에서 완전히 탈피해 현재는 차량, 가전 등 렌탈 사업에 집중하고 있다. 실제로

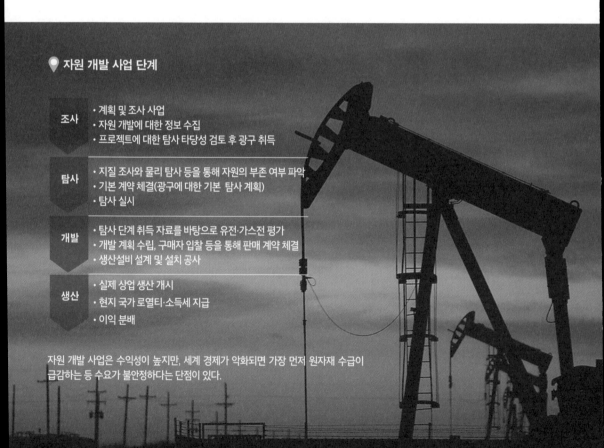

📍 **자원 개발 사업 단계**

조사
- 계획 및 조사 사업
- 자원 개발에 대한 정보 수집
- 프로젝트에 대한 탐사 타당성 검토 후 광구 취득

탐사
- 지질 조사와 물리 탐사 등을 통해 자원의 부존 여부 파악
- 기본 계약 체결(광구에 대한 기본 탐사 계획)
- 탐사 실시

개발
- 탐사 단계 취득 자료를 바탕으로 유전·가스전 평가
- 개발 계획 수립, 구매자 입찰 등을 통해 판매 계약 체결
- 생산설비 설계 및 설치 공사

생산
- 실제 상업 생산 개시
- 현지 국가 로열티·소득세 지급
- 이익 분배

자원 개발 사업은 수익성이 높지만, 세계 경제가 악화되면 가장 먼저 원자재 수급이 급감하는 등 수요가 불안정하다는 단점이 있다.

SK네트웍스 이사회는 2022년 6월 부로 철강 거래 사업을 종료하기로 했다.

국내 종합상사의 모델이 된 일본 상사들 또한 무역 중개로 사업을 개시해 자원 개발, 식량 투자 등으로 사업포트폴리오 비중을 조정했다. 미쓰비시상사는 한때 전 세계 석탄 생산량의 25%를 중개했을 정도다. 현재 일본 상사들은 각종 기업에 대한 지분투자로 사업 영역을 넓히고 있다. 가용한 정보 네트워크를 동원해 수익성 높은 기업에 직접 투자하고 있다. 워런 버핏(Warren Buffett)의 버크셔헤서웨이 축소판을 지향하는 듯하다. 참고로 2020년 8월 워런 버핏이 일본 종합상사 5곳의 지분을 각각 5%이상씩 매입하며 화제가 된 바 있다.

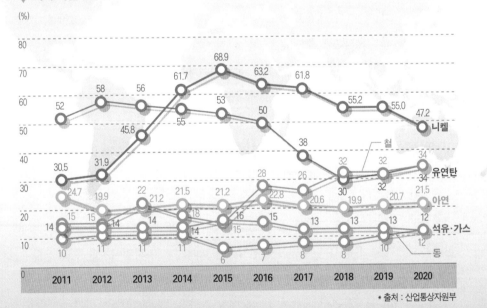

📍 **해외 자원개발률**

(%)

* 출처 : 산업통상자원부

자원개발률은 우리 기업이 국내외에서 개발·생산해 확보한 물량이 전체 수입 물량에서 차지하는 비중을 의미한다. 자원 개발은 불확실성이 크고 성공 확률이 낮은 고위험 산업이며, 탐사에서 생산에 이르기까지 10년 이상의 긴 시간이 필요하다. 그러나 성공하면 실패한 사업의 손실을 보충하고 남을 만큼 큰 수익을 올릴 수 있다. 상사들은 자원 개발을 통해 사업포트폴리오를 넓히고 있다.

DAY 40
인터넷 쇼핑몰이 원가에 팔아도 마진을 남기는 비결

🧭 육운회사의 세 가지 현금 흐름

요새는 직접 장을 보러 가기보다 집에서 택배를 이용하는 경우가 많다. 온라인 시장이 결코 공략하지 못할 거라 예상했던 신선식품 시장에서도 온라인 매출이 빠르게 상승하고 있다. 특히 2020년 코로나19 이후로 이런 기조는 더욱 가속화되었다.

물류는 생산지에서부터 소비지까지 물품의 이동, 보관, 인도 과정이 효율적으로 이루어질 수 있도록 하는 매커니즘이다. 상품을 수요처에 옮기는 단순한 역할을 넘어 물건을 안전하게 보관하고 효율적인 동선을 계산해 한 번에 많은 상품을 운송함으로써 부가가치를 창출한다. 육운회사들은 국내에서 쌓은 물류 노하우를 바탕으로 해외에 진출해 효율적인 물류 시스템 구축에 도움을 주기도 한다.

육운회사들은 크게 세 가지 사업을 영위한다. 우리가 잘 알고 있는 택배 사업, B2B 성격의 CL 사업, 해외기업과 연계해 수행하는 글로벌 사업 세 가지가 있다.

먼저 우리에게 가장 친숙한 택배 사업에 대해 알아보자. 우리가 상품을 주문하면 제조사나 유통사가 택배사에 주문 내역을 발송한다. 주문을 받은 택배사가 일련의 집화, 배송 과정을 거쳐 우리의 집 앞으로 주문한 상품을 전달한다. 택배사의 계약 상대는 제조사나 유통사다. 엄밀하게 정의하면 택배는 B2B 사업이지만 우리 생활과 직접 맞닿아 있다는 점에서 B2C 사업으로 분류된다. 최근 몇 년 동안 온라인 쇼핑 시장이 급격히 성장하면서 택배서비스에 대한 소비자의 눈높이도 높아졌다. 이전에는 수일 걸릴 주문에 대해 새벽배송, 당일배송을 보장하는 사업자가 등장하면서 경쟁 수준이 높아지고 있다.

택배업은 고도화된 터미널 시스템을 갖추어야 하므로 대규모 시설 투자가 필요한 인프라산업으로 분류된다. 전체 물동량의 70% 이상이 서울과 수도권에 집중되어 있어 이 근방에 터미널과 작업장을 확보하는 것이 중요하다. 규모의 경제가 중요한 택배업은 현재 1강 4중 체제의 과점 구조가 형성되어 있다. CJ대한통운의 점유율이 50%에 달하고, 한진·롯데글로벌로지스·우체국·로젠택배가 나머지 파이를 두고 각축전을 벌인다.

CL(Contract Logistics) 사업은 계약물류라고도 한다. 보통 일정 기간에 일정한 비용을 약속받고 서비스를 제공하는 방식으로 이루어진다. 해운사가

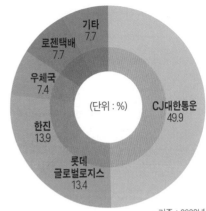

주요 택배사 시장점유율

기타 7.7
로젠택배 7.7
우체국 7.4
한진 13.9
롯데 글로벌로지스 13.4
CJ대한통운 49.9
(단위 : %)

* 기준 : 2020년

택배업은 1강 4중 체제의 과점 구조다. CJ대한통운의 점유율이 50%에 달하고 나머지 50%를 두고 4개 택배사가 경합을 벌이고 있다.

체결하는 계약과 맥락이 비슷하다. 화주기업은 고객서비스 향상과 물류비용 절감을 목적으로 하역, 운송, 보관, 정비 등에 대해 육운회사에 외주를 맡긴다. 즉 공급사슬 중 포장, 운송, 보관, 물류가공 등을 위임하는 위탁물류에 해당한다. 가령 삼성전기에서 생산한 전자부품을 삼성전자의 반도체 공장까지 운반하는 것이다.

또한 CL 사업에는 항만 하역 서비스도 포함된다. 예를 들면 LG전자에서 생산한 가전제품이 해외 주문을 받을 경우 보통 배를 통해 대량으로 운송한다. 이때 육운회사는 LG전자 공장에서 제품을 실어 부두에 위치한 터미널로 운반하고, 선적 시까지 제품을 보관한 후 배에 안전하게 실어주는 역할을 한다. 해운업을 설명할 때 공급 대란의 여러 요인 가운데 하나로 육상 물류의 공급 부족을 이야기한 적이 있다. 이때의 육상 물류가 바로 CL 사업이다.

종합상사 vs 물류회사, 파트너이자 경쟁자

글로벌 사업은 해외 사업과 포워딩(forwarding) 사업으로 구성된다. 해외 사업은 택배와 CL 사업을 해외에서 수행하는 것이다. 세부적인 구조는 달라도 기본적인 비즈니스 모델은 국내와 유사하다. 글로벌 사업 가운데 독특한 분야는 포워딩 사업이다. 포

워딩 사업은 국제 무역 과정에서 물건을 운송해주는 역할이다. 상품을 주문하면 택배회사가 배달비를 받고 상품을 운송해주듯 무역 과정에서 수수료를 받고 상품을 운반해주는 것이 포워딩 사업이다. 구체적으로 항공기를 통해 화물을 운송하는 항공 포워딩과 선박을 이용하는 해상 포워딩이 있다. 포워딩 사업은 운송을 넘어 통관과 하역까지 책임진다.

종합상사가 제품 주문에 대한 계약과 통관을 책임진다면, 육운회사는 포워더(forwarder)로서 이미 체결된 주문에 대해 실질적인 운송과 통관 절차를 대행하는 역할을 한다. 즉 종합상사와 육운회사는 상호 보완적인 파트너이면서 경쟁자라고도 할수 있다. 이들 포워딩업체는 항공기나 선박을 직접 소유하지는 않지만, 항공사나 해운사를 수출기업과 연결해주는 역할을 한다. 수출기업이 해외 주문을 처리해달라고 요청하면 항공사나 해운사와 협조해 계약을 맺고 화물 운송에서부터 보세(保稅 : 관세 부과를 보류하는 일) 업무까지 책임진다.

그렇다면 전체 물류 사업 중 각 부문이 차지하는 비중은 얼마나 될까? CJ대한통운의 경우 2020년 전체 매출액 중 택배 사업이 23%, 글로벌 사업이 43%, CL 사업이 28%를 차지했다. 터미널 등의 인프라, 집화부터 배송까지의 과정이 대체로 유사한 세 사업 부문 모두 공급처에서 수요처까지 물품을 운송하는 비즈니스 모델이 동일하다. 이 중 우리에게 가장 친숙한 사업인 동시에 변동성이 큰 택배 사업에 초점을 맞추어 육운업의 수익 구조를 살펴보자.

🌀 택배사의 이익방정식

택배사의 이익방정식은 '물동량×(택배 건당 수익−택배 건당 비용)'으로 나타낼 수있다. 물동량은 코로나19와 같은 택배 시장 성장기에 전반적으로 상승하는 등 외부변수의 성격을 가진다. 참고로 쿠팡 등의 유통사가 자체 인력을 통해 택배업에 진출함에 따라 택배사의 물동량 파이가 줄어들 우려가 있다.

택배 시장은 개인이 개인에게 보내는 C2C와 기업이 소비자에게 배송하는 B2C 시장으로 구분된다. 전체 시장의 95%를 B2C 시장이 차지하고 있으므로, 고객이 유통사에 주문하는 경우를 예로 들어보자.

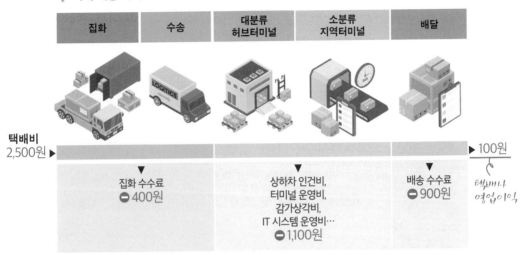

택배 배송 체계

집화	수송	대분류 허브터미널	소분류 지역터미널	배달

택배비
2,500원 ▶

▶ **100원**

택배사
영업이익

▼
집화 수수료
⊖400원

▼
상하차 인건비,
터미널 운영비,
감가상각비,
IT 시스템 운영비…
⊖1,100원

▼
배송 수수료
⊖900원

택배 배송 체계는 집화 - 수송 - 대분류 - 소분류 - 배송의 5단계로 이루어진다. 택배비가 1건에 2500원이라고 가정했을 때, 배송을 완료하면 택배사 몫으로 돌아가는 건 100원이다.

택배 배송 체계는 크게 '집화–수송–대분류–소분류–배송'의 5단계로 이루어진다. 현우 씨는 온라인 교보문고 사이트에서 책을 주문하려 한다. 현우 씨는 책값과 함께 택배비 2500원을 지불하고, 교보문고에서는 택배비 명목으로 받은 2500원을 택배사에 지급한다.

택배비 2500원을 수령한 택배사는 집화를 진행한다. 집화는 주문을 받은 공급처의 상품을 터미널로 운반하는 과정이다. 택배사는 400원의 집화 수수료를 지급하고 택배기사를 통해 교보문고 물류창고에서 상품을 받아 허브터미널로 운송한다. 택배사에서 택배기사를 직접 고용하는 경우와 영업소를 통해 간접 고용하는 경우가 있다. 간접 고용의 경우 영업소와 택배기사가 사전에 계약한 비율대로 수수료를 나눠 가진다.

집화 과정을 통해 운송되는 책들은 택배사의 허브터미널로 향한다. 택배를 주문한 고객이 운송장 번호를 조회해 택배 위치를 파악하는 과정에서 적잖이 당황하는 경우가 종종 있다. 택배가 출고된 위치를 서울로 알고 있는데 택배 위치를 추적해보니 대전이나 고령 등 먼 곳으로 나타나기 때문이다. 택배사는 하루에 백만 개 이상의 주문 상품을 운송하기 때문에 동선 효율화를 위해 주문된 상품을 일단 허브터미널로 옮긴다. 이는 모든 택배사에 공통으로 적용되는 원리다.

이제 택배사에는 2100원이 남았다. 허브터미널에서 대분류를 진행할 차례다. 집화기사가 허브터미널에 책을 내려놓으면 도착지별로 화물을 분류한 다음 해당 지역으로 가는 간선 차량에 책을 싣는다. 책이 간선 차량을 통해 지역별 서브터미널(지역터미널)로 옮겨지고, 또다시 화물을 분류해 현우 씨의 집으로 배송할 준비를 한다. 이 과정에서 상하차 인건비와 터미널 운영비 등 많은 비용이 발생한다. 만일 택배업체가 해당 터미널을 임차한 것이라면 임차료가 발생할 것이고, 터미널이 회사 소유인 경우라도 회계상 감가상각비가 발생한다. 물건 위치를 추적하는 IT시스템 운영 비용도 고려해야 한다. 이 과정에서 택배 건당 1100원의 비용이 발생한다고 했을 때, 택배사에는 1000원이 남는다.

마지막으로 택배기사를 통해 최종적으로 책이 현우 씨의 집으로 배송된다. 택배사는 택배기사에게 배송 수수료로 900원을 지급한다. 즉 택배사는 2500원의 택배비를 받고 100원의 영업이익을 남긴다. 참고로 택배기사의 순수입은 900원의 수익에서 차량할부금, 유류비, 보험료 등을 제한 금액이다. 지금까지의 과정을 정리해보면 2500원 중 집화 수수료 16%, 각종 비용 44%, 배송 수수료 36%, 택배사의 순이익은 4%로 계산된다.

🎯 택배단가와 입찰제 때문에 쪼그라드는 영업이익률

지금까지 택배사가 어떤 과정을 통해 이익을 창출하는지 알아보았다. 그렇다면 실제 매출은 어떨까? 국내 택배 시장은 매출 규모로 따졌을 때 2012년 약 3조 5천억 원, 2020년 7조 5천억 원을 기록했다. 같은 기간 물동량은 14억 박스에서 34억 박스로 증가했다. 시장 규모는 112% 증가했고, 물동량은 140% 증가했다.

매출액 성장률이 물동량 증가율에 미치지 못한 직접적인 원인은 택배단가의 하락이다. 택배단가는 2012년 2506원에서 2020년 2221원으로 매해 점진적으로 인하됐다. 2019년 2269원으로 소폭 인상됐으나 이듬해 재차 하락했다. 택배업계의 이익률은 4% 안팎이다. 2020년 택배 사업 영업이익률은 CJ대한통운이 3.9%, 한진은 4.7%를 기록했다. 이마저도 코로나 특수로 전년 대비 급등한 수치임을 감안하면, 택배 사

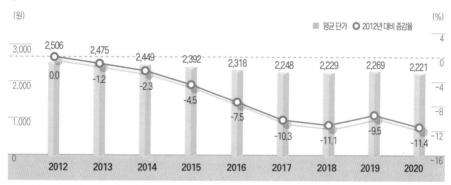

📍 택배 시장 매출액 추이

(억 원) ■ 매출액 ○ 2012년 대비 증감율 (%)

2012	2014	2016	2018	2020
35,232	39,756	47,444	56,673	74,925
0.0	2.8	37.4	60.9	112.7

📍 택배 시장 물동량 추이

(십만 박스) ■ 물동량 ○ 2012년 대비 증감율 (%)

2012	2014	2016	2018	2020
14,059	16,232	20,466	25,427	33,737
0.0	15.5	45.6	80.9	140.0

* 자료 : 한국통합물류협회

국내 택배시장은 매출이 2012년 약 3조 5천억 원, 2020년 7조 5천억 원을 기록했다. 같은 기간 물동량은 14억 박스에서 34억 박스로 증가했다. 시장 규모는 112% 증가했고, 물동량은 140% 증가했다.

📍 택배 시장 단가 추이

(원) ■ 평균 단가 ○ 2012년 대비 증감율 (%)

2012	2013	2014	2015	2016	2017	2018	2019	2020
2,506	2,475	2,449	2,392	2,318	2,248	2,229	2,269	2,221
0.0	-1.2	-2.3	-4.5	-7.5	-10.3	-11.1	-9.5	-11.4

택배단가는 2012년부터 매해 점진적으로 인하되었다. 택배단가 하락으로 매출액 성장률이 물동량 증가율에 미치지 못했다.

업의 평균적인 이익률이 그리 높지 않음을 짐작할 수 있다.

택배사의 영업이익률이 낮은 근본적인 이유는 판매사들이 택배사를 선정할 때 입찰제를 채택하기 때문이다. 가장 낮은 택배단가를 제시한 택배사를 선정하는 것이다. 여기에는 두 가지 이유가 있다. 첫째로 소비자들은 온라인에서 구매 상품을 선정할 때 상품가격과 택배가격을 함께 고려하기 때문이다. 판매사 입장에서 택배단가 자체가 낮으면 타 업체 대비 상품의 가격경쟁력이 올라가는 효과를 누릴 수 있다.

둘째로 소비자가 지불하는 배송비보다 택배사가 낮은 단가를 약속한다면 판매자는 상품 마진 이외에 배송비 마진까지 기대할 수 있다. 현우 씨의 사례에서 2500원의 배송비가 택배사로 간다고 했다. 만일 택배사가 계약을 따내기 위해 (대형 유통사와 장기계약을 하기 위해 일시적인 손실을 감수하며) 단가 2300원에 계약할 경우 공급사는 판매 건당 200원의 추가 마진을 가져갈 수 있다. 심지어는 상품가격을 원가 수준으로 낮추고 배송비 마진을 주 수입원으로 삼는 경우도 나타난다. 특히 많은 물동량을 취급하는 대형유통사와 계약할 때 택배사들은 더 낮은 단가를 제안하게 된다.

◎ 이커머스 성장에 풀필먼트에 집중하는 택배사

최근 택배업계는 쿠팡과 마켓컬리 등 물류 혁신을 기반으로 온라인 시장을 장악해가는 유통사들에 위기의식을 느끼고 있다. 온라인 시장 확대는 곧 물동량 증가로 이어지지만, 쿠팡의 경우 자체 물류 시스템을 활용한다. 쿠팡 이외에도 가구회사 한샘의 물류회사 한샘서비스원, 도서 배송 업체 로지스링크 등 다양한 산업에서 자체 배송 시스템을 구축하는 것이 하나의 트렌드다. 온라인 시장 성장률보다 택배사 배송량 증가율이 두드러지지 않는 이유다.

이에 따라 택배사들은 기존 주문, 집화, 분류, 배송 시스템에 사전주문 시스템을 도입함으로써 수익성 제고를 꾀하고 있다. 기존에는 고객이 주문한 이후 집화와 분류를 시작했다. 사전주문 시스템은 고객의 주문이 있기 전 수요를 예측해 미리 재고를 옮겨 놓고 주문 즉시 배송하는 방식이다. 이 과정에서 기존 터미널이 풀필먼트 (fulfillment) 센터로 탈바꿈하게 된다. 이러한 방식은 택배사가 단순히 주문 상품을 배송하는 것을 넘어 제품을 패킹하여 배송하고 이후 교환·환불 서비스까지 담당하는 커다란 변화다.

현재 대다수 택배사가 3PL(택배 업무를 물류기업에 위탁)에서 벗어나 4PL(물류 흐름 전반에 대한 통합 솔루션 제공) 전략에 몰두하고 있다. 풀필먼트는 물류 과정을 단순화하여 배송 시간을 단축하는 장점이 있다. CJ대한통운은 거대한 온라인 고객 수요를 품고 있는 네이버와 함께 풀필먼트 구축에 나섰다. 또한 일찍이 기존 판매 업체들이 처리하던 재고 관리와 제품 포장을 대행하며 배송 품질을 높이며 시간을 단축하는 과정에 있다. 풀필먼트서비스단가는 일반 택배보다 20%나 높고 마진율도 월등하므로 많은 택배사가 풀필먼트시스템으로 전환하고 있다.

그러나 풀필먼트는 결국 데이터가 핵심인 사업인 만큼 중요한 키는 온라인 플랫폼을 보유한 쿠팡, 네이버쇼핑과 같은 이커머스사들이 쥐고 있다. CJ대한통운의 경우 네이버쇼핑을 운영하는 네이버와 자사주 교환까지 하며 상호 간 강한 연합 의지를 보였으나, 실질적인 협상 우위는 네이버 측에 있는 것이 사실이다. 네이버의 파트너사는 굉장히 다변화되어 있지만 네이버 의존도가 높은 CJ대한통운은 다른 파트너사들과 경쟁해야 하는 입장에 있기 때문이다. 전통 택배사가 이커머스사 대비 구조적인 불리함을 어떻게 극복할지 유심히 지켜봐야 할 것이다.

택배업계가 넘어야 할 산, 이중 계약 구조와 지입제 이슈

택배기사의 처우 문제는 택배업계에서 반복적으로 제기되는 문제다. 이와 관련해 최근 지입제 방식이 논란이 되고 있다. 지입제란 택배사가 화주의 물량을 대리점에 위탁하고, 대리점은 또다시 차량을 소유한 택배기사에 재위탁하는 형식이다. 엄밀히 말해 택배사는 택배기사를 고용하는 것이 아니라 대리점을 고용하는 것이다. 택배사-대리점-택배기사의 형태로 고용이 이루어져 있다. 개인사업자인 택배기사가 택배 영업소(위탁업체)와 계약을 맺고, CJ대한통운 같은 택배사가 택배영업소와 다시 계약을 맺는 이중 구조다. 그래서 택배사는 택배기사에 대한 직접적인 법적 책임을 지지 않는다. 허브에서 분류 작업에 대한 임금이 지급되지 않거나, 택배기사가 대리점에 전용번호판비와 권리금을 지불하는 경우도 있다. 또 법적으로 보장되는 연차휴가가 없어 과로에 쉽게 노출된다는 것이 택배기사 측의 지적이다.

물류 라이벌로 떠오른 쿠팡은 지입제 대신 배달인력 직고용 방식을 채택했다. 택배사의 택배기사 고용 형태도 점차 지입제에서 직고용으로 전환될 것이라는 예상도 있다. 직고용 체제하에서는 택배기사에게 차량이 지급되고 정기적인 월급제로 운영된다. 물론 지입제를 유지하되 「근로기준법」에 의거해 택배기사에게 적절한 보수와 휴식을 보장하는 것도 해결 방안이 될 수 있다. 택배기사 처우 문제는 이해관계자에 따라 첨예하게 대립하는 이슈인 만큼 택배사와 택배기사 양측의 의견을 모두 주의 깊게 듣는 것이 필요하다. 다만 윤리 경영이 한 축인 ESG 트렌드 속에서는 택배사 주장이 쉽게 관철되기 어려워 보이는 게 사실이다.

40일간의 산업일주

초판 1쇄 발행 | 2022년 7월 28일
초판 10쇄 발행 | 2024년 9월 27일

지은이 | 남혁진
펴낸이 | 이원범
기획 · 편집 | 김은숙
마케팅 | 안오영
표지 · 본문 디자인 | 강선욱

펴낸곳 | 어바웃어북 about a book
출판등록 | 2010년 12월 24일 제2010-000377호
주소 | 서울시 강서구 마곡중앙로 161-8(마곡동, 두산더랜드파크) C동 1002호
전화 | (편집팀) 070-4232-6071 (영업팀) 070-4233-6070
팩스 | 02-335-6078

ISBN | 979-11-92229-08-9 03320

투자 백년지계를 세울 첫 공부
80년간의 부동산일주

| 남혁진, 박은우 지음 | 419쪽 | 28,000원 |

일평생 거스를 수 없는 '부동산'이라는 중력!
시행착오를 줄이고 투자 승률을 높이는 방법은
오직 본질을 꿰뚫는 공부뿐이다!

누구나 시행착오를 겪으며 성장하지만, 단 한 번의 실패가 돌이킬 수 없는 결과를 낳는 영역이 있다. 바로 '부동산'이다. 전세든 매매든 부동산에서 문제가 발생하면 우리 삶은 송두리째 흔들린다. 자산 대부분을 주거에 투자하는 대한민국에서 부동산 공부는 인생을 관통하는 생존지식을 배우는 일이다. 부동산 전반에 걸쳐 핵심 주제를 뽑아 깊이 있으면서 알기 쉽게 풀어낸 이 책은, 당신이 80년간 안정적으로 부동산을 일주할 수 있도록 돕는다.

30개 국면으로 본 '돈의 전쟁' 막전막후
자본시장의 문제적 사건들

| 김수헌 지음 | 420쪽 | 22,000원 |

욕망이 들끓는 자본시장을 30개의 메스로 낱낱이 해부하다!

돈을 향한 수많은 욕망이 들끓는 자본시장은 결코 교과서에서 설명한 대로 움직이지 않는다. 시장을 제대로 이해하는데 실제 사건만큼 생생한 교본은 없다. 이 책은 나흘만에 시가총액 8조 원이 증발한 'SG발 주가 폭락 사태'처럼 지난 5년간 자본시장에 큰 파장을 일으킨 실제 사건을 엄선하여 쾌도난마한다.

마침내 찾아온 붕괴의 시간
부동산을 공부할 결심

| 배문성 지음 | 396쪽 | 25,000원 |

금리와 인플레이션, 환율은 어떻게 당신의 부동산을 잠식하는가?

급변하는 장세에서는 예측보다 대응이 중요하다. '마침내' 찾아온 '부동산 붕괴'의 시대에는 상승장에서나 품어야 할 '야수의 심장'이 아니라 자산시장의 대외여건을 꼼꼼하게 '공부할 결심'이 절실하다. 이 책은 공급, 금리, 유동성, 타이밍 4개의 축을 통해 부동산시장의 허와 실을 파헤치며, 파도처럼 밀려오는 위기에 휩쓸리지 않는 자산수호 독법(讀法)을 안내한다.